응용 인지심리학

Applied Cognitive Psychology

Douglas J. Herrmann · Carol Y. Yoder
Michael Gruneberg · David G. Payne 지음
이재식 옮김

박학사

Applied Cognitive Psychology

Printed in Seoul, KOREA

ISBN 978-89-91633-63-6

역자 서문

진리를 밝히기 위한 학문은 그것이 어떤 영역에 속하건 또는 어떤 목표를 지향하건 상관없이 그 자체로 존중받아야 한다. 역사적으로 보면 심리학은 매우 엄격한 과학적 방법에 기반한 객관적이고 일반화 가능한 이론과 원리의 발견을 추구하여 왔지만, 그 원리와 이론을 현실 세계에 응용함으로써 다양한 측면에서 사람들의 삶의 질을 향상시킬 수 있도록 하는 데 크게 공헌한 학문이다.

인지심리학은 거의 모든 심리학 영역, 나아가 인간의 행동과 마음을 이해하고 이를 통해 현실 세계의 문제를 해결하고자 하는 대부분의 학문 영역에서는 필수적으로 알아야 하는 학문 영역이다. 그러나 지금까지 인지심리학과 관련된 교재들은 대부분의 경우 인간 인지와 관련된 기본적인 원리나 이론의 발견을 위한 학문으로서의 인지심리학에 초점을 두고 기술되어 왔다. 본 역자는 대학에서 공학심리학과 인간공학을 강의하면서 인지심리학의 기초적 연구방법과 이론 혹은 원리의 중요성을 항상 느끼고 있다. 아무리 현실 세계의 문제해결이 중요하고 의미가 있다 하여도 과학적이고 객관적인 사실과 이론에 대한 기반이 전제되지 않고는 결국 사상누각의 응용물이 나오게 될 것이기 때문이다.

이 책은 Herrmann, Yoder, Gruneberg 및 Payne 교수가 저술한 『Applied

Cognitive Psychology』를 번역한 것이다. 이 책의 저자들도 저자 서문에서 강조하였듯이, 이 책은 실제 세계의 문제에 응용될 수 있는 인지심리학의 이론과 방법론을 제시하고, 실제 세계에 인지심리학적 응용이 어떻게 그리고 얼마나 이루어지고 있는지 기술한다는 점에서, 기존의 기초적 인지심리학 교재뿐만 아니라 인지심리학의 응용을 강조한 교재와도 차별적이다. 대학에서 응용 인지심리학적 내용을 주로 강의하면서 인지심리학의 기초적 지식뿐만 아니라, 이것의 실용적 응용을 동시에 다루어야 하는 본 역자의 입장에서 보면, 이 책은 구성과 내용 모두에서 매우 바람직하게 저술된 책이다.

이 책은 전체적으로 인지심리학의 기본을 6개의 장에 걸쳐 먼저 소개하고, 그 다음 이러한 인지심리학의 기초적 사실들이 어떻게 응용되어 왔고, 또 응용될 수 있는지 몇 가지의 중요한 사례들을 중심으로 기술하고 있다. 뿐만 아니라 인지적 요인을 넘어선 사회적·물리적 요인들이 인지심리학의 응용에 어떻게 고려되어야 하는지도 추가적으로 다룸으로써 이 책 안에서 인지심리학의 기초와 응용을 포괄적으로 파악할 수 있게 해 주고 있다. 이러한 점에서 이 책은 심리학을 공부하는 대학 학부생과 대학원생뿐만 아니라, 인지심리학적 지식을 활용하여 현실 세계의 문제해결에 관심이 있는 다양한 독자들이 많은 도움을 얻을 수 있는 책이라고 생각된다.

본 역서가 출간될 수 있도록 지원을 아끼지 않은 박학사의 구본하 사장님께 먼저 감사드린다. 또한 이 책의 번역을 위해 애써 준 배정은, 유수진, 조가희, 이영희에게 감사한다. 특히, 최종 교정작업뿐만 아니라 독자의 입장에서 이 책의 문장이 좀 더 이해되기 쉽고 어색하지 않도록 꼼꼼하면서도 예리하게 지적해 준 주미정 선생님에게 그 동안의 성실함과 노고에 고마움을 표한다.

2009년 8월

이재식

저자 서문

『응용 인지심리학(Applied Cognitive Psychology)』은 인지심리학의 새로운 방향을 제시해 준다. 비록 많은 흥미 있는 연구들이 지난 수십 년에 걸쳐(특히 지난 10년 동안) 출간되었지만 이 새로운 영역의 전반적 발전에 대해서는 출간된 연구가 거의 없다. 이 책의 목적은 실제 세계의 문제에 응용될 수 있는 인지심리학의 이론과 방법론을 제시하고, 실제 세계에 인지심리학적 응용이 어떻게 그리고 얼마나 이루어지고 있는지 기술하는 것이다. 이 책은 현재 인지심리학 과목을 수강하고 있거나 혹은 그것을 수강하고자 하는 학생들을 위한 책이다. 학생들의 배경지식에 따라, 이 책은 학부생뿐만 아니라 대학원생들에게도 유용하게 사용될 수 있을 것이다.

이 책에서 기초적인 인지 이론과 연구 결과들은 학생들이 바로 응용할 수 있는 방식으로 제시되었다. 기초과학(basic science)과 응용과학(applied science) 사이의 차이를 다루는 강좌는 별로 없기 때문에 이 책은 이러한 차이를 설명하는 것으로 시작하고자 한다. 그 다음 각 장에 걸쳐 학습(learning), 파지(retention), 추리(reasoning)와 같은 특정 인지 과정들(cognitive processes)에 대해 다룰 것이다.

이 책의 각 장에서의 초점은 기초 인지심리학 교재의 그것과는 다르다. 기초 인지심리학의 교재는 중요한 연구 결과와 이론에 대한 지식뿐만 아니라 그러한 연구 결과와 이론을 가져온 과학적 논쟁들도 구분하여 장을 구성하는 경향이 있다. 이런 점에 있어서는 응용 인지심리학 교재도 마찬가지지만, 이러한 내용들은 기초 인지심리학 교재에서 이미 잘 다루고 있기 때문에 응용 인지심리학에서의 세부적 내용들은 약간 다를 수 있다. 예를 들어, 응용 인지심리학 교재에서는 이러한 연구 결과나 이론이 실제 세계에 어떻게 유용하게 응용될 수 있는지에 대해서도 소개해야 하는 것이다. 이 때문에 응용 인지심리학 교재에서는 기초적인 이론이나 연구 결과들은 간략하게 기술된다.

이 책에서는 기초 이론에서 밝힌 원리들 중에서 응용으로 이어질 수 있는 원리들을 소개할 것이다. 각 장에서는 이러한 기초적 원리들을 간략하게 소개한 후, 이러한 원리들이 구체적으로 어떻게 응용되었는지를 몇 가지의 사례들을 예시하여 기술할 것이다. 이를 통해 독자들은 학계, 사업체, 의료계, 법조계, 정부, 그리고 그 외의 사회 영역에서 기초적 인지 원리들이 어떻게 응용될 수 있는지 파악할 수 있을 것이다. 각 장에 걸쳐 독자들은 기초 인지심리학, 응용 과정, 그리고 인지적 응용물들에 대해 배울 것이다.

이 책에서는 다양한 인지적 제품과 서비스에 대해 다룬다. 지금은 이전에는 없었던 학습을 위한 인지적 소프트웨어 제품과 여러 과제를 동시에 수행할 수 있도록 해주는 컴퓨터 시스템(Olson & Olson, 1999) 등이 개발되었다. 예들 들어, 사람들이 병원에 가야 하는 시간을 잊지 않도록 해주는 소프트웨어가 있는가 하면, 종이에 적어놓거나 인쇄된 것을 들고 다녀야만 하는 번거로움을 없애주는 개인용 정보단말기와 같은 컴퓨터 시스템이 등장하였다. 인지심리학에서 얻어진 연구 결과를 토대로 목격자 인터뷰를 위한 절차나 조사검사를 위한 사전 연구 절차(Loftus, Fienberg, & Tanur, 1985; Turner & Martin, 1984), 인지 향상을 위한 기법들, 그리고 머리 부상이나 신경학적 장애로 인해 인지 손상을 입은 사람들에 대한 인지적 재활(Baddeley, Wilson, & Watts, 1995; Parente'& Herrmann,

2003)과 같은 서비스 응용에 대해서도 기술할 것이다.

이 책은 또한 (배경지식이나 전문 영역과는 상관없이) 다양한 문제에 대한 응용심리학적 응용을 이해하고자 하는 심리학자들에게도 도움이 될 것이다. 또한 이 책은 응용심리학이나 인지심리학 강의를 듣는 학부 상급반이나 대학원 공부를 시작한 지 얼마 되지 않은 학생들에게도 유용하리라 믿는다.

이 책의 구성

이 책에서 2개의 장들은 일반적 내용을, 그리고 16개의 장들은 특정한 내용을 기술한다. 일반적 내용의 장들에서는 기초 인지심리학과 응용 인지심리학 사이의 관계에 대해 주로 논의하고, 구체적 내용의 장들에서는 (전형적인 다른 인지심리학 교재와 마찬가지로) 인지에 영향을 미치는 구체적인 인지 과정과 요인들에 대해 기술할 것이다.

이 책은 기초 인지심리학의 중요 원리들에 대한 응용들을 개관한 첫 번째 책일 뿐만 아니라, 기초 인지심리학자와 응용 인지심리학자 사이의 의사소통에 영향을 미치는 구조적/사회적 요인들에 대해 기술한 최초의 책이기도 하다. 이 책은 우리 사회의 여러 문제들에 대한 인지심리학 응용의 중요성을 제시함과 동시에, 그러한 응용을 이끌었던 기초 연구의 가치에 대해서도 강조할 것이다.

독자들은 이 책의 참고문헌들이 다른 교재들에 비해 왜 그렇게 많은지 의아해할지 모르겠다. 이 책의 핵심적인 목적을 생각한다면 그럴 수밖에 없다. 첫째, 이 책은 응용심리학에 초점을 맞추고 있기 때문에 응용 연구들에 대한 개관뿐만 아니라 기초적인 이론과 연구 결과들도 개관해야 했다. 즉, 응용 연구들은 기초 연구로부터 출발한 것이기 때문에 이 두 영역을 모두 다루지 않으면 안 되었던 것이다. 특정 주제에 대해 좀 더 자세히 알고 있으면 인용된 참고문헌을 다시 찾아 읽어보기 바란다. 기초 연구에 대한 교재들은 기초 연구만 설명하면 된다고 생각하는 경향이 있다. 그 때문에 많은 기초 연구들이 실제 세계의 문제들을 해결하고자 하는 과정에서 발생한 것임에도 불구하고, 응용 연구가 그러한 교재에 소개되는 것은 어울리지 않는다고 생각하고 이에 대해서는 많이 인용하지 않았던 것이다. 이러한 관례를 깨는 기초 연구 교재가 출간되어 어떻게 몇몇 기초 연구가 종종 응용 연구로부터 출발하게 되었는지 소개하는 날이 오기 바란다. 하지만, 현재로서는 이 책과 같은 응용심리학 교재가 기초 연구 교재에 비해 더 많은 참고문헌을 담는 것은 일반적인 일이다. 둘째, 이 책에서 많은 참고문헌을 소개한 또 다른 이유는 학생들로 하여금 인지심리학의 응용에 대해 더 넓은 시야를 갖게 하기 위해서였다. 응용은 특정한 목적을 갖고, 어떤 상황에서 구체적으로 이루어지기 때문에 이와 유사한 응용에 대해 연구하는 사람들은 이 책에서 소개하는 유사한 응용을 통해 많은 도움을 받을 수 있을 것이다. 이러한 이유들 때문에 이 책은 관련된 기초 연구와 그러한 기초 연구를 응용한 연구들뿐만 아니라, 이 책에서 소개한 것과 유사한 응용을 생각하고 있는 사람들에게 도움이 될 수 있는 추가적인 응용 사례들을 가능한 한 많이 소개하게 된 것이다.

감사의 글

이 책의 다양한 주제에 대해 통찰력 있는 조언을 해준 학생들과 동료들에게 감사한다. 특히 이 책이 나오기까지 많은 도움을 준 Nancy Rankin, Judy Swez, Douglas Raybeck, Virgil Sheets, Michael Sarapata, Adam Hoffman, Beth Hartzler, Toni Bolinger, Cari Riggs, 그리고 Tyler Brosey에게 감사한다. 이 책의 마지막 편집본을 준비하는 데 도움을 준 Donna Herrmann에게 심심한 사의를 표한다. 마지막으로, 이 책의 완성본을 디자인해 준 Jorge W. Gordon에게 감사한다.

차 례

제 I 부 기초편

제II부 응용편

제 III 부 비인지적 요인들

제 I 부

기 초 편

제 1 장

응용 인지심리학의 소개

당신이 무엇을 정말로 알아야 하는지 알아라. 그러면 당신에게 정말로 필요한 것이 무엇인지 알게 될 것이다.

–작자 미상

인지란 무엇인가? 인지를 글자 그대로 간단하게 정의한다면 약간의 오해를 불러일으킬 소지도 있지만, 인지는 "우리가 어떻게 아는가"와 관련이 있다. 인지 현상이 갖는 엄청나게 광범위한 영역은 인지 연구의 테두리 안에서 기술되고 설명되어 왔다. 21세기로 접어든 이후 인지심리학에 대해 많은 교재들이 출간되기 시작하였다. 인지심리학의 영역에서 지금까지 주로 탐구되어 온 몇몇 주요한 개념에는 인식(awareness: 예를 들어, 우리는 무엇을 학습하기 위해 의식적으로 주의를 기울여야 하는가?), 이해(understanding: 예를 들어, 우리는 사람들과 사상들에 대해 어떻게 이해하고 판단하는가?), 기억(memory: 예를 들어, 우리는 어떻게 학습하고 정보를 인출하는가?), 그리고 기술(skill: 예를 들어, 추리나 과제 실행에서 우리는 어떻게 전문성을 발달시키는가?) 등이 있다.

인지 체계

우리의 세상에서 일어나고 있는 일들을 우리가 얼마나 정확하게 이해하는지는 우리의 인지 체계가 얼마나 효과적이냐에 따라 달라진다. 우리는 우리를 둘러싼 세상에서 무슨 일이 일어나고 있는지 혹은 주어진 문제에 대한 좋은 해결책을 발견하였는지 여부를 정확하게 평가해야 한다. 인지 체계의 구성요소들은 우리가 정보를 사용할 수 있게 해주는 특별한 종류의 인식 과정을 수행한다. 이런 인지 구성요소들은 주의, 지각, 기억, 추리, 의사결정 그리고 의사소통을 포함한 다양한 처리를 수행한다.

이러한 인지 구성요소들의 전반적 형태는 인지 아키텍처(cognitive system architecture)라고 불린다(Anderson, 1983). 어떤 심리학자들은 감각 처리가 장기 기억과 직접적으로 연결되어 있다고 생각하는 반면, 다른 심리학자들은 감각 처리가 발생한 이후 주의와 지각 처리가 장기 기억으로 정보를 능동적으로 전이시킨다고 주장한다. 인지적 구성요소들이 어떻게 기능하는지에 대한 것은 인지 아키텍처와 관련된 주된 논쟁 중의 하나이다. 플라톤이나 아리스토텔레스와 같은 고대의 철학자들에까지 거슬러 올라갈 만큼 인간 마음의 구조와 기능에 대한 것은 오랫동안 사람들의 관심사가 되어 왔다.

인지 모델

심리학자들은 인지 구성요소들과 이들 사이의 상호 관련성을 명세화하기 위해 마음에 대한 모델을 만들어낸다. 자동차 공학자들이 자동차 모델을 결정하기 전에 새로운 개념의 여러 자동차 모델을 만들어보는 것과 같은 방식으로 심리학자들도 마음에 대한 모델을 개발한다. 인지에 대한 다양한 모델들이 구성되어 왔다(Atkinson & Shiffrin, 1968; Conway, 1997).

인지 과정에 대한 한 가지 모델은 뇌의 형태로 제시되었다. 이 모델은 주의

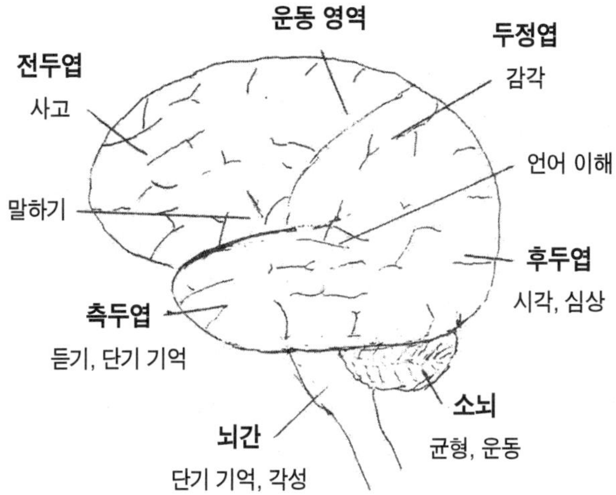

그림 1.1 뇌에서의 인지 기능의 국재화와 반응 양상

나 기억과 같은 특정한 인지적 처리들이 특정한 뇌 영역과 관련되어 있다고 생각한다. **그림 1.1**은 서로 다른 인지 기능들이 뇌에서 국재화되어 있다는 최근의 연구 결과를 바탕으로 구성된 인지 뇌 모델의 한 가지를 보여주고 있다. 또 다른 유형의 인지 모델은 개념적이다. 이러한 유형의 모델은 주로 일종의 흐름도의 형태로 제시되는데, 이러한 흐름도에서 각각의 박스들은 특정 인지 과정(예를 들어, 지각이나 학습)을 수행하는 인지의 특정 구성요소를 나타내고, 마음속에서의 처리 경로를 나타내기 위해 박스들이 선으로 연결되어 있다. 일반적으로 인지에 대한 개념적 모델들은 인지 과정이 뇌의 어느 영역에서 발생하는지 고려하지 않는다. 그보다 이러한 모델들은(예컨대, 지각과 짧은 기억 저장을 위한) 인지 과정의 구성요소들이 무엇인지, 그리고 이러한 구성요소들이 어떻게 서로 연결되거나 연결되지 않는지 확인하기 위해 응용된다(Norman, 1998).

그러나 인지 체계의 많은 측면들(예를 들어, 감각 체계, 지각, 주의, 학습)이 뇌 안에서 국재화되어 있다는 점에 유의할 필요가 있다. 사람들이 특정 인지 수행에 몰두해 있을 때 활동하는 뇌 영역은 뇌 영상 촬영기술을 이용하여 그 위치를 정확하게 찾아낼 수 있다. 그러나 어떤 인지 구성요소는 뇌에서의 정확한 위치가 불확실하거나, 사용된 인지 과제에 따라서는 뇌의 여러 영역으로 국재화되는 것처럼 보인다. 예를 들어, 이해, 기억, 추리, 문제해결, 의사결정 그리고 의사소통과 관련된 과정들은 대뇌피질의 여러 영역에 걸쳐 국재화되는 것 같다. 비교적 새로운 신경 영상기법(예를 들어, 기능적 자기공명 영상기법)은 활동 중인 뇌의 영상을 제공해 준다는 점에서 인지 기능의 국재화를 파악하는 데 도움이 된다는 것이 입증되었다(Cabeza & Kingstrone, 2002). 제안된 모델의 구성요소들이 특정 인지 과제 수행과 관련되는지의 여부는 실험법(Teasdale et al., 1995; Tulving, 1983), 인지 수행의 측정치들 사이의 상관관계 연구(Herrmann et al., 2001; Nyberg,1994; Schater, 2001), 그리고 다양한 유형의 뇌손상 환자들에 대한 연구(Schacter & Gilsky, 1986; Squire, 1987)를 통해 확인된다.

인지의 수준 아리스토텔레스나 플라톤과 같은 고대의 학자들은 요구된 과제에 따라 인지 과정들의 수준도 다양하다는 것을 깨달았다. 어떤 정신 과정들은 우리가 친숙하지 않은 어떤 것을 감각하거나 지각하거나 혹은 약호화할 때처럼, 새로운 어떤 것을 알 수 있게 한다. 이와는 달리 이해, 학습 또는 기억과 같은 정신 과정들은 이전에 축적한 기억에 우리가 접근할 수 있게 해준다. 문제해결과 의사결정과 같은 또 다른 정신 과정들은 우리가 해결에 도달할 수 있도록 다양한 인지 과정들을 통합할 것을 우리에게 요구한다.

구성요소 기능의 수준 만일 인지 과정들이 서로 다른 수준에서 일어난다면, 이러한 과정들을 발생시킨 인지 구성요소들도 서로 다른 수준에서 발생할 것이다.

- **낮은 수준의 입력 체계**: 감각 체계, 지각 체계, 약호화 체계
- **중간 수준의 체계**: 저장과 접근 체계－이해 체계, 등록 체계(학습), 기억
- **높은 수준의 체계(발견과 지식의 협응)**: 추리, 문제해결, 의사결정, 의사소통

우리가 알고 있는 인지에 대한 것들은 실험 연구, 관찰 연구, 상관관계 연구 그리고 다양한 형태의 면접 연구 등을 통해 발견된 것들이다. 인지심리학은 실제 세계에서의 인지심리학적 지식을 응용하는 것뿐만 아니라, 인지 과정에 대한 기초적 연구를 통해서 성장하였다.

응용 인지심리학이란?

간단히 말해, 응용 인지심리학은 인간 인지 과정의 원리에 기초를 두고 제품이나 서비스 그리고 절차를 창출하고 정교화하는 것에 초점을 맞춘 학문이다 (Barry, 1995; Davies & Pressley, 1993; Ellis & Jones, 1884; Logie & Bruce, 1990; Long, 1995). 연구자들이 효과적인 제품과 서비스를 어떻게 개발할 수 있는지는 여러 요인의 영향을 받는다.

첫째, 유용한 응용물을 효과적으로 창출하기 위해 응용 인지 연구자들은 인지의 기초적 과정과 기제에 대해 잘 알고 있어야 한다. 인지 체계와 이것의 다양한 구성요소들(예를 들어, 지각, 주의, 기억 등)에 대한 현재의 지식을 제대로 파악하는 것이 중요하다.

둘째, 인지 구성요소들에 대한 전반적 이해뿐만 아니라, 이러한 인지 구성요소들이 비인지적 양상들에 의해 어떻게 영향을 받는지 확인하는 것도 중요하다. 비인지적 양상들은 일반적으로 인지적인 것으로는 간주되지 않지만 인지적 기능에 영향을 줄 수 있고 또한 실제로 영향을 주는 전반적 생물-심리-사회 체계(bio-psycho-social system)의 한 부분이다. 비인지적 양상들은 개인의 신체 상태, 감정 상태, 동기, 사회적 맥락을 포함한다.

셋째, 효과적인 응용물을 창조하기 위해서는 다양한 문제들에 대해 실용적이고 실제적이며 융통성 있게 접근할 수 있어야 한다. 효과적인 응용물을 창출하기 위해서는 문제를 개념화하고 해결하는 데 창조적인 접근이 요구된다. 응용 인지 연구자들은 그들이 향상시키고자 하는 시스템, 기계 그리고 과정들을 완전하게 이해하고 있어야 한다. 마지막으로, 응용 인지 연구자들은 그들이 개발하고자 하는 응용물에 특별하게 영향을 미치지 않는다면 인지 과정의 세부사항이나 미묘한 차이에 너무 얽매여서는 안 된다. 원래의 목표에서 초점을 벗어나지 않는 것이 중요하다.

응용 인지심리학은 빠르게 성장하고 있다. 응용 인지심리학은 다양한 실용적 영역에서 중요한 기여를 하고 있으며 인간 행동을 탐구하기 위한 새로운 방법을 제공하고 있다. 실제 세계에서의 인지 수행은 실험실 상황과는 달리 좀 더 의미 있고 개인적으로 경험되기 때문에 비슷한 과제라 할지라도 대개의 경우 실제 세계에서의 인간 정보처리는 실험실에서 관찰되는 것과 많은 차이가 있다. 응용 인지심리학, 인간공학, 인지 어고노믹스, 인지공학 연구들은 인지심리학에서의 전통적인 접근방식이 인간 인지에 대한 완전한 설명을 제공하는 데 더 이상 충분하지 않다는 것을 보여주었다(Canas, 2003; Harris, D., 2001; Payne & Balckwell, 1997). 응용 인지심리학이 어떻게 시작되었는지 살펴보는 것도 도움이 될 것이다. 지금부터는 인지심리학의 탄생과 관련된 인물과 사건에 대해 기술하고자 한다.

응용 인지심리학의 기반

기초 학문과 응용 학문 사이의 관계에 대한 논의는 거의 4세기 전 철학자인 Francis Bacon(1905)까지 거슬러 올라간다. Bacon은 자연에 대한 지적인 이해와 실용적인 이해를 구분하였을 뿐만 아니라 이 두 가지 종류의 이해가 상호의존적이라고 가정하였다.

Bacon은 자연의 기본적인 원리들을 정의하는 데 기초 연구가 요구된다고 생각하였다(Adams, Smelse, & Trieman, 1982a, 1982b; Butterfield, 1957; deWolff,

1993; Hall & Hall, 1964; Pedhazur & Schmelkin, 1991; Wolfe, 1959). 이러한 원리들은 독립적으로 조작된 어떤 부류의 변인들이 종속 변인들을 어떻게 변화시키는지 기술한다(Platt, 1964). 예를 들어, 어느 한 연구소에서는 전쟁 발발 직후에 공군 조종사들에게서 공통적으로 나타나는 수면 박탈이 그들의 인지 수행에 미치는 효과에 관심을 갖고 이 변인 사이의 관계를 분석한 결과 전쟁 중 비행 상황에서 조종사들의 인지 기능이 25% 감소한다는 것을 발견하였다. 또한 다양한 환경 변인들(예를 들어, 온도나 조명)과 인간 변인들(예를 들어, 개인차나 약물 반응)을 정교하게 조작함으로써 수면 박탈 상태에 있는 조종사의 수행을 향상시킬 수 있다는 것도 발견하였다.

1800년대 후반에 Wilhelm Wundt가 과학적 심리학의 기초를 세웠을 때, 그는 심리학자들에게 심리학을 응용하기 위해 애쓰기 전에 기초심리학을 연구할 것을 권고하였다(Boring, 1950). 그럼에도 불구하고, 단 몇십 년이 지나지 않아 Wundt의 학생이었던 Hugo Munsterberg는 다수의 응용 연구 프로젝트를 수행하였고, 다른 사람들에게 응용심리학이 가능하다는 것을 알리기 위해 노력하였다(Fagan & VandenBos, 1993; Hergenhahn, 1986). 예를 들어, 그의 유명한 논문집인 「On the Witness Stand」(Munsterberg, 1908)에서는 왜 아이들이 법정에서 좋은 목격자가 될 수 없는지에 대해 초점을 맞추었다.

Bacon과 마찬가지로 Munsterberg(1913)도 "자연을 아는 것과 자연을 지배하는 것은 항상 함께 한다"고 믿었다(p. 6). 그의 스승인 Wundt와는 달리 Munsterberg는 심리학자들이 기초 연구가 가장 중요한 쟁점들을 모두 해결할 때까지 기다리지 말고 응용 연구를 수행해야 한다고 주장하였다. 그는 "만일 실험실 연구를 통한 이론적인 결과가 완벽해질 때까지 심리학자들이 실제적인 응용을 하지 않으려 한다면 응용심리학을 위한 시간은 결코 오지 않을 것"(p. 7)이라고 말하였다. Munsterberg(1908; **그림 1.2** 참조)는 "공학이 전통적인 물리학과 관련된 하나의 독자적 학문이 되었던 것과 같이 응용심리학도 엄격한 실험심리학과 관련된 독립적 실험과학이 될 것"(p. 9)이라고 주장하였다. Munsterberg는 응용심

그림 1.2 Hugo Munsterberg(1863~1916). 응용심리학의 창시자이자 응용 인지심리학의 선구자

리학의 창시자로 자주 기술된다(Munsterberg 1908, 1913, 1914; H. Munsterberg가 저술한 M. Munsterberg의 전기를 보라). 1916년에 Munsterberg가 사망한 이후, 응용 인지심리학에 대한 관심이 낮아졌는데, 그 이유는 행동주의가 심리학적 문제들을 바라보는 지배적인 방식이 되었기 때문이다. 행동주의 접근은 1950년대까지 지속되었다.

그럼에도 불구하고, 이 기간 동안에도 응용심리학에 대한 몇 명의 옹호자들이 있었다. Hollingsworth와 Poffenberger(1929)는 Bacon과 Munsterberg에 의해 기술된 기초과학과 응용과학 사이의 관계를 더욱 진척시킨 『응용심리학(Applied Psychology)』이라는 제목의 교재를 출판하였다. 응용과학과 기초과학 사이의 구별이 갖는 효용성을 강조하는 한편 Hollingsworth와 Poffenberger는 "모든 과학적 발견은 어느 정도 실제적 실용성을 가져올 수 있는 가능성을 갖고 있기 때문에 조만간 그것은 미래와 실용적 삶을 결정할 것"(p. 9)이라고 언급하였다. 이 시기에 Frederick Bartlett(1932/1995)도 기억을 연구하는 데 자연스러운 연구 절차가 사용되어야 한다고 주장하였다. 자연스러운 일상적 문장을 이용한 기억과 이해에 관한 연구를 통해 Bartlett은 기억의 구조적 본질은 무엇인지, 그리고 우리가 의미 있는 방식으로 정보를 기억하기 위해 도식(schema)을 어떻게 만들어내는지 탐구하였다. 그의 연구는 기억이 우리의 경험과 문화에 의해 영향을 받는다는 것을 보여주었다.

제2차 세계대전은 응용 인지 연구를 자극시켰다. 이 시기에서의 기술적 문제들(예를 들어, 항공기나 무선 통신장비가 갖는 문제들)은 제품 설계와 다른 응용 영역에서 심리학자들로 하여금 인지 원리들에 다시 관심을 갖도록 만들었다(Lachman, Lachman, & Butterfield, 1979; Miller, Galanter, & Pribram, 1960). 이 시기에 심리학을 응용하는 데 특히 성공적이었던 심리학자는 Donald Broadbent였다. 그는 그 자신이 항공기 조종사로서 활동하면서 직접 경험하였던 항공기 조종석의 계기들이 갖는 문제들을 파악하고 해결책을 모색하였다. 항공기 조종사로서 Broadbent는 지각과 주의에서의 에러를 일으키는 계기들의 혼란스러운 유사성을 정확하게 인식할 수 있었던 것이다. 실제적인 문제에 대해 자신이 이해하고 있던 인지 과정에 대한 지식을 응용함으로써 그는 인간 수행의 향상을 가져올 수 있도록 조종석 계기 설계에 변화를 가져왔다.

Broadbent(1958)의 조종사로서의 경험은 그가 주의 과정의 이해에 중요한 기여를 하도록 해주었다. 전쟁 기간 동안, 무선통신은 여러 메시지가 동시에 전달되는 상황에서조차 단일 주파수를 사용하고 있었다. 이 때문에 무선통신 수신자는 동시에 전달되는 여러 메시지들 중에서 자신이 필요로 하는 정보에 선택적으로 주의를 기울여야만 했다. Broadbent는 이원청취과제(dichotic listening task)로 알려진 과제를 이용하여 이 상황을 재현하여 연구하였다. 이원청취과제에서는 이어폰을 통해 좌우 귀에 서로 다른 메시지가 전달된다. 이원청취과제에서 관찰되는 사람들의 반응 분석을 통해 주의가 사람들로 하여금 관련 없는 정보를 무시하고 걸러내도록 할 수 있다는 것을 확인하였다. Broadbent가 수행한 여러 연구 영역들은 인지심리학이 창조적으로 실제 장면에 응용될 수 있음을 보여주었다.

1950년대에 응용 인지 연구는 학습과 언어 문제에 초점이 맞추어졌다(Baars, 1986). 이 두 가지 연구 영역을 통해 행동주의자들의 자극-반응 접근에 대한 불만이 점점 더 고조되었다. 또한, 인공지능 연구자들은 학습과 같은 인간의 정보처리 과정을 모사하는 데 컴퓨터가 이용될 수 있다는 것을 보여주었다(Gluck & Myers, 2000; Russell & Norving, 2003). 인간의 마음이 컴퓨터와 유사하게 기능할 것이라는 생각은 매우 급진적인 것이었는데, 이러한 생각은 1960년대 초반부터 지금에 이르기까지 인지 이론의 개발에 큰 영향을 미쳤다(Lachman et al., 1979).

1967년 Ulric Neisser는 『인지심리학(Cognitive Psychology)』이라는 제목의 교재를 출간하였다. 이 책은 제2차 세계대전 동안과 그 이후에 수행된 인지심리학 연구들을 체계적으로 정리한 최초의 저서였다. 많은 심리학자들이 이 책을 읽었고, 여러 대학의 교수들은 학생들의 필독 도서로 이 책을 꼽기도 하였다. 이 책은 인지심리학이라고 하는 새로운 학문 영역을 이해하는 데 첫 번째로 읽어야 하는 책이었기 때문에, 때로 현대 인지심리학의 시작은 Neisser의 저서 출판과 함께 시작되었다고 여겨지기도 한다.

기초 인지 연구가 자라나고 성숙함에 따라, 현대 응용 인지 연구도 점점 더 흔하게 수행되었고(Baddeley, 1981; Baddeley & Wilkins, 1984; Berger, Pezdek, & Banks, 1987; Gillan & Schvaneveldt, 1999; Hoffman, 1997; Hoffman & Deffenbacher, 1992), 더 많은 심리학자들이 인지 연구에 더 광범위한 접근들을 시도하게 되었다(Schacter, 1984; Solomon, Goethals, Kelley, & Stephens, 1986; Wyer & Srulll, 1986). 많은 기초 연구자들은 그들의 발견이 실세계에서의 사람들의 반응을 실제로 예측해 줄 수 있는지 관심을 갖기 시작하였다(Nickerson, 1997).

다른 연구자들은 생태학적으로 가치 있는 연구(즉, 실험실에서 얻어진 기초 연구의 발견들이 실제 환경에서도 재현될 수 있는지 평가하는 연구; Cohen, 1989 Hutchins, 1995; Neisser, 1982; Winograd, Fivush, & Hirst, 1996; Payne,

2001, Neuschatz, Payne, Lampinen, & Toglia, 2001)에 관심을 갖기도 하였고, 더 많은 응용 연구자들이 기초 연구의 실용적인 사용을 개발하기 위해 노력하였다(예를 들어, Baddeley, 1990; Conrad, 1997; Neath & Surprenant, 2003; Payne, Klin, Lampinen, Neuschatz, & Lindsay, 1999; Squire, 1992; Tulving & Craik, 2000).

기억에 대한 과학적 지식의 실용적인 사용에 초점을 맞춘 응용 인지 영역의 개발을 위해 특히 중요한 두 번의 학술대회가 개최되었다. 첫 번째 '기억의 실용적 측면에 대한 국제 학술대회(Practical Aspects of Memory Conference)'는 1978년에, 그리고 두 번째 대회는 1987년에 모두 Wales에서 개최되었다. 이 두 학술대회에서는 목격자 기억, 얼굴 재인, 메타기억, 자전적 기억, 예기 기억, 지식의 유지, 행위 기억, 기억의 교육적 관점과 같은 다양하면서도 당시에는 "혁신적인" 영역들이 다루어졌다. 이 두 개의 국제 학술대회에서 발표된 논문들을 수록한 논문집에는 당시의 응용 기억 연구의 현황과 쟁점들이 수록되어 있다(Gruenberg, Morris, & Sykes, 1988).

비록 많은 사람들이 기억 연구를 일상 영역까지 실용적으로 응용하는 것에 대해 가치 있는 것으로 생각했지만, 기억에 대한 기초 연구자들과 응용 연구자들 사이에 논쟁이 벌어졌다. 이 논쟁은 위에서 소개한 첫 번째 국제 학술대회에서 행한 Neisser의 기조 연설이 촉발시켰는데, 이 연설에서 Neisser는 어떤 연구자들은 감탄시켰겠지만 다른 연구자들은 화나게 하는 매우 논쟁적인 방식으로 기초 연구의 유용성에 대한 의문을 제기하였다.

1988년에 '기억의 실용적 측면에 대한 국제 학술대회'가 다시 개최되었다. 그 다음 해에 Banaji와 Crowder(1989)는 응용 연구가 기억의 기초 원리에 대해 밝혀낸 것이 거의 없거나 전혀 없다고 주장하면서 이전의 국제 학술대회에서 Neisser가 언급한 내용을 정면으로 비판하였다.

그 후, Elizabeth Loftus(1991)는 「American Psychologist」라는 학술지의 특별호를 통해 이러한 논쟁을 좀 더 구체적으로 다루고자 하였다. 그러나 이 특별호에 기고된 논문들(여기에는 Bahrick, Bruce, Conway, Klatsky, Loftus, Morton, Foediger, Tulving, Cecik, Bronfenvrenner의 논문이 게재되었다)들과 이러한 논문들에 대한 Banaji와 Crowder의 회신 논문은 기초 연구자와 응용 연구자들 사이의 갈등을 더욱 심화시키는 결과를 초래하였다. 한편, Klatsky(1991)와 Baddeley(1981, 1993)는 이러한 논쟁은 잠시 접어두고 기초 연구자와 응용 연구자들이 서로 협력한다면 양쪽 모두가 진보할 수 있을 것이라고 주장하였다(Baddeley, 1981, 1993; Zacks & Hasher, 1992). 1994년에 개최된 국제 학술대회에서는 기초 연구자들과 응용 연구자들 사이에 조화가 이루어졌다.

"기억의 실용적 측면에 대한 국제 학술대회"가 지속적으로 개최되는 동안 응용 인지심리학은 다른 방향들로 발전하고 있었다. 다른 연구자들은 응용 인지 연구를 정기적으로 보고할 수 있는 학술지를 창간하려고 시도하였다. 「The Journal of Applied Cognitive Psychology」는 1987년에 처음으로 출간되었다. 같은 해에, Berger 등(1987)은 이 새로운 영역에 대한 연구 논문들을 중심으로 응용 인지심리학에 관한 첫 번째 저서를 출간하였다. 1992년에는 기억과 인지의 응용에 대한 「Memory & Cognition」의 특별호가 출간되기도 하였다.

1994년에 기억과 인지의 응용 연구 학회(Society for Applied Research on Memory and Cognition)가 설립되었다. 이 학회는 설립 이후 매년 또는 격년으로 학술대회를 개최하고 있다. 1996년 이 학회는 인간의 인지 수행을 보조하는 기술에 대한 연구(예를 들어, Nickerson, 1997)를 발표할 수 있도록 「Cognitive Technology」라는 저널을 발행하고 있다.

응용 인지심리학의 성장

앞에서 살펴본 바와 같이 응용 인지심리학은 기초 인지심리학이 성장함에 따라 급속하게 발달하였다. 지난 30년 이후, 많은 연구자들은 일상의 문제들을 이해하기 위해 기초 인지 이론들을 성공적으로 응용시켜 왔다(Barber, 1988; Berger et al., 1987; Banjafield, 1997; Galotti, 2003; Gruneberg & Moris, 1992; Grunegerg, Morris, & Sykes, 1978, 1988; Herrmann, McEboy, Hertzzog, Hertel, & Johnson, 1996a, 1996b; Izawa, 1993; Oayne & Conrad, 1997). 많은 새로운 제품과 서비스가 그랬던 것처럼(Clegg, 1995), 다양한 응용물들이 이 기간에 걸쳐 개발되었다(Hoffman & Deffenbacher, 1992, 1993). 응용 인지심리학은 인지에 대한 자기만의 특별한 입장을 개발하는 데 성공해 왔는데, 이러한 입장은 기초 인지심리학(Ellis & Jones, 1994); Guenther, 1998; Haberlandt, 1997)이나 인지과학(Gardiner, 1985; Gardner, Kornhber, & Wake, 1996; Mandler, 1985; Simon, 1980)을 포함한 인지를 설명하는 다른 학문 영역과 다소 다른 관점을 가지는 것이었다.

응용 인지심리학자에 의해 제기되고 해결된 실제 세계 문제들의 영역은 인상적이다(Payne et al., 1999; Walker & Herrmann, 2004). 이해, 의사소통, 학습, 기억, 추리와 문제해결에서 사람들이 어려움을 겪는 상황을 개선하기 위한 제품과 서비스가 고안되었다. 예를 들어, 인지심리학의 원리는 가정, 사무실, 산업체, 그리고 정부기관에서 사용되는 수많은 제품이나 서비스와 조사방식을 향상시키고 상업적 소프트웨어에서 결점을 확인하며, 신경심리학적 손상 때문에 생긴 인지 문제를 위한 치료의 개발 등에도 성공적으로 응용되어 왔다.

특히 상당한 연구가 사법과 재판의 관습에 대해 중요한 질문들을 제기하였다. 예를 들어, 응용 인지 연구의 발견들은 법정에서 목격자의 증언이 갖는 문제를 부각시켰다. 그러한 발견들은 또한 처방전 없이 복용 가능한 약물에 대한 광고를 규제하기 위한 미국 식약청의 관리지침들을 평가하는 데도 사용되었다. 인간이 정보를 처리하는 방식 때문에, 사람들로 하여금 제품에 대해 잘못 인식할 수 있게 광고를 왜곡하는 것은 쉬운 일이다. 예를 들어, 광고 문구의 일부를 방략적으로 생략하는 것은 소비자들로 하여금 생략된 부분을 자기 스스로 채워 넣도록 함으로써 광고를 더 효과적인 것으로 만들 수 있다(Sawyer & Howard, 1991).

우리가 직접 추론하거나 결론을 내린다면 우리는 우리가 추측한 메시지에 대해 의문을 덜 가질 것이기 때문이다.

기억-관련 응용물 기억에 초점을 맞춘 응용들에는 평가-관련 측정치(Poon et al., 1986), 기억 보조물(Intons-Peterson & Newsome, 1992; Yoder & Herrmann, 2003), 기억 향상 방략(Herrmann, Weingartner, Searleman, & McEvoy, 1992; McEvoy, 1992; Poon, 1980), 그리고 인지 재활 프로그램(Bergman, 1998; Cracey, 1996; Herrmann & Parente, 1994; Parente, 1998; Parente & Anderson-Parente, 1991; Schacter & Gilsky, 1986; Solberg & Mateer, 1989; Wilson, 1987) 등이 포함된다. 응용 인지심리학의 미래는 이것이 일상의 문제들을 해결할 수 있는 제품이나 서비스를 얼마나 잘 창출할 수 있는지에 달려 있다.

응용심리학이 아닌 것은 무엇인가?

응용 인지심리학은 응용 가능한 연구 혹은 생태학적으로 타당한 연구에 그 뿌리를 두고 있다고 할 수 있지만, 이런 종류의 연구들만으로 응용물들을 충분히 개발할 수 있는 것은 아니다. 원래 응용 인지심리학은 기초심리학 이론으로부터 파생되었지만 응용 인지심리학은 방략, 기법, 그리고 상황에서 상황으로 일반화가 가능한 제품을 창출하기 위해 노력하기도 한다(Chapanis, 1967; Chapanis & Moragan, 1949; Herrmann & Raybeck, 1997; Intons-peterson, 1997).

심리학의 어떤 하위 영역들은 응용 인지심리학에 바탕을 두고 특정한 유형의 응용물을 제공하기 위해 전문화됨으로써 발생하였다는 것을 명심하는 것이 중요하다. 인지공학, 인지 재활, 그리고 인지 치료는 각각 핵심이 되는 나름대로의 전문 영역을 갖고 있다. 학제 간 영역의 하나인 조사 방법론 영역은 조사를 설계하고 실시하기 위한 고유의 인지적 방법들을 개발해 왔다(Jabine, Straf, Tamir, & Tpiramgeai, 1984; Lofrus et al., 1985; Sirken et al., 1999). 역사가들은 역사

표 1.1 인지심리학 관련 영역들과 응용 분야

- **인지심리학**—통제된 실험과 관찰을 통해 근본적인 인지 과정을 탐구하는 기초 인지 연구
- **인지과학**—인간과 시스템이 갖는 지식의 기원, 발달, 구성요소 및 활용에 대한 학제적 학문 영역
- **생태학적으로 타당한 인지 연구**—자연스러운 실제 세계 환경에서의 기초적 인지 과정 연구
- **응용 가능한 인지 연구**—기초적 인지 연구 혹은 생태학적으로 타당한 인지 연구의 잠재적 응용에 대한 연구
- **인지적 응용들**—실용적인 문제해결을 위한 기초 인지심리학의 사용
- **인지 기술**—다양한 상황과 사람들에 일반화될 수 있는 응용물의 개발

공학

- **인간공학**—기계의 사용과 설계를 위해 응용된 공학
- **인지공학**—인지 과정을 고려하는 공학
- **인지 인간공학**—인지 최적화를 위한 장비 설계

의사소통

- **교습 기술**—가장 효과적인 교습 방법을 위한 기술
- **정보처리 이론**—정보가 표상되고 전달되는 방식에 대한 이론

연구 방법의 향상을 위해 인지에 대한 그들의 이해를 응용하였다. **표 1.1**은 응용 인지와 관련된 몇 개의 학문 영역들을 제시하고 있다(Sanders & McCormack, 1993).

응용 인지심리학의 미래

응용 인지심리학은 이것이 이미 해결한 많은 문제들뿐만 아니라 개인, 조직 그리고 기관이 직면한 다양한 문제들을 해결하고자 한다. 또한 응용 인지심리학은 새로운 기술과 서비스 창출의 측면에서 가장 생산적이고 강력한 현재의 인지

이론을 활용할 수 있는 잠재력을 갖고 있다(Herrmann, Yoder, Parent, & Schooler, 1997; Walker & Herrmann, 2004). 우리가 어떻게 생각하고 정보를 처리하는지는 많은 인지적/비인지적 요인들에 따라 결정된다.

인간공학, 인지 어고노믹스, 그리고 인지공학(Harris, 2001)과 마찬가지로, 응용 인지심리학도 전통적 인지심리학만으로는 복잡한 인간 정보처리가 갖는 모든 측면들을 충분히 해결할 수 없다고 가정한다. 인지심리학에서는 인지 단위(예를 들어, 학부 재학생)가 최적으로 기능한다고 가정되지만, 응용 인지심리학은 인간의 반응을 반영할 수 있는 인공두뇌 모델(cybernetic model)의 사용을 제안한다. 이 모델은 사람이 환경과 어떻게 상호작용하고 행동하는지 고려한다. 상호작용은 서로 다른 과정의 결과로서 발현되는 것으로 여겨진다. 인공두뇌 모델을 활용하는 데는 피드백의 개념이 특히 중요하다. 사람은 아마도 자신이 알고 있는 것에 대해 심리적, 신체적, 그리고 사회적 요인들로부터 모두 피드백을 받을 것이다. 어떠한 결과를 도출하는 피드백의 역할과 함께 사람과 환경 사이의 상호작용을 인식함으로써 이 모델은 인간 반응에 대한 이해 가능한 설명을 제공해 줄 수 있을 것이다.

당신은 이 책에서 무엇을 배울 것인가

인지심리학에 대한 응용적 접근은 표준적인 인지심리학 교재에서 다루어지는 것보다 훨씬 더 광범위한 문제들로 주의를 기울일 것을 요구한다. 이 책에서 특히 더 잘 배울 수 있는 주제들에는 다음과 같은 것들이 포함된다.

- 응용 연구의 본질
- 기초 연구와 응용 연구의 관계
- 기초 인지 연구의 원리
- 응용 인지 연구의 원리

- 상이한 인지 과정에 대한 응용 연구의 예시들
- 창조적인 생각을 생성하는 방법
- 창조적인 생각을 적합하게 응용하는 방법
- 응용 인지심리학자들이 갖는 직업의 특징

요약

이 장에서 우리는 응용 인지심리학이 무엇인지와 앞으로 응용 인지심리학은 어떤 모습을 갖게 될지에 대해 기술하였다. 간단히 말해, 응용 인지심리학은 여러 상황에서 사용될 제품과 서비스를 설계하고 연구하기 위해 과학적 지식을 응용하는 학문이다. 응용 인지심리학은 4세기 전 기초심리학과 그 응용 사이의 관련성에 대한 Francis Bacon의 생각에 뿌리를 두고 있다. 응용 인지심리학은 기초 인지 이론에 크게 의존한다. 그러나 이것의 주관심사는 인지 인간공학, 인지공학 그리고 인간공학과 겹친다(Payne & Blackwell, 1997). 응용 인지심리학의 목표는 사회의 공익에 유익한 공헌을 하기 위해 인지심리학적 지식을 응용하는 것이다.

제 2 장

기초 인지 연구와 응용 인지 연구의 공통점과 차이점

과학이 자연의 법칙을 발견하면 산업은 필요에 의해 그것을 응용한다.

–작자 미상

당신은 응용 연구와 기초 연구 사이의 차이점에 대해 이미 어느 정도는 배워서 알고 있을 것이다. 그럼에도 불구하고, 이 두 가지 영역 사이에는 당신이 모를 수 있는 미묘하면서도 아주 중요한 차이가 있다. 이러한 두 가지 과학 영역 사이에 전문가들조차 모두 알지는 못하는 분명한 차이가 있는 것이다.

다양한 이유들 때문에 기초 인지 연구자들과 응용 인지 연구자들은 서로 상이한 방식으로 연구를 수행한다. 기초 인지 연구자들은 가능한 한 많은 변인들을 통제하여 다른 변인들의 효과는 제거함으로써 특정 변인이 갖는 순수한 효과를 확인하고자 한다. 이에 비해 응용 인지 연구자들은 때로 다른 변인들을 통제하지 않으면서, 응용에 핵심이 되는 하나 혹은 그 이상의 변인들이 갖는 효과를 밝혀내고자 한다. 응용 인지 연구자들은 다른 변인들의 효과를 무시하거나 제거하는 대신 어떻게 이 변인들이 응용의 효과성에 영향을 미칠 수 있는지 측정한다.

미국 연방항공청(Federal Aviation Administration: FAA)이 항공 관제사와 조종사 사이의 의사소통을 좀 더 빠르게 할 수 있는 방법을 찾고자 한다고 가정해 보자. 이 경우, 기초 인지 연구자들은 복잡도와 전송 속도에서 변화를 준 메시지들을 특정 집단의 조종사들이 얼마나 정확하게 이해하는지를 검증할 것이다. 메시지가 갖는 특성이 조종사의 메시지 이해도에 얼마나 효과를 미치는지 살펴보기 위해 기초 인지 연구자들은 조종사들의 훈련과 조종 경험에서의 수준, 수면량, 그리고 실험에 참가하는 시간 등을 모두 거의 동일하게 통제하고자 할 것이다.

응용 인지 연구자도 가능하다면 기초 인지 연구자들과 동일한 방식으로 조종사들의 이해도 수준을 측정하고 검증할 것이다. 그러나 이러한 연구 절차는 축약된 형태로 신속하게 진행될 수 있다. 응용 인지 연구자들은 때로 기초 인지 연구자들에 비해 더 신속하게 해결책을 도출해야 한다는 압박감을 경험한다. 예를 들어, 관제사나 조종사 사이의 교신에 사용될 수 있는 최적의 메시지 전송 속도를 결정하는 연구는 사고가 막 발생하였거나 혹은 안전상의 이유로 그것에 변화를 가져오는 것이 급히 요구되었기 때문에 수행될 수 있는 것이다. 연구를 통해 신속한 해결책을 얻고자 하는 상황이라면, 응용 인지 연구자들은 모든 조종사들이 동일한 배경을 갖고 있어야 타당한 연구가 될 수 있다는 것을 굳이 심각하게 따지려 하지는 않을 것이다. 또한 그들은 조종사들이 동일한 시간대에 실험에 참여하도록 하기보다는 조종사들이 각자 실험에 참여할 수 있는 시간에 따라 실험을 수행할 것이다. 더구나 응용 인지 연구자들은 메시지의 제시 속도에서 차이가 있는 실제의 녹음된 무선 메시지를 이용하여 각각의 메시지에 대해 조종사들이 어떻게 반응하는지 분석함으로써 조종사들이 이를 얼마나 잘 이해하는지를 분석할 것이다. 이와는 대조적으로 기초 인지 연구자들은 대개의 경우 어떤 변화가 요구되는지의 여부를 확인하기 위해 무선 메시지를 청취할 필요는 없다.

이 장에서는 기초 인지 연구와 응용 인지 연구가 연구 방식에서 어떻게 다른지 설명할 것이다. 기초 인지 연구는 어떤 것이 발생한 원인을 설명하고자 한다.

이에 비해 응용 인지 연구는 이러한 설명에 기초하여 사회가 필요로 하는 응용물과 기술을 개발하고자 한다(Herrmann, 1995, 1997a; Payne, Conrad, & Hager, 1997). 기초 인지 연구자들이 인지의 구조(Anderson, 1983; Gillian & Schvaneveldt, 1999; Squire, Knowlton, & Musen, 1993)나 인지의 과정(Jacoby, Lindsay, & Toth, 1992)에 대한 질문에 초점을 맞추고 있는 것과는 대조적으로, 응용 인지 연구자들은 좀 더 실용적이고 기능적으로 인지 문제를 해결하기 위한 접근을 시도한다. 기초 인지 연구와 응용 인지 연구 사이에 연구 방식에서 왜 차이가 있는지를 이해한다면 이 두 영역이 각각 과학과 사회에 어떠한 기여를 하는지 더 잘 이해할 수 있을 것이다. 여러분이 심리학을 계속 공부할지의 여부와는 상관없이 이러한 지식은 향후에 여러분이 과학적 서적을 읽을 때 많은 도움이 될 것이다.

훈련과 전문성

당신은 응용 인지 연구자들과 기초 인지 연구자들이 같은 학교에서 같은 시기에 공부했다는 점을 안다면 아마 놀랄 것이다. 다시 말해, 이들은 같은 강의를 들었고 심지어는 같은 유형의 연구를 수행하였다. 몇백 년 전에는 모든 과학자들이 두 분야의 연구에서 전문가가 되는 것이 가능했고 또 그렇게 되기를 기대했었다. 실제로 20세기가 시작될 때까지도 기초과학과 응용과학에서 모두에서 지식을 가진 학자들이 많이 있었다. 오늘날에는 정보와 연구 방법에서의 엄청난 증가, 그리고 기초 연구와 응용 연구 사이의 물리적/제도적 차별화 때문에 모든 영역의 인지과학자들은 응용 연구와 기초 연구 중 하나를 선택해야 하는 압박감을 경험하게 되었다. 이러한 선택은 대학원이나 대학원을 졸업한 뒤 직장에서 이루어진다.

일단 취직이 되고 나면 기초 연구자들과 응용 연구자들은 각자 그 영역에서 전문화된다. 최근 몇십 년 동안, 다양한 학문 분야에서의 기초 연구의 급격한 증가로 인해 기초 연구자들은 매우 좁은 연구 영역에 대해 방대한 양의 논문을 읽고 이해함과 동시에 그 영역에 대해 전문적으로 익숙해지는 것이 필요하게 되었다.

이와는 대조적으로, 응용 인지 연구자들이 전문화되는 경우는 매우 드물다. 왜냐하면 응용 연구자들은 하나의 연구가 끝나면 또 다른 연구를 수행해야 하고, 이로 인해 응용 연구자들의 연구 주제는 계속해서 바뀌기 때문이다. 이러한 특성 때문에 응용 인지 연구자들은 여러 방면에 대한 지식을 골고루 축적함으로써 다양한 인지적 응용과 기술을 다룰 수 있는 능력을 갖게 된다.

실용성에 대한 지향

응용 인지 연구자들은 인지심리학이 세상에 대해 무엇을 할 수 있는지에 대한 비전을 갖고 있다. 이들은 실용적이고 실제적인 문제들뿐만 아니라 다양한 범위의 경험적 연구와 이론에 대한 확고한 이해 기반을 갖고 있다. 응용 인지심리학자들이 응용적 문제를 다룰 때 이들은 다른 유형의 전문가들에 비해 인간 인지 과정을 포함한 문제들에 대해 창조적이면서도 유용한 해결책을 개발하는 데 훨씬 더 많은 준비가 되어 있다(Gillian & Schvaneveldt, 1999).

기초 연구자와 응용 연구자의 관심

과학자들은 변인을 확인하는 것으로부터 시작한다. 이들은 어떤 현상을 가져오는 변인이 무엇인지 확인하고자 하는데, 이러한 변인은 독립변인(independent variable)이라고 불린다. 과학자들은 어떤 현상을 특징짓는 변인들도 확인하고자 하는데, 이러한 결과가 되는 변인 혹은 수행 변인들은 독립변인에 따라 달라질 수 있기 때문에 종속변인(dependent variable)이라고 불린다.

변인들 사이의 관계를 정확하게 명세화하는 것은 과학의 주요 목적일 것이다. 기초 연구를 통해 밝혀진 관계는 "기초적"이라고 말하는데, 그것은 그러한 관계가 다양한 상황과 자연적으로 일어나는 현상에 응용되기 때문이다. 연구들이 다양한 상황으로 일반화되어야 한다는 점에서 기초 연구는 "순수한 연구"라고 불리기도 한다(Chapanis & Morgan, 1949; Wright, 1978). 실제로 기초 연구자들은 연구의 관심이 되는 현상에 대한 설명 도구를 개발하는 연구자들이라고 말해지기도 한다(Payne et al., 1997). 기초 연구를 통한 결과들은 상황적 영향을 파악하는 데 직접적으로 혹은 약간의 수정만을 통해 응용된다.

응용 연구자들은 특정한 문제를 해결하고 응용물을 설계/구현하는 것에서 근본적 원리들의 응용 가능성을 검토한다(Chapanis & Morgan, 1949). 응용 연구에서는 기초적 원리들을 응용 가능한 연구에서부터 궁극적으로는 응용물을 실제로 개발하는 것까지 확장하여 응용한다(Hawkes, 1973; Herrmann, 1995; Herrmann & Gruneberg, 1993; Lens, 1987; Wright, 1978). 만일 적합한 방법으로 원리를 응용했음에도 불구하고 이 원리들이 문제를 해결하지 못한다면 응용 연구자들은 이 문제를 기초 연구자들에게 넘겨 추가적인 보완을 요청할 수 있을 것이다. 기초적 원리에 어떤 결함이 있다는 것을 발견하였다면 기초 연구자들은 원래의 원리에 어떠한 부분에서 결여되어 있던 요인을 발견하고자 노력할 것이다.

심리학에서의 기초 영역과 응용 영역

심리학에서 기초 연구와 응용 연구를 분리하고자 하는 경향은 일찍부터 시작되었다. Ebbinghaus(1885/1913)는 기초 연구적 전통으로부터 또 다른 기억 연구의 전통을 수립하였다. 그가 수립한 이러한 전통은 연구자들이 응용적 관점에서 기억을 연구하는 것도 충분히 가능하다는 것을 인식하기 전까지 거의 100년 가까이 지속되었다.

표 2.1 응용과학과 기초과학의 분야들

기초과학	응용과학
물리학	공학
화학	화학공학
생물	의학
심리학	응용심리학

현재, 기초 연구와 응용 연구 사이의 관계는 연구자들이 어떤 영역에서 연구 활동을 수행하고 있는지에 바탕을 두고 있다. 기초 연구는 현상들의 근본이 되는 원리들을 밝혀낸다. 응용 연구는 특정 상황에 이러한 원리들을 어떻게 응용하는 것이 최상인지를 탐구한다. 지난 수십 년 동안 이러한 연구 활동 영역에 따른 기초 연구와 응용 연구 사이의 구분은 심리학뿐만 아니라(Herrman, Raybeck, & Gruneberg, 1998; Intons-Peterson, 1997; Wright, 1978) 여러 과학 분야에서(Schultz, 1979, **표 2.1** 참조) 성공적으로 이루어져 왔다. 일반적 과학 분야와 심리학에서의 이러한 구분의 예시는 **표 2.2**에 제시되어 있다.

표 2.2 기초심리학과 응용심리학 분야의 구분

기초심리학	응용심리학
이상심리학	임상심리학
사회심리학	산업/조직심리학
정신 능력/성격심리학	정신 측정학/심리평가
신경심리학	인지 재활
건강심리학	행동치료
동기심리학	소비자심리학
인지심리학	응용 인지심리학

학제적 접근들

전통적으로 응용 연구는 기초 연구에 비해 학제적 특성을 더 많이 갖고 있다(Schonflug, 1993a). 응용적 연구 프로젝트는 실제 세계에서 수행되기 때문에 연구되는 변인들을 분리하기 위해 몇 개의 학문으로부터 필요한 정보를 얻어야 하기 때문이다(Johnson & Field, 1981). 기초 연구에서는 제한된 수의 독립변인으로 연구될 수 있는 근본적 원리를 찾기 위해 수행되기 때문에 이러한 접근은 한두 가지 정도의 학문적 영역 안에서 이루어지는 것이 대개의 경우 더 용이하다. 기초 연구가 학제적인 경우가 있더라도 응용 연구에 비해 더 적은 수의 학문들이 포함된다.

연구 결과의 발표와 의사소통에서의 차이

기초 과학자들은 자신의 연구를 학회나 학술지를 통해 발표하는 반면, 응용 연구자들은 산업적 경쟁이나 보안을 위해 자신의 연구를 원형이나 표준(혹은 설계명세서) 혹은 보고서 등과 같이 널리 알려지지 않는 방법으로 발표한다. 이러한 철학과 의사소통 방식에서의 차이는 한 집단이 다른 집단의 연구에 대해 상당한 수준의 회의를 갖게 하는 결과를 낳는 경향으로 이어졌다. 기초 연구자들은 응용 연구자들이 적합하지 못한 실험 절차를 사용하고 있을 뿐만 아니라 모든 가용한 연구 지식도 완전하게 활용하지 못하고 있다고 본다. 이에 비해 응용 연구자들은 기초 연구자들이 실제 세계에서의 현실적 문제에 관심이 없고 어떠한 결과를 얻을 때까지 너무 느리다고 지적한다.

더구나 기초 연구자들과 응용 연구자들이 함께 일하는 것은 매우 효과적이지 못하다. 기초 연구자들은 자신의 아이디어가 사용될 수 있도록 하기 위해 다른 사람들과 서로 의사소통하는 능력이 필요하다. 이와 유사하게, 응용 인지심리학자들도 다른 사람들과 서로 의사소통하는 능력이 있어야 하지만, 이와 동시에 이들은 자신의 아이디어를 감독자나 경영진 그리고 소비자들에게 팔 수도 있어야 한다.

만일 응용 연구자들이 제품이나 서비스에 대한 자신들의 성과를 알리기를 꺼린다면 그들이 얻을 수 있는 힘에 제한이 생길 뿐만 아니라 새로운 제품이나 서비스의 창출도 늦어질 것이다. 대중들이 새로운 제품이나 서비스가 어떤 원리로 설계되었는지 알 필요는 없을 것이다. 다시 말해, 새로운 제품의 인지적/시간적 절약 효과를 보여줄 수 있는 강력한 방법을 찾는 것이 더 중요한 것이다.

응용 인지 연구의 예

비슷한 모습의 용의자들 속에서 범인을 확인하기 위해 여러 용의자들을 줄 세우고 목격자로 하여금 그중에서 범인이라고 생각되는 사람을 지적하도록 하는 라인업 절차(lineup procedure)는 경찰에서 흔히 사용하는 방법이다. 가상적인 예시를 들어 보자. Downsberry 경찰은 엉터리 라인업 절차를 사용함으로써 몇 명의 용의자들은 감옥에 가두는 대신 중범죄자 몇 명을 석방하였다는 것에 대해 언론의 질책을 받았다. 이러한 비판을 해결하기 위해 Downsberry 경찰서는 그 경찰서에서 사용한 라인업 절차를 개선시키는 방법을 심리학자들에게 의뢰하였다. 심리학자들은 Downsberry 경찰서에서 과거에 사용되었던 라인업 절차에 대한 자료를 수집하여 다양한 측면들(예를 들면, 용의자들의 신체적 특징, 라인업 절차를 수행하는 경찰관들의 배경, 혹은 범죄 발생과 라인업 절차 사용 사이의 시간적 간격 등)에 대해 그 자료를 분석하였다. 또한 경찰이 사용하고 있는 다른 라인업 방법들도 서로 비교하였다. 분석된 자료를 토대로 심리학자들은 특별히 Downsberry 경찰서의 라인업 절차를 향상시키기 위한 몇 가지 권고사항들을 제공하였다. 그러나 이 권고사항들은 Downsberry 경찰에서만 주로 사용되었다 (Gruneberg & Morris, 1992a; Gruneberg & Sykes, 1993; Wells, Seelau, Rydell, & Luus, 1994; Egeth, 1993과 Loftus, 1979도 보라).

Downsberry 경찰에 대해 특별한 권고사항을 제시해 주는 것과 같은 이러한 유형의 연구들은 그 결과의 일반화 가능성에서 제한점을 갖고 있다. 그것은 다른 응용 연구들과 마찬가지로 특정 연구의 어떤 조건들은 특수한 것일 수 있고, 최소한 전형적인 것이 아닐 수 있기 때문이다. 다른 경찰서에서는 분명히 Downsberry 경찰서와는 어느 정도 다른 라인업 절차를 사용할 것이기 때문에 Downsberry 경찰 라인업 절차에 대한 연구는 다른 경찰서로 일반화될 수 없을 것이다. 그럼에도 불구하고, 이 연구의 결과들이 이와 유사한 다른 연구들과 함께 고려된다면 라인업 절차의 일반적 측면에 대한 일반적 결론을 이끌어내는 데 기여할 수 있을 것이다. 예를 들어, 서로 다른 경찰서에서 사용하고 있는 라인업 절차들에 대해 두 개 이상의 연구들이 결과에서 공통적인 형태를 보인다면, 이러한 결과 형태는 연구문제와 관련된 근본적인 기제에 대한 시사점을 제공해 줄 수 있기 때문이다.

간단히 말해, 이 예시는 많은 연구들이 동일한 결과를 보고하지 않는다면 응용 연구는 그 결과를 다른 상황으로 일반화할 수 있다고 주장할 수는 없다는 것을 보여준다. 이와는 대조적으로 잘 성립된 기초 연구들은 여러 상황으로 그 연구 결과들을 일반화할 수 있다고 가정한다(물론 이러한 가정이 맞지 않는 경우들도 있다; Herrmann et al., 1998).

사회를 위한 기초 연구와 응용 연구의 사용

기초 인지 연구자들은 모든 인지적 현상에 기저하는 근본적 과정을 찾아내고자 한다. 기초 연구자들은 일반적으로 그들의 연구가 사회에 가장 가치 있는 것이라고 믿는다(Farley & Null, 1987). 많은 기초 연구자들에게 응용 연구는 기본적인 원리에 근간을 두고 있을 때에만 가치 있는 것이다. 이와는 반대로 응용 연구자들은 일반적으로 그들의 연구가 사회에서 가장 가치 있는 것이라고 믿는다. 많은 응용 연구자들에게 기초 연구는 응용 연구를 통해 기초적 원리 속에 내재된 가치와 사용성이 인식되는 경우에만 가치 있는 것이다.

이러한 것들은 기초 연구자들이 응용 연구에 대해 거의 혹은 전혀 알지 못해도 된다는 것으로 받아들여지게 할 수도 있을 것이다. 분명히, 응용 연구자들이 기초 연구 결과를 응용하기 위해서는 기초 연구에 대해 알아야 하지만 이 반대는 항상 그럴 필요는 없다. 그러나 기초 연구자들이나 생태학적 연구자들이 응용 연구에 익숙해지는 몇 가지 좋은 이유들이 있다. 첫째, 앞에서도 언급하였지만, 응용 연구의 지식은 근본적 변인들이 갖는 효과에 대한 시사점을 줄 수 있다(그렇지 않다면 이러한 효과들은 기초 연구를 통해 재발견되어야 할 것이다, Herrmann & Chaffin, 1988). 둘째, 응용 연구는 현상에 대한 수준 높은 이해를 돕는다. 기초적인 이론들을 응용하는 것은 기초 연구자들이 생각하는 것보다 더 어려운 경우가 많다(Chapanis, 1967).

실험실 연구나 생태학적으로 타당한 연구를 통해 얻어진 결과들은 모두 소수의 변인들이 갖는 효과에 초점을 두고 얻어진 것이기 때문에, 실제 그러한 것보다 현실 세계의 복잡한 문제들을 해결하는 데 더 용이하게 응용될 수 있을 것처럼 보인다. 예를 들어, (실제 경찰이 사용하는) 용의자 색출을 위한 라인업 절차들은 연구자들에 의해 각색된 범죄보다 일반적으로 훨씬 심각하고 복잡한 범죄와 관련되어 이루어진다. 더구나 실제 범죄는 경제적, 인종적, 그리고 사회적 배경이 매우 상이한 사람들에 의해 이루어진다.

이와는 달리 생태학적 연구에서 "꾸며진 범죄자"와 연구자들의 사회적 배경은 대개의 경우 매우 유사할 것이다. 더구나 "꾸며낸 범죄"는 사회현상의 진정한 표출이 아니지만 이와는 대조적으로 실제 범죄는 빈곤이나 약물중독 등과 같은 좀 더 광범위한 사회문제의 하나로 표출된다. 이러한 점들을 고려하면, 목격자가 라인업 절차에서 범인을 지목하기까지는 수많은 변인들이 영향을 미칠 수 있다는 것이 분명해졌을 것이다(Deffenbacher, 1996; Lindsay, 1999; Loftus, 1979, 1993; Yuille, 1993; Yuille & Cutahall, 1986).

상호 의존성

응용 연구의 성공이 인정을 받는 것과는 별개의 문제로, 응용 연구의 성공은 기초 연구에도 매우 중요한 측면이다. 당장의 가치 있는 응용물을 만들어내지 못하는 기초 연구들이 재정적으로 지원을 받기는 매우 힘든 일이다. 반면, 기초 연구는 응용 연구자들에게 생각의 기반을 제공해 준다. 응용 연구자들은 그들이 이해하고 예측하며 변경하려고 시도한 변인들의 효과를 분리할 수 있을 만큼 운이 좋은 경우는 거의 없다고 할 수 있다. 실제 세계에서의 대부분의 문제들에 대한 해결책을 완전히 통제된 실험을 통해 얻기는 불가능하다. 왜냐하면 실용적인 고려와 윤리적 문제 때문에 그러한 실험을 설계할 수 없기 때문이다. 기초 연구와 응용 연구가 그 접근방식에서는 서로 다르더라도 사람들이 어떻게 기능하는지에 대해 이해하는 것에서는 이 두 영역 모두 더 진보할 것이다.

변화의 시간

1970년대 이전에는 기초적 인지 과정을 포함하는 일상의 현상들이 교육학(Neisser, 1978)이나 인지심리학의 응용 영역(Gruneberg, Morris, & Sykes, 1978) 이외에서 연구된 사례는 거의 없다. 그러나 오늘날에는 인지적 응용물이 많이 개발되었다는 점에 대해 응용 인지심리학은 큰 만족감을 나타낼 수도 있을 것이다(Walker & Herrmann, 2004). 그러나 응용 인지심리학은 다른 경쟁적인 과학 분야에서의 발전과 무관한 것일 수는 없다. 실제 세상에서의 여러 인지적 문제들은 그들이 어떠한 방식으로 연구되어 왔는지에 따라 달라진다. 연구 논문들의 숫자에 기초해 보면 1970년대 이후 가장 빈번하게 연구된 주제는 목격자 증언에 대한 것이었고, 반면 가장 연구되지 않았던 주제는 사람의 운동과 관련된 인지의 역할에 대한 것이었다(Adams, 1987). (그러나 운동과 관련된 인지의 역할에 대한 연구는 다양한 신경 영상기법들이 개발됨에 따라 점점 더 증가하고 있는 추세이다).

표 2.3 응용 인지 연구 주제에 따른 연구의 양

연구량	응용 연구의 주제
매우 높음	목격자 증언, 교습에 대한 교육학적 연구, 학습, 스포츠
높음	법/재판에서의 인지, 건강, 기억술, 사회인지, 사업
중간	인지의 개인차, 인지 수행의 평가, 고차 인지기능(추리, 문제해결, 의사결정), 외적 인지 보조수단, 운전, 정서, 자전적 기억, 조사법, 감각 과정
낮음	예술, 컴퓨터, 운동, 안전

표 2.3은 발표된 응용 인지 연구 논문의 빈도를 네 수준으로 구분하고, 각각의 발표 빈도 수준에 어떤 연구 주제들이 포함되어 있는지 정리되어 있다.

요약

이 장에서는 배경과 환경적 요인들이 어떻게 기초 연구자들과 응용 연구자들로 하여금 각자 다른 방법으로 연구를 수행하도록 이끄는지 살펴보았다. 기초 연구자들은 연구에 포함된 변인 이외의 다른 변인들을 가능한 한 통제하고 이와 관련 없는 변인들을 제거함으로써 특정 변인이 갖는 효과를 밝히고자 한다. 응용 연구자들은 다른 변인들을 통제하지 않으면서 응용에 핵심이 되는 하나 혹은 그 이상의 변인들이 갖는 효과를 확인하고자 한다. 다른 변인들의 효과를 무시하는 대신 응용 연구자들은 그 변인들이 응용물의 효과성에 어떻게 영향을 미치는지 측정한다.

제 3 장

인지 연구 방법

연구 방법이 적합하지 않다면, 그 결과는 아무 의미가 없다.

–작자 미상

인지 현상들은 직접 관찰될 수 없다는 것을 인식하는 것이 중요하다(예를 들어, 심적 이미지나 생각을 본 사람은 아무도 없을 것이다). 그보다 이런 현상들은 심적 표상과 과정을 반영하는 행동을 통해 간접적으로 측정된다. 이 장에서는 심리학에서 인지 현상이 어떻게 탐구되는지 설명할 것이다.

우리는 인지 현상의 본질을 검토하는 것으로부터 시작할 것이다. 인지 현상을 탐구하기 위해서는 여러 사고 과정을 평가하는 데 사용되는 다양한 종류의 과제들이 요구된다(Fleishman, Quaintance, & Broedling, 1984). 또한 이러한 다양한 종류의 과제를 수행하기 위해서는 여러 유형의 인지 기술이 필요하다. 다른 모든 과학과 마찬가지로, 인지의 연구에서도 과제들이 적절하게 구현되고 인지 수행이 제대로 측정되어야 한다. 오늘날의 인지 연구 방법들은 상이한 자극과 과제에 뇌가 어떻게 반응하는지 보기 위해 뇌 영상 기술과 함께 사용하기도 한다. 우리는 인지 현상에 대한 관찰 결과를 해석하는 몇 가지 방법에 대해 논의한 이후, 이런 관찰 결과들이 인지 이론을 정제하고 인지 제품을 창출하기 위해 어떻게 검증되고 평가되며 사용되는지 개관함으로써 이 장을 마칠 것이다.

인지 연구 방법론을 더 자세하게 설명하고 있는 인지심리학 교재에는 다음과 같은 것들이 있다: Anderson(2000), Galotti(2003), Jahnke & Nowaczyk(1998), Leahey & Harris(1997), Matlin(2005), Medin, Ross, & Markman(2004), Norman(1998), Payne & Wenger(1998), Pinker(1997), Reisberg(1997), Solso(2001). 특정 연구 방법에 대해 좀 더 포괄적으로 이해하고자 한다면 몇몇 논문을 참고로 하는 것도 도움이 될 것이다.

인지 수행 측정

인지 수행을 위해서는 인지 과제를 수행하는 데 요구되는 실제 능력이나 역량이 요구되지만 수행하는 것과 능력이 있다는 것은 별개의 문제이다. 또한 우리가 어떻게 수행하는지는 예측, 동기, 주의 등과 같은 많은 요인들의 영향을 받는다. 잘 설계된 연구가 되기 위해서는 이러한 변인들이 수행에 어떻게 영향을 미치는지 고려할 수 있어야 할 것이다.

인지 수행은 여러 방식으로 기술될 수 있을 것이다. 대개의 경우, 인지 수행의 어느 측면이 연구의 관심인지를 정확히 말하는 것이 중요하다. 예를 들어, 우리는 기억 수행의 정확성, 반응속도, 혹은 수행에 대한 좀 더 주관적 측면에 관심을 가질 수 있을 것이다. 대부분의 연구에서 수행에 대한 다양한 측정치들이 수집된다.

인지 연구에서 중요한 문제는 사람들의 수행(혹은 현상)이 달라지는 인지 상황의 특징을 확인하는 것이다(Goschke & Kuhl, 1994). 처음에 연구자들은 무엇이 발생할 것인지에 대해 분명한 진술과 가설을 세워야 한다. 그 다음, 이러한 가설은 일관적이고 체계적인 방식으로 검증될 수 있는 절차나 용어로 조작적으로 정의되거나 전환되어야 한다. 전통적으로, 수행이 달라지는 인지 상황의 특성들은 독립변인이라고 불린다. 연구의 목표는 어떤 독립변인들이 수행에 영향을 주었는지 확인하고, 그 다음 왜 그런 결과가 발생했는지에 대해 설명하는 것이다. 수행 측정치들은 독립변인의 영향에 따라 달라지기 때문에 이러한 결과에 대한 측정치들은 종속변인이라고 부른다.

인지 과제에서 독립변인의 특징

몇 세기 동안 인지 현상에 영향을 미치는 다양한 요인들이 밝혀져 왔다. 어떤 인지 현상들은 다른 독립변인들보다는 특정 유형의 독립변인에 의해 특히 더 영향을 받는다. 예를 들어, 이제 방금 책에서 읽었던 정보들을 우리가 얼마나 잘 기억할 수 있는지는 우리가 주의를 기울이는 방식, 우리의 기존 지식, 기존 지식과 새로운 정보를 얼마나 잘 연결하는지, 그리고 그러한 새로운 정보가 우리에게 얼마나 중요한 것인지에 따라 달라진다. 또한 두 차량이 충돌하는 장면을 어느 정도 떨어진 거리에서 목격한 후 이것을 다시 회상해 내는 능력은 우리가 그 상황에서 얼마나 주의를 기울였는가, 그 사고가 발생하기 직전과 발생한 직후에 어떤 일이 있었는가, 그리고 우리가 그 사건에 대한 회상에서 어떠한 방식으로 질문받았는지와 같은 요인들에 따라 달라질 수 있다. 연구 설계에 관한 문헌들에 따르면 심리 현상을 이해하는 데 필수적인 특정한 독립변인들이 있다. 이러한 변인들에는 실험참가자의 영구적인 특성, 실험참가자에게 발생한 최근의 사건들, 과제 설명 방식, 자극 제시 방식, 실험참가자에게 제시되는 특정 자극의 유형, 그리고 인지 과제를 수행해야 하는 상황의 유형 등이 포함된다. 이런 변인들이 **표 3.1**에 제시되어 있다.

좋은 연구를 만들어내는 대신 조잡한 연구가 어떤 것인지 확인하는 데는 **표 3.1**에 제시된 변인들을 제대로 이해하는 것이 필수적이다. 유기체 변인들(O)을 통해 수행을 잘 하는 사람과 그렇지 못한 사람을 구분할 수 있다. 이러한 변인들은 어떤 개인이 빨리 학습하는 사람인지 아니면 느리게 학습하는 사람인지, 혹은 그 개인이 신중하게 반응하는 경향이 있는지 아니면 어리석은 추측에 의존하여

표 3.1 정보의 등록, 파지 혹은 기억에 영향을 미치는 변인들의 부류

유기체 변인(O: Organismic variable)—성, 민족, 혹은 성격 특성과 같은 특정한 인지 과제의 수행 방식에 영향을 미치는 개인의 변하지 않는 특징이나 특질

선행 변인(A: Antecedent variable)—인지 과제의 수행 방식에 일시적 영향을 미치는 최근에 일어난 사건

과제 변인
지시(I: Instruction)—인지 과제를 제시할 때 어떻게 과제를 수행해야 하는지에 대한 방법과 절차가 설명하는 방식
제시(P: Presentation)—인지 과제를 수행하는 사람에게 자극이 제시되는 방식
자극(S: Stimulus)—인지 과제를 수행하는 사람에게 제시되는 정보나 자료
맥락(C: Context)—인지 과제를 수행해야 하는 사람이 처한 상황
파지(R: Retention)—시간 간격의 길이, 제시 속도, 간섭, 선행하거나 뒤에 따르는 기억 과제의 정보, 회상 기회
과제/검사(T: Task/Test)—수행되어야 하는 인지적 절차(회상, 재인, 재학습, 문제해결, 의사결정, 추리)

반응하는 경향이 있는지와 같은, 인지 과제 수행에서의 개인의 전반적 능력과 관련이 있는 변인들이다. 유기체 변인은 개인적 동기와 같이 실험참가자의 수행에 영향을 미칠 수 있는 성격 특질이나 개인적 특성을 포함한다. 선행 변인(A)은 실험참가자의 전형적 수행 수준에 일시적으로 영향을 미칠 수 있다. 이러한 변인들에는 전날 밤 어느 정도의 수면을 취했는지부터 과제 수행 직전에 요구된 다른 인지 작업의 양이 얼마인지에 이르기까지 다양한 범위의 변인들이 포함된다. 선행 변인에 대한 충분한 고려가 없는 연구의 결과 해석은 의미를 갖지 못할 뿐만 아니라 연구자로 하여금 엉뚱한 결론을 도출하게 할 수 있다.

과제를 얼마나 잘 수행할 것인지에 영향을 미칠 수 있는 과제 변인들은 매우 많다. 지시 변인(I)은 실험참가자가 무엇을 어떻게 수행해야 하는지 미리 알려줌으로써, 그들이 어떤 목적을 가지고 인지 과제를 수행하도록 미리 준비할 수 있

게 한다. 제시 변인(P)은 자극의 모습을 결정한다. 자극 변인(S)은 학습되어야 하는 재료나 혹은 기억을 돕기 위해 사용되는 재료의 종류를 말한다. 맥락 변인(C)은 실험실에서 강의실, 혹은 작업장에서 쇼핑몰에 이르기까지 매우 다양할 수 있다(Block & Morwitz, 1999; Davies & Thompson, 1989). 파지 변인(R)은 누가 무슨 말을 했고, 어떤 사람의 외모는 어떠했는지와 같은 것을 기억하는 실험참가자의 능력에 영향을 미친다. 과제/검사 변인(T)은 개인이 자신의 반응을 어떻게 구성할 것인지에 영향을 미친다(예를 들어, 예상되지 않은 정보의 요구에 어떠한 방식으로 반응할 것인가).

특정 과제에 따라 **표 3.2**에 제시된 독립변인 유형들의 상대적 기여가 달라지더라도, 이러한 독립변인들은 몇 가지 방식으로 서로 결합될 수 있다. 어떤 연구가 과학적 절차를 따랐다고 기술할 수 있는 한 가지 방법은 독립변인들이 어떻게 결합되어 인지 수행에 영향을 미치는지 확인해 보는 것이다. Woodworth (1938)에 따르면, 독립변인이 결합되는 방식을 가장 간단하게 기술하는 방법은 아래와 같은 방정식을 이용하는 것인데, 여기에서 수행(P)은 모든 독립변인 각각이 갖는 독특한 효과와 독립변인들이 결합되어 보이는 효과의 함수이다.

$$P = f[O, A, I, T, S, R, C]$$

종속변인에 대한 독립변인의 효과

인지 현상은 신경 체계의 구성요소와 처리 과정에 의해 매개된다고 가정된다. 매개변인은 종속변인에 영향을 미친다. 매개변인들은 또한 특정 독립변인의 다양한 수준에 서로 다른 효과를 가짐으로써 종속변인에 영향을 미치기도 한다. 이러한 매개적 구성요소나 과정들은 직접적으로 측정되지 않는 대신 추론되어야 하기 때문에 “가설적”이라고 말해진다. 이 때문에 매개변인들을 직접 측정하는 대신 매개변인을 타당하게 측정한다고 생각하는 방식으로 지필검사 측정치나 생리적 측정치 혹은 관찰 측정치를 얻음으로써 매개변인의 효과를 파악한다.

누가 인지 과제를 수행하고 있을 때, 우리는 그 사람의 뇌 속을 볼 수도 없고, 인지가 발생하는 뇌의 영역들을 관찰할 수도 없다. 그 대신 우리는 검사 자극을 볼 수 있고 과제에 대한 사람들의 반응을 보거나 들을 수 있다. 어떤 과제를 수행할 때 활성화되는 뇌의 특정 영역에 대한 영상을 보여주는 새로운 스캐닝 방법을 사용하더라도, 여기서 얻어진 영상들이 뇌에서 발생하는 양상을 모두 나타내 주는 것은 아니다. 뇌 활동을 보여주는 이미지와는 상관없이 연구자는 자극 변화에 따라 달라지는 실험참가자의 반응을 주의 깊게 관찰해야 한다.

궁극적으로, 연구의 목표는 수행에서 변화를 매개하는 과정을 찾는 것이다(Druckman & Bjork, 1994; Roediger, Nairne, Neath, & Surprenant, 2001). 매개변인의 본질을 이해하고자 하는 노력은 기초 연구와 응용 연구 모두에서 핵심적 문제 중 하나이다. 매개변인에는 두 가지의 유형이 있다.

구조 매개변인(architectural mediating variable)은 신경체계가 구성되어 있는 방식과 이것이 인지 수행에 영향을 미치는 방식에 대한 변인이다. 구조 변인에는 단기 기억과 장기 기억 사이의 가정된 물리적 관계를 포함한다. 예를 들어, 많은 연구자들은 단기 기억과 장기 기억에서는 물리적으로 상이한 기제에 따라 기억이 저장된다고 생각한다(Atkinson & Shiffrin, 1968; Cowan, 2001). 이와는 대조적으로, 다른 연구자들은 단기 기억과 장기 기억에 상이한 기제가 존재한다는 것을 믿지 않는 대신, 단기 기억은 장기 기억의 일부가 활성화된 상태라고 믿는다.

처리 매개변인(process mediating variable)은 경험으로부터 얻거나 배운 정보가 어떻게 처리되는지와 관련되는 변인이다(Anderson, 1983). 다시 말해, 처리 변인은 이전 학습과 경험에 기초한 인지 체계의 기능 방식에 대한 변인인 것이다. 예를 들어, 아동들의 취학 전 교육은 이들의 취학 후 학습에 영향을 미칠 것이다. 취학 전 교육에는 많은 요인들이 관련되겠지만 이중에서 중요한 요인들은 취학 전 교육에 대한 부모의 태도, 아동들이 얼마나 많은 책을 읽었고 얼마나 많은 정보를 접했는지의 정도, 그리고 아이들을 가르치는 교사의 유형 등이 포함될 수 있을 것이다.

인지 현상 관찰하기

일차 측정치

연구자의 연구 가설에서 가장 중요하게 다루어지는 변인들은 일차 측정치들이 된다. 전형적으로, 이러한 일차 측정치들은 독립변인이나 강력한 매개변인에 의해 영향을 받는다고 믿어지는 종속변인들이다. 과거의 일에 대한 것이나 혹은 기억 연구에서 제시되었던 정보에 대해 개인이 얼마나 잘 알고 있는지 측정하는 방법은 무한히 많이 있을 것이지만, 전형적으로 우리는 이것을 측정하기 위해 회상이나 재인 능력을 반영할 수 있는 측정치들을 사용한다. 회상 과제는 실험참가자에게 특정한 내용과 관련된 항목들을 가능한 한 많이 보고하도록 요구한다. 이와는 대조적으로, 재인과제는 실험참가자들로 하여금 주어진 자극 속에서 이전에 보았거나 경험했던 것을 선택하도록 요구한다.

전형적으로 단서가 주어진 정보를 인출하는 것이나 이를 통해 추측하는 것은 단서가 전혀 주어지지 않은 상태에서 어떤 정보를 직접 기억해 내는 것보다 더 쉽기 때문에 재인과제는 회상 과제보다 더 쉽다. 예를 들어, 네 개의 선택지 중에서 하나가 정답이라면 평균적으로 네 번의 추측 중에 한 번은 정답을 맞출 것이라고 생각할 수 있을 것이다. 전형적인 재인과제에서는 이전에 제시되었던 항목과 그렇지 않은 항목을 각각 제시한 후, 실험참가자들로 하여금 그것이 이전에 제시되었던 것인지 아닌지를 판단하여 분류하도록 한다. 이 절차에서 옳은 반응은 두 가지이다. 하나는 학습하였던 자극 항목을 확인하여 이전에 보았던 자극이라고 반응하는 것이고〔이것을 적중(hit)이라고 한다〕, 다른 하나는 이전에 제시되지 않았던 자극에 대해 새로운 자극이라고 반응하는 것이다〔이것을 정기각(correct rejection)이라고 한다〕. 이와 유사하게 재인 실패에도 두 가지의 경우가 있다. 하나는 이전에 제시되었던 자극 항목을 재인하지 못하고 그것에 대해 새로운 자극이라고 반응하는 것이고〔이것을 탈루(miss)라고 한다〕, 다른 하나는 이전 학습에서 제시된 적이 없던 새로운 항목에 대해 이전에 제시되었던 항목이라고 반응하는 것이다〔이것을 헛경보(false alarm)라고 한다〕. 이러한 네 가지 반응 유형의 전반적 패턴은 사람들이 재인과제를 어떻게 수행하는지에 대한 유용한 통찰을 제공할 수 있다.

회상 과제에서도 몇 가지의 반응 방식이 가능하다. 이전에 학습한 항목들에서 어떤 항목을 제대로 회상해 냄으로써 올바른 회상을 할 수 있을 것이다. 이와는 반대로 학습하였던 정보의 일부 혹은 전부를 회상하는 데 실패하거나, 이전에 배운 자극의 집합 속에 포함되지 않았던 항목을 잘못 회상해 낼 수 있다. 잘못된 항목의 회상을 침입(intrusion)이라고 부른다. 회상의 정확성이나 침입의 유형이 중요한 연구 관심이 되기도 하지만, 때때로 얼마나 빠르게 사람들이 반응하는지가 중요한 변인이 되는 경우도 있다. 예를 들어, 개념형성(concept formation)이나 대응과제(matching task)에서는 모든 사람들이 이러한 과제들을 수행할 수 있다고 가정되기 때문에, 수행에서의 개인차를 변별해 내기 위해 이러한 과제들에서는 반응에서의 속도가 일차적인 요인이 된다.

문제해결과 의사결정에서는 전형적으로 반응의 질이 일차 측정치로 평가된다. 몇몇 연구에서는 어떤 주제에 대해 개인이 얼마나 알고 있는지에 대한 주관적인 평정치나 자신의 인지적 반응에 대해 스스로 얼마나 확신하는지에 대한 평정치가 일차 측정치로 사용된다. 또 다른 과제에서는 실험 중 제시되었거나 개인이 이미 알고 있는 정보를 기초로 하는 반응의 생성이 일차 측정치로 사용되기도 한다.

이차 측정치

연구 가설을 평가하는 데 있어서 전형적으로 이차 측정치들은 일차 측정치들만큼 중요한 것은 아니다. 그럼에도 불구하고, 연구자는 어떤 특정 변인이 결과에 영향을 줄 가능성이 있거나 결과를 더 잘 설명하기 위해 이차 측정치들을 사용한다. 때로 이차 측정치들은 독립변인과 종속변인 사이의 관계를 매개하는 것으로 여겨진다. 일반적으로 이차 측정치들은 왜 올바른 반응이 산출되었고 반대로 왜 올바르지 못한 반응이 산출되었는지를 확인하는 데 중요한 변인이다.

이차 측정치들은 생리적 혹은 심리적 활동에 대한 정보를 제공할 수 있다. 예를 들어, 인지 자극에 의해 발생된 뇌의 반응을 PET 스캔이나 CAT 스캔을 통해 이차적으로 측정함으로써 인지 과정을 이해하는 데 도움을 얻을 수 있다. 인지 과제 수행 중에 실험참가자가 경험하는 느낌이나 태도에 대한 주관적 측정치도 이차 측정치로 사용될 수 있다. 그러나 어떤 변인이 일차 측정치인지 아니면 이차 측정치인지의 여부는 특정 연구의 맥락에서 결정되고 이해되어야 한다. 다시 말해, 어떤 변인이 일차 측정치 혹은 이차 측정치로 분류되는지는 연구의 관심이 어디에 있느냐에 따라 달라지는 것이다.

방법의 세부사항들

자극 재료

연구의 유형(기초 연구 혹은 응용 연구)이나 연구가 수행되는 장소(실험실 혹은 현장)와는 상관없이 대부분의 인지 과정들은 연구에서 사용된 자극 재료에 대해 분석된다. 이러한 자극 재료들에는 단어, 숫자, 목록, 문장, 문단, 그리고 대화와 같은 언어적 항목들이 포함된다. 연구의 목적과 연구자의 지향에 따라 무관련 단어들이나 신문기사 혹은 토론 내용 등이 언어 자극으로 사용되기도 한다. 상징, 도표, 지도, 그림도 사용된다. 이러한 것들은 기하학적 패턴, 애매한 그림, 사람이나 물건 그리고 장면에 대한 사진의 형태를 취한다.

과제

몇십 년 동안 기초심리학자들은 사람들이 몇 개의 기초적 과제를 수행할 때 보이는 기제를 연구함으로써 인지가 가장 잘 이해될 수 있을 것이라고 생각하였다. 때에 따라, 기초적 과제 수행에 대한 발견은 어떻게 응용할 것인지에 대한 시사점을 제공해 주기도 한다. 예를 들어, 처음에 두 항목이 함께 제시되는 조건에서의 수행 결과는 기억 형성에서 어떻게 연합이 이루어지는지를 살펴보는 데 흔히 사용되는 방법이다. 새로운 용어나 언어를 배울 때는, 이전에 자극과 반응을 변별하여 적합한 연합을 생성하는 것을 학습할 때 사용되었던 것과 유사한 기법이 응용될 수 있다. 다른 경우에는 응용 과제에서 요구되는 것이 무엇인지 먼저 분석하고, 그 다음 도움이 될 수 있는 추가적인 정보를 얻기 위해 기초 연구가 수행될 수 있다. 따라서 인지 연구에서는 현상을 분석하는 데 사용되는 과제를 매우 신중하게 선택해야 한다.

집단 분석과 개인 분석

대부분의 인지 연구는 사람들의 집단을 비교하는 것으로 수행된다. 수행에 영향을 줄 수 있는 너무 많은 개인 특성들이 있기 때문에 대부분의 연구 설계는 사람들을 실험집단에 따라 무선할당함으로써 이러한 통제되지 않은 변산성(예를 들어, 에러)을 제거하고자 한다. 대개의 경우, 연구에서는 집단의 수행을 측정하지만 때때로 사례 연구를 수행해야 할 때도 있다. 예를 들어, 사람들의 뇌손상 형태는 개인에 따라 독특하기 때문에 뇌손상에 대한 많은 연구들은 한 개인을 대상으로 이루어진다(Shallice, 1979). 또한 개인의 전문성이 매우 독특하여 집단 연구가 불가능한 경우도 있다. 예를 들어, 체스 전문가에 대해서는 그들의 특별한 추론 능력이, 그리고 기억 전문가에 대해서는 그들이 갖는 비범한 약호화, 저장 및 인출에서의 기술이 연구되어 왔다.

연구 절차와 과학적 증거의 기준

전체 인구를 대상으로 하는 인지 연구는 없다. 사람들의 일부만이 검증되어 온 것이다. 추론통계를 통해 표본에 있는 사람들의 행동이 사람들 전체를 얼마나 대표할 수 있는지 추정할 수 있다(Ayres & Wood, 1999).

오늘날의 많은 연구 결과들은 발생 가능성이나 혹은 확률에 기초를 두고 있다. 전형적으로, 우리는 영가설(null hypothesis)과 실험가설(experimental hypothesis)을 진술하고 이를 검증한다. 우리가 관심을 갖는 것은 실험가설이다. 실험가설의 한 가지 예는 "절차 A는 사람들이 다른 사람의 이름을 기억하기 위해 일반적으로 사용하는 방략에 비해 사람 이름 기억에 더 좋은 수행을 가져올 것이다"와 같은 것이다. 영가설은 단순한 비교 사이에 차이가 없을 것이라고 진술하는 것이다. 이 경우 영가설은 "절차 A는 사람들의 이름을 기억하기 위해 사람들이 일반적으로 사용하는 방략을 사용하는 집단과 비교해 보았을 때 더 나은 기억 수행을 보이지 않는다"가 된다.

가능한 모든 표본을 검증하는 것은 불가능하기 때문에, 표준적인 가설검증 절차에서는 영가설이 사실일 가능성이 낮다는 것을 검증한다. 이를 위해 연구에서 얻어진 점수들의 분포가 우연에 의해 발생한 점수들의 분포와 비교된다. 예를 들어, 우연 분포는 사람들이 절차 A를 사용하지 않을 때 보이는 기억 수행 점수들의 분포가 될 것이다. 만일 우연에 의해 얻어진 점수들의 표본과 당신의 표본 사이의 차이가 충분히 크다면, 당신은 당신의 표본에서 발견되는 차이가 사람들 사이에서 자연스럽게 나타나는 무선적 변산성 때문에 발생하는 차이와 실제로 다르다고 결론내릴 수 있다.

절차 A가 일반적 이름 기억 방략보다 더 효과적이라는 결론을 낼 수 있을 만큼 발견된 차이가 충분히 큰 것인지의 여부는 연구 시작 전에 미리 정해 놓은 유의확률(α 수준)에 의해 결정된다. 대부분의 경우, 이러한 유의확률 수준은 전통적으로 .05로 정해져 있다. 만일 비교 집단 사이의 차이가 .05의 수준에 도달한다면, 이것은 영가설이 실제로는 사실이라고 해도 그 확률은 100번에 5번 꼴로 발생한다는 것을 시사한다. 일반적으로, .05의 유의확률에 도달할 경우 영가설을 기각하는 것은 상당히 안전한 결론이 될 수 있다(예를 들어, 100번의 결론 중 95번은 옳은 것이다). 이렇게 영가설을 기각함으로써 실험가설을 지지할 수 있게 된다.

왜 대부분의 과학 연구에서 유의확률을 .05로 정하였는가? 가장 중요한 이유 중 하나는 어떤 연구에서 관찰된 차이가 실제로 유의하지 않은데도 그것이 유의한 차이라고 보고하고 싶지 않기 때문이다. 연구를 수행할 때, 우리는 영가설을 기각하는 대신 대립가설을 받아들이는 결정을 올바르게 할 수 있을 것이다. 그러나 영가설이 참임에도 불구하고 그것을 기각하는 오류를 범할 수 있다. 다시 말해, 우리가 차이가 있다고 생각하였지만 실제로 차이가 없었다면 이것은 제1종 오류(Type I error)라고 부른다. 제1종 오류의 가능성은 앞에서 언급한 유의확률과 같은 것이다. 예를 들어, 우리가 그러한 실수를 범할 가능성이 5%의 확률을 갖는 것이다.

우리의 비교가 미리 정해진 유의확률 수준까지 미치지 못할 수도 있다. 앞에서 언급한 이름 기억 절차에 대한 예시로 다시 말하면, 이러한 경우 절차 A가 일반적인 이름 기억 방략에 비해 실제로 더 큰 효과를 갖고 있지 않다고 결론지을 것이다. 그러나 만일 이 연구에서의 절차 A가 실제로 효과가 있었지만 그 효과가 탐지될 수 있을 만큼 충분히 크지 않았을 뿐이라면 이러한 결론은 잘못된 것일 수 있다. 실제로는 효과가 있었지만 그 효과가 탐지되기에는 너무 작은 경우에 효과가 없다고 결론내리는 것을 제2종 오류(Type II error)라고 부른다. **표 3.2**에는 추론통계를 이용해 연구 발견에 대한 결론을 이끌어내는 논리들이 요약되어 있다.

측정과 절차도 신뢰할 만해야 한다. 연구 결과가 믿을 만한 것이 되기 위해서는 일정 시간이 경과하여도 사람들의 반응 방식에서 상당한 수준의 안정성이 있어야 한다. 여러 가능한 상황에서 동일한 결과가 반복적으로 검출된다면 이러

표 3.2 실제 세상 상태와 세상 상태에 대한 결론에 따른 정확한 결정과 오류의 유형

세상 상태에 대한 결론	실제 세상 상태	
	차이 없음	**차이 있음**
차이 없음	옳은 결정	제2종 오류
차이 있음	제1종 오류	옳은 결정

한 결과는 신뢰할 만한 것이라 할 수 있다. 핵심적인 결과가 반복적으로 발견되는 일련의 연구들은 우수한 과학적 속성을 갖는 것으로 여겨진다. 신뢰도나 통계적 유의성 각각으로는 어떤 발견이 중요한 것이라는 것을 의미하지 못한다.

만일 어떤 결과가 통계적으로 유의했을 때 이것이 갖는 중요성은 다른 방식으로 평가될 수 있다. 어떤 효과가 갖는 유의성은 다양할 수 있다. 일반적으로, 0.5초 정도 반응시간을 줄여주는 연습효과는 반응시간에서 몇 초의 감소를 가져오는 다른 변인의 효과에 비하면 그렇게 인상적인 것은 못 된다. 효과의 크기가 클수록 더 중요한 것으로 여겨진다. 어떤 이론을 지지하거나 부정할 수 있는 관찰이나 결과도 중요한 것으로 생각된다.

어떤 현상을 연구하더라도 선택된 측정치들이 연구자가 고려하고 있는 인지 기능의 양상을 제대로 드러내 주는 것이 핵심적이라는 것은 두 말할 필요가 없을 것이다. 측정하고자 한 것을 제대로 측정하였다면 이때의 측정치는 타당하다고 일컬어진다. 예를 들어, 어떤 연구자가 사람들이 어떻게 교재의 내용을 이해하는지에 관심이 있다고 하자. 이 연구에서 이해에 대한 타당한 측정치를 얻기 위해서는, 그 교재에서 독자들이 이미 읽지 않았으면서도 그들의 경험에 비추어 너무 어렵거나 너무 쉽지 않은 내용을 선택하는 것이 중요할 것이다.

연구 결과에 대한 확증과 반증

기초 연구이든 응용 연구이든 인지 현상에 대한 타당한 결론을 이끌어내기 위해서는 관찰 결과와 결론에 대한 검증과 재검증 과정이 필요하다. 검증과 재검증 과정에서의 중요한 요소는 대치적 방법(adversarial method)인데, 이 방법에서는 상이한 연구자 집단이 어떤 이론의 타당도에서 대해 서로 반대되는 입장을 취한다. 마치 법정에서 피고와 원고가 동일한 사안에 대해 서로 반대의 입장에서 주장을 전개하는 것과 유사하게, 상이한 연구자들이 특정 인지 현상에 대해 서로 다른 이론적 설명을 전해해 나간다. 이렇게 동일한 현상에 대해 서로 다른 관점을 가짐으로써 혹은 특정 가설을 지지하거나 반박하는 연구 결과들을 제시하는 것을 통해 그 현상에 대해 더 나은 설명이 출현할 수 있는 것이다.

어떤 이론이 가장 좋은지에 대한 논쟁의 결론은 가용한 자료에 따라 결정되겠지만, 이러한 결론은 때로 연구자들이 취하는 태도의 영향을 받기도 한다. 과학에 대한 고전적 개념에서는 과학적 절차는 가설을 형성하고, 이 가설에 맞는 증거들을 수집하며, 궁극적으로 가설에 의해 예측되는 방식으로 실제로 관찰이 일어났는지 확인하는 과정으로 진행된다. 이러한 방식을 가설-연역적 방법(hypothetico-deductive method)이라고 부른다.

그러나 때로 연구자들은 관찰 결과의 일관성보다는 현상과 설명의 그럴듯함이나 그것이 얼마나 중요한지와 같은 또 다른 기준들을 응용하기도 한다. 특히, 과학에 대한 귀추적 접근(abductive approach)을 선호하는 과학자의 수가 늘어나고 있다. 귀추적 접근에서는 과학적 발견이 축적됨에 따라 새로운 정보에 맞게 이론을 계속 수정하는 접근이다. 이 접근은 또한 어떤 이론에 대해 그것이 맞는 이론인지 혹은 틀린 이론인지 평가하기보다는, 그 이론이 현재의 발견들을 잘 설명하고 공고히 할 수 있다면 그것은 가치 있는 이론이라고 생각한다(Rozeboom, 1997).

인지심리학의 응용을 위한 과제들

크건 작건 일상에서의 인지 과제들은 응용 연구의 주제가 될 수 있다. 특히 인지심리학 과제의 응용은 인지심리학의 연구자들보다는 인지심리학의 고객이 더 바라는 것일 수 있다. 연구될 수 있는 과제들의 수가 무한할 수 있지만, 특정 과제에 대해 어떠한 수행 향상이 요구되는지는 오늘날 사람들이 무엇을 원하는지에 따라 그 범위가 한정된다. **표 3.3**은 인지심리학의 응용에 의해 앞으로 향상될 수 있는 일상적 인지 과제의 예들을 열거하고 있다.

표 3.3 일상의 인지 과제들

- 추리와 문제해결
- 뉴스 내용 기억하기
- 다음에 발생할 일에 대한 추리
- 파일 찾기
- 누군가에게 당신의 집으로 가는 방법 설명하기
- 선거에서 투표할 후보 결정하기
- 질문에 답하기
- 신도시 도로에서 운전하기
- 컴퓨터에 저장된 정보의 체제화
- 구매할 차량의 선택이나 케이블 TV회사 선택하기
- 쇼핑몰 지도를 이용하여 특정한 가게 찾기
- 스케줄에 맞추기 위해 달력이나 전자 장치를 사용하는 것
- 정보 탐색을 위한 인터넷 사용
- 특정 숫자 외우기(주민번호, 자격증번호, 주소 등)
- 소개받을 때 남의 이름 기억하기
- 전화번호 학습과 기억하기
- 붐비는 공간에서 업무상 아는 사람 알아보기
- 무슨 일을 하고 있었는지의 여부 기억하기
- 누군가가 이전에 한 말 기억하기
- 언제 사건이 일어났는지 기억하기
- 기계 작동법 기억하기
- 문제해결 방법 기억하기
- 특정 문제에 대한 당신과 타인의 견해 기억하기
- 스케줄을 기억하고 약속 정하기
- 언제 과제를 완수해야 하는지 기억하기
- 언제 일을 시작해야 하는지 기억하기
- 일할 때나 모임이 있을 때 반드시 가지고 가야 할 것들 기억하기
- 예전에 수행했던 방법 기억하기
- 몇 개의 단계로 이루어진 행위에서 현재 어떤 행위를 하고 있는지 기억하기

요약

30년 전 쯤에는, 일상적 인지 현상에 대한 연구는 거의 없었다. 그러나 오늘날의 연구들은 일상적인 인지 사상들뿐만 아니라 일반적인 인지 현상의 이해를 증진시키는 것에 모두 초점을 두고 있다. 인지 현상에 대한 독립변인, 종속변인, 그리고 매개변인들은 실험실과 실제 세계 모두에서 계속 분석되고 있다. 어디에서 연구가 수행되고 있는지와는 상관없이, 많은 심리학자들은 인간 인지에 대해 더 많이 이해하기 위해 노력하고 있다. 관찰 결과들은 통계적 기준뿐만 아니라 인지와 응용 인지에 대한 가설이 갖는 신뢰도와 타당도의 측면에서 엄격하게 평가된다. 다음 장에서는, 비록 기초 연구자와 응용 연구자가 동일한 과학적 방법에 기초하고 있다 하더라도 이들은 특정 현상에 대해 서로 다른 연구 방법을 응용하고, 연구 결과도 상이한 방식으로 해석한다는 것을 살펴볼 것이다. 상이한 의사소통 방식 때문에 기초 연구와 응용 연구 사이의 구별과 편견이 더 강화될 수 있다. 상대방이 각각 갖는 연구에 대한 상이한 접근과 상이한 의사소통 방식에 대한 지식은 양측이 서로를 이해하는 데 도움이 될 것이다.

제 4 장

응용 연구의 접근과 방법

배우는 것은 때로 힘든 것이다. 그러나 이미 배운 것을 버리는 것이 더 힘들다. 처음에 제대로 배우는 것이 최상이다.

–작자 미상

과학 전반에서의 발전을 가져오기 위해서는 기초 연구자들과 응용 연구자들의 가정과 실천에서의 차이가 해결되어야 한다. 그와 같은 차이는 기초 연구자들로 하여금 응용 연구의 결과들을 과소평가하게 할 수 있다. 마찬가지로 이러한 차이 때문에 응용 연구자들은 기초 연구를 잘못 응용할 수 있다. 그러나 기초 연구와 응용 연구 사이에서의 가정이 갖는 이러한 차이를 좀 더 인식할 수 있다면 응용 연구가 기여하는 바가 인정받을 수 있는 가능성은 더 커질 것이다. 특히, 이러한 가정들 사이에서의 차이에 대한 인식을 통해 기초 연구자들은 응용 연구자들로 하여금 기초 연구의 기본 원리와 결과들을 충분히 활용하게 할 수 있을 것이다.

과학에 대한 응용적 접근

비록 기초 연구자와 응용 연구자가 모두 Bacon(1905)에 의해 정의된 과학적 방법을 잘 이해하고 있다 하더라도 과학적 방법을 구현하는 방식은 이 두 연구자들 사이에서 다르게 나타난다. 기초 연구자와 응용 연구자가 같은 대학원 프로그램을 통해 훈련받았을지라도, 기초 연구 영역과 응용 연구 영역에서 각각 경험한 몇 년간의 연구 경험 때문에 두 영역의 연구자들이 과학적 연구를 수행하는 방식에서 차이가 발생하게 된다. **표 4.1**은 기초 연구와 응용 연구가 각자 과학적 연구를 수행할 때 차이를 보일 수 있는 가정들을 정리한 것이다. 다음 절에서 이러한

표 4.1 과학의 수행방식에 대한 가정들

과학 철학
- 진실 발견 가능성
- 기본 원리들의 일반화 가능성
- 추론 과정

실험법과 관찰법에 대한 접근
- **변인 통제**
- **무엇이 과학적으로 중요한가?**
  - 기초 연구의 유용성
  - 응용 연구의 유용성
- **연구의 특성**
  - 연구의 진행 속도
  - 연구의 연속성
- **통계적 분석에서의 차이**
  - 방법론
  - 자료 입력
  - 영가설
  - 제1종 오류와 제2종 오류
  - 변인의 수
  - 기초 연구와 응용 연구의 반복

가정에 대해 논의할 것이다. **표 4.1**에 열거된 가정들에서의 차이를 인식한다면 기초 연구자와 응용 연구자는 서로 좀 더 효과적으로 의사소통할 수 있을 것이다. 또한 이러한 차이에 대한 인식은 누구든지 과학적 연구 결과물을 좀 더 지적으로 읽도록 하고, 과학자들과 좀 더 생산적인 방식으로 상호작용할 수 있게 한다.

과학 철학에서의 차이

앞에서 논의되었듯이, 비록 기초 연구와 응용 연구가 모두 과학의 기본적 신조를 받아들이기는 하지만, 가끔 이들은 각자 과학 철학적 측면에서는 근본적으로 상이한 가정들을 받아들이는 것으로 보인다(Herrman et al., 1998; Levy-Leyboyer, 1993). 철학적 가정에서의 차이뿐만 아니라, 이 두 영역의 접근들은 실험이나 관찰을 설계하는 것이나 연구 결과를 해석하는 방식에서도 차이가 있다.

진실 발견 가능성

응용 연구자들의 연구 결과가 신뢰할 만하지 못하거나 사람들을 오도하거나 혹은 관련 없는 것으로 밝혀진다면 그들은 임금 인상이나 승진은 말할 것도 없고 직장을 잃을 수도 있다는 것을 알고 있다. 이 때문에 응용 연구자들은 때로 기초 연구의 결과가 올바른 것이고 이론들이 타당하다는 상당한 증거가 있기 전까지는 이들을 신뢰하지 않으려는 경향을 보이기도 한다. 마찬가지로, 기초 인지 연구자들은 진실을 찾고자 하기 때문에, 기초적 이론이나 발견들과 밀접하게 관련되지 않은 응용 연구 결과들에 대해서는 회의적인 시각을 갖는다. 만일 어떤 기초 연구자가 자신의 발견을 신뢰할 만한 것으로 혹은 자신의 이론을 타당한 것으로 잘못 진척시켰을 때는, 비록 그의 연구에 대한 신용도가 회복되지 못할 수준으로 손상을 입는다 하여도, 이미 정년 보장을 받은 이후라면 직장을 잃는 경우는 거의 없다.

기초 원리의 일반화 가능성

기초 원리는 모든 상황에 걸쳐 일반화되어야 한다는 것이 규범적인 믿음이다. 이러한 믿음은 추상적 수준에서는 타당한 것이다. 그러나 모든 원리들은 기껏해야 단지 대략적으로만 일반화된다. 예를 들어, 어떤 사람이 과거에 있었던 일을 회상하고자 한다면, 기초 연구자들은 이것이 일화 기억에 기초한다고 말할 것이다. 그러나 과거에 대한 개인의 회상은 그 사람이 처했던 유사한 상황에 대한 일반적인 지식의 영향을 받는다. 더구나 사람들은 때로 다른 사람들이 원하는 것이라고 생각되는 것을 회상해 내기도 한다. 다른 지식이나 사회적 영향을 고려하지 않는다면, 일상생활에서 보이는 회상을 설명하는 데는 일화 기억에 대한 기초적 가정만으로는 충분하지 못하다(Jobe & Herrmann, 1996; Payne, 2000a, 2000b).

응용 인지 연구자들은 기초 이론들이 모든 상황에 걸쳐 일반화되지 못하는 이유를 인식하는 것이 매우 중요하다. 이러한 기초 연구의 일반화 가능성에서의 한계에 대한 인식이 없다면 응용 연구자들도 이론이 가장 잘 응용될 수 있는 상황이 어떤 것인지 파악하는 데 어려움을 겪을 것이다. 기초 연구나 기초 이론이 왜 일반화되지 못하는지에 대해서는 몇 가지 이유들이 있다.

첫째, 모든 연구는 필연적으로 불완전하기 때문이다(Campbell & Stanley, 1966). 연구의 목적은 미지의 세계를 탐구하는 것이다. 따라서 오늘날 발견된 모든 원리들은 미래 연구의 결과에 따라 수정될 수밖에 없을 것이다.

기초 연구가 일반화에 실패하는 두 번째 이유는, 연구가 응용에 대한 고려 없이 설계되기 때문이다. 그 결과, 일상에까지 확장되어 응용될 수 있는 연구와 이론이 되지 못하는 것이다(Payne et al., 1997). 원리들을 연결하지 못하는 이론은 관찰 가능한 사상들과 이론을 연결짓는 것을 어렵게 하고, 또한 응용되기도 어렵다(Hempel, 1966).

일반화 가능성이 결여되는 세 번째 이유는, 기초 연구가 종종 전집(population)을 대표하지 못하는 사람들을 실험참가자들로 표집하기 때문이다. 심리학에서 기초 연구자들은 전형적으로 응용 통계학자들이 편의 표본(convenience sample)이라고 부르는 것을 사용한다. 즉, 이러한 표본은 기초 연구자가 구할 수 있는 참가자들로 이루어져 있다. 많은 기초 원리들은 성격과 배경이 상이한 사람들에게 이것이 어떻게 응용될지에 대한 명료한 설명 없이 성립되었다. 예를 들어, 사회심리학에서는 대학생을 연구의 대상으로 하는 경우가 흔히 있는데, 이 때문에 사회심리학에서의 어떤 결과는 단지 대학생들에게만 응용되는 한계를 갖게 된다(Schooler, 1989a, 1989b; Sears, 1985, 1987). 분명히 지적 능력에서 정점에 있는 지적이고 언어적 능력이 뛰어나며 교육을 잘 받은 실험참가자들에 기초한 연구 결과는 다른 집단으로는 일반화되지 못할 것이다.

넷째, 기초 원리나 기초 이론의 일반화 가능성이 제한점을 갖는 또 다른 이유는 실험실 상황과 (실험실 상황에서 얻어진 발견과 이론이 응용되는) 실제 상황의 차이 때문이다(Payne & Conrad, 1997). 그러나 기초 연구들은 대부분의 경우 외부 변인들이 결과에 영향을 미칠지에 대해서 특별히 명세화하지는 않는다. 상황에 따라 결과가 어떻게 달라질지에 대한 고려가 없다면 응용 연구자들은 이론과 발견이 응용될 수 있는 가장 효과적인 방법을 미리 알 수는 없을 것이다.

기초 연구의 일반화 가능성을 제약하는 다섯 번째 이유는, 연구 결과들이 변인들에 의해 만들어지는 효과 크기(effect size)를 기초 연구들이 기술하는 경우는 거의 없기 때문이다. 효과 크기는 관심 있는 변인 사이의 관련성 정도를 평가할 수 있도록 해주는데, 이것은 주로 독립변인 수준들과 연관된 종속변인 변량의 비율로 나타낸다. 효과 크기를 모른다면 기초 연구가 기대된 것보다 작은 효과를 보인 기초 연구를 응용하는 것이 어렵게 된다. 예를 들어, 지난 30여 년에 걸쳐 인지 연구자들은 문화적 차이가 인지 과정에 영향을 미칠 수 있다는 것을 인식하게 되었지만(Cole & Gay, 1972; Cole & Means, 1981; Cole & Scriber, 1974; Lave, 1988), 문화적으로 차이가 있는 사람들이 과제를 어떠한 방식으로 다르게 수행하는지에 대해서 기초 인지 연구는 거의 언급한 바가 없다.

응용 인지심리학자들은 근본적 원리들이 일반화 가능성을 갖고 있다는 기초 연구자들의 믿음을 그대로 받아들여서는 안 된다(Chapanis, 1967, 1986, 1988). 예를 들어, 실험 연구는 노력이 회상에 중요하다는 것을 보여준 반면, 설문 연구는 사람들의 회상 수행을 노력만으로는 충분히 설명하지 못한다는 것을 보여주었다(Jobe & Herrmann, 1996). 또한, 노력이 갖는 효과는 질문의 형태(Miller & Hermann, 1998)와 면접 속도(Jobe, Tourangeau, & Smith, 1993)에 따라서도 달라진다. 만일 응용 인지심리학자들이 아무런 비판 없이 기초 연구 결과의 일반화 가능성을 받아들인다면, 미래에는 아무도 그들의 말에 귀를 기울이려 하지 않을 것이다(Baddeley, 1993b; Conway, 1993; Gruneberg, Morris, & Sykes, 1991; Payne & Conrad, 1997; Schonflug, 1993a, 1993b; Banaji & Crowder, 1989; Crowder, 1994). 그러나 어떤 연구자들은 응답자들의 설문에 대한 응답 과정은 기초 연구를 통해 밝혀진 단계 모델(stage model)과 유사한 방식으로 이루어진다고 주장하기도 하였다(Tourangeau, 1984).

대개의 경우 기초 연구가 유용한 출발점을 제공해 주기는 하지만, 응용 인지 연구자들은 기초 원리들이 수정되어야 하는지의 여부를 결정하기 위해 그들이 수행하는 응용 연구에서도 기초 연구들이 발견한 것들을 다시 한 번 반복 검증해 보는 것이 필요하다. 특정한 연구 목적을 갖고 있는 응용 연구자들에게 어떤 기초 이론은 무용지물이 되는 경우가 종종 있다(Boneau, 1994; Bryan, 1972). 만일 기초 연구의 결과가 특정 상황에 충분하게 응용되지 못한다고 판단되면, 응용 연구자들은 그 분야의 전문가 지식에 기초하여 사람들의 반응을 추정해 보아야 한다(Hoffman & Deffenbacher, 1993).

추론 과정

기초 연구와 응용 연구는 모두 가외변인들의 혼입효과를 제거함으로써 관심 있는 변인의 효과를 분리해 낸다. 관심 밖에 있는 다른 변인들이 관심 있는 변인들 사이의 관계를 오염시킬 때는 언제나 혼입(confounding)이 발생한다. 예를 들어, 우리가 어떤 새로운 학습 방법이 기존 방법에 비해 더 좋은 학습을 가져오는지의 여부를 확인하고자 한다고 가정해 보자. 그리고 실제로 연구 결과도 새로운 학습 방법이 기존 방법에 비해 더 좋은 수행을 가져온 것으로 밝혀졌다고 가정하자. 그러나 새로운 학습 방법이 기존의 것에 비해 더 흥미롭고 사람들로 하여금 더 집중할 수 있게 함으로써 학습에 대해 사람들을 더 많이 동기화시켰다면, 동기나 흥미 수준이 학습 방법과 학습량 사이의 관계에 혼입된 것이다. 당연한 것이지만, 실제 세계에서 연구를 수행하는 응용 연구자들은 기초 연구자들이 검토하는 변인들의 수보다 훨씬 더 많은 수의 변인들에 직면하는 경우가 많다(따라서 응용 연구에서는 가외변인의 혼입 가능성도 더 높다).

응용 연구자들은 연구 중인 문제를 좀 더 정확히 파악하기 위해 가능한 한 많은 관련 변인들을 연구에 포함시킨다. 예를 들어, 설문조사에서 상이한 지시문이 응답에서의 차이를 가져오는지 검증하기 위해 현장에서 동일한 표본에 대해 지시문의 형태를 달리한 설문조사를 실시하였다고 가정해 보자. 이 경우에는 엄청나게 많은 수의 변인들이 갖는 효과가 분석될 수 있을 것이다(Wright & Hull, 1999). 사람들의 응답 패턴에 대해 좀 더 자세하게 이해하기 위해, 연구자들은 응답자의 개인 특성(예를 들어, 연령이나 성별), 특정 관심사, 혹은 면접자에 대한 의견 등에 따라 개인의 반응을 분석할 수 있을 것이다. 연구자는 또한 응답을 하기까지 소요된 시간도 측정할 수 있을 것이다. 기초 연구자들은 일반적으로 엄격한 논리적 추론(예를 들어, X라면 Y가 발생한다)을 사용한다. 응용 연구자들도 가능한 이러한 추론을 사용하고자 하지만, 응용 연구자들은 많은 변인들을 고려해야 하기 때문에 발생한 효과를 해석하기 위해 전문가 지식에 의존함으로써 마치 판사나 임상가와 같은 방식으로 추론해야 하는 경우가 종종 있다(Popper, 1959).

기초 연구와 응용 연구가 상호배타적인 것은 아니지만, 이 두 가지 연구는 접근 방법과 알아보고자 하는 것의 우선순위에서 차이가 있다. 기초 연구자들은 실험실 자료를 일차적으로 강조하는 반면, 응용 연구자들은 환경에서의 관찰치를 가장 중요하게 여긴다. 더구나 조작이 효과적이었다면 대개의 경우 응용 연구자들은 조작의 어떤 측면이 효과적이었는지보다는 전반적인 결과 자체를 더 많이 고려한다. 이에 대한 전형적인 사례가 직무 환경의 효과성에 관한 연구인데, 이 연구에서는 다양한 변인들이 하나의 집단으로 동시에 고려된다.

연구 접근에서의 차이: 실험법과 관찰법

변인의 통제

응용 연구에서는 관찰법, 유사실험법 혹은 실험법이 자주 사용된다(Campbell & Stanley, 1959). 기초 연구자들은 특정 변인이 모든 조건에서 동일한 값을 갖도록 하기 위해 실험과 관계없는 모든 가외변인들을 모두 통제하기 위해 노력한다. 예를 들어, 어떤 연구자가 두 가지의 광고가 소비자에게 주는 영향을 비교한다고 하자. 이 경우, 광고의 다양한 특성들은 일정하게 유지되어야 한다. 만일 이러한 변인들이 제대로 통제되지 못한다면, 광고에 의한 어떤 효과도 광고 자체가 갖는 효과가 아닌 통제되지 못한 실험의 또 다른 특성으로도 설명이 가능할 것이다.

혼입변인을 처리하는 또 다른 방법은 이들을 무선화시키고, 변인의 값이 평균적으로 모든 실험적 조건에 걸쳐 거의 동일하다고 가정하는 것이다. 그러나 무선화 방법은 때로 어떤 변인의 값을 실험 조건에 따라 달라지게 하는 효과를 가져오기도 한다. 예를 들어, 만일 광고에서의 밝기를 무선적으로 변하도록 하였는데 실제 광고의 효과가 광고의 밝기에 따라 달라졌다면, 광고의 효과성에서 밝기가 중요한 영향을 미친다고 해석할 수는 없을 것이다.

응용 연구자들도 가능한 한 많은 가외변인들을 통제하려고 하지만, 자연스러운 연구 장면에서 완전하게 통제하는 것이 본질적으로 불가능하기 때문에 기초 연구자들에 비해 더 적은 수의 변인만을 통제하게 된다(Gruneberg & Morris, 1992a, 1992b; Gruneberg, Morris, Sykes, & Herrmann, 1996; Hedrick, Bickman, & Rog, 1993; Herrmann & Gruneberg, 1993; Wright, 1997). 기초 연구자들은 환경이나 과제 혹은 응답자 등에 대해 어떤 제약을 둠으로써 현상에 영향을 미치는 변인의 수를 점차 감소시킬 수 있지만 응용 연구자들이 이러한 방식으로 변인의 집합을 축소하고자 하는 것은 가능하지도 않고 또 바람직한 것도 되지 못한다. 또한 응용 연구는 어떤 제품이나 서비스에 강하게 영향을 미칠 수 있는 일부 혹은 모든 변인이 무엇인지 확인하고자 하는 실질적인 목표를 가지고 있다. 응용 연구자들도 연구 결과에 영향을 미칠 수 있는 예상하지 못했던 가외변인들을 탐지하지 않으면 안 된다.

기초 연구가 할 수 있는 통제를 응용 연구에서는 잘 할 수 없게 하는 또 다른 요인들이 있다. 종종 응용 연구에서는 통제집단을 포함시키지 못하는 경우가 있다(DiTomasso & McDermott, 1981). 예를 들어, 통제집단이라는 이유로 그 집단이 새로운 약이나 치료법을 사용하지 못하게 한다면, 그리고 그 결과 통제집단에 속한 사람들의 질병이 더 심각해지거나 심지어 사망하게 될 수도 있기 때문에 이것은 전형적으로 비윤리적인 것으로 여겨진다. 실험참가자들을 실험조건에 따라 무선적으로 할당하지 못하는 유사실험법의 경우에도 한계가 있다(Campbell & Stanley, 1966). 예를 들어, 소음은 말소리 이해에 매우 중요한 영향을 미치는 요인이지만 산업 장면에서 소음의 효과를 분석하기 위해서는 실험적으로 미리 설정한 수준의 소음보다 자연스럽게 발생하는 소음의 양을 그대로 제시하고 수행을 관찰한다. 단독 사례 설계(혹은 사례 연구)는 특이한 인지 수행을 기록하기 위해 기초 연구자들도 때로 사용하는 방법이지만(Shallice, 1979), 대부분의 경우 응용 연구자들이 사용하는 방법이다(Kearns, 1986; Yin, 1994).

무엇이 과학적으로 중요한가?

실험 연구 혹은 관찰 연구 중 어느 것에 더 비중을 둘 것인지는 연구자들이 과학적으로 중요한 것이 무엇이라고 생각하는지에 따라 다를 수 있다. 기초 연구자들이 연구를 위해 채택하는 원리들은 경험적 혹은 이론적 연구 영역에서 상당한 관심을 받아온 것들이다. 예를 들어, 많은 기초 인지 연구자들은 오늘날 기억 왜곡이나 목격자 증언 등에 상당한 연구 노력을 기울이고 있지만, 기억 왜곡 현상은 많은 사람들의 관심을 받는 연구 주제로 등장하기 이전까지는 거의 연구되지 않았다. 이와는 대조적으로 목격자 기억에 대한 연구의 역사는 거의 100년 가까이 되었고, 현재에도 이에 대한 연구가 활발히 수행되고 있다. 한마디로, 특정 시대에 많은 관심을 받는 기초 원리에 대한 탐구가 기초 연구를 주도한다고 할 수 있다.

이에 비해 응용 연구자들은 대부분 그들의 연구 주제를 고용주나 고객의 관심에 맞춘다. 이러한 고객들과 관련 기관은 연구 결과물에 더 많은 관심을 갖고 있기 때문에 이들은 종종 연구 절차를 바꾸도록 요구할 수도 있고, 애매한 결과에 대해서는 연구를 다시 시도해 보도록 주장할 수도 있다. 한마디로, 응용 연구자들의 연구 주제는 경험적 혹은 이론적으로 관심을 많이 받고 있는 원리들을 검증하는 것이라기보다는 이익, 안전, 공공정책 등과 같은 요인들에 의해 결정된다고 할 수 있다.

연구의 특성

기초 연구자와 응용 연구자들이 경험하는 연구 진행 속도에서도 차이가 있다. 응용 연구자들은 최종 보고서를 제출해야 하는 연구 종료일 때문에 압박감을 경험하는 경우가 있다. 응용 영역에서는 재정적 혹은 전반적 프로그램 운용에서의 특성에 따라 응용 연구자들이 연구 종료일까지 프로젝트를 완수하도록 요구받는 경우가 대부분이다. 응용 연구는 일차적으로 고용주의 요구 등과 같은 연구의 외적 요인에 의해 주도된다. 따라서 응용 연구자들은 기초 연구자에 비해 시간 압박을 더 자주 경험한다. 이에 비해 기초 연구자들은 자신의 연구가 갖는 특성에 따라 연구 기간이 미리 설정된 프로젝트에 신청함으로써 자신이 스스로 연구 종료일을 정할 수 있다. 물론 기초 연구자들에게 제약이 전혀 주어지지 않는 것은 아니다. 예를 들어, 기초 연구자들도 연구비 지원기관이 설정한 연구 종료일을 지켜야 하고, 이들이 얼마나 연구를 제대로 진척시켜 완결짓는지에 따라 연구비의 재신청 가능 여부도 달라질 수 있다. 기초 연구의 진행 속도는 일차적으로 외부의 관심이나 경쟁과 같은 외적 요인보다는 연구 자체의 특성과 같은 내적 요인에 의해 주도된다. 기초 연구 영역에서의 새로운 발견은 때에 따라 연구의 진행 속도와 방향을 바꾸기도 한다.

기초 연구자와 응용 연구자들은 프로젝트의 연속성에 있어서도 차이를 경험한다. 응용 연구자들은 종종 몇 개의 응용 프로젝트를 한 번에 수행해야 할 때가 있다. 그 결과, 그들은 때에 따라 하나의 프로젝트에서 다른 프로젝트로 전환해야 한다. 프로젝트는 이전의 연구 과제와 연관이 없을 수도 있다. 응용 연구자들이 고용주의 요구에 따라 연구 주제를 바꾸어야 하는 문제는 연구를 완결짓기 어렵게 하기도 한다.

이와는 대조적으로, 대부분의 기초 연구자들은 동일한 주제의 연구를 추구하고, 연구자가 지속적으로 연구할 수 있는 프로젝트를 수행하는 경우가 많다. 그러나 대부분의 기초 연구자들에게는 대학에서 학생들을 가르쳐야 하는 부담이 주어진다. 이러한 교육의 부담은 산업체나 정부에서 일하는 응용심리학자는 신경쓰지 않아도 되는 것이다.

통계 분석 방법에서의 차이

비록 응용 연구자나 기초 연구자가 동일한 통계적 훈련을 받았다 하더라도 이들이 각각 사용하는 통계적 방법을 사용하는 방식은 약간 다르다. 지금부터는 이러한 차이를 분석 방법, 자료 대체 방법, 영가설, 제1종 오류와 제2종 오류, 변인의 수 그리고 연구에서의 반복의 사용 등에 따라 간략히 논의하고자 한다.

응용 연구에서는 기초 연구에 비해 더 다양한 통계 분석 방법을 사용한다. 그 이유는 응용 연구가 기초 연구에 비해 상대적으로 약하게 통제되기 때문이다. 기초 연구는 심사숙고해서 선택한 몇 개의 변인들을 가지고 변인의 한 수준에 초점을 맞추는 경향이 있는 데 반해, 응용 연구는 좀 더 넓은 범위의 변인들을 사용하여 변인의 여러 수준들을 살펴보기 때문에 단일-수준 연구보다는 더 복잡한 통계 분석이 요구된다(Hedrick et al., 1993). 예를 들어, 광고 분석에서는, 적어도 두 가지의 수준(즉, 시각적 호소력과 광고 내용)을 평가해야 한다. 또한 응용 연구자들은 여러 추가적인 변인들 사이의 상호관련성도 살펴보고자 한다(이에 비해 기초 연구자들은 이러한 변인들이 무선적이라고 가정하거나 혹은 연구 자체에서 이들을 통제하기 때문에 무시한다).

기초 연구자들은 큰 효과를 갖는 어느 한 가지 변인을 찾을 때까지 여러 변인들을 계속해서 검증해서는 안 된다고 배운다. 그러한 방법은 우연에 의한 효과를 발견하는 결과를 초래할 수 있기 때문이다. 물론 응용 연구자들도 이론에 기반하지 못한 통계적 검증은 잘못된 지식을 산출한다는 것을 배운다. 그럼에도 불구하고, 그들은 자신들의 자료를 좀 더 탐색해 보도록 장려되는데 왜냐하면 유력한 변인을 놓치면 큰 경제적 손실을 입을 수도 있기 때문이다.

기초 연구자들이나 응용 연구자들은 때로 통계적 목적으로 자료를 대체하기도 한다. 대체(imputing)란 결측 자료에 대한 추정을 의미한다. 어떤 상황에서 결측 자료는 결과 전체가 쓸모없다는 것을 의미하기도 한다. 그러나 만일 결측되기 이전의 자료와 유사한 자료로 결측 자료를 대체할 수 있다면 전체 자료를 버릴 필요가 없고 분석도 좀 더 완벽해질 수 있다.

이러한 자료의 대체가 실제로 이루어지는지 살펴보자. 어느 한 실험참가자가 실험의 대부분에 참여했지만 실험의 한 부분에만 참여하지 못하였다고 가정해 보자. 이 경우 이 실험참가자의 다른 자료를 그대로 사용하면서 전체 자료를 분석하기 위해서는 결측 자료에 대한 대체 절차가 요구된다. 이러한 대체 절차에서는 만일 이 실험참가자가 참여하지 못한 실험 부분을 실제로 수행하였다면 이 실험참가자는 참여하지 못한 실험 부분에서도 이전에 끝마친 실험 부분과 유사한 점수를 보였을 것이라는 가정이 필요하다. 예를 들어, 주어진 변인에 대한 평균, 중앙값 혹은 최빈값이 결측 자료를 대신할 수 있을 것이다. 대체된 자료는 완전하게 검사를 받은 사람의 점수들에 대한 가설적 대표치로 생각될 수 있다.

기초 연구자들은 일반적으로 결측 자료 대체를 꺼린다. 또한 대체된 자료를 포함하고 있는 투고 논문을 심사하는 심사자들도 이러한 논문에 대해 게재불가 판정을 내리기도 한다. 실제 세계에서 이루어지는 연구는 실험실 연구만큼 조건들을 엄격하게 통제할 수 없기 때문에 자료가 누락되는 경우는 특별한 것이 아니고 이에 따라 자료에 대한 대체도 흔하다. 응용 연구의 관점에서 보면, 응용이 최상의 정보에 기반하여 이루어질 수 있도록 결측 자료와 가장 유사한 추정치를 얻는 것이 가장 좋은 방법이다.

기초 연구자와 응용 연구자들은 영가설에 대한 관점에서도 차이가 있다. 응용 연구자들은 보통 결과가 통계적으로 유의한 것이나 그렇지 않은 것이나 모든 결과를 다 보고한다. 그들이 그렇게 하는 이유는 두 가지이다. 첫째, 프로젝트 관리자들이 효과가 있는 것뿐만 아니라 효과가 없는 것도 알고자 하기 때문이다. 그들은 프로젝트를 최상으로 이끌기 위해 어떤 것이 효과적이고 어떤 것이 그렇지 못한지 알아야 할 필요가 있는 것이다. 둘째, 거의 모든 응용 연구는 회계가 엄격한 예산으로 진행되기 때문에, 만일 결과가 보고되지 못한다면 이것은 할당된 연구비가 전혀 사용되지 않았거나 혹은 계획대로 사용되지 않은 것으로 간주된다. 조직이 예산을 집행하기 때문에 조직은 이것이 어디에 사용되었는지 알아야 한다. 이와는 대조적으로, 기초 인지 연구자들은 전형적으로 영가설을 기각하는 대신 실험가설을 받아들일 수 있는 결과를 얻기 위해 노력한다. 따라서 이들은 전형적으로 영가설을 지지하는 연구 결과를 보고하지 않는다. 만일 기초 연구자가 영가설을 지지하는 결과를 얻는다면, 이들은 그 결과를 버리고 다시 연구를 시도할 것이다. 드물지만 영가설을 지지하는 결과가 기초 연구자들에 의해 보고되는 경우도 있다(Smart, 1964). 그러한 결과는 일반적으로 인위적 자료, 부적합한 실험설계, 잘못된 측정치 혹은 연구의 비논리성에 기인한 것으로 여겨진다.

영가설에 대한 이러한 두 가지 접근은 기초 연구자들과 응용 연구자들 서로의 편견을 심화시킨다. 기초 인지 연구자들은 응용 연구자들이 유의하지 않은 차이를 보고하는 것은 잘못된 것이라고 생각한다. 반면 영가설을 지지하는 결과가 매우 흔하다는 것에 익숙해 있는 응용 연구자들은 영가설을 지지하는 기초 연구도 쉽게 응용될 수 있는 것들이라고 믿는다(Herrmann & Gruneberg, 1993). 그러나 효과를 얻기 위해 어떻게 연구를 바꾸고 어떤 노력이 투여되어야 하는지에 대해서는 거의 기술되지 않는다.

응용 연구자들은 제2종 오류(실제로 발생한 효과를 탐지하지 못하는 것)가 발생할 가능성에 대해 더 많이 걱정한다. 왜냐하면 그들은 연구비가 투자된 연구가 실제로는 가치가 있는 것임에도 불구하고 그것을 버리는 오류를 범하고 싶지는 않을 것이기 때문이다. 이에 비해 기초 연구자들은 제1종 오류(실제 발생하지 않은 효과가 발생하였다고 잘못 결정하는 것)에 더 많은 신경을 쓴다. 타당하지 않은 결과는 연구자들의 연구를 엉뚱한 방향으로 이끌 수 있기 때문이다. 이러한 문제에 대처하기 위해서는 실험과 관찰을 반복하는 것이 필요하다.

앞에서 논의했던 것처럼, 응용 연구자들에게는 더 많은 수의 독립변인과 종속변인을 고려하는 것이 요구된다. 이 때문에 응용 연구 보고서에는 기초 연구 보고서에 비해 전형적으로 더 많은 수의 변인들이 언급된다. 응용 연구자들도 추가된 독립변인들이 결과에 대한 해석을 복잡하게 한다는 것을 알고 있지만, 응용 연구에 가해지는 외부 압력들은 응용 연구가 가능한 완벽한 보고서를 만들어내도록 요구한다.

기초 연구자와 응용 연구자들은 모두 이전 연구에 대한 반복검증이 중요하다는 것을 인식하고 있지만, 이러한 반복검증이 요구되는 조건은 두 연구 영역에서 약간 다르다. 반복검증이란 이전의 실험 조건과 거의 혹은 완전하게 동일한 조건에서 다시 한 번 실험하는 것을 의미한다. 만일 두 번째 실험에서도 첫 번째 실험과 동일한 결과가 얻어진다면 두 번째 실험이 첫 번째 실험을 반복검증하였다고 말한다. 반복적으로 검증된 연구 결과는 응용 가능성이 높다.

비록 기초 연구와 관련된 학술지들이 중요한 효과에 대한 반복검증을 요구하는 경우가 증가하고 있지만, 어떤 결과가 이전 연구의 결과와 비일관적으로 보이지 않는 한, 반복검증은 그렇게 필수적인 것은 아니라고 여겨진다. 기초 연구 결과들이 발표되면 그것은 반복 가능한 결과로 가정된다.

기초 연구자들과 응용 연구자들이 반복검증을 하는 방법이나 그 결과를 보고하는 방식에 서로 상이한 관점을 갖고 있기 때문에 이 두 영역은 때로 상대방의 연구를 잘못 해석하기도 한다. 기초 인지 연구자들은 가끔 응용 연구자들이 응용 연구에서 영가설에 대해 언급하는 것에 대해 그들이 분석의 근본적 원리도 모르고 있다고 비판한다. 이에 비해 응용 연구자들은 영가설을 지지하는 결과가 드물지 않다는 것을 알고 있기 때문에 영가설을 지지하는 결과를 보고하지 않은 기초 연구에 대해 미심쩍게 생각한다.

요약

과학에 대한 기초 연구와 응용 연구 사이의 현격한 접근 차이는 두 영역의 연구자들로 하여금 상대방의 의사소통 방식을 이해하는 데 어려움을 겪게 할 뿐만 아니라 상호 간의 의사소통에서도 문제를 야기한다. 기초 연구자와 응용 연구자들 사이의 의사소통 문제는 마치 미국인과 영국인이 서로 대화할 때 겪는 어려움과 유사하다. 기초 연구자들과 응용 연구자들은 각각 상대방의 과학에 대한 접근방식을 이해하지 못하고 심지어 무시하기 때문에 상대방의 연구를 완전하지 못한 것으로 생각하는 경향이 있다. 과학에 대한 두 접근에서의 이러한 차이는 변인 통제에 대한 가정, 과학적으로 무엇이 중요한지에 대한 생각, 연구 경험, 그리고 통계 분석 방식에서의 차이 등에 의해 기인한 것이다.

제 5 장

기초－응용 순환의 단계: 과학적 조화

논쟁을 제대로 이해하기 위해서는 양측의 주장을 먼저 알아야 한다.

－포춘 쿠키에 나온 한 구절

Bacon(1905)은 연구가 발견과 응용의 순환이라고 하였다. 여기에서는 이것을 기초-응용 순환이라고 부르고자 한다. 이 순환은 기초 과학자와 응용 과학자들이 과학을 발전시키기 위해서 협동하는 기본적인 방법을 기술한다(Bickman, 1981; Garner, 1972; Hedrick et al., 1993; Salomen, 1987; Schultz, 1979). 앞서 논의된 바와 같이, 기초 연구자들은 근본적 원리를 발견하고, 응용 연구자와 실천가는 그것의 불충분성이 드러날 때까지는 그것을 응용한다(Adams, 1987). 어떤 불충분성이 발견되면, 응용 연구자들은 그것을 기초 연구자들에게 알려주고, 기초 연구자들은 원래의 원리를 향상시킬 수 있을 때까지 결함을 가져오는 조건을 검토한다(**그림 5.1** 참조).

어떤 연구자들은 기초-응용 관계에 대한 일반적인 설명이 너무 단순하다고 생각한다. 만일 기초-응용 순환이 기대하는 것과 같이 기초 연구자가 실제 세계

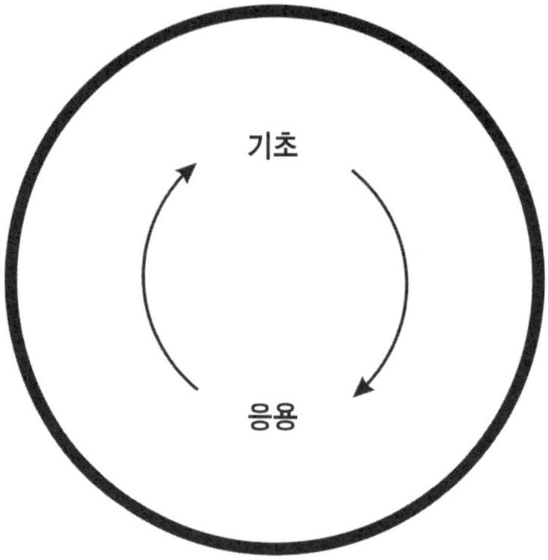

그림 5.1 기초-응용 순환

에까지 자신들의 연구 결과를 일반화시킨다면 응용 연구자의 연구는 매우 쉬워질 것이다. 그러나 여러 요인들 때문에 기초 연구자가 그들의 연구 결과를 응용하는 것은 쉬운 일이 아니다. 기초 연구가 발전함에 따라 기초 연구자들은 수행에 대한 변인의 영향을 보다 잘 인식해야 한다는 압박감을 경험한다. 결과적으로, 과거에 비해 오늘날의 기초 이론은 더 많은 조건들에 대한 이해를 바탕으로 형성되어야 한다. 증가된 복잡성 때문에 몇몇 연구자들은 기존의 기초-응용 순환에 대한 생각이 수정되고 좀 더 정교화되어야 한다고 주장하였다(deWolff, 1993; Hoffman & Deffenbacher, 1992; Prohansky, 1981; Reagan, 1967; Schonflug, 1993a, 1993b; Vincente, 1994). 제1장에서는, 기초 연구와 응용 연구를 간단하게 설명하고, 이 두 연구 영역에 각각 속해 있는 하위 영역들에 대해 기술한 바 있다. 여기에서는 이러한 하위 영역들에 대해 좀 더 자세히 다루고자 한다.

기초 연구

생태학적 연구

몇몇 연구자들은 기초 연구에서 도출된 근본 원리들이 일상의 맥락 속에서 관찰되는 것을 얼마나 잘 추론하게 해주는지 평가하였다(Barker, 1968; Bronfenbrenner, 1977; Brunswick, 1956; Neisser, 1976; Wright, 1997). 생태학적 연구나 자연스러운 연구의 밑바탕에 있는 기본 가정은 기초 연구에서 발견된 원리들이 응용되도록 시도하는 것은 큰 유용성을 가진다는 것이다(Bruce, 1985). 생태학적 연구는 실험실 연구 결과들이 실제 세계에 일반화되는 것이 어렵게 하는 실험의 인위성을 제거하고자 한다.

임무-지향/응용 가능성 연구

몇몇 연구자들은 기초 연구에서 추론된 근본 원리들이 사업체, 산업체 혹은 정부기관과 같은 다른 조직에 얼마나 응용될 수 있는지 평가하였다. 이러한 경우의 기초 연구는 임무-지향적이라고 불린다(Featherman, 1991). 이러한 연구는 실제 세계의 특정 문제에 근본 원리들을 가장 적합하게 응용할 수 있는 방법을 찾고자 한다. 그와 같은 임무-지향 연구는 근본적 원리에 의해 기술된 기능적 관계가 기대한 것과 체계적으로 다른지의 여부를 신중하게 검토한다(Branscomb, 1995). 예를 들어, 인위적인 실험 상황으로 구현한 목격자 기억에 사후 정보의 제공이 어떠한 영향을 미치는지에 대한 연구는 실제 범죄나 사고에 대한 목격자 기억 연구로 응용될 수 있다(Loftus, 1979; Yuille & Cutshall, 1992; Chapman & Underwood, 2000).

임무-지향적 연구를 수행하는 이유는 생태학적으로 타당하다고만 밝혀진 원리에 비해 임무-지향적 연구의 결과가 더 적은 수정으로도 성공적으로 응용될 수 있게 하기 때문이다(Dubin, 1976; Herrmann & Gruneberg, 1993; Nogami,

1982). 비록 생태학적 연구가 자연스러운 상황에서 수행된다 하더라도 응용을 위해 수행되는 연구와 그것이 실제로 일치하는 것이라고는 단정할 수 없기 때문이다. 예를 들어, 자동차 사고 장면을 단계적으로 보여주는 슬라이드들은 그것이 실제 자동차 사고를 아무리 자세하게 모사한다 하더라도 자동차 사고를 실제로 보는 것과는 다른 효과를 가질 것이다. 따라서 슬라이드나 비디오 제시가 어떤 연구 문제를 확인하는 데 어느 정도는 유용하겠지만, 이러한 방법들은 실제 자동차 사고에 대한 사람들의 기억을 평가하는 데는 덜 효과적일 것이다.

한편, 응용 가능성에 대한 검증 결과, 어떤 원리가 적합하지 않다고 판정된다면 그 원리는 응용 가능성의 결여를 보여주는 것이고, 따라서 그것은 근본적인 인지 과정을 제대로 나타내주지 못하는 것으로 여겨진다. 예를 들어, 많은 인지 연구들은 사람들이 과거 사상이나 정보를 재구성하기 위해 여러 방략들을 사용한다는 것을 보여주었다. 이러한 연구들을 바탕으로 산업 조사 분야의 연구자들은 응답자에게 정보를 회상하는 방략의 사용을 권장함으로써 설문조사에 대한 응답을 촉진하도록 하는 기발한 기법을 개발을 시도하였다(Jobe & Mingay, 1991). 그러나 이러한 기법은 실제 설문조사에서는 특별한 효과를 발휘하지 못하였다. 설문조사 연구자들의 연구 결과는 회상에 대한 방략 사용의 일반적 효과를 반박하는 것은 아니지만, 정보 회상에서 방략을 사용하도록 하는 조건들에 대해서 좀 더 면밀한 연구가 있어야 한다는 것을 보여주었다.

응용 연구의 유형들

응용 연구

어떤 연구자들은 근본 원리가 실제 세계에서 성공적으로 응용될 수 있는 정도를 평가하고자 하였다(Spurgeon, Davies, & Chapman, 1994). 고객들은 제품 개발에 대한 투자에 앞서 그러한 평가 결과를 종종 요구한다. 따라서 근본 원리들의 실제 응용에 대해 평가하는 것은 이 원리들에 대한 응용 타당도를 평가하는 것이다.

많은 기초 연구자와 응용 연구자의 관점에서 보면, 어떤 원리가 응용 타당도를 갖는다는 것은 그 원리의 근본적 본질에 대한 가장 강력한 지지를 제공해 주는 것이다(Chapanis, 1967). 어떤 원리가 응용 타당도 검증을 통과하지 못하면 근본적인 과정을 표상한다고 여겨졌던 그 원리의 위상이 손상된다(Cronbach & Meehl, 1955). 그러나 응용 연구를 실시하기 위해서는 최종 결과물에 대한 하나 이상의 원형(prototype)이 요구된다. 따라서 응용 연구나 평가 연구가 강력한 것이기는 하지만 이 연구들은 생태학적 연구나 응용 가능성 연구에서는 수행하지 않는 또 다른 개발 단계를 요구한다.

기술 연구

응용(application)이란 특정한 문제의 해결을 의미한다. 어떤 연구가 Downsberry 경찰서에서 사용할 수 있는 효과적인 라인업 절차를 개발했다 하더라도, 그것은 단지 그 경찰서에서만 유용한 것이 되는 것이다. 만일 그러한 라인업 절차가 다른 경찰서에도 확대되어 응용될 수 있다면 그 응용은 기술(technology)이 된다. 그렇다고 모든 응용이 기술이 된다는 것을 의미하지는 않는다. Downsberry 경찰서에서 개발된 절차는 그 경찰서에 근무하는 사람들의 역량을 극대화하기 위해 개발된 것이기 때문에 다른 경찰서에는 응용되지 않을 것이다.

단계가 있는 연구의 수행

기초 연구와 응용 연구에 포함되는 서로 다른 유형의 하위 영역들은 연구 단계에 따라 결합될 수 있다. 기초 연구와 응용 연구에서의 2단계 접근은 과거의 것이 되었다(Sirken et al., 1999). 연구의 각 단계를 통해 연구가 수정되고 후속 연구가

3단계	3단계	3단계	4단계	5단계
기초 연구	기초 연구	기초 연구	기초 연구	기초 연구
|	|	|	|	|
생태학적 연구	응용 가능성 연구	응용 연구	생태학적 연구	생태학적 연구
|	|	|	|	|
응용	응용	응용	응용 가능성 연구	응용 가능성 연구
			|	|
			응용	응용

그림 5.2 기초-응용 순환의 표본적 2단계에 대한 중다 단계 대안들. 이 대안들은 각 연구 영역들이 생태학적 타당성 연구, 응용 가능성 연구 및 응용 연구에서 요구하는 것이 무엇인지에 따라 구성된 것이다.

이어지며, 궁극적으로 응용에 이르게 한다(Landy, 1993). **그림 5.2**는 이러한 새로운 연구 영역 사이의 몇 가지 관계를 보여주고 있다. 이 그림에서는 기초-응용 순환의 표준적인 2단계 모델이 어떻게 중다 단계로 조합될 수 있는지를 보여준다(Herrmann, Raybeck, & Gruneberg, 1999).

그림의 각 대안에서 마지막 단계의 연구는 기초 연구로 다시 돌아가는 것으로 순환을 완성한다. 각 대안은 시작부터 끝까지 연속적으로 진행된다. 이 대안들은 나중 단계에서 이전 단계로 되돌아가는 피드백 루프를 가정함으로써 더 정교화될 수 있다. 예를 들어, 생태학적 연구의 3단계 모델 연구는 응용 단계에 영향을 미치고 응용 단계의 결과는 다시 기초 연구에 영향을 주게 된다.

중다 단계 기초-응용 연구의 예들

기초 인지 연구자들은 일찍부터 파지(retention)가 시간에 걸쳐 지수적으로(exponential) 감소한다는 것을 발견하였다(예를 들어, Ebbinghaus, 1885/1913; Luh, 1922). 이러한 발견은 사람들로 하여금 망각이 처음에 급격하게 이루어진 후 그 다음에는 일정한 수준을 유지하는 것으로 믿게 하였다. 그러나 최근에 응용 연구자들은 기억에 저장된 정보 종류에 따라 파지 함수(따라서 망각 함수)가

연구 유형	자극
기초	형태
생태학적 타당성	얼굴
응용 가능성	인위적으로 모사한 범죄에서의 얼굴
응용	실제 범죄 혹은 잠재적 범죄로부터 추출한 얼굴

그림 5.3 연구 유형에 따른 얼굴 재인 연구에서의 자극 종류

달라질 수 있다는 것을 발견하였다. 자전적 기억에 대한 파지 함수는 기울기의 변화가 거의 없는 직선 형태를 갖는데, 예를 들어 졸업 앨범에 있는 사진에 대한 기억은 수십 년이 지나도 잘 망각되지 않는다. 마찬가지로 외국어에 대한 지식이 처음에 감소하다가 그 다음에는 변화가 거의 없는 상태를 유지하고 다시 시간이 지남에 따라 다시 감소하는 형태를 보인다(Searleman & Herrmann, 1994). 이와 유사하게 Linton(1975, 1982)은 6년 동안 그녀의 삶에서 일상적인 사건들을 짧게 기록한 일기를 분석하였다. 그녀는 일상적 기억들이 매우 잘 기억난다는 것을 알아냈다. 사실, 그녀가 회상할 수 없었던 사건들은 그녀의 기억을 도와주는 특별한 단서를 가지지 못했거나 다른 사건들과 매우 유사해서 어떤 특별한 기억을 도출하지 못한 것들이었다(Wagenaar, 1986; White, 1982. 1989).

이런 종류의 연구들은 파지 함수의 형태가 기억된 정보의 내용에 따라 달라진다는 것을 시사한다. 기억 과정이 실험실 연구를 통해 원래 제안되었던 것에 비해 훨씬 더 복잡하다는 이러한 인식은 기초 연구자들로 하여금 기억과 다른 여러 수행에서 차이를 가져오는 변인들이 무엇인지 확인하도록 하는 계기를 제공하였다. 중다 단계 연구에 관한 또 다른 예는 얼굴 재인 연구에 대한 문헌들에서 찾아볼 수 있다(Herrmann, Raybeck, 그리고 Gruneberg, 1998에서 인용한 **그림 5.3** 참조).

기초 연구자와 응용 연구자 사이의 협력 부족

때로 심리학에서 기초 연구와 응용 연구 사이의 정보 교환이 효과적이지 않다는 (Schonflug, 1993a) 논쟁이 있어왔는데, 이것은 두 집단의 연구자들 사이에서 의사소통이 원활하지 않기 때문이다(Brewerm, 1985). 그러나 비록 기초 연구자와 응용 연구자 사이의 의사소통이 제한적이기는 하지만, 각 영역의 새로운 세대는 모두 대학원 과정에서 공통적으로 기초적인 연구 기술에 대해 기초 연구자에게서 배운다. 또한 요즈음의 기초 연구자들 중 응용 연구를 선택하는 연구자들의 수가 점점 더 증가하고 있다. 그 결과, 다른 영역에 친구를 갖고 있는 응용 연구자들이 더 많아졌다(Smith, Randell, Lawandowsky, Kirsner, & Dunn, 1996). 두 집단 사이의 의사소통이 원활해진다면 기초 연구자와 응용 연구자 사이의 많은 차이는 좀 더 잘 이해될 수 있을 것이다. 서로 이해할수록 협력도 더 잘 될 것이다. 이론적 모델이 더 좋아질수록 좀 더 이해 가능한 경험적 연구가 가능할 것이고, 이에 따라 좀 더 나은 응용물이 창출될 수 있을 것이다.

인지적 제품과 서비스의 창안

때로 어떤 경영진은 개발되어야 할 응용의 종류를 알고, 응용 연구자에게 응용 아이디어를 창조하고 완성하도록 책임을 맡긴다. 다른 경우에는 응용 연구자들이 스스로 특정 상황에서 요구되는 응용을 생각해 내야 하는데 이럴 경우, 응용 연구자들은 완전한 형태의 응용이나 혹은 응용의 마지막 형태를 개발하게 된다.

새로운 응용들을 고안해 내는 데는 몇 가지 방법들이 있다. 첫째, 새로운 응용을 고안하고자 하는 응용 개발자(혹은 발명가)는 아직 응용으로 전환되지 않은 이론과 연구 결과를 찾아보기 위해 기초 연구 문헌을 연구한다. 일단 그러한 연구 결과와 이론이 확인되었다면, 그 응용 연구자는 그 연구 결과와 이론들을 여러 상황들과 관련짓는다. 이때 가능성 있는 어떤 상황이 밝혀진다면, 응용 연구자는 그 상황에서 중요하게 고려되어야 하는 인지 처리와 행동이 무엇인지 찾아본다. 마지막으로, 응용 연구자는 인간의 행동 실행을 보조해 주거나 인간을 대신해서 수행할 수 있는 장치나 서비스를 상상한다. 창안 과정과 관련된 또 다른 측면(Petroski, 1994)은 뒤의 살펴볼 문제해결 부분에서 논의할 것이다. 예를 들어, 상당한 양의 연구 결과들은 (그리고 상식적으로 보아도) 인간의 심리 상태가 인지에 영향을 미친다는 것을 보여주었다. 심리 상태가 인간 인지에 영향을 주는 상황 중 하나는 작업 상황이다. 어떤 개인이 작업을 시작하기 전에 그 사람의 생리적 상태를 측정하여, 만일 생리적 상태가 작업에 부적합하다면 이것을 향상시키기 위한 다양한 활동들이 적용될 수 있을 것이고, 이를 통해 인지적 기능이 향상될 수 있을 것이다.

가능한 응용을 창안하는 두 번째 방법은 인간의 수행을 향상시킬 수 있는 가설적 응용들을 일상생활에서의 인지에 대한 연구를 통해 확인해 보는 것이다. 가능한 응용이 확인되면 응용 연구자는 그 응용이 적용될 수 있는 상황을 연구해 본다. 그리고 응용 적용이 가능한 상황을 확인한다면 그 다음에는 응용이 해결할 수 있는 인지 과정과 행동을 명세화한다. 마지막으로, 이 응용 연구자는 응용물(장치나 서비스)이 그러한 인지 과정과 행동을 보조하거나 혹은 인간을 대신할 수 있는 방법들을 모색한다. 예를 들어, 약속을 기억하는 것을 생각해 보자. 많은 사람들은 이것이 매우 어려운 것이라는 것을 느끼고 있을 것이다. 이 문제를 보조해 주기 위해 플래너(planner)가 개발되어 효과적으로 사용되고 있다. 그러나 플래너가 제 기능을 발휘하기 위해서는 어찌되었건 늦지 않은 시간에 사람이 직접 그것을 확인해야 한다. 많은 발명가들은 약속 시간과 같은 앞으로의 사상에 대해 미리 신호해 줄 수 있는 팜탑(palm-top) 컴퓨터와 같은 장치들에 대해 이미 알고 있었다. 실제로 몇몇 회사들은 팜탑 리마인더〔palm-top reminder: 이것은 흔히 개인정보 단말기(Personal Data Assistance; PDA)라고 더 잘 알려져 있다〕를 개발하였는데, 이 장치는 기억 가능성을 향상시켜 주는 단서들을 제공해 준다(Herrmann, Brubaker, Yoder, Sheets, & Tio, 1999).

새로운 제품과 서비스를 창안하는 것은 창의성을 요구한다. 누군가 "어떻게 하면 더 창의적일 수 있나요?"라고 물어도 정답은 없다. 손에 쥐기만 하면 모든 것을 알 수 있는 신화적인 물체인 "현자의 돌(philosopher's stone)"을 갖기 전까지는 말이다! 물론 현자의 돌은 상상 속의 물체이다. 창의적일 수 있는 잠재력은 누구든지 갖고 있다.

사람에 따라 그들이 창조적일 수 있는 상황도 다르지만 창의성의 핵심은 지식이다. 만일 당신이 보조와 응용을 통해 이득을 얻을 수 있는 상황, 과정, 또는 행동이 무엇인지 알고자 한다면 당신에게는 전문성과 정보가 있어야 한다. 어떤 지식은 책에서 얻을 수 있지만, 지식의 다른 측면들은 특정 상황 속에서 현저한 쟁점을 확인하고 그것을 이해해야 얻을 수 있다. 새로운 응용을 발견하기 위한 한 가지 방법은 남들이 보지 못한 새로운 문제를 찾아내거나 오래된 문제에 대해 비범한 해결책을 찾는 것이다. 그러나 이러한 새로움이나 비범함 그 자체만으로는 충분하지 않다.

잠재적으로 가능한 응용에 대한 새로운 아이디어는 궁극적으로 쓸모 있는 것이어야 한다. 당신의 작업 속에 포함된 특정 과제나 당신의 개인적 삶 속에 포함된 어떤 일에 대해 이미 당신이 익숙해 있거나 혹은 익숙해지도록 한다면, 당신은 당신의 성공적 수행을 무엇이 방해하고 있는지 알아낼 수 있을 것이다. 예를 들어, 성공적 수행에 필요한 무엇인가가 결여되어 있다는 것을 알 수 있을 것이다. 성공적 수행을 위해 무엇이 필요한지 주의 깊게 살펴보고 자주 상기하는 것은 창조적 생각을 도출하는 데 도움이 될 것이다.

가능한 응용을 창안하기 위한 또 다른 방법은 새로운 정보의 관점에서 이전의 응용을 연구하는 것이다. 예를 들어, 20세기 중반에 등장한 행동주의와 함께 교습 기계들이 개발되어 학습을 지도할 목적으로 판매되었다. 오늘날의 상호작용적 학습 프로그램들은 이 오래된 전통의 영향을 반영하고 있지만 이것은 새로운 시각으로 개발된 것이다.

이 책을 읽으면서 가능한 응용에 대해 한 번 생각해 보기 바란다. 그리고 떠오르는 아이디어가 있다면 그것을 노트에 적어 보라. 하지만 새로운 아이디어는 매우 가치 있는 것이기 때문에, 만일 번뜩이는 아이디어 혹은 최소한 금전적으로 유익하다고 생각되어지는 아이디어가 떠오른다면 당신의 아이디어를 보호하기 위해 다음에 제시되는 행동을 취하도록 하라.

아이디어 보호 방법

당신이 신뢰하지 않는 어떤 사람과도 당신의 아이디어에 대해 의논하지 마라. 모든 사람이 정직한 것은 아니다. 당신이 마음속에 그리고 있는 응용의 세부 내용을 기록하라. 만일 응용에 관한 것을 스케치할 수 있다면 그렇게 하라. 비록 그렇게 하는 것이 불필요할지라도 말이다. 만일 그 아이디어가 당신이 아직 이해하지 못하고 있는 전자공학이나 화학적 지식을 요구하는 것이라고 해도 걱정하지 말라. 가능한 한 자세하고 정확하게 기록하라. 그 다음, 기록을 당신이 수신인으로 되어 있는 봉투에 넣고 우체국에 가서 등기로 그 봉투를 보내라.

우편으로 그 봉투가 도착하면 수신확인 양식에 사인을 하되 이 봉투를 열어보지 말고 안전한 장소에 이 봉투를 보관하라. 이렇게 함으로써 봉투가 도착하기 이전 혹은 최소한 봉투가 도착한 직후에 당신이 제품이나 서비스에 대한 아이디어를 고안해 냈다는 증거를 확보할 수 있게 된다.

이 과정은 당신의 아이디어를 도난으로부터 보호해 준다. 예를 들어, 어떤 정직하지 못한 사람이 당신이 당신의 창의적인 아이디어에 대해 이야기하는 것을 엿듣고 난 후, 그 아이디어를 수십만 달러에 큰 기업체에 팔았다고 가정해 보자. 당신은 도둑이 그 아이디어에 대해 권리가 없다고 주장하기 전에 당신이 그 아이디어를 가졌었다는 것을 입증할 수 있기 때문에 그 사람을 고소할 수 있다. 당신은 법정에서 당신의 봉투로 그것이 당신의 아이디어라는 것을 입증할 수 있을 것이다. 판사는 그 봉투가 언제 보내졌고, 이전에 결코 열어보지 않았으며, 그 속에 창의적인 아이디어가 들어 있다는 것을 알 수 있을 것이기 때문이다. 미국 우체국의 봉투 위에 부착된 등기 기록에는 당신의 아이디어가 우편으로 보내진 날짜가 공식적으로 기재되기 때문에, 그 날짜 이전 혹은 그 날짜에 당신이 그 아이디어에 대해 생각하였다는 것을 증명해 준다.

우리의 강의를 들었던 학생들 중 몇 명은 가능한 응용을 창안한 바 있다. 모든 학생들이 잠재적으로 가능성 있는 응용에 대한 창의적인 아이디어를 창안해 낼 수 있었다. 그 아이디어 중 일부는 너무 작은 집단의 사람들, 심지어 단 한 사람에게만 응용될 수 있는 것이어서 많은 돈은 벌 수 없었을 것이다. 다른 아이디어는 돈을 벌 수 있는 가능성이 분명히 있었는데, 실제로 그 학생들은 앞에서 기술한 방법대로 그들의 아이디어를 보호하기 위한 단계로 나아가기도 하였다. 우리 학생들이 이렇듯 창의적이 될 수 있다면, 당신은 그렇게 되지 못하라는 법이 있겠는가?

요약

어떤 방식으로 새로운 아이디어를 창안하든지 기초 연구와 응용 연구 사이의 관계에 대해서는 잘 이해하고 있어야 한다. 과학적 노력이 좀 더 효과적이 되기 위해서는 기초 연구 집단과 응용 연구 집단의 협력이 필수적이다. 두 영역은 과학을 진보시키기 위해 좀 더 포괄적으로 이론을 이해하고, 실용적으로 응용을 구현함으로써 각자의 목표를 더 잘 달성할 수 있을 것이다.

이 장은 기초 연구자와 응용 연구자 사이의 협력을 위한 여러 모델에 대해 기술하였다. 그리고 기초 연구자와 응용 연구자가 더 생산적으로 협력하는 데 도움이 될 수 있는 지식을 제공한다. 마지막으로, 창안 과정을 세부적으로 기술하였다. 충분한 준비가 있다면 누구든지 새로운 제품과 서비스, 그리고 기술을 창안할 수 있다는 것을 보여주고 있다.

제 6 장

기초 인지심리학: 응용을 위한 구조

항상 기본부터 시작하라.

—작자 미상

응용 인지 연구의 도전들

일상생활에서 직면하는 과제들은 인지 과정(지각, 학습, 기억, 추리, 문제해결, 의사결정과 의사소통을 포함해서)에 대한 부담의 수준에서 다양하다. 이러한 과제들 중 많은 과제들은 인지적 응용을 통해 그것의 수행에서 이득을 얻을 수 있을 것이다. 우리가 돈을 지불하거나 기록하거나 잡다한 일들을 기억하거나 혹은 배운 기술을 실행할 때와 같이, 우리가 주어진 과제를 이해하고 실행하기 위해 다양한 범위의 협응적 처리에 의존해야 경우는 매우 다양하다. 마찬가지로 직업의 종류에 따라서도 상이한 인지적 처리에 의존하지만 가정에서의 과제들과 마찬가지로 직장에서 직무를 수행할 때의 과제들도 기초적 인지 과정에 의존한다. 따라서 응용 인지심리학자들은 집과 일터 모두에서의 인지 수행을 향상시킬 수 있어야 한다.

표 6.1 일상에서 발생하는 인지 실패의 예들

- **지각**(perception)은 감각 정보의 해석을 포함한다. 지각 실패는 우리의 오지각, 자극 인식 실패, 변별 실패 혹은 감각 자극에 대한 잘못된 해석 등 때문에 발생한다.
- **주의**(attention)는 어떤 자극에 초점을 맞추는 것을 포함한다. 주의 처리에서의 실패는 주의나 집중의 실패, 다른 것에 마음을 빼앗기거나 몰입, 혹은 인식의 실패 등으로 발생한다.
- **이해**(comprehension)는 전형적으로 구두 혹은 텍스트를 통한 대화를 이해하는 것을 포함한다. 이해에서의 실패는 우리가 잘못 이해하거나, 잘못 분류하거나, 잘못 해석하거나, 과잉 일반화하거나, 적절하지 않은 연합을 만들거나 혹은 개인적 관심이 정보처리를 정확하게 처리하는 능력에 영향을 미칠 때 발생한다. 이해는 또한 우리의 전문성 수준과 비교되는 자극 재료의 명료도나 복잡성의 수준에 따라서도 달라진다(Kintsch, 1974).
- **학습**(learning)은 수행에서의 비교적 영속적인 변화이다. 학습에서의 실패는 재료를 효과적으로 체제화하지 못하거나, 우리가 이미 알고 있는 것과 새로운 정보를 연합하지 못하거나, 의미를 잘 이해하지 못할 때 발생한다(Conway, 1993).
- **파지**(retention)는 약호화된 기억의 저장과 인출을 포함한다. 파지 실패는 주의를 기울이지 못할 때, 기억하려고 노력하지 않을 때, 독특한 단서를 만들지 못했을 때, 혹은 신체적 상태(예를 들어, 피로 등)가 기억을 방해할 때 발생한다. 학습을 위해서는 반드시 기억이 선행되어야 한다.
- **추리**(reasoning)는 초기 정보나 전제로부터 결론을 추론하는 것을 말한다. 추리에서의 실패는 정보를 잘못 판단하거나 잘못 해석할 때, 핵심 요소를 제대로 평가하지 못했을 때, 혹은 너무 세세한 것에 얽매여 더 큰 그림을 보지 못할 때 발생한다. 편견과 편파도 문제를 야기할 수 있다.
- **문제해결**(problem-solving)은 효과적으로 생활하기 위해 반드시 필요한 것이다. 문제해결에서의 실패는 문제를 제대로 이해하지 못했을 때, 상황이 바뀌었지만 이전에 했던 것을 계속 되풀이하고자 할 때, 혹은 다루기 용이한 단계들로 문제를 쪼개지 못할 때 발생한다.
- **의사소통**(communication)의 실패는 정보를 잘못 전달받았거나, 제공된 정보가 너무 많거나 혹은 반대로 너무 적은 경우에 발생한다. 우리는 사람들이 진실되다고 일반적으로 생각하지만 많은 의사소통 속에는 속임수, 은닉, 왜곡 등이 포함되어 있다.
- **계획**(planning)의 실패는 우리가 너무 근시안적이거나, 성급하거나, 부주의하거나, 태만하거나, 충동적이거나, 강박적이거나, 부정확하거나 혹은 일관적이지 못할 때 발생한다(Das, Kar, & Parrila, 1996).

일상생활에서의 인지 과제를 돕기 위해서는 어떤 과제를 수행하는 데 요구되는 일반적인 인지 과정과 특수한 인지 과정을 모두 이해하고 여기에 영향을 미칠 수 있어야 한다(Bears, 1992: Broadbent, Cooper, Fitzgerald, & Parks, 1982; Norman, 1981, 1988; Reason, 1990; Reason & MyCielska, 1982; Sellen, 1994; Senders, & Moray, 1991). **표 6.1**은 우리가 주로 경험하는 인지 실패의 몇 가지 경우를 정리한 것이다.

인지심리학 응용을 위한 접근

응용 인지심리학은 지난 30여 년간 꾸준히 발달해 왔다. 지금까지 어떤 응용 영역이 있었는지 분석하기 위해 Applied Cognitive Psychology, Cognitive Technology, Journal of Experimental Psychology: Applied, 그리고 Handbook of Cognition(Durso et al., 1999)에 있는 논문들의 응용 주제들을 분류하였다. **표 6.2**에는 응용 인지심리학이 응용된 영역을 목록화한 것이다.

우리가 어떻게 정신 표상(mental representation)을 만들고 수정하는지는 지

표 6.2 응용 인지가 응용된 영역

- **예술**–행위예술: 음악, 춤
  시각예술: 그림, 조각
- **사업**–광고, 경영, 판매
- **요리법**
- **통신 산업**–뉴스미디어, 조사
- **교육**–교습, 학습, 평가
- **공학**–컴퓨터 조작, 기계와 환경 설계
- **산업**–제조 및 생산
- **법**–경찰 활동, 라인업, 취조; 목격자 증언; 재판
- **건강**–의학적 치료
- **신체 질병**–진단, 치료
- **정신적 기능**–진단, 치료, 읽기, 이해, 일상에서의 인지 평가, 일상에서의 자전적 기억 평가, 기억 문제의 치료
- **군사**
- **레크리에이션**
- **스포츠**
- **교통**–자동차 운전, 비행, 안전

각, 학습, 추리를 포함한 다양한 인지 기능에 의존한다. 그러나 우리의 인지 체계를 구성하는 요소들에 대한 단순한 이해만으로는 어떻게 인지가 작동하는지 완전히 이해할 수 없다. 연구 결과들은 인지 과정이 이러한 인지 기능뿐만 아니라 인지 체계 이외의 다른 심리적 체계에 의해서도 영향을 받는 과정이라는 것을 분명하게 밝혀주고 있다(Baddeley, 1993a, 1993b; Barnard & Teasdale, 1991; Hermann, Plude, Yoder, & Mullin, 1999). 따라서 개인의 신체 상태, 태도, 사회적 상호작용, 전문성, 그리고 문화 등이 무엇을 배우고 파지하며 기억하고 분석하는지에 영향을 준다(Rabin, 2003). 인간의 수행이 이러한 다양한 요인들에 의해 영향을 받는다는 것에 대한 인식은 사람들이 어떻게 생각하고 기억하는지에 대한 이해를 증대시켜 줄 것이다.

따라서 응용은 인지 요소뿐만 아니라 비인지 요소(건강, 정서와 같은)도 향상시킴으로써 인지 수행을 보조해 줄 수 있다. 이 장에서는 인지 수행을 향상시킬 수 있는 응용 개발 방법의 하나인 인지에 대한 중다양상 접근(multimodal approach)에 대해 설명할 것이다. 중다양상 접근에 포함된 다양한 요소들을 체계적으로 고려함으로써 특정 상황에 적용될 수 있는 다양한 응용들을 모색할 수 있을 것이다.

인지 능력

심리학 실험 결과들은 인지 능력이 모든 상황에 거쳐 항상 좋거나 혹은 항상 나쁜 것은 아니라는 것을 보여준다. 사람들은 하나의 일반적인 능력을 갖고 있기보다는 사람들에 따라 다양한 종류의 인지 과제에 적합한 다양한 유형의 인지 능력을 가지고 있다(Gardner, 1993; Sternberg, 1986). 물론 이러한 인지 능력들은 어느 정도 독립적일수도 있고, 서로 관련되어 있을 수도 있지만 과제들에 따른 인지 수행은 상당히 다양하게 나타날 것이다(Guilford, 1967). 이러한 인지적 처리들 중 일부는 낮은 수준의 처리로, 반면 다른 인지적 처리들은 높은 수준의 처리들로 분류되기도 한다. 낮은 수준의 인지 처리는 정보를 인지 체계(감각, 지각)로 가져와 추가적 처리를 위해 그 정보를 유지하는 것(학습, 파지, 기억)을 포함한다. 높은 수준의 인지 처리(추리, 문제해결, 의사결정)는 이용 가능한 기억에 기초해서 새로운 지식을 이끌어낸다.

다음 장들에서는 이러한 각각의 능력들을 인지적 조망에서 논의할 것이다. 이 장의 목적은 이러한 인지 처리들이 전체적인 심리 체계 안에서 어떻게 기능하는지 보여주는 것이다.

인간 인지 체계의 양상들

인지 체계는 우리가 보고 학습하고 기억하고 추론하고 문제를 해결하고 다른 사람들과 의사소통할 수 있게 한다. 이러한 인지 체계의 기능들은 우리가 얼마나 많은 경험과 지식을 갖고 있는지에 따라 달라질 것이라는 것은 분명한 일이다. 인지는 다양한 정신적 처리들(지각, 이해, 약호화, 학습, 파지, 기억, 추리, 문제해결, 의사결정)이 기능한 결과이다. 더구나 우리의 인지 체계가 신체적 상태, 감정, 학습자의 태도, 수행에 대한 동기, 사회적 상호작용과 같은 비인지 양상들에 의해 영향을 받는 증거가 증가하고 있다(Herrman & Searleman, 1990; Newell, 1990). 비인지적 양상에서의 변화는 인지에 긍정적이거나 부정적으로 영향을 미친다. 때로 이러한 비인지적 양상들은 서로의 상호작용을 통해 인지적 처리에 영향을 미치기도 한다. **그림 6.1**은 인지가 이러한 양상들에 의해 영향을 받는지 보여주고 있다.

비인지 양상은 응용 인지 연구자들에게는 특히 중요한데, 그 이유는 이러한 요인들에 대한 면밀한 검토를 통해 응용에 대한 시사점을 얻을 수 있기 때문이다. 사용자에게 응용이 어떠한 영향을 미치는지 확인함으로써 어떤 양상을 조작

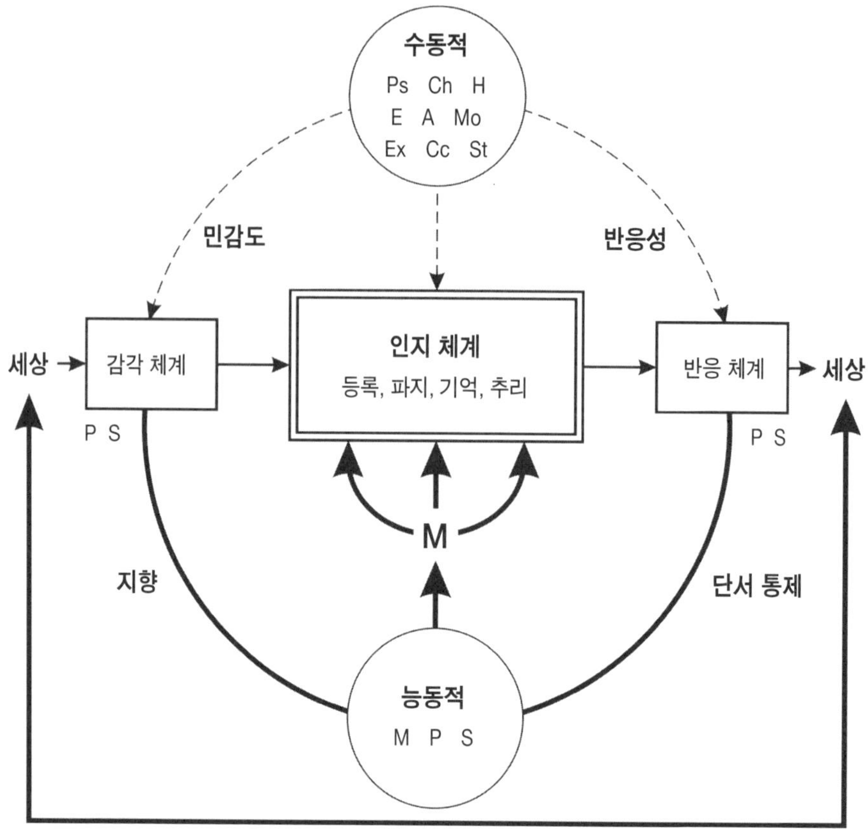

그림 6.1 중다양상 모델 I.

주: 신체 양상: Ps—생리 상태(physiological state); Ch—화학 상태(chemical state); H—건강 상태(health state). 정서 양상: E—정서 상태(emotive state); A—태도 상태(attitudinal state); Mo—동기 상태(motivational state): Ex—전문성(expertise); Ce—인지 역능감(cognitive competence); St—인지 양식(cognitive style). 정보 양상: M—인지의 정신적 조작(mental manipulation of cognition); P—물리적 환경의 조작(manipulation of physical environment); S—사회적 환경의 조작(manipulation of social environment) (Herrmann & Searleman, 1992).

하는 것이 가장 효과적인 응용을 산출할 것인지를 결정할 수 있기 때문이다. 인지에 영향을 미치는 비인지 양상들에 대한 고려는 최적의 응용을 가능하게 한다(이것이 바로 이 책의 내용이다). 여기에서 제시되는 절차들은 인지심리학의 바람직한 응용을 개발하기 위한 일종의 형판(template)이 될 수 있을 것이다.

중다양상 모델은 사람의 심리적 체계가 4개의 양상 범주들(즉, 정신 활동 양상, 생리 양상, 정서 양상, 반응준비성 양상)로 구성되어 있다고 가정한다. 정신 활동 양상은 인지 과정 그 자체, 사회 환경에 대해 반응하는 것, 그리고 물리적 환경을 이용하는 것 등에 관련되는 처리들을 포함한다. 나머지 양상들은 기본적으로 모두 비인지적이지만, 우리의 신경 체계가 갖는 특성 때문에 이들도 인지에 영향을 미칠 수 있다(이것에 대해서는 다음에 기술될 것이다).

생리적 양상, 정서적 양상, 그리고 반응준비성 양상이 모두 제 기능을 발휘하도록 하는 것이 인지 수행 최적화를 위해 도움이 될 수 있다(Mullin, Herrmann, & Searleman, 1999; Rabins, 2003). 사용자가 피로하거나 스트레스를 경험하는 경우라면, 실제 세상에서 최상의 인지적 제품과 서비스가 갖는 응용성은 제한적일 수밖에 없기 때문이다. 다음 절에서는 양상들이 인지 수행에 어떻게 영향을 미치는지에 대한 몇 가지 일반적 원리들에 대해 논의할 것이다.

정신적 조작

인지 과정

인지적 처리 과정은 감각과 지각으로부터 시작된다. 이러한 처리들은 때로 자동적으로 발생한다. 야간에 우리는 빛의 움직임과 패턴을 통해 그것이 자동차인지 빌딩인지 혹은 동물인지 재인한다. 우리는 인지를 위해 방략이나 논리를 의식적으로 사용할 수 있다. 예를 들어, 시험 준비를 할 때 우리는 때로 어떤 사실을 기억하기 위해 해당되는 단어들의 첫 글자들만 암기한 후 그것을 나중에 인출 단서로 사용하는 첫 글자-기억술을 사용하기도 한다(예를 들어, "태정태세문단세…"). 또는 무엇인가를 배우고자 할 때 그것을 (하나의 덩어리로) 한꺼번에 배우는 방략을 사용할 수도 있고, 전체를 몇 개의 부분으로 나누어 따로 연습하는 방략을 사용할 수도 있을 것이다(Seabrook, Brown, & Solity, 2005). 또한 과다

부하는 처리를 지연시키고 에러를 더 많이 야기할 수 있기 때문에 우리가 처리하고자 하는 정보의 양을 관리하는 것도 필요하다(Schvaneveldt, Reid, Gomez, & Rice, 1998).

환경 통제

사람들은 주변 세상을 지각할 뿐만 아니라 환경을 조사하고 조작한다(Norman & Shallice, 1986). 이 과정에서 환경적 세부 특징들은 단서 인출이나 약호화에 도움을 준다. 여기에서 중요한 것은 특정한 방식으로 사람들이 배우거나 생각하거나 혹은 기억하도록 하는 요소가 무엇인지 결정하는 것이다. 환경에 대한 파악과 조작의 목표는 우리의 평가나 수행에서 정확도와 예민도를 향상시키는 것이다. 단서들은 구체적인 것일 수도 있지만 추상적인 것일 수도 있다(Mace, 2004). 대개의 경우, 환경에 대한 파악과 조작은 기본적인 인지 기능뿐만 아니라 개인이 기존에 습득한 지식과 기술에 따라서도 달라진다. 따라서 비록 환경을 통제하는 데 관련되는 정신적 활동 그 자체는 인지적인 방략은 아니더라도, 그것은 사람들이 환경을 조작하는 방식을 결정한다.

다른 경우에는 환경의 구체적인 측면들이 인지 처리에 영향을 준다. 실내 온도는 인지 수행에 영향을 줄 수 있다(Wyon, Anderson & Lundqvist, 1979). 예를 들어, 약간 시원한 온도는 최상의 인지적 기능을 가져온다. 또한 인지 수행을 위한 감각 자극의 수준을 최적으로 정하는 것이 중요하다. 당신은 소음이 실제로는 대학생들의 인지 수행을 향상시킨다는 것을 믿을 수 있겠는가(Daee & Wilding, 1977). 또 다른 중요한 요인들에는 기억을 위한 학습에서 단서를 재차 제공해 주거나(Geiselman & Fisher, 1998), 과제 수행을 위한 상기물로서 경보를 제공해 주는 것(Herrman, Brubaker, Yoder, Sheets, & Tio) 등이 포함된다.

사회적 상호작용

사람들은 혼자 있을 때보다 다른 사람과 함께 있을 때 인지적으로 실패하기 쉽다. 그 이유는 사회적 환경에 있을 때는 혼자 있을 때에 비해 더 많은 인지 처리를 요구하기 때문이다(Best, 1992). 사회적으로 상호작용하기 위해, 사람들은 대화와 기억과 같은 인지 처리를 향상시킴으로써 사회적 상황을 파악하고 조작한다(Wyer & Srull, 1986). 물리적 환경과 마찬가지로, 사회적 환경에 대한 관리도 기본적 인지 기능뿐만 아니라, 개인이 획득한 지식과 기술에 의존한다.

사회적 환경은 인지를 향상시키는 데 사용될 수 있다. 예를 들어, 타인의 존재는 당신이 과제를 수행하는 데 필요한 단서와 필요한 정보를 제공해 줄 수 있다. 우리는 화제를 수정하거나 대화의 속도를 늦추거나 혹은 타인에게 중요한 것이 무엇인지 생각해 내는 것과 같은 다양한 방략을 사용함으로써 인지 실패를 피할 수 있다. 타인들은 우리가 제대로 이해하고 있는지 확인하고자 할 때 혹은 어떤 사상을 회상하고자 할 때 도움이 될 수 있다. 같이 있는 사람들은 우리의 회상이 맞는지 확인해 줄 수 있고, 우리의 해석에 대해 다시 생각할 수 있도록 하며, 우리가 미처 생각하지 못한 새로운 정보를 제공해 줄 것이다(Stephenson, Kniveton, & Wagner, 1991). 그러나 실제 세계에서 수행된 연구들은 타인과 협력하는 것이 우리의 예기 기억(prospective memory)과 후향 기억(retrospective memory) 모두를 향상시켜 주지는 못한다는 것을 보여주었다(Johansson, Andersson, & Ronnberg, 2000). 특히, 개별적으로 수행할 때와 비교하여 결혼한 성인 커플과 임시로 짝지워진 커플들은 모두 다양한 과제에서 더 저조한 수행을 보였다.

신체 양상

생리 특성

인지 수행은 사람의 몸의 신체적 상태를 바꾸는 요인에 의해 영향을 받을 것이다. 예를 들어, 신체 상태가 인지 수행에 영향을 주는 한 가지 방식은 이것이 흥분(arousal)이나 각성(alertness)을 변화시키는 것으로 이루어진다. 다른 방식은 각성이 선택주의에 영향을 미치는 것으로 이루어진다(Eysenck, 1982; Hockey, 1983, 1984; Jenings, 1986a, 1986b, Parasuraman & Davies, 1984; Posner, 1984).

어떤 신체 상태의 영향은 인지 수행을 촉진한다. 예를 들어, 포도당의 섭취가 학습을 향상시킨다는 연구가 보고된 바 있다(Gold & Greenough, 2001; Gonder-Frederich et al., 1987; Benton, 1993과 Foster, lidder, & Sunram, 1998도 보라). 학습 직후의 포도당 섭취는 회상 수행을 향상시킨다(Manning, Stone, Korol, & Gold, 1998). 혈액에서 자연스럽게 발생하는 포도당 수준도 기억 수행과 관련이 있다는 것이 보고되었다(Donoho & Bento, 1999). 운동을 하는 동안이나 그 후에도 인지 수행은 향상된다(Kramer et al., 1999; Powell, 1974, Stanford, Hambacher, & Fallica, 1974). 신체 운동이 일반적으로 기억을 촉진시키는 데 반해서, 음식 섭취는 종종 인지에 좋지 못한 영향을 미친다(Smith, 1988). 모자라는 음식 섭취와 마찬가지로 과도한 음식 섭취도 사고와 기억에 부정적으로 영향을 미친다.

생체리듬 또한 인지 수행에 영향을 미칠 수 있다(Folkard 1979; Folcard & Monk, 1980). 과제에 따라 기억 과제 수행에서의 최적 시간이 다를지라도, 잠에서 깬 이후에 수행이 증가하여 오전의 중간쯤에서 최상의 수행을 보인다(Rilley & Statham, 1989)(Folkard & Monk, 1980). 경우에 따라서는 약간의 수면 감소가 기억 수행을 촉진하기도 하지만, 수면 주기의 붕괴는 기억을 악화시킬 수 있다

(Blagrove & Akehurst, 2000; Idzikowski, 1984). 어떤 기억 과제에 대한 수행 수준은 요일에 따라서도 달라질 수 있다(Koriat & Fischhoff, 1974)(Pillemer, 2001; Pillemer & Goldsmith, 1988). 그리고 폐경 이전의 성인 여성의 기억 수행은 월경 주기에 따라 달라진다(Hartley, Lyons, & Dunne, 1987).

건강 상태

알츠하이머, 코르사코프 증후군, 저혈압 같은 병이나 건강 상태는 인지에 분명한 영향을 미친다(Khan, 1986). 그러나 이 영향에 대한 것은 인지 노화 연구를 제외하고는 인지 문헌에서 거의 논의되지 않았는데, 노화에 따라서는 이러한 영향 이외에도 다양한 건강 조건들이 인지에 영향을 미친다. 의사들은 회복이 불가능한 심각하고 진행성인 질병(뇌종양, 심장병, 매독, 간질의 몇 가지 유형)에서부터 의학적으로 주의를 기울이면 치료는 가능하지만 심각한 질병(임신 독혈증, 빈혈, 니코틴산 결핍증후군), 그리고 보통의 감기와 같은 일반적인 건강 문제(Miller, 1956; Willis, Yeo, Thomas, & Garry, 1988)나 감각 역량에서의 감소(Cutler & Grams, 1988) 등에 이르기까지 질병의 다양한 범위에서 발견되는 인지적 특성을 충분히 인식하고 있다. 사람은 신체적 혹인 정서적 질병이나 신체를 쇠약하게 하는 조건들을 갖고 있지 않을 때 인지 과제 수행을 가장 잘 할 것이다.

화학 상태

다양한 물질 또한 인지를 저하시킬 것이다. 알코올, 담배, 마리화나와 같은 다양한 향정신 약물은 기억을 손상시킨다(Block & Wittenborn, 1984; Schwartz, 1991). 어떤 조건에서는 커피가 기억을 향상시키기도 하지만 다른 조건에서는 기억 과정을 저하시킬 수 있다(Humphreys & Pevelle, 1984; Petros, Beckwith, Erickson, Arnold, & Sternhagen, 1987; Revelle, 1984; Pevelle, Humphreys, Somon, & Gilliland, 1980). 흥미롭게도 커피가 기억에 미치는 영향은 외향적 성

격 특질과 상호작용하는 것으로 보인다(Corr, Pickering, & Gray, 1995; Stelmack, 1990). 많은 처방약들(항우울제, 항생제, 항히스타민제, 진정제)도 인지를 방해한다(Bowen & Larson, 1993). 다양한 환경 요소(페인트 유독가스나 전기 쇼크)에 과도하게 노출되는 것은 인지 기능을 영구적으로 감소시킬 수 있다(Singh, Dwiedi, & Saxena, 1987; Stollery, 1988). 화학적 균형이 정상이 아닌 경우에만 어떤 자극제들이 인지 수행을 향상시키기도 하지만, 적당한 화학적 균형이 이루어져야 최적의 인지 수행을 보일 수 있다.

정서 양상

정서 상태

우리가 어떻게 느끼느냐와 관계없이, 우리는 때로 어떤 인지 과제를 실행해야 한다. 정서 상태는 신체적/화학적 변화에 따라 달라진다(Wolkowitz & Weingartner, 1988). 다양한 종류의 어휘 자료와 다양한 유형의 정서가 기억에 상이한 효과를 갖는다는 것은 잘 알려져 있다(Kleinsmith & Kaplan, 1964). 물론 개인의 현재 정서 상태에 따라 달라지겠지만(Bohanek, Fivush, & Walker, 2005; Bower, 1981; Hertel, 1996), 사람들이 혼자이건 아니면 다른 사람들과 함께 있건 상관없이 유쾌하지 않은 경험보다는 유쾌한 경험을 더 잘 기억하는 경향이 있다는 것도 입증된 바 있다(Matlin, 2005). 기분과 기억 사이에 밀접한 관계가 있다는 것이 발견되었는데(Singer & Salovey, 1988), 특히 우울한 기분에서는 부정적인 의미의 자극 재료가 더 잘 기억되었다.

기분의 주요 요인인 스트레스도 인지를 저하시킨다(Hammand, 2000; Reason & MyCielska, 1983). 예를 들어, 높은 스트레스가 있는 병실에서 일하는 간호사는 적은 스트레스가 있는 병실에서 일하는 간호사에 비해 더 많은 인지적 실패를 경험한다(Broadbent et al., 1982; Reason, 1990). 또한 유방절제술을 받은 여성(Reason, 1988)이나 상점을 나설 때 손에 물건이 있다는 것을 잊고 물건을 들고 나와 처벌받은 사람들(Reason & Lucas, 1984)을 대상으로 수행된 연구에서도 스트레스는 인지적 문제에 영향을 준다는 것이 밝혀졌다.

태도 상태

사람은 그들이 과제 수행에 관심이 있거나, 과제를 수행하는 데 충분한 노력을 기울일 때(Herrmann, 1984, 1989; Klatsky, 1984; Morris, 1984), 그리고 긍정적인 보상이 각성 수준에 영향을 미칠 때(Fowles, 1988) 수행을 더 잘할 가능성이 높다. 이런 태도는 자기-개념을 보호하려는 경향이나(Greenwald, 1980, 1981), 혹은 경험의 결과로 형성된 것일 수 있다. 예를 들어, 두 집단에 대해 무의미 철자를 학습시킨 후, 그들의 수행에 대해 거짓으로 그들이 다른 사람보다 우수하게 혹은 저조하게 수행하였다고 말해주는 것만으로도 회상과 같은 후속 과제의 수행에 영향을 미칠 수 있다(Sullivan, 1927).

우리는 우리의 상위인지 신념과 일치하지 않는 것보다 일치하는 정보를 더 잘 기억하는 경향이 있다(Greenwald, 1981; Lvine & Murphy, 1943; Metcalfe, 2002; Perfect & Schwartz, 2002). 그러나 그것은 우리가 주어진 재료에 대해 얼마나 많이 생각하는지에 따라 달라진다(Eagly, Kulesa, Chen, & Chaiken, 2001). 더구나, 나이(Best, Hamlett, & Davis, 1992) 혹은 성별(Crawford, Herrmann, Randal, Holdworth, & Robbins, 1989; Halpern, 2002; Herrmann, Crawford, & Holdsworth, 1992; Loftus, Banaji, Schooler, & Foster, 1987) 등과 관련된 사회적 고정관념으로 인해 우리가 어떤 과제를 잘 수행하지 못할 것이라는 것이 시사되었을 때에 우리는 인지 과제를 수행하고자 하는 동기를 잃게 된다.

태도를 바꿈으로써 인지 수행을 촉진할 수 있다. 어떤 과제를 시도하기 위한 동기를 향상시키는 것은 과제에 대한 인지 수행을 향상시킨다. 또한, 우리가 할 수 있거나 혹은 하지 못하는 것에 대해 현실적으로 평가하는 것도 인지 수행을 높인다(Herrmann & Searleman, 1990).

동기 상태

우리는 목적을 달성하기 위해 주의, 추리, 기억과 같은 인지 과정을 방략적이고 의도적으로 사용하도록 동기화될 수 있다. 보상은 우리가 어떤 반응을 수행하는 데 동기를 부여하는 반면 처벌은 반응을 억압한다. 개인의 동기 향상은 방해가 많은 상황에서 인지 과제를 수행해야 하는 경우에 특히 유용하다. 그러나 동기 수준이 너무 높으면 그것은 오히려 최적 수행을 방해할 수도 있다(Yerkes & Dodson, 1908).

개인적 양상

전문성

사람들은 지능, 성격, 경험 그리고 전문성의 차이에 따라 인지 과제의 수행에서 차이가 있다(Brunas-Wagssraff, 1998). 전문가는 덜 전문적인 사람들에 비해 문제의 본질에 대해 더 깊게 그리고 더 많은 시간을 투여하여 문제를 표상한다. 그 결과, 전문가의 인지 수행은 더 효율적이고, 인지 과제에 대한 그들의 기억은 좀 더 완전해질 수 있다(Chi, Feltovich & Glaser, 1981; Ericsson, 2005; Hoffman, 1996). 우리의 직업 경험은 우리가 어떤 인지 과제에 대한 특별한 기술을 갖추게 할 것이다. 예를 들어, 숫자와 관련된 일을 한 다음에는 숫자 회상에 대한 높은 수준의 기술이 발달할 것이다. 레스토랑에서 일한 사람들은 일반적으로 주문 내용을 외우는 것이 숙련될 것이고, 프로그래머는 프로그램을 실행하는 데 필요한 명령문의 단계 수를 점차적으로 최소화할 수 있는 능력을 갖게 될 것이다. 물론, 취미와 관련된 경험도 인지 과제를 수행하는 데 추가적인 도움을 줄 수 있다.

인지 능력을 최대화할 수 있는 방법을 알기 위해서 우리는 우리가 가장 잘하는 인지 과제가 무엇인지 확인할 필요가 있다. 비록 우리 대부분이 인지 수행을 얼마나 효과적으로 할 수 있는지에 대해 스스로 잘 알고 있을지라도, 인지 평가를 받아봄으로써 우리의 강점을 좀 더 명확하게 확인할 수 있을 것이다. 기억 수행에 대한 자기 보고가 어느 정도 타당하기는 하지만, 기억 과정의 밑바탕에 있는 과정에 대해서는 개인이 잘 알지 못한다는 것이 보고되었다(Nisbett & Wilson, 1977). 그러나 후속 연구는 어떤 조건에서는 사람들이 자신의 인지 과정에 대한 통찰을 가질 수도 있다는 것을 보여주었다(Cohen & Schooler, 1997). 예를 들어, 사람들은 자신의 단기 기억을 성공하거나 혹은 실패하도록 하는 과정이 무엇인지는 알 수 있지만, 장기 기억의 실패를 가져온 과정이 무엇인지는 알지 못할 수도 있는 것이다. 다른 연구는 사람들이 기억 실패에 대한 몇 가지 원인(예를 들어, 주의 산만)에 대해서는 어느 정도 알 수 있지만 그 원인이 인지 과정에 어떠한 영향을 미치는지에 대해서는 인지하지 못할 수 있다(Herrmann, Gruneberg, Fiore, Torres, & Schooler, 인쇄 중).

인지 역량

사람들은 인지 과제를 수행하는 능력이 다양하다. 사람들은 또한 그들의 능력에 대한 믿음 때문에 인지 과제에 스스로 도전하고자 하는 것에서도 차이가 있다. 나이가 들어감에 따라 인지 기능에 대한 확신이 감소하고 이것은 어떤 인지 과제를 시도해 보고자 하는 생각조차 방해하게 할 수 있다. 자신의 능력에 대한 확신이 현실적인 것이라면 이러한 확신은 최상의 인지 수행을 이끌 수 있게 한다.

인지 양식

사람들은 인지 과제에 접근하는 방식에서 유사하기도 혹은 다르기도 하다. 어떤 사람은 에러를 더 자주 범하는 경향이 있다. 다른 사람은 에러를 범하지 않기 위해 매우 애쓰는데, 이러한 사람은 그들이 성공할 것이라는 확신이 없다면 인지 과제를 처음부터 회피할 것이다. 어떤 사람에게 정보가 적절하게 제공될 경우, 이것은 이들이 정보의 세부사항들도 충분히 학습할 수 있게 해준다(Cacioppo & Petty, 1982).

인지 과제 수행에 대한 준비성 검토

면접과 같은 중요한 과제를 수행하기 이전에(적어도 며칠 이전에) 위에서 논의된 몇 가지 양상을 검토해야 한다. 이러한 양상들이 적절하다고 판단된다면, 이 사람은 인지 수행을 최대화하기 위한 다음 단계를 취할 수 있다. 당신 스스로에 대해 검토할 때, 각각의 양상이 평균, 평균 이하, 혹은 평균 이상의 상태인지 결정하라. 각 양상에 대해 −1, 0, 혹은 +1의 점수를 할당하라. 그 다음, 당신의 점수의 총합을 구하라. 만일 당신의 점수가 0 근처이거나 그 이하라면 당신의 인지가 검증받는 상황을 피하도록 노력하라. 반대로, 만일 당신이 긍정적인 범위에 있다면, 당신의 인지가 검증되는 것에 부담을 갖지 않아도 된다. **그림 6.2**는 또 다른 중다양상 모델을 도식화한 것이다. 앞에서 제시하였던 중다양상 모델에 비해 이 모델에서는 네 가지 양상 사이의 상호의존성을 강조한다.

중다양상 접근에 기초한 연구는 인지 실패는 비인지 변인 때문일 수 있다는 것을 보여주었는데, 이것은 대부분의 기초 인지 연구에서는 잘 연구되지 않은 것이다. 따라서 응용 연구에서 기원된 이러한 중다양상 모델은 관찰법의 중요성을 시사한다.

중다양상 모델은 인지적 응용에서 개인의 생물학적, 심리적, 혹은 사회적 본

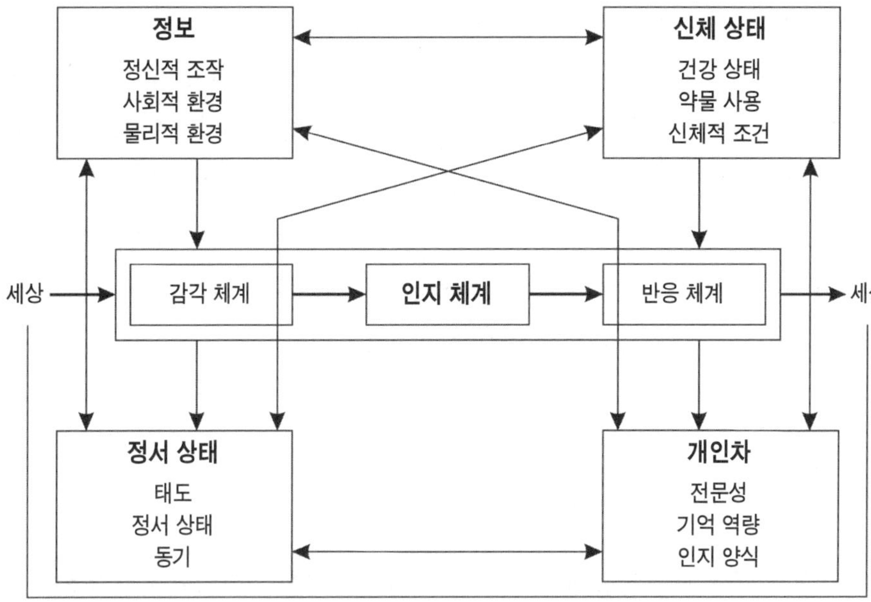

그림 6.2 인지에 대한 여러 양상들의 역할을 설명하는 두 번째 중다양상 모델

출처: Herrmann, Plude, Yoder, & Mullin, 1999.

질에 대해 고려하도록 함으로써 교육과 같은 인지 응용의 설계에 대한 지침을 제공해 준다(Herrmann et al., 1998). 일반적이거나 특수한 인지 응용 과정은 사용자의 신체, 정서, 그리고 정신 상태에 따라 그 목표와 결과가 달라질 것이다. 효과적인 응용을 위해서는 특정한 인지 과정에 영향을 미치는 양상들을 평가하고 그러한 응용에 영향을 받는 양상들을 조작해야 한다.

응용

중다양상 접근은 기억 향상과 기억 재활 방식을 개량하는 최근의 연구 방법들을 좀 더 정교화시켜 주었다. 기억 향상(Zacks & Hasher, 1992)에 대한 중다양상 접근은 강의실에서 혹은 서적이나 웹을 통해 소개되었고, 이에 대한 CD도 제작되었다(Herrmann & Searleman, 1990, 1992; Herrmann et al., 1992). Searleman과 Herrmann(1994)은 중다양상 맥락 안에서 기초 연구의 발견들을 약한 교재를 출간하였다. 중다양상 접근은 유독 용매 노출로 인한 뇌손상과 같은 다른 신경학상의 감소와 마찬가지로 머리 부상으로 인한 뇌손상(Harrell, Parente', Bellingrath, & Lisicia, 1992; Kreutzer & Wehman, 1991; Luria, 1973a, 1973b; Mcevoy, 1992; Parente' & Herrmann, 2003; West, 1985)으로 고통받는 개인의 기억과 인지의 복원에 유용하다는 것도 보여주었다(Bendiksen & Bendiksen, 1992, 1996).

요약

중다양상 모델은 인간의 심리적 체계가 4개의 양상들로 만들어졌다고 가정한다; 정신 활동 양상, 생리적 양상, 정서적 양상, 반응준비성 양상. 정신 활동 양상은 다음 집단에서 초점을 맞춘 다른 인지 과정을 포함한다. 정신 활동 양상은 또한 사회 환경의 상호작용과 자연 환경의 사용을 만드는 것을 포함하는 인지 과정을 포함한다. 준비성 양상은 근본적으로 비인지지만, 그들은 여전히 우리가 학습하고 기억하는 방식을 조절한다. 인지 수행을 최적화하기 위해 생리, 정서, 반응준비성 양상을 통제하는 것은 도움이 될 것이다. 생산품과 서비스는 사용자가 피로하거나, 동기가 부족하거나 혹은 사용자의 역량을 넘어서는 것이라면 그것의 사용이 제한될 것이다.

제 II 부

응용편

제 7 장

주의, 지각, 그리고 심상

자주 보이지 않으면 곧 잊힌다. 자주 보이면 잊히지 않는다.
상상한 것은 잘 기억하게 된다.

–작자 미상

주의

주의를 기울이는 것은 다른 자극을 차단하면서 동시에 어떤 자극에 주의를 집중할 만큼 충분하게 각성되는 능력에 의존한다(Laberge, 1995; Norman, 1968; Pashler, 1998). 한 번에 주의를 받을 수 있는 항목의 수는 주의폭(sapn of attention)이라고 일컬어진다. 만일 우리가 과다각성되어 있거나 너무 피곤해서 각성되기 어려운 상태라면 집중하기 곤란해진다. 주의는 실제-세상 과제 수행에 포함된 거의 모든 인지 과정에서 중요하다. 우리가 외현 기억(explicit memory)이라고 불리는 정보를 기억하고자 할 때도 주의가 필요하게 된다. 우리가 자동적으로 혹은 인지적 노력 없이 학습할 수 있는 어떤 지각 정보는 주의를 필요로 하지 않지만, 개념적 정보들은 비록 이것이 우연히 학습될 수 있는 것이라 하더라도 주의를 요구할 수 있다(Jacoby et al., 1992).

작업 기억에서 정보가 약호화되고, 저장된 기억으로부터 인출이 될 가능성은 작업 기억에 있는 정보에 우리가 얼마나 신중히 주의를 기울이는가에 달려 있다. 주의는 성공적인 추리, 문제해결, 의사결정에 매우 중요한 요소이다.

주의는 자동적으로 발생할 때도 있지만 다른 경우에는 의도적인 노력이 필요하다. 우리가 너무 많은 양의 정보와 접하기 때문에 주의 기제는 높은 수준에 이르는 정보를 여과하고 제한시켜야 한다(Holyoak & Thagard, 1994). 주의를 기울이는 것은 심적 역량(mental capacity)의 소비를 가져온다. 어떤 것에 세심한 주의를 기울일 때 다른 것들은 주의를 끌기 매우 어렵다. 우리에게 가용한 주의의 양은 제한적이기 때문에(Broadbent, 1958), 하나의 사상에 주의를 기울이면 그 밖의 것들은 주의를 받지 못한다. 따라서 과제에 대한 주의 수준을 증가시킴으로써 우리는 인지 수행의 질을 향상시킬 수 있다(Craik & Lockhart, 1972).

감각

우리의 감각(sensation)은 우리의 감각 체계가 신경점화를 야기하는 화학적/전기적인 변화로 자극 에너지를 표상하는 것에서 시작하여, 그 자극에 대해 재인하는 것으로 종료된다. 감각은 일차적으로 감각기관의 구조와 생리적 활동, 그리고 일반적인 감각 수용기의 활동과 관련되어 있다. 상호의존적 사상들의 복잡한 연쇄는 (특정한 감각-관련 정보가 추론되는) 물리적 환경에서의 에너지 변화가 감각 수용기로 하여금 활동하도록 하는 것으로부터 시작된다. 이러한 계열적 단계의 성공 여부는 연쇄적인 연결들 중에서 가장 약한 연결이 어디인지에 따라 달라진다. 예를 들어, 만일 감각/지각 과정 중 어느 한 연결만 잘못되더라도 지각은 실패하거나 부정확하게 될 것이다. 감각은 해석되지 않는 에너지를 표상한 결과이다. 우리는 소리를 듣거나 냄새를 맡거나 혹은 어떤 것을 보더라도 그것이 무엇인지 확신할 수 없다. 이 단계에서 우리는 감각을 경험하지만 그것이 전부이다. 시간이 지남에 따라 그 자극이 무엇인지 알아낸다면, 이것에 대해 우리는 무엇을 지각하였다고 말한다.

지각

감각이 외부 세상의 사상에 대한 등록을 포함하는 데 반해, 지각(perception)은 그것이 무엇을 의미하는지 해석하는 방식을 포함한다(Garner, 1962). 즉, 지각은 감각이 탐지한 것에 대해 의미를 붙이는 과정이다. 때로 우리는 우리가 보고 듣고 느끼고 냄새 맡고 만지는 것에 대해 확신하지 못할 수 있다. 지각에 대한 개인의 믿음도 우리의 해석이 정확하다는 것을 의미하지 않는다. 예를 들어, 만일 누가 색을 지각하는 데 결함이 있지만 이것에 대해 알지 못한다면, 이 사람은 다른 사람과는 달리 색을 경험하지 못할 것이고, 그 결과 색지각은 부정확한 것이 될 것이다. 그 사람이 자신의 색지각 결함에 대한 정보를 받을지라도, 그 사람은 결핍된 감각으로 인해서 여전히 정확한 지각을 형성할 수 없을 것이다.

오지각(misperception)은 수용기 충동(impulse)이 피질 영역으로 연결되는 구심 신경에 완전하게 전달되지 않거나 혹은 피질 탐지기가 구심 충동에 의해 충분히 활성화되지 않을 때 발생한다. 이 경우, 감각 정보는 부정확하거나 혹은 결여될 수 있다. 어떤 사람은 어떤 자극을 쉽게 재인할 수 있을 만큼 충분한 경험을 갖고 있지 못할 수도 있다. 혹은 우리가 어떤 사상에 대한 기대 때문에 그 자극을 우리가 기대하는 방식으로 잘못 해석할 수도 있다. 정서적 상태 혹은 생리적 상태와 같은 비인지 양상들도 지각적 예민도에 영향을 미칠 수 있다.

심상

심상, 혹은 심적 그림을 만들어내는 능력은 직접적으로 지각되지 않은 것들에 대해 사람들이 상상할 수 있게 하는 기능을 갖는다(Pylyshyn, 1973, 2003; Pichardson, 1999). 심상은 우리가 과거에 발생한 것에 대해 되돌아보게 하고, 미래에 우리가 할 일에 영향을 미칠 수 있으며, 현재 상태를 변화시킬 수도 있다(Honeycutt & Cantrill, 2000). 상상은 또한 문제해결에 도움이 된다. 우리는 또한 특정한 상황에서 유용할 수 있는 대상들에 대한 정신 모델을 창조할 수 있다. 운동선수가 적절하게 실행되어지는 수행에 대해 미리 상상해 보는 것은 나중에 효과적인 수행을 보이는 데 도움이 된다(Martin, Moritz, & Hall, 1999).

심상이 현실의 지각 과정에서 보이는 것과 동일한 몇 개의 규칙을 따른다는 것은 놀라운 일이다(Kosslyn, 1995). 사람은 마음의 눈을 통해 심적으로 이미지를 회전시키고, 더 면밀히 관찰하기 위해 그것을 확대할 수도 있으며, 어떤 이미지를 탐색할 수도 있다. 그럼에도 불구하고, 대상의 심상은 그 대상에 대한 직접적 지각만큼 정확한 것은 아니고, 또한 우리가 상상하는 것이 무엇인지에 대한 우리의 이해에 따라 쉽게 영향을 받는다. 그러나 이러한 몇 가지 차이점에도 불구하고 시각적 심상을 만들어내고 사용하는 것은 실제의 시지각에서 관찰되는 것과 동일한 뇌 영역을 활성화시킨다.

주의 연구의 응용

주의에 대한 연습의 효과

주의 기울이기에 대한 연습은 주의 기술을 향상시킨다. 연습을 통해 수행에서 주의가 덜 요구되고, 수행은 자동적으로 실행될 수 있다. 두 가지 과제 혹은 두 가지 자극에 주의를 동시에 분산시킬 때는 각각에 대해 주의를 기울이는 것에 비해 주의를 잘 기울이지는 못한다. 그러나 오랜 시간 강력한 연습을 통해, 한 가지 사상에 대해 초점주의를 기울일 때 보이는 수준으로 양쪽 사상 모두에 대해서도 정확한 처리를 할 수 있게 된다. 이중 과제 기술을 발달시키기 위해 얼마나 오랜 시간이 요구되는지는 과제 난이도에 따라 달라진다(Payne, 1991; Shiffrin &

Schneider, 1977). Spelke, Hirst, 그리고 Neisser(1976)는 동기가 높은 학생은 짧은 이야기를 읽고 이해하면서 동시에 받아쓰기도 할 수 있다는 것을 보여주었다.

지속적 주의의 효과

실제 세계에서의 과제들은 때로 지속주의(sustained attention)를 필요로 한다. 디스플레이를 통해 긴 시간 간격으로 드물게 발생하는 특정 사상을 계속 감시하는 것이 지속주의를 요구하는 과제의 한 가지 예이다. 지속주의 혹은 경계는 제조 과정에서의 처리와 품질관리, 수하물 검사, 국가와 기업의 보안 등과 같은 영역에서는 매우 중요한 측면이다. 배경 소음 속에서 모호한 표적을 탐지하는 것은 인지적 요인과 비인지 요인 모두에 달려 있다.

일반적으로 연습이 효과적인 인지 과정을 위해 중요한 요소라고 여겨지기는 하지만, 단순한 어떤 과제가 계속 반복되어야 하는 상황이라면 연습이 많은 것은 결코 바람직한 것이 되지 못한다. 특정 과제에 지속적인 노력을 기울이는 것은 일반적인 기술 수준과는 관계없이 사람들을 지겹고 지치게 만들 수 있다. 이와 유사하게, 사람들의 기술이 향상되는 데 요구되는 시간을 훨씬 넘어선 이후에 동일한 과제를 반복해야 하는 경우에는 방심에 의한 에러가 발생될 수 있다(Reason, 1988). 예를 들어, 고참 시험비행 조종사들은 이들이 가장 숙련된 조종사 집단임에도 불구하고, 주의를 요구하는 어떤 과제가 계속 요구되는 시행에서는 에러를 범할 경향성이 증가한다.

주의 능력에서의 결함

방심(absentmindedness)은 과제를 지속적으로 수행하는 능력에서의 감소를 말한다. 방심 상태가 되면, 우리는 주의를 기울일 때에 비해 대개의 경우 수행이 어려워진다(Reason, 1988; Reason & MyCielska, 1982). 주의집중의 정도는 개인에 따라 다르다. 어떤 유형의 직업(예를 들어, 항공 교통 관제)은 평균 이상으로 주의집중 능력을 필요로 한다(Vortac et al., 1996).

피로하거나 화가 난 상황은 주의집중 능력에 좋지 못한 영향을 준다. 비록 주의와 관련된 문제들이 어떤 의학적 문제(예를 들어, 우울증)나 약물의 부작용과 유사한 효과를 보이기는 하지만 주의 문제가 의학적 개입을 요구하는 경우는 거의 없다. 그러나 의학적 처방으로 도움을 얻을 수 있는 주의 장애도 있는데, 그것은 가장 흔한 경우가 주의결핍 장애(attention deficit disorder: ADD)와 주의결핍 과잉행동 장애(attention deficit disorder with hyperactivity: ADHD)이다. 이 두 가지 장애(특히, 주의결핍 과잉행동 장애는 과잉활동과 안절부절못함이 결합되어)는 주의를 지속적으로 유지하는 것에서의 어려움을 보인다. 주의집중 능력에서의 결함은 시간이 지남에 따라 학습과 지식 획득을 저하시킨다.

주의 훈련

과제에 접근하는 방식을 변화시킴으로써 주의결핍 문제를 고칠 수 있다. 주의는 우리가 성공적인 방략을 적극적으로 사용할 때 개선될 수 있다. 주의 능력을 영구히 그리고 노력 없이 증가시키고 싶은 사람은 당신만 있는 것이 아니다(Plude, 1992). 훈련 프로그램들이 주의를 향상시킬 수 있다는 것을 보여주었다.

첫째, 주의 훈련은 약하고 예측 불가능한 소리에 대한 청취 혹은 예측 불가능한 불빛 탐지와 같은 단순한 과제에 대해서 이루어질 수 있다(Neisser, 1992). 예를 들어, 도로를 따라 있는 나무들 속에서 특정 새를 탐색하거나 레이더에 나타난 특정 물체를 탐지함으로써 주의를 증가시키는 연습을 할 수 있을 것이다. 주의 훈련의 두 번째 유형은 주의를 분산시키는 능력을 향상시키도록 노력하는 것이다. 앞에서도 논의하였듯이, 연습을 통해 두 가지에 동시에 주의를 기울이는 능력을 향상시킬 수 있다(Neisser & Cecklin, 1975). 주의 훈련의 세 번째 유형은 세부사항을 파악하는 능력을 증가시키는 것이다. 연구들에 따르면, 어떤 장면이나 혼합된 소리 속에서 특정 세부사항을 추출하는 연습을 통해 선택주의 수행을 향상시킬 수 있다(Biedrman, 1987). 주의 훈련의 네 번째 유형은 주의 산만에 저항하는 능력을 키우는 것이다. 연습을 통해 방해자극들 속에서 특정 사상에 주의를 기울이는 능력을 향상시킬 수 있다.

만일 당신이 주의 능력을 향상시키고 싶다면, 필요한 기술을 목표로 설정하고 여기에서 요구되는 과제를 연습하라. 주의 훈련이 효과적이 되기 위해서 (과제의 복잡성에 따라 다르겠지만) 아마 몇 달 동안 광범위하게 연습해야 할 것이다. 주의 훈련은 절대로 단순한 것이 아니다. 게다가 당신과 관련된 다른 요소들과 환경 속의 다른 요소들을 최적화하는 것도 또한 중요하다.

주의가 중요한 영역들

많은 영역에서의 성공적 수행을 위해 주의는 중요한 요소이다. 아래에는 몇 가지 주의 연구의 응용 사례들을 기술하였다.

스포츠 주의 이론이나 연구 결과들은 테니스와 같은 스포츠 수행의 효과성을 향상시키는 데 응용될 수 있다(Williams, Ward, Knowles, & Smeeton, 2002).

군사적 감시 (보초와 같이) 감시자로 근무하기 위해서는 환경 인식에 대한 경계를 유지하고 적이나 침입자를 탐지하는 것을 포함한 다양한 수행을 수행해야 한다(Rogers, Rousseau, & Fisk, 1999).

교육 개인용 정보 단말기(PDA)는 다양한 영역에서 활용될 수 있다(Walker & Andrews, 2001, 2004). 예를 들어, 학생들이나 교사 모두에게 PDA 사용은 앞으로 해야 하는 일이나 전화번호 등에 대한 기억을 도와주고, 시간 관리를 원활하게 해줄 수 있다.

과학기술은 또 다른 방식으로 학습을 촉진할 수 있다. 만일 아이들이 정보에 주의를 기울이지 않는다면 이들이 학습할 기회는 거의 없을 것이다. ADD나 ADHD 아동과 성인 모두 과제에 지속적으로 수행하는 것에서 어려움을 갖는다.

이 경우 활동들을 신중하게 구조화함으로써 이들의 주의를 향상시킬 수 있다. 이러한 사람들이 갖는 인지적 문제에 대해 이해하는 것에는 주의에 관한 인지 이론이 도움이 되었다(Barclay, 1992). ADHD를 가진 사람들은 종종 자신이 하고 있던 일을 잊고 다른 일을 시작한다. 최근에는, 수행 중인 과제를 지속적으로 수행할 수 있게 상기시켜 주는 휴대용 무선호출기(일종의 "삐삐" 같은 것)인 Motiv-Aider라고 불리는 장치가 개발되었다. 이 장치는 특정한 간격으로 진동하도록 설정되어 있어, 이 장치를 사용하는 사람들은 진동이 울릴 때 자신이 그 순간에 해야 하는 것이 무엇인지 생각해야 한다. 이 장치는 일부의 사람들에게 도움이 되었다는 것이 보고되었다.

주의와 지각의 응용

경찰 추격 운전 자동차 추격은 지각과 주의 기술의 복잡한 협응을 요구하는 매우 위험한 과제이다. Crundall, Chapman, France, Geoffrey, 그리고 Phelps(2005)는 가상의 운전 과제에서 경찰의 안구운동을 기록하였다. 그들은 경찰들이 보행자와 같은 잠재적으로 위험한 대상에 직접적으로 주의를 줄 수 있는 능력에서 다른 운전자보다 더 우수하다는 것을 발견했다.

교통신호 지각 대부분의 사람들은 교통신호에 의해 제공되는 신호를 이해하는 데 거의 어려움을 경험하지 않지만, 대략 8%의 남성과 0.5%의 여성은 적색과 녹색을 변별하는 데 어려움을 갖는다. 색 탐지 능력에서의 감소는 교통신호에 대한 반응에서의 정확성과 반응시간에 영향을 줄 수 있다. Atchison, Pedersen, Pain, 그리고 Wood(2003)에 의한 연구는 신호의 다양한 종류에 대한 색 시력 문제를 조사하였다. 그들은 다양한 종류의 색 결함이 있는 사람들도 녹색 신호의 특정 농도는 바르게 확인할 수 있다는 것을 확인하였다.

추돌과 주차 충돌의 회피 사고와 인지적 문제의 관련성은 명확한 것으로 보인다(Wagenaar, Hudson & Reason, 1990). 1980년대에 많은 추돌사고는 운전자들이 너무 늦을 때까지 다른 차량의 브레이크등이 점등되는 것을 알아차리지 못해 발생하였다. 이 때문에 또 다른 브레이크등이 자동차의 뒷 유리 중앙에 부착되었다. 브레이크등이 선행 차량 뒷 유리의 중앙에 위치하게 됨으로써 이에 대한 운전자들의 지각이 향상되었고, 결과적으로 수많은 사고가 예방될 수 있었다(Theeuwses & Alferdinck, 1995; Voevodsky, 1974). 또 다른 경고 장치들이 차고나 주차지역에서의 경미한 자동차 사고를 방지하기 위해 개발되었다. 그러한 장치들은 장애물에 대해 피드백을 제공한다. 이 장치에는 세 가지의 불빛(적색, 황색, 녹색)이 수직으로 배열되어 있는데, 적외선에 의해 장애물에 근접하는 정도가 탐지되고 이에 따라 불빛이 바뀐다. 만일 차량이 다른 대상에 근접해 있지 않다면 녹색등이 점등된다. 차량이 어떤 대상과 1피트 정도 범위의 밖에 있으면 황색등이 점등된다. 그러나 차량이 장애물과 1인치 범위 안에 있거나 어떤 것에 실제로 충돌할 때, 적색등이 점등된다. 이 장치의 발명자는 어떻게 이런 아이디어를 떠올렸을까? 깊이 지각(depth perception)은 정상 시력을 가진 대부분의 사람, 특히 안경을 착용하는 사람들에게는 어려운 과제이기 때문이다. 이러한 보조장치들은 우리의 지각과 주의 체계가 갖는 한계를 극복할 수 있게 도와준다.

운전 재학습 시감각 기억에 대한 기본적 이해를 응용함으로써 머리에 부상을 입은 사람들이 운전 기술을 회복할 수 있도록 할 수 있다. 머리 부상으로 인해 때로 기억에서 어려움을 겪는다. 교통신호가 의미하는 것을 기억하는 것에서 어려움을 보고하는 머리 부상자들도 드물지 않다. 이러한 문제를 극복하는 한 가지 훈련 방법이 있다. 운전 장면들을 약 0.5초 간격의 슬라이드로 만들어 이것들을 연속적인 영상으로 재생해서 사람들에게 제시한다. 교통 표지에 대한 이러한 단기 기억 훈련은 머리에 상해를 입은 사람들의 교통 표지 재인 능력(이러한 능력은 이들이 운전 기술을 회복한다면 실제 운전에서 필수적으로 갖춰야 하는 것이다) 회복에 도움이 된다는 것이 밝혀졌다(Hamid, Garner, & Parente, 1996).

발음 중심 훈련법 아동의 듣기와 읽기에서 음소 식별 과정이 매우 중요하다는 것은 많은 연구에 의해 밝혀졌다. 말소리의 생성은 읽기 과정과 대응된다. 오늘날, 교사와 치료자는 수행 향상을 위해 음소의 중요성을 많이 강조한다(Crain-Thoreson, 1996). 특히, 연구들은 음소 재인 훈련의 효과가 소리-상징 일치 교습 상황으로 전이될 수 있다는 것을 보여주었다(Gelzheiser, 1991).

청각 장애인의 인지 문제 수화(sign language)는 사람 손가락으로 주어지는 운동 단서(kinesthetic cue)에 주로 의존한다는 점에서 이것은 구화되는 언어와는 다른 것이다. 수화는 주로 시각 단서로 이루어지는데, 여기에 운동 단서와 독순 단서(lipreading cue)가 부가적으로 추가된다(Vitkovitch & Barber, 1996). 수화에서 사용되는 손동작들(signs)은 주어, 동사, 간접목적어, 그리고 직접목적어 순으로 구성될 수 있지만 수화를 통한 의사소통은 대개의 경우 이러한 방식으로는 이루어지지 않는다. 실제로, 많은 손동작들은 그 자체로 하나의 구(phrase)나 문장(sentence)과 동등한 역할을 한다. 이 때문에 수화 메시지는 종종 손동작과 얼굴 표정과 같은 비언어적 제스처로 구성된다. 예를 들어, "식사하러 가실까요?"라는 질문을 할 때 각 단어에 해당하는 손동작을 일일이 보여주는 대신 질문을 시사하는 얼굴 표정과 함께 단순히 "먹다"에 해당하는 손동작을 보이면 되는 것이다.

수화를 통한 대화는 종종 대략적인 손동작에 의존하기 때문에, 이것의 시각 단서와 운동 단서에 대한 약호화는 말소리에 대한 약호화보다 더 느리거나 덜 정확하다. 약호화에서의 차이 때문에, 들을 수 있는 사람에 비해 들을 수 없는 사람들에게는 단기 기억이 큰 도움이 되지 못한다(Logan, Maybery, & Fletcher, 1996).

빈약한 설계로 인한 지각적 문제들 자연물이건 인공물이건 상관없이 어떤 것은 다른 것에 비해 사용하기 어렵다. 일반적으로, 우리가 일상생활에서 사용하는 제품들 중에는 인간 인지가 갖는 특성을 고려하지 않고 설계된 것이 많다.

Norman(1988)은 일상생활에서 사용하는 많은 제품들이 사용하기 어렵고 나중에 어떻게 사용하는지 기억하기 어렵게 설계되었다는 것을 보여주었다. 예를 들어, 초기의 VCR은 사용 방식이 매우 어렵기로 악명 높았다.

VCR에 있는 시계는 특히 사용하기 어려웠다. 시계를 맞추기 위해서는 너무 많은 단계를 거쳐야 하기 때문에 대부분의 가정에서 그 시계는 12:00로 맞춰져 깜박거리게 그냥 내버려두었다. Norman이 언급한 또 다른 예는 전기스토브의 작고 큰 버너들의 배치이다. 제조업체에 따라 버너와 스위치의 위치 배열이 제각각이어서 사용자들은 항상 혼란을 경험하였다. Norman은 설계자의 설계 개념과 사용자의 정신 모형은 반드시 같은 것이 아니라는 것을 분명하게 보여주었다.

시각 디스플레이의 설계 사람에 따라 자극 상황에 대한 인식이 다르다(Durso & Gronlund, 1999). 과제가 요구하는 것과 일치하지 않는 디스플레이 때문에 자극이 적절하게 지각되지 못하고 이에 따라 반응도 적절하게 수행되지 못할 수 있다(Payne, Lang, & Blackwell, 1995). 또한, 사람들은 지각적 착각에 취약하다. 우리가 잘못 지각하는 이유는 너무 많이 있기 때문에 다양한 상황에서 지각의 정확성을 보장하는 것은 어려운 일이다. 인간 지각 체계가 갖는 이러한 다양한 취약점들뿐만 아니라, 빈약한 제품 설계도 정확한 지각을 방해한다. 어떤 일이 일어났다고 당신이 믿는 것과 실제로 그것이 일어났는지의 여부는 별개의 문제이다. 새로운 제품과 서비스의 설계/검증에서는 인간 지각의 취약점을 고려하는 것이 중요하다.

효과적인 시각 디스플레이 설계를 위해서는 종종 학제적 노력이 필요하다. Witus와 Ellis(2003)의 시각, 대상 재인, 그리고 정신물리학 연구들을 결합시켜 주간에 사람에 의해 간과될 수 있는 표적들의 존재 여부를 예측해 주는 컴퓨터 모델을 개발하였다. VDM2000이라고 불리는 이 프로그램은 군사용 운송수단의 사진들에 대한 인간의 반응 자료에 기초하여, 빛에 대한 시각수용기의 조절 방식을 모사함으로써 구현된 것이다. Witus와 Ellis는 현장연구를 통해, 이 프로그램이 좋은 타당도를 보인다는 것을 보고하였다.

통계 그래픽 통계 지도는 응용 인지 연구자들에 의해 광범위하게 연구된 그래픽의 한 종류이다. 그 지도는 특정 요인에서 각 영역이 차지하는 값에 따라 지리적 영역의 음영 정도를 달리하는 방식으로 통계적 정보를 나타낸다(**그림 7.1** 참조). 이러한 통계 지도들은 어떤 변인에 대한 지리적 영향을 분석하기 위해 다양한 학문 영역에서 사용된다. 예를 들어, 이러한 통계 지도는 미국의 다양한 지역에 따라 특정 질병에 의한 사망률이 어떻게 다른지 나타내기 위해 사용된다. 그러나 인간의 지각이 갖는 능력으로는 이러한 유형의 지도가 갖는 지각적 특징을 해석하기 어려운 경우가 많이 있다. 그럼에도 불구하고, 통계 지도는 때에 따라 중요한 기여를 하기도 하였다. 예를 들어, Pickle, Mason, Howard, Hoover, 그리고 Fraumeni(1987)에 의해 보고된 통계 지도는 미국 서부 버지니아에서 자궁경부암의 분포를 나타내는 것이었는데, 이 자료를 통해 이 질병의 탐지와 치료를 위한 자금이 조성되었고, 이에 대한 관심의 증가는 궁극적으로 이 질병에 의한 사망률을 감소시켰다(Maher, 1995; Lewandowsky & Behrens, 1999).

1990년대 초반에, 미국 보건통계센터(National Center for Health Statistics)는 사람들이 통계 지도를 어떻게 읽는지 설명할 수 있는 이론적 틀을 개발하고,

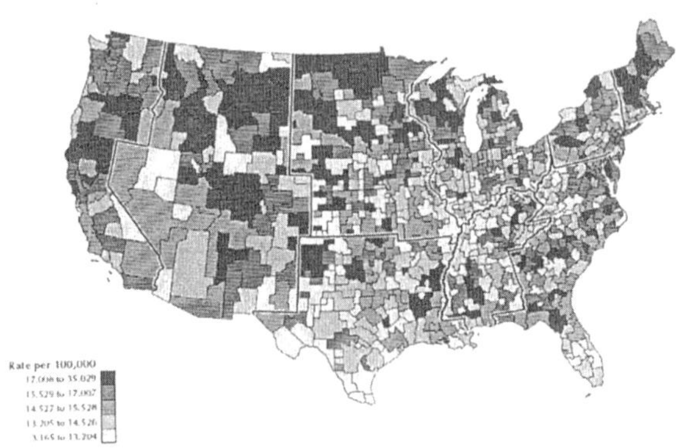

그림 7.1 통계 지도의 일례. 이러한 지도는 특정 질병에 따른 사망률과 같은 통계치의 지리적 분포를 보여준다.

다양한 질병에 의한 사망률 통계 지도를 설계하는 데 필요한 가이드라인을 개발하기 위한 총체적인 프로젝트를 수행하였다. 이 프로젝트에서는 특정 지역들이 유사한 통계치를 갖는 것으로 지각되는 군집화 현상(phenomenon of clustering)을 평가하는 방법도 개발되었다(Lewandowsky, 1999; Lewandowsky, Behrens, Li, Pickle, & Jobe, 1998). 또한 기존 문헌들에 대한 철저한 분석 결과, 통계 지도와 관련된 많은 연구 결과들이 Donders(1968/1969)에 의해 개발된 인지 단계 이론의 가정들과 일치한다는 것도 밝혀졌다. 인지 단계 이론은 자극과 반응 사이에 일련의 정보처리 단계들이 포함되어 있다고 가정한다. 이후의 단계 이론에서는 개별적 정보처리 단계가 갖는 선택적 효과도 고려한다(Sternberg, 1975).

단계 이론은 사람들이 통계 지도를 어떠한 방식으로 읽는지 설명하는 데 많은 공헌을 하였다(Hastie, Hammerle, Kerwin, Croner, & Herrmann, 1966; Herrmann & Pickle, 1996; Pickle & Herrmann, 1995). 예를 들어, Sternberg (1969, 1975)는 재인 수행에서의 반응시간 분석을 통해 기억 탐색은 약호화 단계, 추론 단계(탐색, 대응 및 적용), 그리고 반응 단계로 이루어졌다고 결론지었다. 이와 유사하게, 통계 지도를 파악할 때의 반응시간 자료도 통계 지도 보기 과정에 포함된 단계들과 일치하였다. 즉, 눈을 지도로 향하기, 범례(legend) 읽기, 지도와 범례 통합하기, 지도에서 관련 정보 추출하기, 그리고 반응하기의 순서로 통계 지도를 파악한다. 반응 정확성에 대한 자료도 이 단계들에 포함된 변인들의 영향을 보여주었다. 다양한 측정치와 다양한 연구 결과들은 이러한 단계들이 계열적으로 실행된다는 것을 시사한다.

인지심리학의 기초 연구에 의해 개발된 단계 이론의 도움이 없었다면, 연구자들이 통계 지도 읽기가 몇 개의 단계들로 구성되어 있다는 것을 알아차리기 힘들었을 것이다. 지난 20여 년간의 통계 지도 읽기에 대한 연구는 지도 읽기가 정보처리의 특정 단계를 포함하는지의 여부를 확인하지 못하였는데, 그 이유는 아마도 지도 읽기와 관련된 방대한 자료가 인지심리학적 관점에서 모아진 것이 아니기 때문일 것이다.

통계 지도 연구 영역과는 별도로, 지도 사용에서의 또 다른 양상에 대한 응용 인지심리학 연구가 수행되었다. Eley(1993)는 훈련 정도에 따라 지형학 지도 해석에서 차이가 나타난다는 것을 보여주었다. 예를 들어, 동일한 지도를 제공받았음에도 불구하고 훈련을 덜 받은 사람들은 훈련을 더 많이 받은 사람에 비해 길을 잃을 가능성이 더 높다. 지도 활용성을 높이기 위해 지도에 사용되는 상징들을 새로운 방식으로 설계하고자 하는 연구들도 수행되었다(Phillips et al., 1990).

그래프 읽기 그래프와 표는 정보를 제공하는 중요한 방식이다. 『How to Lie with Statistics』이라는 Huff(1954)의 작지만 지금까지도 강력한 영향을 미치는 책이 출판된 이후, 많은 응용 인지심리학자들은 표와 그래프로부터 정보를 추출하는 방식과 이를 더 정확하게 할 수 있는 방식을 탐구하였다(Carswell, Bates, Pregliasco, Lonon, & Urban, 1998; Kosslyn, 1989; Meyer, Shamo, & Gopher, 1999; Spence & Lewandowsky, 1991). 예를 들어, Kosslyn(1989)은 사람들의 그래프 이해 방식을 단기 기억 사용이나, 그래프의 지각적 요소, 유의미성 요소, 그리고 실용적 요소(그래프와 그것을 보는 사람이 갖는 목적 사이의 합치성)에 대한 분석으로도 접근될 수 있다고 생각하고, 이에 대한 전반적인 정보처리 접근을 제안하였다. 그래프가 효율적인 정보의 처리에 도움이 되기는 하지만, 어떻게 하면 그래프가 가장 이해하기 쉽고 시각적으로도 바람직하게 정보를 요약하며, 상대적 비율을 판단할 수 있게 할 것인지에 대한 연구가 계속되었다(Hollands & Spence, 1998). 또 다른 연구 문제는 과제와 사용자의 목적에 대한 것이었다. 그래프를 통해 사람들이 정보를 전달받는 방식에 대한 다양한 이론적/경험적 연구들은 Lewnadowsky(1999)와 Friendly(1999)에 개관되어 있다.

인간-컴퓨터 인터페이스 10년 전 쯤 컴퓨터와 관련하여 인터페이스(interface)라는 용어를 접해 본 사람이라면 최근에 이러한 인터페이스가 그때에 비해 상당히 향상되었다는 것을 알 수 있을 것이다. 응용 인지심리학자들도 인터페이스의 특성을 향상시키기 위해 노력한 사람들 중 일부인데, 이러한 연구 활동 분야는 흔히 인간-컴퓨터 상호작용(human-computer interaction)이라고 불린다(Baguley & Landsdale, 2000; Murphy, 2000; Newlands, Anderson, & Mullin, 2003; Norman, 1997; Pirolli, 1999). 컴퓨터 사용을 특히 향상시키기 위해 사용되는 한 가지 방법은 사용성 평가(usability test)이다. 인터페이스는 몇 개의 단계에 걸쳐 개발된다. 처음에 계산 프로그램과 같은 특별한 프로그램을 생각해 낸 사람이 그 프로그램을 개념화한다. 그러면 전문적인 컴퓨터 프로그래머가 그러한 프로그램을 개발한다. 마지막으로, 컴퓨터 그래픽 전문가는 프로그램의 스크린이 외견상 보기 좋고 사용자가 사용하는 데 도움이 되도록 추가적인 프로그램을 삽입한다. 20년 전에는, 이 단계로 프로그램의 개발 과정은 끝이 났다. 프로그램이 배포된 이후, 프로그램을 사용하는 사람들에 의해 프로그램의 오류가 제기되면 설계 과정에서 어떤 문제가 있었는지 확인하기 위해 사용성 평가가 이루어졌다.

요즈음의 사용성 검증은 설계 과정에서는 거의 완전하게 종결되었지만 제품이 실제로 출시되기 이전에 실시된다. 이러한 사용성 평가에는 잠재적 사용자 집단으로 하여금 특정 프로그램을 사용하게 한 다음, 그들의 질문 내용과 사용할 때의 어려움 등에 대한 자료를 수집한 후, 이들을 토대로 설계 팀이 프로그램을 수정하게 된다(Payne, Wenger, & Cohen, 1993; Schneiderman, 1987). 사용성 평가를 통해 잠재적인 사용자 집단이 어떤 제품이나 프로그램을 직접 사용하도록 해봄으로써, 소비자가 그것들을 실제로 사용하기 이전에는 알아차리지 못했을 설계에서의 중요한 결함들이 발견될 가능성이 높아진다.

또 다른 고려사항은 어떤 사람들은 과학기술공포증(technophobia)을 갖고 있다는 것이다. 그들은 본래부터 새로운 기술의 사용을 주저한다(Weil & Rosen, 1994). 불행하게도, 이러한 사용자들은 그들에게 제시되는 컴퓨터 화면의 내용이나 프로그램의 논리를 이해하지 못한다. 이들 중 많은 사용자들은 매우 단순한 프로그램조차 실행할 줄 모르고, 문제가 발생할 경우 프로그램이 잘못된 결함을 갖고 있다고 생각하기보다는 스스로를 탓한다. 사용성 평가를 통해 프로그램 자체가 갖는 문제들을 많이 줄일 수 있고, 이것은 다시 과학기술공포증을 갖고 있는 사람들의 수도 많이 줄일 수 있을 것이다. 특히, 사용 방법에 대한 교습 절차를 통해 사용자들이 더 탐색적인 학습을 할 수 있게 하고, 소비자의 기술에 대한 긍정적인 태도를 증가시키며, 궁극적으로 그러한 제품을 더 많이 소비하게 할 것이다.

예술 응용 인지심리학자들이 인지를 예술에 응용하는 것에 열중했던 것은 아니지만, 어찌되었건 이들은 예술에 대해서도 어느 정도 공헌하였다. 예를 들어, 음악(Biel & Carswell, 1993; Chaffin & Imreh, 1997), 미술(McLaughlin, Dunckle, & Brown, 1999; Schmidt, McLaughlin, & Leighten, 1989), 영화(Glass & Waterman, 1988)에 대해 인지심리학적 연구가 수행되기도 하였다. 또한 심리학자는 박물관에서 전시물에 대한 설명의 효과를 극대화하기 위한 노력도 시도하였다(Loftus, Levidow, & Duensing, 1992). 예를 들어, 디스플레이는 글씨가 충분히 커야 더 많은 주의를 끌 수 있다. 그러나 많은 박물관에서는 1피트 거리에서는 읽을 수 있지만 전형적인 관찰 거리인 2~3피트(60~90cm) 거리에서는 읽을 수 없는 글자 크기로 전시물에 대한 설명을 적어 놓았었다.

심상 연구의 응용

시뮬레이션과 훈련 심상의 한 가지 극적인 응용이 훈련 프로그램에 사용되고 있다. 당신도 알고 있듯이, 컴퓨터 시뮬레이션을 통해 복잡한 과제에 대한 학습을 돕는 상황을 만들 수 있다. 비행 시뮬레이터는 비행기 조종사들의 훈련에 유용하게 사용되어 왔고, 많은 사람들은 운전 교습에서 운전 시뮬레이터의 도움을 받는다. 시뮬레이터는 심지어 당신의 소프트볼 타격 실력을 향상시켜 줄 수 있다.

실제적인 이미지가 없이도, 사람들은 마음속으로 활동과 행동을 상상할 수 있는데, 이를 통해 과제 수행이 도움을 받을 수 있다. 예를 들어, 연습하는 것을 상상한 농구선수는 그런 상상 훈련을 하지 않은 선수에 비해 (심지어는 실제 연습을 한 선수에 비해) 실제 경기를 더 잘할 수 있다. 음악가들이 그들의 악기를 실제로 만지지 않고도 연습하는 경우는 흔히 있다.

심상과 학습 학습에 대한 장에서 논의된 것과 같이, 심상은 다양한 기억술에서 공통적으로 적용되는 핵심적 요소이다. 심상이 갖는 힘에 대한 한 가지 극적인 예는 외국어 단어와 구문 학습이다. 키워드 기법이라고 불리는 학습 상황에서 학습자는 자신이 잘 알고 있는 모국어와 학습하려는 외국어를 서로 연결짓는 이미지를 만들어낸다. Raugh와 Atkinson(1975)은 이러한 키워드 기법을 사용한 학생들이 그렇지 않은 학생들에 비해 러시아 단어 학습에서 거의 두 배 이상 빠르다는 것을 발견하였다. 그 이후, Gruneberg(1985, 1987)는 다른 외국어의 학습 과정을 개발하는 데에도 이 기법을 확장하였다. 키워드 기법은 어느 정도 논란의 소지가 있는데(Ellis & Beaton, 1993), 그 이유는 이 기법에서는 학습되는 용어의 의미를 강조하지 않는다는 점에서 외국어 강사들이 이 방법을 싫어하기 때문이다. 그럼에도 불구하고, 상당한 수의 연구들이 키워드 방법이 다른 단어 훈련 방법보다 더 효과적이라는 것을 보여주었다.

요약

인지심리학의 관점에서 보면, 많은 응용물들의 성공 여부는 주의와 지각의 적절성 정도에 따라 달라진다. 어떤 응용물을 사용하기 위해서는 다른 자극들은 막는 대신 특정 자극에 대해서는 주의를 집중해야 한다. 감각 과정은 자극 에너지를 제대로 표상해야 하고, 또한 이렇게 표상된 내용을 이것이 해석되는 지각 중추로 전달해 주어야 한다. 주의, 감각 표상, 그리고 지각에 대한 충분한 고려가 없는 응용물들은 실패하기 마련이다.

지각 표상이 불완전하거나 가용하지 않을 때는, 심상이 이를 보완하는 추가적 정보를 제공해 줄 수 있다. 주의의 효과성은 부분적으로는 연습 정도에 따라 달라진다. 어떤 과제에 대해 연습을 많이 할수록 이 과제에서 요구되는 주의 기술이 향상된다. 그러나 응용물을 지속적으로 사용할 경우 사람들은 주의가 산만해지고 방심할 수도 있다. 감각을 등록하고, 지각을 형성하며, 심상을 창조하는 능력은 군대, 교육, 산업 제조, 컴퓨터 그래픽, 인간-컴퓨터 상호작용, 통계 그래픽 등과 같은 많은 응용 영역에서 필수적이라는 것은 잘 알려져 있다. 어떤 상황에서 그런 과정을 촉진하는 훈련은 성공적인 응용을 위한 중요한 요소이다.

제 8 장

이해와 학습

사람들은 기억 탓을 하지만 실제 문제는 이해가 부족하기 때문이다.

–작자 미상

의미(meaning)는 다양한 언어 수준에서 발생한다. 음소(phoneme)는 소리의 최소 단위이고 이것이 조합되어 언어를 만든다. 예를 들어, ta와 da는 음소이다. 음소가 조합되어 단어(word)가 된다. 형태소(morpheme)는 의미를 전달하는 가장 작은 소리-글자 조합이다. 예를 들어, 형태소는 어근, 접두사, 접미사와 시제 표현을 포함한다.

의미는 또한 단어의 조합 혹은 구문 구조(syntax structure)의 조합으로 발생한다(Klix, 1980). 구(phrase)와 절(clause)은 문장(sentence)으로 조합되는데, 문장은 대화, 연설, 이야기, 보고 등을 구성한다. 또한, 모든 수준에서 의미는 명시적(denotative)이거나 암시적(connotative)인 것으로 구분될 수 있다. 명시(denotation)란 단어나 개념에 대한 특정의 외현적인 의미를 말한다. 예를 들어, 자동차에 대한 명시는 도심에서 사람들이 일반적으로 운전하는 네 개의 바퀴가 달린 기계를 말할 것이다. 암시(connotation)는 우리가 특정한 단어나 개념에 대해 우리가 가지고 있는 연상(association)이나 느낌(feeling)을 의미한다.

예를 들어, 대부분의 사람들이 자동차가 유용하다고 느낀다면 (자동차가 항상 고장 나 있지 않다면), 자동차에 대한 암시적 의미는 "유용하다"거나 "긍정적이다"가 될 것이다.

대화에서의 모호함

이해하는 데 충분한 시간과 맥락이 있다면 메시지들을 이해하는 데 문제는 없을 것이다. 그러나 흔히 사람들은 제한된 시간 동안 메시지를 이해하도록 요구받는다. 그와 같은 경우, 이해는 그 메시지의 내용(content)이나 내용의 구조에 의해 영향을 받는다.

내용은 때에 따라 매우 모호할 수 있다. 예를 들어 "저 배 좀 봐라"라는 문장을 생각해 보자. 이 문장에 대해 당신의 머리에 일차적으로 떠오르는 의미가 있을 것이다. 그러나 좀 더 생각하면 이 문장은 여러 의미를 갖는다. 이 문장이 주로 의미하는 바가 무엇인지는 독자의 배경과 상황에 따라 달라질 것이다. Gernsbaker(1993)는 읽기 능력이 좋은 사람들은 그렇지 못한 사람들에 비해 모호한 단어를 접할 경우, 이들은 문맥에 기초해서 적절하지 못한 의미를 억압하고, 더 효과적으로 그 단어의 의미를 적용한다는 것을 발견하였다.

학습

학습은 다양한 약호화 과정과 다양한 전이 과정에 의해 만들어지는 행동에서의 비교적 영속적인 변화이다(Hintzman, 1990). 학습에서 사용하는 방략을 따라 학습의 양이 변화된다. 정교화(elaboration), 체제화(organization), 그리고 이해(understanding)를 포함하는 약호화 방법들은 장기적 학습을 촉진하는 데 더 효과적이다. 학습은 내용의 본질에 따라 다양한 심적 표상을 만들어낸다. 기억하기는 다음의 두 장에 걸쳐 논의될 것인데, 기억하기는 학습에 의해 만들어지는 심적 표상에 따라 달라진다. 이 장에서는 응용 연구와 응용에서 가장 유용하다고 여겨지는 학습 과정에서의 주요 원리들을 제시하고자 한다.

어떤 기억은 일시적이지만 다른 기억들은 영구적이다. 표상은 어떻게 약호화되는지, 그리고 우리 기억에서 그것이 얼마나 오래 지속되는지에 따라 다양하다. 매우 짧은 감각 기억(주로 감각등록기라고 불린다)은 우리의 초기 감각을 등록시킨다. 이러한 유형의 감각 기억은 감각 표상이라 불리고 이것은 겨우 0.5초 동안만 지속된다. 감각 기억으로부터의 정보는 단기 기억(혹은 작업 기억)으로 전달된다. 만일 정보가 시연(rehearsal)되지 않는다면, 이것이 작업 기억에서 머무르는 시간은 20~30초 정도이다. 일반적으로, 단기저장고에서 유지되는 정보의 양은 상대적으로 작지만, 그것은 그 정보에 대한 우리의 기존 지식에 따라 의도적 혹은 비의도적으로 달라진다. 우리가 정보를 시연한다면, 이 정보는 장기 기억으로 전이되는데, 장기 기억은 다음에 그 정보를 사용할 수 있도록 오랜 시간 기억된다. 기억 체계에 대한 전통적 도식이 **그림 8.1**에 제시되어 있다. 요즈음 기억 구조에 대한 대부분의 이론에는 주어진 과제 수행에 적극적으로 집중하는 좀 더 특수화된 작업 기억을 포함하고 있다.

기억을 어떠한 형태로 개념화하는 것과는 별개로, 우리가 한 번에 처리할 수 있는 정보의 양은 제한되어 있다. Baddeley(1981, 1990, 1995)는 작업 기억을 우리가 정보를 관리하고 감시하는 방식을 결정하는 능동적 작업 공간으로 묘사하였다. 그에 따르면, 작업 기억은 정보를 제어하는 중앙집행부(central executive)와 청각적으로 약호화된 정보와 시각적으로 약호화된 정보를 각각 처리하는 두 개의 하위 체계들(즉, 음운루프와 시공간 스케치패드)로 구성되어 있다. 음운루프(phonological loop)는 목소리를 내지 않는 시연을 통해 정보를 유지할 수 있게 하는 청각 기제인 반면, 시공간 스케치패드(visuospatial sketchpad)는 인출을 돕기 위해 시각적 정보를 유지한다. 우리가 처음으로 어떤 정보에 노출되었을 때, 우리는 청각부호로 정보를 변환한다. 그 다음에 우리가 학습하거나 기억하기

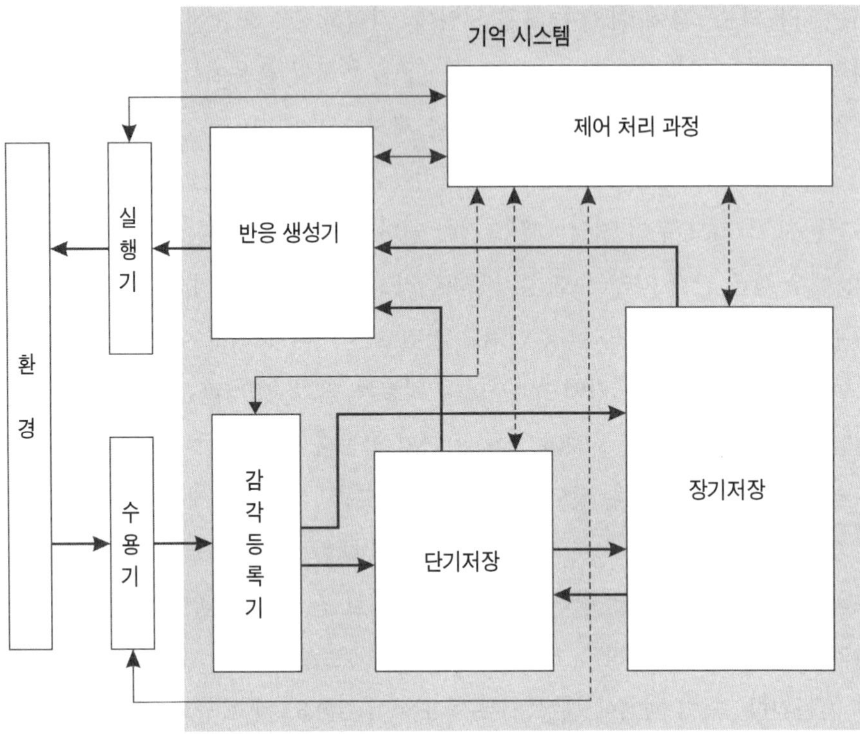

그림 8.1 Atkinson와 Shiffrin(1968), 그리고 Atkinson와 Juola(1974)의 모델에 기초한 Atkinson, Herrmann 및 Wescourt(1974)의 기억 과정에 대한 중다단계 모델

를 원하는 것을 소리나지 않게 시연하기 이전에 음운루프를 사용하여 버퍼에 정보를 짧은 시간 유지한다.

시연은 대략 1.5~2초로 그 시간이 고정되어 있기 때문에, 우리가 더 많은 정보를 파지하고자 할 때에는 시연이 더 빨라져야 한다. 또 한편으로, 스케치패드를 이용하여 정보를 심상으로 변환할 수도 있다. 우리가 능동적으로 생각하는 것은 중앙집행부에 의해 이루어지는데, 이것은 주의를 통제함으로써 정보를 받아들이는 것과 유지하는 것을 조절한다. 따라서 작업 기억은 우리가 학습할 수 있고, 장기 기억으로부터 정보를 인출하며, 그것을 사용 가능하도록 하는 능동적 노력과 관련된다. 시간이 경과하여도 어떤 정보가 기억 가능하도록 하기 위해서는 그 정보를 의미 있는 방식으로 정교하게 처리해야 한다.

인지심리학은 우리의 경험이 정신적으로 표상될 뿐만 아니라 생리적으로도 표상된다고 가정한다. 생물학적으로 보면, 학습은 에너지의 특정 패턴에 의해 활성화되는 뉴런 연결망의 발달을 통해 이루어지는 것이다. 또한 기억은 자극 에너지의 발생 패턴이 기존에 경험한 것과 유사할 때 뉴런들이 점화되도록 해주는 화학적 변화로 생각할 수 있을 것이다. 인지심리학 영역에서 이러한 접근이 주된 것은 아니었지만, 인지심리학자들은 인지가 표상 단계에서 분석되어야 한다고 생각한다(Gardner, 1985). 즉, 입력(처음으로 정보를 얻는 것)과 출력(반응하는 것) 사이에서 어떻게 정보가 변형되고 처리되는지에 일차적인 초점이 맞추어져야 한다는 것이다. 뇌에서 뉴런들이 어떠한 방식으로 작동하는지 분석하기보다는, 우리가 주의를 기울일 때 경험이 어떻게 받아들여지고 이해되는지 파악하는 것이 주된 과제이다. 경험에 의한 인지적 표상은 감각 이미지, 지각물, 그리고 개념을 포함한다.

전이가 의도적으로 발생하든 아니면 우연하게 발생하든 상관없이, 기억에 표상되는 세부 정보의 양은 의도 이외의 다른 요인들에 의해 달라진다. 지식은 특정적인 것이고, 그것을 사용하는 기술도 마찬가지이다. 예를 들어, Thorndike와 Woodworth(1901)는 그리스어 혹은 수학을 미리 학습한 경험이 있는 학생들은 이런 규칙을 배우지 않은 학생들보다 수행이 더 좋다는 것을 발견하지 못하였다. 이들의 연구 결과가 발표되기 이전의 일반적 가정은, 그리스어와 수학에서의 훈련은 학습자의 일반적 처리 능력을 향상시킨다는 것이었다.

이해 연구의 응용

시각 그래픽

그림은 천 개의 단어와 같은 가치를 갖는다고 한다. 그림은 상당히 많은 정보를 효과적으로 제시해 준다. 인간-기계 상호작용의 다양한 영역에서 사용자의 이해를 돕기 위한 방법으로 그림은 점점 더 보편적으로 사용되는 방식이 되었다. Norman(1997)은 사용자가 새로운 기계나 프로그램을 사용할 때라도 이들이 적절하게 반응할 수 있게 하기 위해서는, 그래픽-사용자 인터페이스(graphic-user interface; GUI)의 설계에서 일관성이 요구된다는 것을 강조하였다.

직업 용어의 의미 측정

의미는 뇌에 체제화된 방식으로 표상된다. 사람들이 단어들 사이의 관계에 대해 말할 때 이들의 반응은 매우 일관적이다. 예를 들어, 사람은 전형적으로 변호사에 대한 개념과 의사에 대한 개념보다는 간호사에 대한 개념과 의사에 대한 개념을 더 유사하게 생각한다(Smith, Shoben, & Pips, 1974). 의미에서의 이러한 일관성은 공간적 대응으로 나타내질 수 있을 것이다. 예들 들어, 간호사, 의사, 그리고 변호사에 대한 의미의 지도에서 간호사와 의사 사이는 가까운 반면, 의사와 변호사 사이의 거리는 이 둘 사이의 약한 연합 때문에 더 멀다. 단어들 사이의 관계에 대한 평정점수는 단어가 갖는 의미의 차이에 따라 매우 민감하게 달라지기 때문에, 문화가 상이한 개인들의 의미 공간 지도도 서로 많이 달라진다. 문화가 이질적인 경우 용어에서의 일치성 여부는 효과적인 대화를 위해 필수적이다(Harris, 2004; Schwartz, 1996). 예를 들어, 미국 노동통계국(Bureau of Labor Statistics)은 다양한 직업의 임금을 조사하면서 직업 용어에 대한 다차원 척도법(multidimensional scaling; MDS)을 사용하기도 하였다(Conrad, 1997).

조사 연구에서의 질문 이해

어떤 조사에서 조사 질문에 대한 사람들의 이해를 감소시키는 한 가지 요인은 문장의 길이와 복잡성이다. 단순한 문장에 비해 복잡한 문장은 이해하는 데 시간이 더 오래 걸리고 또한 잘못 이해하기 쉽다(Miller & Herrmann, 1998). 이 때문에 복잡한 문장은 단순한 문장에 비해 더 많은 기억을 요구한다. 일반적으로, 15～20개 사이의 단어들로 이루어진 문장은 이보다 긴 문장에 비해 이해하기 더 쉽다(Miller & Herrmann, 1998). 조사 연구의 설계자들은 간단한 문장을 사용하기 위해 노력한다. 응용 인지심리학자들은 응답자가 질문을 충분히 이해하고 적합한 반응을 보이도록 하기 위한 몇 가지 실제적인 문제들을 해결하였다.

이해에 대한 법적 시사점

광고는 어떻게 응용 인지심리학이 법률적 문제에 효과적인 도움을 줄 수 있는지에 대해 많은 예를 제공한다. 예를 들어, 어떤 제품의 이름을 사용하는 권리가 어떤 회사에게 있는지(즉, 상표 위반의 경우)에 대한 법적 시비에 휘말리곤 한다. 몇 년 전에, Proctor와 Gamble은 존슨앤존슨(Johnson & Johnson)사를 상대로 새로운 여성 청결제 제품의 이름이 "sure and natural"이라고 붙여진 것에 대해, "sure" 단어를 사용하는 것이 부당하다고 항의하였다. Proctor와 Gamble은 "sure and natural"이라는 상품명은 몇 년 전 어떤 탈취제의 이름이 "sure"였다는 점에서 상표를 위반한 것이라고 주장하였다. 재판에서 응용 인지심리학자들은 이 단어의 사용 빈도에 기초해서 "sure"라는 단어는 영어에서 300번째로 많이 사용되는 단어라고 증언하였다. 판사는 단어 "sure"가 매우 보편적인 것이기 때문에 어떤 회사도 자유롭게 그것을 사용할 수 있다고 판결하였다.

다른 재판에서, Frank Sinatra의 변호사는 월스트리트 저널(Wall Street Journal)을 명예 훼손으로 고발하였다. 월스트리트 저널은 Frank Sinatra와 그의 변호사, 그리고 친구들이 합법적인 광산 주식을 샀다는 것에 주목하였다. Sinatra와 친구들은 대개의 경우 조직적 범죄 집단과 관련된 라스베이거스 호텔에만 투자했기 때문에, 이 저널은 그들의 투자가 사람들로 하여금 그들을 따라 투자하도록 현혹한다고 가정하였다. 이에 대해 Sinatra의 변호사는 Sinatra와 그의 친구들이 좋은 사업에 정당하게 투자한 것뿐이라고 항변하였다. 월스트리트 저널은 변호사의 항의에 대한 글을 "Sinatra의 대변인, 응답하다"라는 헤드라인으로 보도하였다. Sinatra의 변호사는 자신을 "대변인(mouthpiece)"이라고 부른 것에 대해 월스트리트 저널을 상대로 소송을 제기하였다.

법정에서, 응용 인지심리학자는 일반 사람들이 대변인(mouthpiece)을 악덕 변호사(shyster)보다는 더 좋게 생각하지만, 변호사나 지방검사보다는 더 좋지 않게 생각한다는 조사 결과를 제시하였다(Herrmann & Rubenfeld, 1985). 또한, 상당수의 사람들이 "대변인(mouthpiece)"이 조직적 범죄 집단의 변호사를 나타낸다는 것을 잘 알고 있지 못한다고 보고하였다. 그러나 그 변호사는 만일 Sinatra가 조직적 범죄 집단을 위해 일한다고 사람들이 믿는다면 그의 명성에 부정적인 영향을 미칠 것이라고 주장하였다. 어떤 유명한 사람을 위해 일하는 대변인의 신분적 위치에 대해 사람들에게 질문하였을 때, 사람들은 Sinatra의 대변인은 Charlie Manson(연쇄살인범)의 대변인보다는 더 높고, Richard Nixon(거의 탄핵될 뻔한 미국 대통령)의 대변인과는 거의 비슷하게 평가하지만, 교황 John Paul의 대변인보다는 더 낮게 평가하였다. 법정은 대변인이라는 용어가 그렇게까지 품위를 손상시키는 표현이 아니라는 심리학적 증거에 주목하여 월스트리트 저널에 유리한 판결을 내렸다.

읽기

많은 응용심리학자들은 인지심리학의 원리를 읽기(reading)에 적용하였다. 최근의 초점은 읽기 분석에 작업 기억 이론을 응용하는 것인데, 특히 읽기에서 청각적 시연(McIntire & Miller, 2000), 음운루프의 크기, 그리고 집행부의 조정에서의 어려움(Larigauderie, Gaomac'h & Lacroix, 1998) 등이 주로 연구되었다. 음운루프의 크기는 어휘 발달(Gathercole, Service, Hitch, Adams, & Martin, 1999)과 언어 학습(Baddeley, 1992)과 관련되어 있는 것으로 알려져 있다. 예를 들어, Baddeley(1992)는 사람들이 러시아어를 학습할 때 단어 길이, 음운 유사성, 그리고 억압과 같은 요인들이 음운루프의 기능에 모두 영향을 미친다고 보고하였다. 재미있게도, 사람들이 잘 알고 있는 단어 쌍을 기억할 때에는 음운루프의 기능이 영향을 받지 않는다.

대학 적성 평가

이해에 대한 기초 연구의 또 다른 응용은 평가 영역이다. 지능검사는 거의 대부분 이해 과제를 포함한다. 유사하게, 대학(원) 입시 과정에는 응시자의 이해와 기술 능력을 파악하기 위해 몇 가지 배경에 대한 자료가 검토된다(Mcintire & miller, 2000; Sternberg, 1986). 만일 이들의 배경이 제대로 고려되지 못한다면, 어떤 지원자에게는 이것이 불공평한 절차가 될 수도 있을 것이다.

학습 연구의 응용

기억술의 효과적 사용

기억술은 우리가 정보를 기억하기를 원할 때 우리가 사용하는 일종의 도구나 방략이다. 우리가 항목 리스트를 기억해야 할 때, 일반적으로 우리가 사용하는 기억술은 기억해야 할 각 항목의 첫 번째 글자를 따서 어떤 단어를 만드는 것이다. 우리들 대부분은 아마도 (예를 들어, 시험을 더 잘 보기 위해) 나름대로의 기억술을 갖고 있을 것이다. 비록, Loiseett(1896)는 심상 기억술(imagery mnemonics)보다 언어 기억술(verbal mnemonics)을 더 지지했음에도 불구하고, 적어도 지난 세기 동안 기억 훈련에서는 심상 기억술이 더 지배적이었다. 예를 들어, 장소법(method of loci) 기억술은 자신의 집과 같은 자신이 잘 알고 있는 어떤 장소를 선택해, 심적으로 그 장소에서의 여러 지점들을 동일한 순서로 방문해 본다. 여러 지점들이 충분히 시연된 다음에는, 사람들은 기억해야 할 항목들을 그 지점과 연결시키고 그 지점을 (심적으로) 순서대로 옮겨가면서 해당하는 항목을 인출하는 것이다. 또는 당신이 산책할 때 흔히 다니는 경로를 상상하고 심적으로 기억해야 할 항목들을 경로를 따라 배치하는 것이다. 이러한 기억술은 대체로 매우 효과적이다(bellezza 1982; Bower, 1970; higbee, 1988a, b).

심상 기억술과 언어 기억술의 상대적 효과를 서로 비교하는 것은 사과와 오렌지를 서로 비교하는 것과 비슷하다. 당신은 이 두 가지 모두를 다 좋아할 수도 있지만, 이 두 가지는 뚜렷한 차이가 있다. 응용 인지심리학자들은 두 가지 기억술이 모두 효과적이라는 것을 발견하였다. 연구들은 적절하게 설계된 심상 기억술이 장소법(Cornoldi & de Beni, 1991)이나 어휘나 언어 학습에서 사용되는 키워드 기법(Desrochers, Wieland, & Cote, 1991; Gruneberg, 1998; Kasper & Glass, 1988; Wang & Thomas, 1999)과 같이, 기억 수행을 성공적으로 향상시킨다는 것을 보여주었다(Higbee, 1999). 다양한 언어 기억술도 학습을 촉진시킨다(McLaughlin Cook, 1989). 그러나 적어도 한 가지 경우에서, 언어 기억술은 심상의 등록을 방해한다. 예를 들어, 사람들이 얼굴을 기억하려고 할 때, 얼굴의 세부특징에 대한 언어적 약호화는 그 얼굴에 대한 추후의 시각 기억을 방해한다(Schooler & Engstler-Schooler, 1990; Brown & Lloyd-Jones, 2003도 보라). 즉, 당신이 보는 것에 대해 설명하는 것은 당신의 심상 능력을 손상시키는 것이다.

심상을 사용하지 않고 언어(language)만 사용하는 한 가지 기억술은 음성 기억술(phonetic mnemonics)이다. 사람들에게 특정 자음과 숫자(0~9)가 대응되는 자음-숫자 연합을 학습한 후 이를 학습시키면, 사람들은 숫자를 자음으로 (마찬가지로 자음을 숫자로) 쉽게 약호화할 수 있었다. 과거와 현재의 연구들은 모두 음성 체계가 학습에서 사람들을 도와줄 수 있다는 것을 보여주었다(Higbee, 1998a, 1988b, 1999; Patton, D'agaro, & Gaudette, 1991). 그러나 상당히 많은 연구들은, 고전적인 심상 기술을 훈련받은 사람들은 이것이 너무 많은 개인적 노력을 요구하기 때문에 보통 이것을 잘 사용하지 않는다는 것을 보여주었다(Par, Cavenaugh & Smith, 1990; Searleman & Herrmann, 1994; 12장도 보라).

새로운 기억술

대부분의 기억술이 수세기 전에 시작되었지만(Yates, 1966), 응용 인지 연구는 또 다른 새로운 기억술을 찾아내거나 만들 수 있다는 것을 보여주었다. 예를 들어, 사람들은 전문적 배우들의 학습 방략을 적용함으로써 기억을 향상시킬 수 있다(Noice & Noice, 2002, 2004; Noice, Noice, Perring-Chiello, & Perring, 1999). Noice 등의 연구자들(1999)은 5주간의 연기 연습 프로그램에서 기억 능력을 증가시키기 위한 연기를 통한 사회적 상호작용을 이용하였다. 연기자들이 다른 사람과의 상호작용을 통해 연기 연습을 한 결과, 자신의 캐릭터가 갖는 동기와 목표를 능동적으로 경험하게 되었고, 이에 따라 연기자들은 대본에 대한 더 나은 회상과 재인을 보였다. 또한, 우리는 다른 사람들이 만든 단서들을 단순히 학습하는 것보다는 우리 자신이 직접 단서를 만들 수 있다면 더 잘 기억할 수 있다(Grosofsky, Payne, & Campbell, 1994; Payne, Neely, & Burns, 1986). 단서를 스스로 만드는 것이 가능하지 않을 경우, 다양한 영역의 전문가들이 초심자에게 학습을 이끌기 위해 자신의 전문성을 사용할 수 있을 것이다(Bellezza & Buck, 1988). 또한 컴퓨터는 일상의 다양한 기억 과제의 수행을 돕는 기억술을 제공해 줄 수 있다(Davies & Logie, 1993; Leirer, Tanke, Morrow, & Kanh, 1997).

과제-특정적 기억술

전통적인 기억술을 확장하고 새로운 기억술을 개발하는 것 이외에, 어떤 연구자들은 일상의 기억 과제에서 기억 수행을 증가시킬 수 있는 특징을 발견하기 위해, 특정한 기억 과제를 연구하였다. 예를 들어, 연구자들은 학습해야 하는 정보를 연속적으로 시연할 때, 그것의 시간 간격이 클수록 시연이 특히 더 효과적이라는 것을 발견하였다(Landauer & Foss, 1977; Carpenter & Delosh, 2005도 보라). 상위인지(metacognition: 자신의 인지 능력에 대해 스스로 어떻게 생각하는가)도 쇼핑 목록을 기억하는 것을 도울 수 있다(Block & Morwitz, 1999;

Mazzoni, Conoldi, Romat, & Vecchi, 1997; Reason & Lucas, 1984). 만일 우리가 요리하는 것을 좋아한다면, 요리에 대해 잘 모르는 경우보다 야채의 항목을 기억하는 것이 더 쉬울 것이다. 또한, 어떤 음식에 대해 잘 알고 있다면, 기억 속에 최상의 방식으로 음식 재료에 대한 항목을 등록하고 체제화하는 것이 더 쉬울 것이다.

지난 2세기 동안 "의도 기억하기(remembering intention)"에 대한 많은 연구가 수행되었다. 이런 종류의 기억은 Meacham에 의해 예기 기억(豫期記憶, prospective memory)이라고 불리게 되었다(Meacham & Kushner, 1980; Meacham & Leiman, 1982; Meacham & Singer, 1977; Harris와 Wilkins, 1982도 보라). Meacham은 만일 사람들이 침착하고, 어떤 방식으로든 보상을 받으며 과제를 기억해야만 한다면, 이들은 완수해야 하는 과제들을 잊지 않고 기억해 낼 가능성이 훨씬 높다는 것을 보여주었다. 예기 기억에 대해 개관한 자료들은 많이 있다(Brandimonte, Einstein, & McDaniel, 1996; Einstein & Mcdaniel, 1990; Ellis, 1988, 1996; Kvavilashvili, 1998; Mantyla, 1994; Maylor, 1990; McDaniel & Einstein, 2000; Morris, 1992).

의도에 대한 기억 연구들은 과제의 수행 시점이 과제를 기억하기 위한 우리의 능력에 어떠한 영향을 미치는지를 조사하였다(Ceci, Baker, & Bronfenbrenner, 1988; Wilkins & Baddeley, 1978). 다른 연구는 예기되는 사상에 대한 기억이 상황에서 제시되는 단서에 의해 어떻게 유도되는지 탐구하였다(Herrmann, 1996). 예를 들어, 사람들은 1년 중 특정 달에 자동차 정비 서비스를 받아야 한다는 것을 기억해야 할 것이다. 또는, 사람들은 자동차의 연료 탱크가 비어 있다는 것을 (연료 계기를 통해) 확인하고 연료를 주유해야 한다는 것을 기억해 낸다. 또한 사람들은 덜 중요한 것보다는 더 중요한 예기과제를 더 잘 기억한다(Andrzejewski, Moore, Corvette, & Herrmann, 1991).

예기 기억에 영향을 미치는 중요한 요인들에는 주의, 경쟁 과제의 유형, 그리고 타이밍(timing)이다. 이러한 요인들을 적절하게 조절하거나 혹은 사람들에게 과제 조건을 적절하게 보정하도록 알려준다면 수행이 향상될 수 있다(Druckman & Swets, 1988; Wichman & Oyasato, 1983). 어떤 연구들은 예기 기억이 신경학적으로 손상을 입은 사람들(Cockburn, 1996; Parente & Herrmann, 2003)이나 알츠하이머 환자들(Camp & Foss, 1997; Camp, Foss, Stevens, & O'Hanlon, 1996; Terry, Katzman, Bick, & Sisodia, 1999)에게서도 향상될 수 있다는 것을 보여주었다.

특정 영역에서 학습에 특히 효과가 큰 기억술이 있다. **표 8.1**은 다양한 학문 영역의 교수들이 평정한 몇 개 기억술의 상대적 유용성을 정리한 것이다(Herrmann, 1990). 여기에 포함된 기억술 혹은 기억 기법들에는 플래시 카드(flash card: 단어·숫자·그림 등을 재빨리 보여주는 학습용 카드), 아웃라인, 소리내어 읽기, 노트하기, 출처 차이 찾기, 정보 범주화, 정보 시각화, 첫 글자 기억법, 정보 진단과 설명, 주요어와 사실 파악 등이 포함되었다.

표 8.1에 포함된 학문 영역들은 다음과 같다.

- 자연과학: 생물학, 물리학, 지질학
- 사회과학: 행정학, 역사학, 예술 역사학, 철학
- 인문학: 영문학, 언어학, 극문학
- 행동과학: 심리학, 사회학, 인류학, 경제학
- 언어학: 독일어, 프랑스어, 고전어

교육

교육에서 이해와 학습은 매우 중요하다. 어떤 강의는 사회문제에 대한 이해를 위해 언어와 유추를 사용한다. 예를 들어, Wortham(2001)은 병약하게 태어나 나중에 사회에 부담이 될 수 있다고 판단되는 아이를 고의적으로 유기하여 죽게 내버려두는 스파르타식 사회제도에 대해 학생들이 서로 토론하도록 하는 강의 방식을 예시하였다. 이 강의에서는 유추, 질문, 그리고 정확하게 선택된 언어를

표 8.1 다양한 학문 영역에서 대학의 입문 과정 학생에게 추천되는 학습 방법들에 대한 평균 평정치

학문 영역	기억술/기억 기법										
	플래시 카드	아웃 라인	소리 내어 읽기	노트 하기	출처 차이 찾기	정보 범주화	정보 시각화	첫 글자 기억법	정보 진단/설명	주요어 파악	사실 파악
자연과학	1.4	4.6	2.0	5.6	3.9	5.2	6.4	2.5	3.8	6.5	4.2
사회과학	1.1	4.2	2.7	4.2	3.2	6.3	3.6	2.2	2.7	5.8	3.9
인문학	1.0	4.5	5.5	5.2	4.8	4.9	6.3	4.0	3.1	5.8	5.0
행동과학	1.7	6.0	2.4	5.7	2.6	5.6	4.7	3.6	2.9	5.3	3.6
언어학	5.2	3.6	4.7	3.7	2.6	5.9	4.3	5.0	3.0	5.9	3.0

* 표의 숫자가 클수록 도움이 된다는 것을 의미함(1 = "결코 아니다", 7 = "항상 그렇다"). 이 표는 Herrmann(1990)에서 요약한 것임.

통한 조심스러운 해설을 이끌어낼 수 있었고, 이러한 접근은 학생들의 이해와 학습에 향상을 가져왔다.

응용 인지심리학자들은 새로운 교수 방법을 개발하는 데 중요한 역할을 수행해 왔다(Bruning, Norby, Ronning, & Schraw, 2003; Dennis & Sternberg, 1999, Donovan, Bransford, & Pelligrino, 1999; Embreston, 1999; Mayer, 1999a, 1999b). 예를 들어, 마음 지도(mind map)는 한동안 인기를 끌었다(Dansereau & Newbern, 1997; Gruneberg & mathieson, 1997). 마음 지도는 종이 위에 서로 관련된 개념들을 물리적으로 체제화하는 방법인데, 여기에서 개념들 사이의 관계가 적을수록 물리적 거리도 길어진다. 또한, 특정 개념을 기술하는 데 밀접한 관계가 있는 속성들도 그 개념 근처에 놓음으로써 그것의 현저한 특징을 드러내 준다. 다시 말해, 마음 지도는 사실이나 관념에 대한 조직화를 통해 이들 사이의 연합 강도를 파악하게 해준다. 연구 결과들은 마음 지도가 일련의 심적 위치들을 만드는 것(이것은 장소법과 유사한다) 등을 통해 학습을 촉진할 수 있다는 것을 보여주었다(Gruneberg & Mathieson, 1997).

많은 연구들이 고등학생과 대학생들의 학습 양식(learning style)에서의 차이

를 파악하기 위해 수행되었다(Naveh-Benfamin, Mckeachie, Lin, & Lavi, 1997; Speth & Brown, 1990). 그러나 학습 양식 자체만으로는 무엇이 학습되는지 설명하기에 충분하지 않다. 무엇이 학습되는지 알아보기 위해서는 학생들의 학습 양식뿐만 아니라, 학생들의 학습 활동, 학습자 자신의 학업 능력에 대한 개념, 내용에 대한 지식, 시험 불안, 그리고 그 외의 교육-관련 변인들 사이의 상호관련성을 살펴보아야 한다(Safer, 1998; Sweller, 1989; Thomas et al., 1993; Wilding & Valentine, 1992, 1997).

정보를 기록하고, 정보에 대한 약호화나 저장을 돕기 위해서는 학습한 내용을 정리할 때의 필기 기술(note-taking skill)도 필요하다(Kiewra, 1989; Piolat, Olive, & Kellog, 2005; Smyth, Collins, Morris, & Levy, 1994). 일반적으로 배운 내용을 장황하고 세세하게 필기하는 것보다는 핵심 용어를 중심으로 필기하는 것이 더 효과적이다(Kiewra et al., 1991). 가장 우수한 학생들이 노트 필기도 가장 잘 하는 것은 아니다(King, 1991; Lambiotte, Skaggs, & Dansereau, 1993; Morgan, Lilley, & Boreham, 1988; Wilding & Hayes, 1992). 강의자가 말하는 것을 모두 다 필기하는 것보다는 중요한 아이디어만 골라 필기하는 것이 학습에 훨씬 더 효율적일 것이다. 당신은 학점만 받고 나면 더 이상 필기하지 않아도 될 것으로 생각하겠지만, 필기 기술은 졸업 후의 성공과도 관련이 있다. 연구들에 따르면, 필기는 면접자의 기억과 배심원의 의사결정 적절성에도 영향을 미친다. 필기를 하는 배심원들은 더 좋은 의사결정을 내린다(Horowitz & Borden, 2002).

읽기

이 순간 당신이 이 책을 읽을 수 있는 것과 같이, 현대 사회의 사람들은 읽을 수 있어야 한다. 이 때문에 제대로 읽을 수 있게 가르치는 것은 현대 사회에서 필수적인 것이다. 다른 방법들(예를 들어, 언어 전체에 대한 교육)도 많이 사용되기도 하지만, 연구들은 발음 중심의 읽기 교수법을 계속 개발하고 있다(Crain-

Thoreson, 1996; Gelzheiser, 1991). 발음 중심의 읽기 교수법의 관점에서 보면, 읽기 학습의 용이함이 아동들의 음운루프 크기와 관계된다는 것은 놀라운 것이 아니다(Garthercole et al., 1999; Larigauderie et al., 1998). 학습 재료로부터 그 속에 무엇이 함축되었는지 혹은 무엇이 추론될 수 있는지를 자각하는 것은 이해를 도울 수 있을 것이다(Yuille & Oakhill, 1988). 오늘날 많은 젊은이들에게서 학습과 읽기 장애가 나타나는데, 이 때문에 몇몇 연구들은 대학에서의 난독증 환자(dyslexics)를 도와줄 수 있는 것에 초점을 맞추기도 한다(Watson & Brown, 1992).

철자법

응용 인지심리학자들에 따르면, 아동들의 철자 기술 습득에는 이들이 갖고 있는 능력에 대한 믿음이 영향을 미친다. 예를 들어, 연구들은 어떻게 글자들이 결합되어야 하는지에 대한 아동들의 믿음을 평가했는데, 아동들의 태도가 철자쓰기에서의 수행과 관련이 있다는 것을 발견하였다(Kernaghan & Woloshyn, 1995; Rankin, Bruning, & Timme, 1994). Kernaghan 와 Woloshyn은 학생들에게 여러 가지 철자쓰기 방략을 제공해 준 결과, 이들의 철자쓰기 수행이 향상되는 것을 발견하였다.

광고

광고업자의 관점에서 보면, 이상적인 광고란 한 번 보여지면 소비자가 그것을 보고 난 다음 충분히 영향을 받는 광고일 것이다. 물론 이런 일은 거의 없다. 어떤 사람들은 의도적으로 광고를 보려 하기도 하지만, 이와는 반대로 다른 사람들은 기억하려는 의도 없이 광고를 볼 것이다(Krishnan & Shapiro, 1996). 재미있게도, 광고에 대한 기억은 광고가 제공된 TV 프로그램의 내용에 영향을 받는다. 예를 들어, 중성적 TV 프로그램을 시청한 후 그 프로그램에 제공되었던 광고에 대해 회상하는 것과 비교하면, 폭력적이거나 성적인 내용의 프로그램을 본 이후에는 그 프로그램에 제공된 광고에 대한 회상이나 재인이 훨씬 더 떨어질 가능성이 높았다(Bushman & Bonacci, 2002). 광고를 얼마나 잘 기억하는지는 광고의 배치에 따라 달라지기도 한다.

인지적 분석의 대상이 되었던 한 가지 물음은 광고의 노출 횟수에 따라 그것에 대한 기억 정도가 달라지는지의 여부이다. 한 연구에 따르면, 뉴스 프로그램이 사람들에게 기억되기 위해서는 상당한 수의 반복이 필요한데(Gunter, 1987), 광고도 그럴 것이다. 광고는 기억될 수는 있겠지만 특정 맥락에서 그것이 생각나기는 어렵기 때문에, 광고는 우리의 행동에 영향을 미치지 않을 것이다. 이것은 부분적으로는, 사람들이 광고를 접하는 맥락과 이들이 그 광고에 대해 생각하는 맥락이 서로 다르기 때문일 것이다(Braun & Loftus, 1998, Furnham, Gunter, & Walsh, 1998; Norris & Colman, 1996). 심지어 매우 유명한 회사의 상징조차 쉽게 기억되지 않을 수 있다(Green & Lovelock, 1994).

컴퓨터 사용을 위한 학습

컴퓨터 혁명이 가져온 한 가지 중요한 측면은 컴퓨터 사용을 위해 다양한 방식들이 개발되었다는 점이다. 많은 사람들이 그렇게 느끼겠지만, 컴퓨터 사용법을 배우는 것은 인지적으로 꽤 어려운 일이 될 수 있다. 연구들은 멀티미디어 교수법이 주의를 분산시킨다는 것(Kalyuga, Chandler, & Sweller, 1999)과 컴퓨터를 사용하기 위해서는 사람들이 새로운 기술을 학습해야 한다는 것(Chandler & Sweller, 1996)을 보여주었다. 컴퓨터는 한때 젊은 사람들만 좋아하는 것이라고 생각되었지만, 최근 연구 결과에 따르면 나이든 사람들의 컴퓨터 사용이 점점 더 증가하고 있다(Morrell, Mayhorn, & Bennett, 2000). 인지 모델의 개발과 함께 컴퓨터 시스템의 혁신적 진보가 가능하였는데, 이를 통해 특정 응용 영역에서 연결주의 모델이 적용되기도 하였다(Anderson, 1990). 그러나 새로운 컴퓨터 시스템을 사용하기 위해서는 더 많은 학습이 요구되고, 컴퓨터가 사람들의 작업 시간을 줄여주는 것만큼 컴퓨터 사용을 위한 학습에 시간이 더 요구된다는 주장도 있다.

학습 촉진을 위한 컴퓨터 사용

학교에서 다양한 주제를 교육하는 데 보조적으로 사용될 수 있는 교수 기계들(teaching machines)은 1940년대에는 매우 많은 인기가 있었다(Benjamin, 1988). 이러한 기계들은 강화(reinforcement)나 조성(shaping) 원리에 기초하여 정보를 제공하였다. 그러나 한편으로는 그러한 기계들을 사용하는 것이 재미없었기 때문에, 그리고 또 한편으로는 행동주의가 인지심리학에 주도권을 내줌으로써 행동주의에 대한 열기가 식었기 때문에 이러한 기계들의 인기는 줄어들었다.

지난 20년에 걸쳐, 교습 기계들은 컴퓨터의 형태로 돌아왔다. 지능형 학습 시스템(intelligent tutoring system)이라고도 불리는 프로그램은 학습 자료를 위계적으로 제시하고, 학생들의 학습 습관에 기반한 시험을 통해 학생들의 학습을 증가시킨다(Anderson, Conrad, & Corbett, 1989; Anderson Corbett, Koedinger, & Pelletier, 1995). 이러한 프로그램들은 학습 증진 효과가 있는 것으로 알려진 심리학-기반 기법들을 사용한다(MacLachlan, 1986). 이러한 프로그램들은 행동주의에 기반한 기법들에 비해 학습을 보조하는 데 훨씬 더 효과적이다(Wenger, 1987).

전화교환원의 기억 향상

이제는 컴퓨터의 도움으로 시내전화 사용에서는 더 이상 전화교환원의 도움이 필요 없게 되었다. 그러나 정보 문의, 사람 대 사람의 전화, 그리고 몇 가지의 장거리 전화에서는 아직도 전화교환원의 도움을 필요로 한다. 전화교환원이 갖는 한 가지 문제는 처음에 전화교환원이 요구된 전화번호를 찾은 후에 그것을 다시 전화번호를 문의한 사람에게 전달할 때까지의 시간 동안 그 전화번호를 기억해야 한다는 것이다. 이 시간이 매우 짧더라도, 전화교환원은 하루에도 엄청나게 많은 전화번호를 탐색해야 하고, 이 때문에 순행간섭(proactive interference)이 발생할 수 있는데, 이러한 순행간섭은 전화교환원이 기억해야 할 전화번호를 망각하게 할 수 있다. 오늘날의 전화교환원도 전화번호를 찾고 그 번호를 잠시 기억해야 하는 것에서 여전히 압박감을 느낀다. 전화교환원이 전화번호를 기억하도록 하는 데 도움이 되는 방법을 찾기 위해, Ma Bell사에서 일하는 심리학자들은 전화교환원의 전화번호 시연 방식을 연구하였다. 교육 영역에서 발견된 것과 유사하게, 이들은 지속적 시연(continuous rehearsal)이 시간 간격을 둔 간헐적 시연(spaced rehearsal)보다 덜 효과적이라는 것을 발견하였다. 간헐적 시연은 소리내어 전화번호를 말한 다음, 몇 초간 기다렸다가 다시 말하고, 그 다음에는 좀 더 오래 기다렸다가 또다시 말하는 것을 반복하는 방식이다(Landauer & Ross, 1977). 인출 시도 사이의 시간 간격을 늘리는 것은 전화번호를 더 잘 기억하게 하였다. 인출 간격을 길게 함으로써 전화번호가 더 새롭고 다양한 방식으로 학습될 가능성을 높였는데, 이러한 방식은 일반적으로 망각이 잘 일어나지 않도록 해준다.

두부 손상 환자의 읽기 개선

간헐적 시연은 전화교환원이나 너무 많은 것을 기억해야 하는 학생들에게도 효과적이지만, 신경적 장애가 있는 환자들 역시 새로운 정보를 학습할 때 이러한 기법이 효과적이다(Wilson & Moffat, 1984, 1992). 두부 손상 환자들에게 어휘 자료들을 반복적으로 제시하는 것은 읽기나 이해 능력을 재학습할 수 있도록 해준다.

요약

읽거나 듣는 것을 통한 이해는 많은 응용물과의 상호작용에서는 필수적인 요소이다. 이해의 속도와 정확성은 메시지 내용과 메시지의 표현 방식에 따라 달라진다. 또한 이해는 말하는 사람의 특징, 듣는 사람의 특징, 메시지의 본질, 그리고 의사소통에서의 사회적 규칙에도 영향을 받는다.

이해에 대한 연구는 컴퓨터 그래픽, 직업 용어의 이해, 조사법, 법 이해, 교육, 그리고 특히 학습과 같은 많은 제품과 서비스 영역에 응용되어 왔다. 학습에 대한 응용 연구를 통해 교육 장면을 포함한 다양한 영역에서 기억술이 효과적으로 사용될 수 있게 되었다. 예를 들어, 학생들은 약호화 연습, 아웃라인 만들기, 필기, 정보 시각화, 그리고 적절한 기억술의 사용 등을 통해 학습 기술을 증진시킬 수 있다. 또한, 이해와 학습 과정은 광고, 컴퓨터 사용, 통신 시스템, 신경 장애 환자에 대한 인지 과제 수행에서의 보조 등과 같은 다양한 응용 영역에서 중심적 주제가 된다.

제 9 장

파지와 기억하기

당신이 많은 일을 하도록 요청받고 싶지 않다면 너무 많이 기억하고 배우지 마라.

–작자 미상

앞 장에서 우리의 초점은 인지 또는 행동에서 비교적 영구적인 변화를 일컫는 학습에 대한 것이었다. 이 장에서 우리는 학습한 정보의 회상(recall) 혹은 파지(retention)라고도 가끔 불리는 기억으로 우리의 초점을 옮길 것이다. 비록 학습과 기억이라는 용어가 서로 많이 관련되어 있고, 또한 분별하여 사용하기 어려운 경우도 많지만, 이들 사이의 일차적인 구분은 이들을 연구하기 위해 어떠한 방법이 사용되었는지를 통해 살펴볼 수 있다. Anderson(2000a, 2000b)은 이들 사이의 핵심적 차이는, 학습 실험들이 전형적으로 학습자 스스로 무엇이 중요한 것인지 결정해야 하는 유도 단계(induction phase)를 포함하는 데 반해, 기억 연구는 대개의 경우 무엇이 기억되어져야 하는지에 대해 분명한 지시(explicit instruction)를 제공하는 것이라고 주장하였다.

파지(retention)

우리 모두가 경험해 왔듯이, 기억은 시간이 지남에 따라 인출하기가 더 어려워진다. 시간이 지나면, 어떤 사상 또는 정보는 모호하게 기억되어질 것이고, 또 어떤 사상들은 전혀 기억나지 않을 것이다. 비록 어떤 정보는 평생에 걸쳐 기억되기도 하지만, 이 장에서는 우리의 희망과는 별개로 시간이 지남에 따라 기억하기 점점 더 힘들어지는 기억에 초점이 주어질 것이다.

정보가 저장되었다 하더라도 기억은 우리가 정보를 기억해 낼 수 있는지의 여부를 넘는 훨씬 더 복잡한 과정이다. 많은 요인들이 기억에 영향을 미친다. 이러한 요인들에는 기억해 내는 방식(회상 혹은 재인), 의도적으로 기억했는지의 여부, 기억의 방향(과거의 정보나 사상에 대한 기억인지 아니면 미래의 일에 대한 기억인지), 충분한 시간이 주어진다면 우리가 어떤 것을 기억할 수 있는 잠재력이 있는지에 대한 스스로의 자각(우리는 너무 빨리 기억하는 것을 포기한다), 기억에서의 약호화와 체제화의 수준, 그리고 학습 정도(Rohrer et al., 2005) 등이 포함된다.

절차적 지식을 기억하는 것은 전문성에 따라 달라진다(Zeitz & Spoehr, 1989). 예를 들어, Tenenbaum, Tehan, Stewart, Christensen(1999)은 체조에 대해 경험이 거의 없는 초등학생과 이에 대한 경험이 상당한 고등학생들에게 체조와 관련된 일련의 사진들을 보여주었는데, 이 연구자들은 전문성이 높은 사람들이 사진 속의 체조 행동들을 즉각적으로 인출하거나 혹은 일주일 이후에도 인출될 수 있도록 의미 있게 약호화한다는 것을 발견하였다. Ericsson(2005)은 전문가들이 방해나 간섭이 있어도 작업 기억 역량을 확장시키기 위해 장기 기억을 사용할 수 있다고 시사하였다(Charness & Schuletus, 1999; Goldman, Petrosino, 1999; Rikers & Pass, 2005).

우리가 알고 있는 것은 우리가 어떻게 기억하느냐에 따라 부분적으로 달라진다. 예를 들어, 만일 당신이 어떤 유형의 시험(예를 들어, 선택문제 혹은 서술

문제)을 치를지 알고 있다면 당신은 그 시험 방식에 맞게 준비할 것이다. 만일 우리가 사상에 노출된 이후에 휴식 또는 수면을 취하거나, 주기적으로 기억을 회고하거나, 혹은 우리가 기억한 것과 유사하여 우리의 기억을 방해할 수 있는 정보의 기억을 피할 수 있다면, 우리는 기억을 좀 더 효과적으로 파지할 수 있다.

또한, 우리가 기억해야 하는 상황을 미리 예측할 수 있다면 기억에 도움이 되는데, 왜냐하면 그것은 우리가 정신적으로 정보를 미리 인출해 보도록 준비하는 것이기 때문이다. 제대로 이해되지 않은 기억 재료는 기억해 내기가 매우 힘들지만 어떤 정보는 쉽게 회상된다. 기억 인출 실패는 여러 이유로 발생한다(Anderson & Schooler, 2002). 그리고 사람들은 망각의 유형에 따라 상이한 망각률을 보인다. 연구자들은 정보의 유형에 따라 이것이 파지되는 장기 기억 체계가 다르다고 생각하였는데, 이에 대한 요약이 **표 9.1**에 제시되어 있다.

표 9.1 장기 기억 체계

회고 기억(retrospective memory)

- **선언적 기억 체계**(declarative memory system)는 우리가 이해한 것을 능동적으로 진술할 수 있는 정보를 포함한다. 이것은 의미적 기억과 일화적 기억(Tulving, 1972), 그리고 절차적 기억으로 구분된다.
- **의미 기억**(semantic memory)은 전형적으로 비공식적/공식적 훈련을 통해 획득되는 지식을 포함한다(예: 33.8온스는 1리터와 같다).
- **일화 기억**(episodic memory)은 본질적으로 자전적 정보에 대한 기억과 관련된다. 개인적 삶에서 의미 있는 순간과 일화(예: 졸업 파티에 대한 기억)에 대한 기억이다.
- **절차적 기억**(procedural memory)은 행동과 의사결정의 순서, 그리고 운동의 협응에 대한 정보를 유지한다(예: 김치찌개를 어떻게 요리하는지 혹은 어떤 악기를 어떻게 연주하는지를 기억하는 것).

예기 기억(prospective memory)

- **예기 기억 체계**(prospective memory system)는 미래에 우리가 할 일에 대한 의도를 파지한다. 이러한 기억들은 미래의 특정 시간에 기억해 내야 한다는 점에서(예: 예정된 스케줄) 시간-기반적이고(time-based), 또한 어떤 일이 발생하는 것을 보고 기억해 내야 한다는 점(예: 쓰레기통이 다 차면 비운다)에서 사상-기반적(event-based)이다.

기억하기

얼마나 기억을 잘 할 수 있는지는 처음에 정보를 어떻게 학습하는지에 따라 달라진다. 또한 최근 연구들은 시간에 따른 파지도 사람들이 파지하고 있는 것을 어떻게 표현하는지에 따라 달라진다는 것을 보여주었다(Searleman & Herrmann, 1994). 무엇이 표현될 것인지는 우리가 기억하려고 애쓰는 대상의 인출 성공 여부에 달려 있다(Rodiger & Guynn, 1996). 특정 순간에 우리가 알고 있는 것에 대해 의사소통하는 능력은 나중에 그 정보를 기억하는 능력에도 영향을 줄 수 있다.

인지 연구자들은 학습할 때 제공되는 단서 수뿐만 아니라 기억해 내는 방식(회상, 단서가 주어진 회상, 재인)에 따라서도 기억되는 양이 달라진다는 것을 보여주었다. 기억은 여러 방식으로 기술될 수 있다. 암묵적 기억하기(implicit remembering)는 사람들이 자발적이고 자연스럽게 기억해내는 것이고, 외현적 기억하기(explicit remembering)는 우리가 정보의 항목 또는 어떤 사건을 신중하게 회상할 때 발생한다.

회고 기억(retrospective memory)은 과거의 기억을 나타내는 반면, 예기 기억(prospective memory)은 미래의 사상을 기억하는 것을 말한다. 때에 따라 심각한 기억상실을 경험하는 사람들을 볼 수 있다. 역행성 기억상실증(retrograde amnesia)은 신경학적 손상이 발생하기 이전의 사실을 기억하지 못하는 것이고, 순행성 기억상실증(anterograde amnesia)은 신경학적 장애 이후에 발생한 일들을 기억하지 못하는 것으로 이 때문에 순행성 기억상실증의 경우에는 새로운 정보가 학습되지 못한다.

사람들은 때로 자신이 기억하고 있는 것이라고 여겨지는 것에 기초하여 인출하거나 추측한다. 인출 발견법(retrieval heuristics)에는 기억 체계 안에 있는 특정 내용의 탐색과 같은 것이 포함되는데, 이러한 발견법을 통해 정보의 인출 가능성이 높아질 수 있다(Reder, 1987, 1988). 우리는 가끔 생리적 상태, 정서 상태, 혹은 동기 상태에서의 문제 때문에 기억에 실패하기도 한다. 예를 들어, 우리는 기억하는 것에 무관심하거나 혹은 그럴 동기가 없을 수도 있는 것이다.

파지에 대한 인지 연구의 응용

망각 곡선의 형태

Ebbinghaus(1885/1913)는 무의미 철자에 대한 자신의 망각에 기초하여 망각 곡선(forgetting curve)의 형태를 수립하였다. Ebbinghaus가 무의미 철자를 사용한 이유는 의미 있는 자극을 사용할 경우 이것이 기억을 향상시키거나 반대로 손상시키는 효과를 가질 수 있기 때문이었다. 거의 한 세기 동안 심리학 영역에서는 회상에 대한 망각 곡선의 형태가 스키장 경사면처럼 처음에 급격하게 감소한 후 거의 회상이 가능하지 않은 수준에서 평평한 상태를 유지한다고 가르쳐왔다. 재인에 대한 망각 곡선도 회상에 대한 망각 곡선의 형태와 유사한데, 전반적으로 이 곡선은 회상에 대한 망각 곡선보다 위에 위치한다. 이것은 재인이 회상에 비해 일반적으로 더 많은 정보가 파지되고 있다는 것을 시사한다. 이러한 망각 곡선 (따라서, 파지 곡선)은 모든 종류의 기억이 갖는 특성이라고 믿어졌다.

그 후, 거의 한 세기기가 지나서 심리학자들은 다른 종류의 기억 재료에 대한 기억을 조사하기 시작하였다. Linton(1975, 1986, 2000)은 6년이 넘는 기간 동안, 자신의 삶에서 발생한 매일의 사상들을 기록하였다. 사상들이 발생한 시점에서 1개월에서 6년의 시간이 경과한 이후에 그녀는 그러한 사상들에 대해 스스로의 기억을 측정해 보았다. 그 결과, Ebbinghaus의 망각 곡선이 보여주는 것과는 달리, 매일의 경험에 대한 그녀의 기억은 시간 경과에 따라 일정한 비율로 감소한다는 것이 밝혀졌다.

Bahrick와 동료들(Bahrick, Bahrick, & Wittlinger, 1975)에 의해 발견된 망각 함수 곡선들은 또 다른 형태를 갖는다. 이 연구자들은 다양한 연령대의 실험참가자들에게 그들의 고등학교 앨범에 있는 동급생들에 대해 기억하도록 요구하였다. 그 결과 졸업 후 얼마 되지 않은 기간에는 동급생에 대한 정확 재인율은 거의 감소하지 않는다는 것이 밝혀졌다. 또한 재인은 대략 50년 동안 높은 정확성 수준으로 유지되다가, 그 이후에는 파지에서의 급격한 감소가 나타났다. 따라서 졸업 앨범 사진에 대한 망각 함수는 무의미 철자나 매일의 기억에 대한 망각 함수와는 매우 다른 형태를 보인다고 할 수 있다. 이와 유사하게, 군사 훈련 영역에 대한 연구에서는 가스 마스크 착용, 장비(예를 들어, 무기) 분해, 혹은 여러 유형의 항공기를 구별하기 위한 시각 기억은 매우 긴 기간 동안 잘 파지된다는 것이 발견되었다(만일 이런 종류의 정보가 잘 파지되지 않는다면 문제가 심각할 것이다. Hagman & Rose, 1983).

다른 연구들에서, Bahrick과 동료들은, 고등학교나 대학에서 흔히 개설되는 스페인어(Bahrick, 1984; Bahrick & Phelps, 1987)나 대수학(Bahrick & Hall, 1991)과 같은 과목들에 대한 파지 정도를 평가하였는데, 이 연구들은 교육기관에서 학습한 재료에 대한 파지 함수는 앞에서 언급된 것들과는 또 다른 형태를 보인다는 것을 발견하였다. 예를 들어, 교육기관에서 스페인어를 학습하고 졸업한 지 40년의 기간 동안 학생들의 스페인어에 대한 파지량을 분석한 결과, 졸업 후 10년 동안의 스페인어 파지량은 급격하게 감소하였지만, 그 이후 30년 동안의 스페인어 파지량은 거의 변화가 없이 평평한 수준으로 유지되었다(Bahrick, 1984).

파지 함수에 대한 연구의 결과들은 중요한 교훈을 제공해 준다. 만일 특정 재료에 대한 망각 곡선이 얻어지지 못했다면 그것을 추측하기도 어려웠을 것이다. 왜냐하면 학습 재료의 특성에 따라 망각 곡선이 다양한 형태를 가질 수 있기 때문이다. 이제는 학습이 어렵고 의미가 없는 재료를 학습한 이후에는 가파른 경사의 망각 곡선이 얻어진다는 것을 알게 되었다. 구체적으로, 무의미한 재료에 대한 파지는 급격히 감소하는 반면, 매일의 사상들에 대한 우리의 기억은 좀 더 점진적 감소의 형태를 보인다. 또한 학교에서 배운 학습 재료에 대한 파지는 일찍부터 감소하다가 그 이후 변화가 거의 없는 형태를 보인다. 졸업 앨범 사진에 대한 기억과 같은 어떤 기억들은 망각이 거의 일어나지 않은 상태로 파지되다가 그 이후 망각이 매우 급속히 나타나는 고령의 나이에서 감소한 후, 다시 평평한 상태를 유지한다. 따라서 시간에 따른 망각률은 기억 조건과 과제의 본질에 따라 달라질 수 있다(Healy & Bourne, 1995; Marsh & Tversky, 2004).

기억에 대한 인지 연구의 응용

조사(survey)에서의 기억 발견법 사용

어떤 질문에 대해 그럴듯한 대답을 재구성하기 위해 사람들은 다양한 회상 발견법(recall heuristics) 혹은 방략들을 사용한다. 그러나 가끔 그러한 방략은 기억에 있는 실제 정보에 우리가 접근할 수 있게 하는 대답도 이끌어 낸다. 여기에서는 성공적 인출을 이끌어내고, 그럴듯한 대답을 재구성할 수 있게 하는 몇 가지 잘 알려진 기억 발견법(remembering heuristics)에 대해 기술하고자 한다.

기준-조절 방략(anchor-adjustment strategy): 어떤 질문에 대한 적합한 반응을 얻기 위해 응답자들이 나중에 조절할 수 있는 기본적인 대답(또는 기준)을 제공해 줌으로써 질문에 대한 답을 더 효과적으로 얻을 수 있는 방략이다(Lessler, Tourangeau, & Salter, 1989; Means, Habana, Swan, & Jack, 1992; Means, Nigram, Zarrow, Loftus, & Donaldson, 1989). 예를 들어, 어떤 내용에 대해 억지로 말하도록 하는 것은 그것이 사람들로 하여금 실제 기억의 인출에 필요한 연합들을 활성화하도록 할 수도 있다. 그러나 이 방략은 문제에 대한 사람들의 사고 범위를 제한할 수 있다.

맥락과 이유 먼저 생각하기: 우리가 어떤 사상이나 행동이 발생한 맥락(혹은 이유)을 먼저 회상한다면, 우리는 그러한 사상, 결과 혹은 정보를 더 쉽게 회상한다(Belli, 1998; Lessler et al., 1989; Mean et al., 1992; Parker & Gellattly, 1997).

단서 활용(cue utilization): 정보 인출을 요청받을 때, 그것과 관련된 단서나 상기물을 사용할 수 있다면 도움이 된다. 어떤 학생들은 적합한 반응에 대해 정보를 별로 제공해 주지 못하는 주관식(서술식) 시험보다는 질문 속에 단서가 포함되는 중다선택 시험을 더 선호한다. 많은 경우 이런 단서들이 질문과 함께 제시된다면 기억의 인출에 도움이 된다(Lessler et al., 1989; Lofus & Marburger, 1983; Means et al., 1989, 1992).

분해 방략(decomposition strategy): 이것은 질문을 몇 개의 부분으로 쪼갠 후 이에 대한 대답을 모아 나중에 이들을 결합하여 최종적인 대답을 구성하는 방략이다. 정보를 회상하도록 요구받았을 때, 이 방략은 좀 더 완전한 기억의 인출이 이끈다(Means et al., 1989, 1992)

습관 기억하기(habit recall): 어떤 사건을 기억하려고 노력할 때, 자신이 보이는 보통의 습관을 회상하는 것은, 기억하는 사람이 특정한 날에 했을 가능성이 높은 것에 기초하여 기억을 재구성하도록 도울 수 있다(Lessler et al., 1989).

추측(guessing): 어떤 일이 일어났는지 또는 일어나지 않았는지에 대한 가설에 필요한 단서를 제공한다(Lessler et al., 1989; Means et al., 1989, 1992).

아는 척하기 방략(know-it-all strategy): 조사 또는 인터뷰에서의 질문에는 질문의 맥락과 응답자가 알 수 있는 용어들을 포함하고 있기 때문에, 사람들은 자신이 잘 모르는 용어가 포함된 질문에도 대답할 수 있다(Lessler et al., 1989).

중대사건 활용하기(landmarking): 질문이 요구하는 시점 이전에 발생한 중대하고 획기적인 사건을 상기시키는 것은 효과적으로 정보의 인출을 돕는다(Lessler et al., 1989 Means et al., 1989, 1992).

최소로 생각하기 방략(minimal thinking strategy): 자신의 자전적 기억에 기초하여 대답하기보다는, 경험에 기초한 추측을 통해 질문에 답하는 것이 때로 효율적일 수 있다(Lessler et al., 1989; Means et al., 1992).

부정적 판단 방략(negative judgement strategy): 질문에 포함된 자신의 어떤 경험을 회상하지 못하거나, 특정 용어의 의미를 모를 경우는 일반적으로 질문을 포함된 사상이 발생하지 않았다고 결정한다(Lessler et al., 1989).

순서화된 회상 방략(ordered recall strategy): 특정 참조 시점을 기준으로 하여 순향적으로 혹은 역향적으로 사상 또는 행동을 회상하는 인출 방략이다.

개인적 일정에 기반하여 재구성하기: 자신의 스케줄 혹은 일정표에 기반하여 최근의 사상을 기억해 낸 후, 그것을 다른 기억들의 인출에 필요한 기준으로 사용하는 방략이다(Belli, 1998; Lessler et al., 1989; Means et al., 1989).

스크립트 기반 추측(script based guessing): 어떤 사상에 대한 자전적인 스크립트 정보를 탐색해 보고, 사람들 혹은 자신의 삶에서 일반적으로 발생하는 스크립트 방식으로 그 사상을 끼워 넣는 방략이다(Lessler et al., 1989; Means et al., 1989).

용어 추측 방략(term guessing strategy): 질문이 갖는 대부분의 맥락은 이해할 것이라고 확신하지만, 특정 용어를 이해하지 못한 경우에 사용하는 방략이다(Lessler et al., 1989).

시간 재구성(time reconstruction): 잘 알고 있는 다른 사상과의 관계에 기초하여 기억하도록 요구된 사상을 회상하는 방략이다(Friedman, 1993; Huttenlocher, Hedges, & Bradburn, 1990; Huttenlocher, Hedges, & Prohaska, 1988).

개인의 과거에 대한 기억

일화 기억(episodic memory)은 개인이 경험한 사상(event)들에 대한 기억으로 정의되는데, 이것은 그 사상이 언제 어디서 발생하였는지에 대한 특정한 시간 정보와 공간 정보를 포함한다. 이와는 대조적으로, 자전적 기억(autobiographic memory)은 개인에게 중요한 일화 기억들이다(Brewer, 1994; Conway & Dewhurst, 1995; Hirshman & Lanning, 1999; Schwarz & Sudman, 1994; Wite, 1989). 1970년대까지는 자전적 기억에 대해서는 거의 연구된 바가 없었다. 그 이후부터 많은 인지심리학자들은 자전적 기억이 어떻게 약호화되고, 파지되며, 기억되는지 연구하기 시작하였다(Brewer, 1994; Conway, 1990; Herrmann, 1994; Neisser, 2002; Neisser & Winograd, 1988; Rubin, 1986; Thompson et al., 1997a; Winograd & Neisser, 1992).

자전적 기억이 갖는 개인적 속성 때문에 자전적 기억에 대한 연구는 개인의 적응과 관련된 요인들을 이해하는 방향으로 수행되었다. 예를 들어, 개인의 외상적 기억들을 파악하기 위해 치료자는 개인의 자전적 기억들을 인출하도록 할 수 있을 것이다. 외상적인 자전적 경험들은 상당히 왜곡된 기억들을 만들 수 있다(Bryand & Harvey, 1998; Niedzwienska, 2003; Safer, Christianson, Autry, & Osterlund, 1998; Wagenaar & Groeneweg, 1990). 외상적 기억에 대한 반복적 회상은 이런 정서적 사상들의 회상을 촉진시킨다(Bornstein, Leibel, & Scarberry, 1998).

자전적 기억은 개인의 삶 속에서의 서로 다른 기간, 일화, 그리고 시점으로 구성된다(Brown & Schopflocher, 1998; Burt, Watt, Mitchell, & Conway, 1998; Schooler & Herrmann, 1992; Wright, 1998). 삶 속에서의 많은 사상들은 반복적으로 발생하기 때문에 자전적 기억도 되풀이되는 사상들을 파지한다(Means & Loftus, 1991; Neisser, 1982). 일반적으로, 자전적 기억들은 대략적으로만 정확하다(Bruce & van Pelt, 1989; Conway, Collins, Gathercole, & Anderson, 1996; Dritschel, 1991; Edwards & Potter, 1992; McAdams, 2001; Pillemer, 2001; Neisser & Winograd, 1988; Oillemer, 2001; Wynn & Logie, 1998).

목격자 기억

얼굴 재인(face recognition)의 정확성은 얼굴에 대한 노출 시간(Reynolds & Pezdek, 1992), 시연(Read, Hammersley, Cross-Calvert, & McFadzen, 1989), 그리고 단서의 수(Groninger, 2000)가 증가할수록 높아지는 반면, 기억 부하가 증가함에 따라서는 감소한다(Podd, 1990). 범인을 정확하게 지목하는 목격자는 범

인을 잘못 지목하는 목격자에 비해 더 빠르게 결정할 가능성이 높다(Dunning & Peretta, 2002). Dunning과 Peretta(2002)는 10초에서 12초 사이에 범인의 얼굴이 확인될 경우의 얼굴 재인 정확성은 90% 정도로 높지만, 이보다 더 긴 확인 시간을 보인 경우에는 얼굴에 대한 정확 재인율이 50% 정도라는 것을 발견하였다.

얼굴 재인은 여러 방식을 통해 향상될 수 있다. 예를 들어, 용의자에 대한 몽타주(혹은 스케치)가 범죄자의 얼굴 재인을 향상시킨다는 것은 이미 오래전부터 잘 알려져 왔다. 최근에는 목격자의 증언을 토대로 한 얼굴 합성 절차가 정확한 재인을 향상시킬 수 있다는 것을 보여주었는데, 그것은 이러한 얼굴 절차를 통해 목격자들이 자신의 기억에 접근하는 데 도움을 얻을 수 있기 때문이다(Levi & Almog, 2000). 그럼에도 불구하고, 최근 연구는 목격자 기억이 유용한 얼굴 합성을 만들어내는 데 충분한 것은 아니라고 주장하였다(Levi & Alomog, 2000). 그리고 새로운 컴퓨터 모델들을 통해 얼굴에 대한 더 나은 회상을 이끌어내는 방법을 제시해 줄 수도 있지만(Gorayska, Cox, Ho, & Roberts, 1998), 어찌되었건 실제 경찰의 수사에서 범인에 대한 스케치만으로 범죄가 해결되는 경우는 거의 없다(Levi & Almog, 2000).

자전적 기억이 부정확하다는 발견은 목격자 증언에 의존한 재판에 중요한 시사점을 준다. 역사적으로, 목격자 진술은 피고인에 대한 유죄 판결에 영향을 미칠 만큼 강한 법정 증거로 여겨져 왔다. 그러나 믿을 만하다고 생각되었던 목격자가 사실은 틀렸다면 죄가 없는 피고가 억울한 판결을 받게 될 것이다. 목격자 증언의 신뢰성에 대한 염려 때문에, 유죄 판결을 받은 사람의 DNA와 범죄 현장에 남겨진 피부, 머리카락, 그리고 혈액 등의 DNA 샘플을 서로 비교하려는 노력이 증가하고 있다. 이 책이 쓰여졌을 때, 주로 목격자 증언으로 인해 감옥 안에 있던 80명 이상의 사람들이 DNA 비교를 통해 무죄임이 밝혀졌다(Wells et al., 2000; Wells & Olson, 2003; Yarmey, 1988).

DNA 증거가 유용하지 않을 때, 목격자 증언의 부정확성에 대한 심리학적 증거들은, 자신이 저지르지 않은 범죄에 대해 유죄 판결을 받게 된 사람들의 무죄를 밝히는 데 많은 도움이 되었다(Wright & Davies, 1999). 목격자의 신뢰성에 영향을 미치는 몇 가지 요인들이 있다. 일반적으로, 확신에 찬 목격자의 증언은 소심한 목격자에 비해 설득력 있게 들린다. 그러나 연구들은 증언에 대해 확신이 있다는 것과 그 증언이 신뢰할 만하다는 것은 별개의 문제라는 것을 보여주었다(Brewer, Potter, Fisher, Bond, & Luszcz, 1999; Gruneberg & Sykes, 1993; Migueles & Garcia-Bajos,1999; Nolan & Markham, 1998; Perfect & Hollins, 1996 Read, Lindsay, & Nicholis, 1998). 이와 유사하게 경찰들은 일반 시민보다 범죄에 대해 더 좋은 기억을 갖고 있는 것으로 자주 여겨졌지만, 이것도 반드시 사실인 것은 아니다(Lindholm, Christianson, & Karlsson, 1997).

기억 가능성과 증언

자세하면서도 심상을 포함한 증언은 아마 더 타당한 것으로 지각될 것이다(Keogh & Marjganm 1998). 이와 유사하게, 범죄에 대한 목격자의 정서적 반응도 증언에 대한 신뢰성을 높이는 데 도움을 줄 것이다(Christianson & Hubinette, 1993). 목격자에게 자신이 무엇을 들었는지 기억하도록 했을 때, 기억하는 내용에 대해 길게 말할수록 신뢰성이 높다(Cook & Wilding, 1997). 오래전의 사건에 대한 외상적 기억은 상당히 정확한 것일 수 있지만, 중요한 몇 가지 정보는 (그것이 나치 수용소에서의 경험과 같은 끔찍한 것이라 하여도) 잊혀질 수 있다(Wagennar & Groeneweg, 1990). 법정에서의 목격자 증언이 갖는 중요성과 기초하여, 심리학자들은 기억의 정확성을 향상시키는 방법에 대해 유익한 시사점을 제공하고 있다(Thompson et al., 1997b; Wells & Bradfield, 1998; Wells, Malpass, Lindsay, Fisher, Turtle, & Fulero, 2000).

목격자 면담

법정에서의 목격자 증언의 정확성은 다양한 요인에 따라 달라진다(Marsh,

Tversky, & Hutton, 2005; Woloshyn, Wood, & Willoughby, 1994). 목격자의 기억은 목격자가 언제 면담하였는지, 첫 번째 재판 이전에 어떤 경험을 하였는지, 그리고 어떠한 방식으로 면담하였는지에 의해 영향을 받는다(Cutler & Penrod, 1995). 면담에는 사회적 요인들도 고려해야 한다(Wood, Fler, & Willoughby, 1992). 예를 들어, 다른 사람들이 있는 상황에서 면담할 경우 목격자는 지배적인 집단 구성원의 생각을 따라야 한다는 압력을 받을 것이다.

편파된 증언

응용 인지 연구는 자전적 기억이 일반적으로 그러한 것처럼, 목격자 증언도 세부적 내용은 부정확할 수 있다는 것을 보여주었다. 세부사항에 대한 부정확성 때문에, 그러한 부정확성이 목격자의 열악한 기억 때문인지, 아니면 그 목격자로 하여금 실제 발생하지 않았던 세부사항이 발생하였다고 믿도록 하는 어떤 영향 때문인지의 여부에 대해 질문이 제기되었다. Elizabeth Loftus(Loftus & Palmer, 1974; Loftus, Miller, & burn, 978)는 이 문제를 검증하는 방법의 선두주자였다. 그녀는 일련의 실험들을 통해 실제로 발생하지 않은 어떤 일에 대해 목격자가 그 일이 발생했다고 증언하도록 할 수 있다는 매우 강력한 증거들을 제시해 주었다. 예를 들어, 유도 질문을 통해 실제로 양보 표지가 없었던 장소에서의 교통사고 장면에 대한 목격자들의 기억 속에 그 표지를 삽입할 수 있었다.

Lofus에 의한 획기적인 연구 이후로, 많은 연구들은 목격자 기억이 여러 요인에 의해 편파될 수 있다는 것을 보여주었다(Narby, Cutler, & Penrod, 1996; Thompson et al., 1997b). 목격자의 회상을 편파시킬 수 있는 요인들에는 기대(Hirt, Lynn, Payne, Krackow, & Mccrea, 1999); 피고에 대한 고정관념(Loftus, Loftus, & Messo, 1987; Treadway & McCloskey, 1989; Yarmey, 1993; Zaragoza, McCloskey, & Jamis, 1987); 그럴듯한 범죄 발생 스크립트(Holst & Pezdek, 1992); 어떤 사상의 결과(Foster, Libkuman, Schooler, & Loftus, 1994);

방관자 착오(Read, Tollestrup, Hammersley, McFadzen, & Christensen 1990); 맥락 단서(Parker & Gellatly, 1997); 잘못된 정보에 대한 취약성에서의 개인차(Tomes & Katz, 1997); 원천 감시(Durso, Hackworth, Barile, Dougherty, & Ohrt, 1998; Mitchell, Johnson, & Mather, 2003) 등이 있다.

우리가 관찰한 사건이 폭력적이거나 역겨울 때 오기억이 발생하는데, 그것은 우리가 두려움을 느낄 때는 제대로 지각하지 못하기 때문일 것이다(Loftus & Burns 1982). 그러나 목격자 연구에 사용되었던 "범죄"는 거의 대부분 실제 범죄가 아니었다는 것에 주의해야 한다. 실제 범죄에 대해 목격자가 면접 받을 때, 이들은 아마 다른 변인들이나 사건 이후에 제공된 정보에 의해서는 영향을 받지 않을 것이다(Yuille & Cutshall, 1986). 살인사건을 목격한 13명의 목격자들을 상대로 한 면접을 통해 Yuille와 Cutshall은 이들의 증언이 높은 수준의 정확성을 갖고 있고, 시간의 경과에 따라서도 그 정확성이 거의 감소하지 않는다는 것을 발견하였다. 또한 범인의 옷 색깔조차 시간이 지나도 잘 기억되었다.

주입된 기억/오기억 증후군

앞에서 소개한 모든 연구 결과들 중에서 가장 심각하게 생각해야 할 결과 중 하나는, 실제로 발생하지 않은 일련의 사건 또는 사건 전체를 목격자가 그것이 발생하였다고 믿도록 유도할 수 있다는 결과일 것이다(Loftus, 1997). 이 문제는 성적 학대가 있었음을 시사하는 누군가가 옆에 있다면, 아동이나 청소년들이 자신의 부모나 교사에게 성적 학대를 받았다고 증언한 몇 가지 실제 사례들 때문에 제기되었다. 어떤 아이들(대개의 경우, 여자아이들)은 가족 구성원이나 권위 있는 다른 사람에 의해 성적으로 학대당하기도 한다. 어떤 치료자들과 내담자들은 『아주 특별한 용기(The Courage to Heal)』라는 책에서 제공하는 제안을 받아들여 왔다. 이 책에서는 "만일 당신이 성적으로 학대받은 기억을 가지고 있다고 생각한다면, 당신은 학대받은 것이고, 만일 당신이 성적으로 학대받은 것이 아닌지의심한다면, 증거가 없더라도 당신은 아마도 학대받았을 가능성이 있다"고 주장한다. 학대받지 않았는데 학대받았다고 잘못 증언하는 실수나, 학대받았는데 학대받지 않은 것으로 기억하는 실수 모두 그 대가는 심각할 것이다(Polusny & Follette, 1996; Pope, 1996; Pope & Brown, 1996). 이러한 이유로 심리학자들은 충분하게 연구되지 않은 정보를 제시하지 않도록 권고받는다(Egeth, 1993). 반대로, 오기억에 의해 잘못된 결론을 내리는 것을 꺼려 치료자들과 연구자들이 학대에 대한 타당한 주장까지 무시하는 일이 없도록 주의해야 한다(Brandon, Boakes, Glaser, & Green, 1998).

기초 연구들은 오기억이 발생할 뿐만 아니라, 그것이 아마도 흔할 것이라고 강하게 제안한다(Lampinen, Neuschatz & Payne, 1997; Lynn & Payne, 1997; Neuschatz et al., 2001; Payne & Blackwell, 1998; Payne, Neuschatz, Lampinen, & Lynn, 1997; Roediger & McDermott, 2000). 그러나 오기억이 매우 흔한 것이라 하더라도, 이 때문에 외상적 기억이 전혀 타당하지 않다는 것으로 해석해서는 안 된다. 시간 증가에 따라 왜곡도 증가하고(Intons-Peterson & Best, 1998; Niedzwienska, 2003; Schacter, 1995; Schmolck, Buffalo, & Squire, 2000), 불일치하는 정보와 이미지들은 최초에 형성된 기억들을 바꿀 수 있으며(Garry & Polaschek, 2000). 일이 발생한 다음에 주어지는 정보도 기존의 기억에 통합될 수 있다(Zragoza, McC; psleu. & Jamis, 1987).

어린 시절 성적 학대에 대한 기억

응용 인지심리학자들은 성적 학대에 대해 아이들이 보고하는 방식에서의 다양한 특성을 분석하고(Goodman & Schaef, 1997; Lindsay & Read, 1994), 성적 학대에 대한 오기억을 어떻게 확인할 수 있는지 검토하였다(Lindsay & Read, 1994; Ward & Carroll, 1997). 아동들은 어른에 비해 암시에 빠지기 더 쉽다. 그럼에도 불구하고, 적합한 조건이 제공된다면 정확한 증언을 제공할 수 있다

(Coxon & Valentine, 1997; Perner, 1997; Shrimpton, Oates, & Hayes, 1998; White, Leichtman, & Ceci, 1997). 아이들이 불안할 때(Vandermaas, Hess, & Baker-Ward, 1993), 사상이 반복될 때(Roberts & Blades, 1998), 해부학적으로 정확한 인형이 사용되었을 때(Everson & Boat, 1997), 그리고 기억이 의학적 경험을 포함할 때(Ornstein, Baker-Ward, Gordon, & Merrirr, 1997), 잘못된 보고의 가능성이 증가한다.

성적 학대를 받은 아동들의 보고에 영향을 미치는 면접 절차에서의 몇 가지 문제들 때문에, 좀 더 정확한 회상을 이끌어내기 위한 아동 면접 절차가 개발되었다(Dietze & Thompson, 1993; Memon, Holley, Wark, Bull, & Kohnken, 1996; Wright, 1993a, b). 예를 들어, Lamb(2004)는 아동들이 자신이 알고 있는 것을 충분히 말할 수 있는 조건이 갖추어졌다면, 성적 학대 경험에 대한 이들의 회상을 이끌어낼 수 있는 개방형 질문이 더 바람직하다고 주장하였다. 그러나 개방형 질문을 통한 면접의 문제는 면접을 실시하는 성인 면접자들을 훈련시키는데 어려움이 있다는 것이다.

몇몇 연구들은 아동들과 성인들이 실제로 발생하지 않은 일들에 대해 무엇인가가 발생하였다고 믿도록 잘못 유도될 수 있다는 것을 보여주었다. 오기억을 심어주는 한 가지 방법은 최면 암시를 사용하는 것이다(Green, Lynn, & Malinoski, 1998; Spanos, Burgess, Samuels, & Blois, 1999; Whithous et al., 1991). 오기억을 만들어내는 데 최면이 유일한 방법은 아니다. 더 간단하면서도 효과적인 절차 중 하나는 목격자에 의해 경험된 실제 사건을 논의하는 동안 잘못된 사건이 포함된 일련의 논의를 포함시키는 것이다. 시간이 지남에 따라, 상당수의 목격자들은 실제로 발생하지 않은 사상들이 발생했다고 보고하는 경향이 증가한다.

또 다른 연구들은, 자전적 기억 속에 있는 기억 내용 중 개인이 직접 경험하여 "기억하고 있는 것"과 다른 사람들에게 "들어서 알고 있는 것"을 구분하고, 이 두 가지의 평가에 따라 목격자의 기억이 잘못 유도될 수 있다는 것을 보여주었다(Hyman, Gilstrap, Decker, & Wilkinson, 1998). Hyman 등(1998)의 연구에서,

아동들은 다른 사람에게 들어서 알고 있는 것보다 자신이 직접 경험하여 기억하고 있는 것을 더 상세하게 기억한다고 보고하였다. 그러나 만일 그들이 기억하는 것이 아닌 다른 사람에게 들은 것에 대해 심상을 형성하도록 하면, 이후의 평가에서는 "들어서 알고 있는 것"의 세부사항에 대한 평가가 "자신이 기억하고 있는 것"의 세부사항에 대한 평가와 유사하게 되었다. 따라서 들어서 알고 있는 것에 대한 심상화는 그것이 실제로 발생한 것이라고 믿도록 할 수 있을 것이다. 처음에는 잘못 유도된 정보가 단순히 이전 정보를 대체했다고 생각했지만, 추후의 연구들은 사람들이 이전 정보를 유지함과 동시에 잘못 유도된 정보도 함께 저장한다는 것을 보여준다(Zaragoza et al., 1987).

속임수/위증

주입된 기억은 사람들로 하여금 발생하지 않은 것을 발생했다고 믿게 한다. 속임수(deception)는 사람들이 실제로 사건 또는 정보가 틀렸다는 것을 알면서도 그들의 회상이 진실이라고 말하는 것이다(Bond & Less, 2005). 잘못된 기억인 줄 알면서 의도적으로 그것을 사실인 것처럼 법정에서 증언하는 것은 위증(perjury)이고, 처벌받아야 하는 죄이다. 몇몇 심리학 연구들은 목격자가 거짓말하고 있는지의 여부를 확인하고자 시도하였는데, 특히 속임수를 확인할 수 있는 단서를 찾기 위해 노력하였다. 최근에, Ekman(2001, 2005)은 얼굴의 세부 특징에 대해 신중하게 분석하면 속임수를 탐지하는 데 도움이 될 수 있다고 보고하였다. 그의 시스템을 실제 적용한 경찰도 그것이 유용하다는 것을 발견하였다.

범인 얼굴 사진 모음과 라인업

여러 다양한 요인이 라인업 절차에서 얼굴과 목소리 확인에 영향을 미친다(Roebuck & Wilding, 1993; Wells et al., 1994; Wright & McDaid, 1996; Yarmey, Yarmey, & Yarmey, 1994). 연구는 죄가 없는 어떤 사람의 얼굴 사진이

라인업 이전에 목격자에게 제시된다면, 라인업 과정에서 그 목격자는 그 사람을 범인으로 잘못 지목할 수 있다는 것을 밝혔다(Deffenbacher, 1996). 또한 여러 용의자들을 동시에 정렬시키고 목격자에게 범인을 확인하라고 하는 것에 비해, 목격자가 한 사람씩 판단하는 것이 더 적은 실수를 가져온다(Lindsay, 1999). 그러나 아동 목격자에게 효과적인 어떤 절차는 성인 목격자에게는 그렇지 않을 수 있다(Dekle, Beal, Elliott, & Huneycutt, 1996). 아동들은 여러 명의 용의자들이 정렬되어 있는 사진을 보는 것보다 용의자 사진을 하나씩 살펴볼 때 잘못된 확인을 일으킬 가능성이 더 높다.

응용 인지 연구의 영향력

응용 인지 전문가에 의한 목격자 기억과 목격자 증언에 대한 연구가 법정에서 항상 인정되는 것은 아니다(Kovera & Borgida, 1997). 최근에, 영국과 미국 정부는 목격자 증언에 대한 응용 인지심리학자들의 연구 보고를 고려하게 되었다(Wells et al., 2999; Wright & Davies, 1999). 이에 따라, 최근의 목격자 면접 절차는 목격자들이 무의식적으로 잘못된 증언을 하지 않도록 하는 방식으로 수정되고 있다(Wells & Barfield, 1998).

일상적 과제 기억하기

예기 기억은 자신의 목표, 의무 혹은 책임을 달성하기 위해 우리가 의도하고 있는 행위들을 기억하는 것이다. 때로 의도를 기억하기 위한 한 가지 방법으로 외부 자극들에 의한 상기물을 사용기도 한다(Baguley & Landsdale, 2000; Brandimonte, Bisiachhi, & Pellizzon, 2000). 많은 사람들이 자주 수행하는 예기 기억 과제는 화분에 물을 주는 것이다. 불행하게도, 사람들이 이것을 가끔 잊어 그들의 식물을 고사하게 만든다. 최근에는 흙 속의 수분을 감지하는 센서와 같이 사람들이 화분에 물주는 것을 기억하도록 돕기 위한 장치가 개발되었다. 수분이

그림 9.1 화분 경보기

다 마르면 경보가 울리는데, 화분 주인은 이 소리를 듣고 화분에 물을 주면 된다 (**그림 9.1** 참조).

기억 재구성

비록 때로 우리는 우리의 기억을 믿지 않기도 하지만, 대부분의 경우 우리는 우리 기억의 정확성을 너무 확신한다. 그러나 약호화가 몇 가지 방식들로 자신도 모르게 편파될 수 있기 때문에 기억은 부정확할 수 있다. 또한 기억을 파지하고 있는 동안에도 기억에서의 질적 변화 때문에 기억 내용도 변한다. 비록 사람들이 시간이 지남에 따라 파지되는 정보의 양이 줄어든다는 것은 알고 있더라도, 기억이 원래 경험된 것과는 다른 것으로 변한다는 것을 깨닫지 못한다.

약속을 잊거나 다른 사람의 이름을 잊는 것처럼, 어떤 기억 실패들은 매우 흔하고 일반적이다. 게다가 시간 그 자체는 정확하게 기억되지 않는다. 사람들은 사상이 실제 발생한 시점보다 더 최근에 발생한 것이라고 생각함으로써 사상의 발생 시점이나 그 기간을 단축하려는 경향을 갖고 있다(Rubin & Baddeley, 1989).

서로 다른 단서에 의해 특정 사상에 대한 기억이 달라질 수 있다. 변호사들은 이 사실을 알고 이용하지만, 많은 사람들은 기억이 얼마나 가공하기 쉬운 것인지 잘 모른다. 그것은 사람들이 처음부터 그들이 뭘 경험하지 못했는지 기억하지 못하기 때문인 것으로 추정된다. 그러나 상당히 많은 연구들은 사람들이 전혀 발생하지 않은 사상들까지 가끔은 "기억한다"는 것을 보여주었다.

기억 향상시키기

기억 훈련 기법을 통해 기억을 상당히 향상시킬 수 있다. Robertson-Tchabo 등(1980)은 5일간의 집중적인 기억 훈련 이후 기억이 79% 향상되었다는 것을 보고하였다. 훈련이 효과를 갖기 위해서는 초기의 약호화가 깊게 이루어져야 하고, 훈련 기법은 안정적으로 적용되어야 한다. 어떤 연구자들은 기억 훈련 기법을 중다요소를 포함하는 기법으로까지 확장하였다. 예를 들어, Stigsdotter-Neely와 Baeckman(1993)은 약호화, 주의, 그리고 휴식을 포함하는 10주 동안의 중다요소 기억 향상 프로그램과 약호화만 포함된 훈련 프로그램을 비교하였다. 그 결과 전자가 후자에 비해 즉시 회상 과제에서 더 많은 이점이 있다는 것을 발견하였다.

다른 연구자들은 기억을 향상시키기 위해 인출 방략들을 개발하고 정교화하였다. Geiselman 등(1986)은 사람들의 기억을 도울 수 있는 면접 절차를 개발하였다. 처음에 사람들이 사상을 기억하려고 노력할 때, 사람들에게 그들이 관찰한 맥락을 회상하도록 요청한다. 그 다음, 사상의 중요성과는 상관없이 그 사상에 대해 기억할 수 있는 모든 것을 보고하도록 한다. 그 다음 단계는 다른 사람들의 입장에서 그 사상을 기술하도록 한다. 마지막으로, 그들은 그 사상을 역순으로 회상하도록 한다. 이후의 수정된 또 다른 면접 절차들에서는 회상에 대한 설명을 더 명료화하게 하거나 휴식을 취하도록 하는 것과 같은, 회상을 향상시킬 수 있는 절차들이 포함되었다(Davis, McMahon, & Greenwood, 2005; Fisher & Geiselman, 1992; Geiselman & Fisher, 1997; Gwyer & Clifford, 1997). 몇몇 경찰서에서는 이러한 절차들을 활용하기도 하였다.

내 차를 어디에 주차했더라?

공간 인지의 원리들은 사람들이 차를 어디에 주차하였는지를 기억하는 것을 포함해서, 어디에 물건을 두었는지에 대한 기억을 조사하는 데 사용되었다(Anoonshain & Seibert, 1996).

비범한 기억 현상

많은 수의 연구들이 경이로운 기억 능력을 가진 사람들을 연구하여 왔다(Brown & Deffenbacher, 1988; Ericsson, 1985). 그러한 사람들은 예를 들어, 신문의 앞 페이지를 대충 읽고 나서 그것을 낱낱이 회상하는 놀라운 능력을 보인다. 어떤 사람들은 어떤 무한소수의 숫자들을 정확한 순서로 기억하기도 한다(Thompson, Cowan, Frieman, Mahadeeran, & Vogl, 1991). 그와 같은 능력이 나타나는 것은 뇌의 일반적이지 않은 생리학적 특성에 의한 것이라고 여겨진다. 또 다른 비범한 기억 현상들은 어떤 개인이 기억하기에 매우 특이하게 유리한 상황(Chase & Ericsson, 1981)에 있거나, 혹은 이러한 유리한 상황과 생리학적인 특성의 조합(Ericsson & Polson, 1988; Wilding & Vaklentine, 1996)의 결과에 기인한 것으로 생각된다.

요약

이 장은 기억의 회상과 파지에 대해 다루었다. 정보가 저장되어 있다 하더라도 우리가 무엇을 기억해 낸다는 것은, 우리가 기억할 수 있는지의 여부를 판단하는 것과 같은 단순한 문제는 아니다. 우리는 기억을 단기 기억과 장기 기억으로 구분하는 방식뿐만 아니라, 기억 체계를 개념화하는 방식이 다양하다는 것을 살펴보았다. 많은 요인들이 기억의 성공 여부에 영향을 미친다. 기억 인출의 실패는 많은 이유들 때문에 발생하지만, 사람들은 정보 유형에 따라 상이한 망각률을 보인다. 발견법은 우리가 기억을 재구성할 수 있게 해준다. 기억된 정보의 양은 시간에 따라 감소한다. 또한 학습 동안 제시되었던 가용한 단서의 수뿐만 아니라, 파지된 정보의 유형, 어떻게 기억하도록 요구되었는가(단서 회상 혹은 재인 등), 그리고 선행 인출 시도의 특성에 따라 달라진다. 인간 기억에 대한 발견들은 다양한 법률 문제를 다루는 법정에서 특히 유용하게 적용될 수 있다.

제 10 장

추리, 문제해결, 의사결정

너무 많은 것을 알고 있다는 생각한다면 알고 있는 것을 다 드러내지 말고 잊어버리는 것이 좋다.

–작자 미상

추리

추리는 결론을 도출하기 위해 정보를 변환하는 인지 과정이다. 전통적으로 철학에서는 사고를 귀납적 추리(inductive reasoning)와 연역적 추리(deductive reasoning)로 분류해 왔다. 귀납적 추리는 가용한 증거에 기반하여 적합한 추론과 결론을 내리는 것으로, 특정 정보로부터 일반적인 결론으로 나아간다. 만일 특정 자료가 어떤 현상이 발생한다는 것을 나타낸다면 이와 유사한 조건에서도 그러한 현상이 발생할 것이라고 결론내릴 수 있을 것이다. 연역적 추리는 일반적 정보로부터 구체적인 결론을 도출하는 것이다. 연역적 추리에서 사람들은 전제로부터 결론을 도출하도록 요청받지만, 전형적으로 어떤 규칙도 제공되지 않는다. 예를 들어, "모든 대학생들은 파티에 가는 것을 좋아한다", 그리고 "Blake는 대학생이다"라는 전제가 주어진다면, 우리는 "Blake는 파티에 가는 것을 좋아한다"라고 결론지을 수 있을 것이다. 추리 연구에서 전형적인 물음은 사람들이 논리적으로 생각할 수 있는가이다. 때로 우리의 일상적 삶에서 우리가 직면하는 몇 가지 어려운 과제들(예를 들어, 컴퓨터가 왜 말을 듣지 않는지, 혹은 내가 내야 할 세금이 얼마인지 등)도 추리를 요구하기는 하지만, 추리 연구에서 사용되는 많은 과제들은 일상의 문제로 바로 적용될 수 없는 것들도 포함한다 (Woll, 2002).

우리가 얼마나 성공적으로 사고할 수 있는지의 수준은 다양하지만, 추리에서의 에러는 일반적이고 체계적이다. 우리는 주어진 문제를 완전하게 분석하는 대신, 좀 더 신속하게 올바른 결과를 산출한 것이라고 믿는 특별한 방략을 사용하려고 한다(Bruner Goodnow, & Austin, 1956). 귀납적 추리에서의 에러에는 타당한 사례와 그렇지 않은 사례를 잘못 지각하는 것이 포함된다. 귀인에서의 에러는 우리가 우리 자신의 오류는 어떤 상황 때문에 의해 발생하는 것이라고 가정하는 반면, 친숙하지 않은 타인들의 오류는 그들의 특질이나 특성에서의 결함 때문이라고 가정하기 때문에 발생한다. 부정적 결과에 대해서는 상황적 요인들을 그것의 원인으로 돌리는 반면, 긍정적 결과에 대해서는 개인의 기술을 그 원인으로 돌리는 경향도 우리가 에러를 범하는 이유가 된다.

용어를 정확하게 이해하고 추리 문제를 정확하게 이해하는 것이 중요하다. 사람들은 사실일 수는 있지만 반드시 사실이지는 않은 결론을 자주 내린다 (Pohl, 2004; Oaksford & Chater, 2001). 우리는 어떤 결과를 잘못 확증하기는 쉬워도 그 결과를 제대로 부정하는 데는 어려움을 갖고 있다(Galotti, 2003). 또한 사람들은 부정적인 진술을 부정하도록 요구받는다면, 자주 부정적인 결론들을 받아들인다(Evans, 1995). 실제로 범주 삼단 논법 문제들의 다수는 타당한 결론을 가지지 않는다. 만일 전제가 충분하지 않으면, 올바른 결론이 내려질 수 없다.

문제해결

문제들의 난이도가 다양하기 때문에, 그 문제에 대한 정신 표상도 다르고 접근하는 방식도 다르다(Whimbey & Lockhead, 1999). 실제 주어진 문제가 무엇인지 판단하는 것도 애매할 수 있다. 문제가 주어지면 언제나 불확실성이 존재하며 그리고 가끔은 매우 혼란스러울 수 있다.

문제해결은 당신이 그것을 어떻게 달성해야 할지 모를 때, 어떤 목표를 성취하기 위한 탐색을 포함한다(Halpern, 1996). 문제해결은 추리와는 다른 것이다. 추리가 질문에 대한 답을 찾기 위해 특정한 논리 사슬을 따라야 하는 것에 비해, 문제해결은 문제의 본질에 상당 부분 의존한다.

문제는 적어도 세 가지의 상이한 유형으로 주어진다. 수렴적 문제(convergent problem)는 다른 선택보다 더 정확하고 효율적인 하나의 해결책을 갖는다. 확산적 문제(divergent problem)는 다양한 방식에 의해 성공적으로 해결될 수 있는 것이다. 확산적 문제가 주어졌을 때 사람들은 가능한 많은 관점으로부터 문제를 개념화하려고 할 수 있을 것이다. 문제의 세 번째 유형은 창조적 문제(creative problem)이다. 창조적이라고 불리는 이유는 그 해결책이 다른 사람들에 의해 쉽게 받아들여질 수 있는 것이 아니기 때문이다. 창조적 문제들은 수렴적인 것일 수도 있고 확산적인 것일 수도 있다. 또한 창조적 문제는 기존의 일반적 방법으로는 해결되지 못하는 경우가 많다(비록 해결책들이 실제 효과가 있다고 해도 그렇다). 예를 들어, 정신분열병은 혼란스러운 사고로 특징지워지는 정신 장애이다. 어떤 약물과 치료법들은 정신분열 환자에게 다소 도움이 되지만 다른 것들은 그렇지 않다. 한때 전두엽 절제술은 정신분열병 치료를 위한 창조적 해결책의 한 가지 예로 여겨졌다. 그러나 이것이 정신분열병을 해결하기보다는 더 많은 문제를 야기한다는 것이 명백해졌을 때 더 이상 창조적이지 않은 것으로 여겨지게 되었다.

수렴적 문제해결은 이미 잘 정립된 규칙을 따르거나 혹은 발견법(heuristics)

이라고 불리는 지름길에 의존함으로써 더 성공적인 것이 될 수 있다(Kahneman, Slovic, & Tversky, 1982; Tversky & Kahneman, 1973, 1974). 확산적 문제해결은 주어진 문제의 본질에 대한 다양한 가능성뿐만 아니라 다른 합리적인 해결책들을 고려함으로써 좀 더 성공적인 것이 될 수 있다. 문제해결은 검토(examination), 부화(incubation), 영감(illumination) 그리고 발견(discovery)의 네 가지 단계에 따라 진행된다. 비록 우리가 문제해결에 다양하게 접근할 수 있고 우리의 인지적 한계를 자각하고 있다 하더라도, 좋은 문제해결을 위해서는 다양한 관점과 선택사양을 고려하고, 해결책에 대한 신중한 분석과 평가가 있어야 한다.

의사결정

문제해결의 한 가지 특수한 경우는, 특정한 상황에 대해 무엇을 할 것인가를 결정하는 것, 혹은 일단 문제에 대한 적절한 해결책이 확인된 이후 무엇을 할 것인지를 결정하는 것이다. 의사결정은 두 개 이상의 대안들 중에서 하나를 선택하는 것이다. 의사결정은 지식과 관련된 정신 표상, 기대, 믿음 또는 편향, 그리고 잠재적인 이익 또는 비용에 대한 평가를 고려한다. 의사결정을 설명하기 위해 다양한 모델들이 제안되어 왔다(Klein, 1997). 비록 우리는 우리가 선택하지 않은 것에 대해서는 잘 모르지만, 우리의 의사결정의 질은 전형적 에러의 수에 의해 평가될 수 있다. 의사결정 난이도는 문제의 복잡성, 선택 대안의 수, 선택의 선호도, 맥락 그리고 개인의 스타일을 포함한 다양한 요인들에 따라 달라진다(Rohrbaugh & Shanteau, 1999). 대개의 경우, 의사결정의 목표는 정확성을 최대화하는 반면 노력은 최소화하는 것이지만, 그것은 의사결정의 중요성에 따라 달라진다.

추리, 문제해결, 그리고 의사결정을 위한 인지심리학의 응용

추리에 대한 응용 인지 연구는 실제 삶의 상황에서 사람들이 생각하는 방식을 평가하고, 결함 있는 생각을 피하는 대신 성공적인 결과를 얻는 방법을 찾는 것에 주어졌다. 연구자들은 추리의 복잡한 형태(Sherman & McConnell, 1996), 선택을 다루는 방식(Houston & Doan, 1996), 과잉정당화(Tang & Hall, 1995; Wentzel, 1995), 그리고 질문에 의해 유도되는 추리(Graesser, Baggett, & Williams, 1996) 등을 탐구하였다. 심지어 응용 인지심리학자들은 사람들의 세금 신고서 작성에서의 추리 과정을 연구함으로써 이에 대한 도움을 제공하기도 하였(Rupert & Wartick, 1997). 미국 노동통계청의 행동과학 연구팀은 미국 세무당국이 개발한 새로운 형태의 세금 신고서를 정기적으로 평가해야 한다. 연구팀은 실험참가자들에게 세금 신고서에 적힌 내용에 대한 자신들의 해석을 소리내어 말하도록 하는 인지적 면접 방법을 사용하여 착오를 일으킬 수도 있는 세부 항목들을 찾아낸다.

판사와 배심원들에 의한 법정에서의 추리

일상에서 경험하는 문제에 비해 법은 더 많은 추리를 요구한다(Treadway & McCloskey, 1989). 이 때문에 법정에서 사용되는 추리의 유형을 확인할 필요가 있었다. 기억의 경우, 법정에서의 기억을 위한 규칙은 치료 또는 일상적 대화에서 사용되는 규칙과는 다른 것이 사용된다(Engle, 1999; Weinstock & Cronin 2003). 이 점을 잘 이해할 수 있다면, 재판의 모든 관계자들은 재판에서 요구되는 추리의 종류를 제대로 활용할 수 있을 것이다. 지금까지 공식적/비공식적 추리의 역할(Bailenson & Rips, 1996), 사전 심리 공개(Greene & Wade, 1988), 소송 합의 규모(Bornstein, 1994), 그리고 계약 언어(Masson & Waldron, 1994)에 대한 연구들이 수행되어 왔다. 인지적 요인들과 심리적인 요인들이 매우 극적인 방식

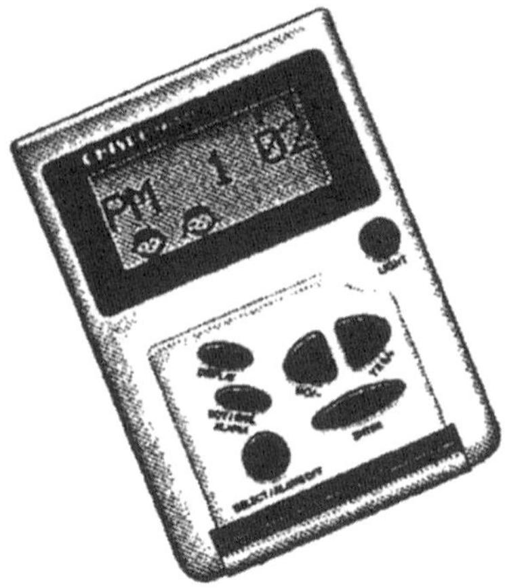

그림 10.1 가족계획 컴퓨터. 여성의 가임 기간을 계산할 필요 없이 임신이 가능할 때를 알려준다.

으로 의사결정에 영향을 미칠 수 있기 때문에, 변호사들은 배심원의 특성이 어떠한지 미리 파악하고, 자신의 의뢰인을 지지하는지의 여부에 기초하여 실제 배심원을 선택하고자 한다(Davenport, Studebaker, & Penrod, 1999; Hastie, 1993; Hasie & Pennington, 1991)

자녀출산 계획의 결정

해외여행을 자주 다니는 사람들이 많이 사용하는 것은 환전용 계산기이다. 여행자들은 계산기를 이용하거나 혹은 자국의 화폐에 대한 여행지의 화폐 가치를 어림잡아 계산할 수 있다. 이보다는 일반적이지 않지만 흥미 있는 어떤 장치는 여성의 가임 기간 날짜를 알려주기도 한다(**그림 10.1** 참조).

개인 재정 관리

자신의 재정 관리는 거의 모든 사람들의 문제이다. 수표책 계산기를 사용하면 지불한 수표의 금액을 빼거나 예금한 금액을 더해야 할 필요 없이 당신의

그림 10.2 수표책 계산기는 저금, 인출, 그리고 지불을 모두 계산하여 최근의 잔고를 알려준다. 이것은 앞으로 얼마나 더 지출할 수 있는지 기억해야 하는 부담을 적게 하고, 계산의 필요성을 제거해 준다.

은행잔고에 대한 정보를 계속 얻을 수 있다. 잔고에 대해 일일이 계산해 보는 것은 말할 것도 없고 어림으로 짐작할 필요도 없다. **그림 10.2**는 이러한 장치의 예이다.

관리에서 문제해결

사업체, 정부, 학계, 의학계 그리고 군대에서 관리자의 위치는 어느 정도의 인지적/사회적 기술을 요구한다(Gilliland & Day, 1999). 조직의 성공을 위해서는 효과적인 관리가 중요하기 때문에, 리더십과 권위를 가진 위치에 있다고 가정되는 사람들에게는 문제해결에서의 훈련이 필요한 것으로 널리 인식되어 왔다.

클리닉이나 병원에서는 의료 관계자와 환자들이 복잡하고 다양한 인지적 과정에 관여해야 하기 때문에 의학적 관리에서의 많은 측면들이 인지적 분석의 대상이 되어 왔다(Patel et al., 1999). 예를 들어, 의료 접수원의 기능(Hill, Long, Smith, & Whitefield, 1995), 병력 파악(Cohen & Java, 1995), 그리고 진단

(Clancy, Dollinger, & Hoyer, 1995; Gilhooly, 1990; Patel, Arocha, & Kaufman, 1999; Simpson & Gilhooly, 1997)에 대한 연구들이 수행되었다. 환자들에게 매번 자신의 상태를 반복적으로 설명하도록 한다는 것은 바람직하지 않을 것이다. 병원 직원들이 그들의 직업에 필요한 정보만을 얻도록 함으로써 환자에 대한 치료 과정이 더 빠르게 이루어질 수 있을 것이다.

관리자들의 문제해결 기술은 그러한 기술이 처음에 획득되고 연습되어진 상황(혹은 그와 유사한 상황)에 많은 영향을 받는다(Healy & Bourne, 1995). 관리 기술을 훈련하기 위한 일반적인 방법은 사례 연구 접근법이다. 경영학과 대학원의 많은 프로그램들은 사례 연구 방법을 사용하고 있는데, 때에 따라서는 학생들에게 1,000개 정도의 경영 문제 사례들을 공부하도록 요구하기도 한다. 많은 문제 사례들을 학습함으로써 문제의 핵심적 요소를 파악하고(Schraw, Dunkle, & Bendizen, 1995), 훈련에서 사용된 것과 유사한 현장에서의 문제를 해결할 수 있게 된다.

훈련은 일반적인 관리 기술에서의 향상을 목표로 할 뿐만 아니라, 행동 감시, 감독 제어, 계획 기술, 그리고 생산 시간표 작성과 같은 특정한 관리 기술들에도 초점을 둔다. 관리자는 그들의 행동뿐만 아니라 그들의 부하직원들의 행동도 감시해야 한다. 그들은 언제 그리고 어떻게 그들의 부하직원들에게 수행 과제에 대해 지시해야 하는지 알아야 한다. 예를 들어, 부하직원들이 시간을 효율적으로 사용하도록 하기 위해 관리자들은 원자재가 언제 도착하고 완성된 제품을 언제 배달해야 하는지 정확하게 이해하고 있어야 한다. 이러한 각각의 과정은 인간 정보처리의 한계와 사람들이 문제를 해결할 때 사용하는 일반적인 접근방식을 신중하게 고려함으로써 향상될 수 있다. 방략을 최적화하기 위한 지식의 향상은 관리자에게 특히 중요한 것이다.

인지공학

인지심리학에 의해 가장 영향을 받은 영역 중 하나는 아마도 공학에서의 문제해결일 것이다(Moray, 1999). 문제해결에서 인지공학이 성공적일 수 있었던 기초 중 하나는 신중하고 철저한 과제분석(task analysis)이었다(Payne, Cohen, & Pastore, 1992; Vicente, 1999). 또 다른 문제해결 방법은 조종석 분석(cockpit analysis)과 같은 방식으로 문제들을 개념화하는 것이다. 모든 직무는 작업장에서 이루어진다. 인지공학은 조종석의 조명, 다이얼, 그리고 조종 레버들과 같은 중요한 자극들이 직업 수행에 어떠한 효과를 갖는지 분석한다. 이러한 분석의 목표는 중요 자극을 어디에 위치시키고, 언제 신호를 활성화할 것이지 결정하는 것이다. 또한 주의를 분산시키는 자극들은 제거해야 한다. 예를 들어, 첫 번째로 쏘아올린 달의 궤도위성을 통제하기 위해 우주비행사들이 보아야 하는 컴퓨터 스크린에는 보라색의 버튼이 하나 있었다(Woods, 1995). 인지분석 결과, 아무도(우주비행사, 훈련관, 지상 관제실 요원들) 왜 그러한 버튼이 장착되어 있는지 알지 못하였다는 것이 밝혀졌다. 다행스럽게 이 버튼이 우주비행사의 수행을 간섭하지 않았지만, 이 버튼이 문제를 일으킬 수 있는 상황은 얼마든지 상상할 수 있을 것이다.

경찰이 직면하는 의사결정

경찰은 일반 작업자들에 비해 기저율(base rate)을 무시하는 정도가 낮더라도, 이들도 편파된 생각으로 이끌 수 있는 발견법을 사용한다(Yoder, 2001). 이들은 스트레스가 많은 조건에서 근무할 뿐만 아니라, 비인지적 양상들의 영향도 많이 받을 수 있다. 경찰관은 순차적으로 혹은 동시에 발생하는 사상들에 대한 지속적 분석이 요구되는 빠르게 변화하는 환경 속에서 일한다. 그러나 정보를 신속하게 분류하고 정리해야 하는 요구는 기준을 설정하는 것과 그것을 조절하는 것에서의 문제를 증가시킨다. 이것을 기준-조절 발견법(anchor-adjustment heuristics)이라고 부른다. 이것은 처음에 문제가 과대평가되고 우리의 판단을 특정한 수준으로 고정시키기 때문에 발생한다. 결과적으로, 우리가 우리의 기준을 변경해야 하는 추가적인 정보가 제공되더라도 여기에 맞춰 우리의 판단을 제대로 조절하지 못하게 되는 것이다. 이와 유사하게 우리가 어떤 문제에 대해 숙고할 때, 우리가 이미 잘 알고 있는 정보가 더 쉽게 떠오른다. 예를 들어. 약물 중독에 대해 잘 알고 있는 경찰관은 다른 요인들(예를 들어, 정신 질환)도 범죄를 야기하는 원인이 될 수 있음에도 불구하고 이들보다는 약물 때문에 범죄가 발생하였다고 믿는 경향이 높다. 왜냐하면 이렇게 생각하는 것이 그 경찰관에게는 더 용이하기 때문이다. 비록 이러한 가용성 발견법(availability heuristics)은 주어진 어떤 상황에서의 문제해결을 빠르게 할 수 있게 하지만, 그것은 오류를 초래할 수 있다.

대표성 발견법(representativeness heuristics)도 오류를 야기할 수 있는 또 다른 가능성을 제공한다. 이 발견법은 전형적인 것으로 보이는 사상은 흔히 발생하는 것으로 간주되기 때문에 이것을 중요하게 생각하지 않는다는 것을 의미한다. 예를 들어, 만일 Carol이 갱단 X의 구성원이라면, 어떤 경찰관은 그가 알고 있는 갱단 X의 다른 구성원과 Carol이 비슷할 것이라고 생각하기 쉬울 것이다. 이 때문에 그 경찰관은 전형적이지 않은 사상을 흔한 것으로 잘못 판단할 것이다. 경찰관이 흔히 보이는 또 다른 오류는, 자신이 할 수 있는 것보다 상황을 더 잘 제어할 수 있다고 믿는 것인데, 이 때문에 경찰관은 위험에 빠질 수도 있다(물론 이러한 생각의 오류는 경찰관에게만 있는 것은 아니다).

다양한 직업에서의 의사결정 훈련

의사결정 능력을 향상시킬 수도 있지만, 그러한 향상은 한 가지 영역에서의 공부와 연습에 따라 나타난다. 여러 상황에 적용될 수 있는 일반화된 원리 대신, 특정 의사결정 영역에서 방대한 경험을 갖고 있는 경우가 최상의 의사결정을 이끌어낸다. 이것은 사진으로 찍은 집 안의 대상물들에 대한 도둑, 경찰, 그리고 집주인의 판단을 비교한 연구에서 확인되었다. Logie, Wright와 Decker(1992)는 집의 물리적 특징을 기억하는 데 집주인보다는 경찰이, 그리고 경찰보다는 도둑이 더 효과적이라는 것을 발견하였다. 특히 도둑은 집 안으로 들어가기 위해 살펴보아야 하는 중요한 요소들(예를 들어, 울타리, 담, 사람이 있는지의 여부, 자물쇠 등)의 변화를 알아차리는 데 더 우수하였다(Logie와 Deker, 1995도 보라).

의사결정 향상을 위한 또 다른 방법은 실수로 이끄는 인간의 약점에 대해 가르치는 것이다. 발견법이 갖는 문제뿐만 아니라, 신체, 정서, 동기, 그리고 대인관계 요인들이 의사결정을 방해할 수 있다는 것을 인식하는 것이 중요하다. 우리가 스트레스를 경험하는 이유는 다양하지만 어찌되었건 스트레스는 판단 능력을 감소시킨다(cannon-Bowers & Salas, 199; Kobasa, 1979). 우리가 높은 수준의 스트레스를 경험하고 있다면 중요한 의사결정을 피해야 한다. 의사결정이 적절하게 이루어지기 위해서는 타이밍이 중요하다. 문제에 집중하는 것이 불가능하거나, 전체적인 그림을 보는 데 실패했거나, 충분하게 분석하지 못했거나, 문제의 표상이 창조적이지 못했거나, 혹은 자신의 장점을 이용하지 못했다면 잘못된 의사결정을 할 가능성이 높다(Sternberg, 1986).

조사에서 정확한 대답 얻기

흔한 발견법 중 하나는 만족화(satisfying)이다(Simon, 1957; Stolte, 1994). 이것은 최소한의 기준을 만족시키는 첫 번째 대안을 선택하는 경우를 일컫는다. 우리가 해결하고자 하는 문제의 중요성에 따라 이러한 방략은 수용 가능한 방략이 될 수도 있지만, 어느 정도 중요한 의사결정은 마음에 와 닿는 첫 번째 해결책만으로 해결되어서는 안 되는 것도 있을 것이다. 연방정부에서 실시하는 어떤 조사는 대부분의 사람이 견딜 수 있는 것보다 너무 긴 조사 시간을 필요로 했기 때문에 사람들로 하여금 만족화 방략을 사용하도록 조장하였다. 인터뷰 기술과 절차들은 응답자들 대답의 신뢰성에 영향을 미친다(Colwell, Hiscock, & Memon, 2002).

조사에 대한 대답의 정확성을 떨어뜨리는 나쁜 습관은 우리가 우리의 견해를 확증하는 정보만 찾고 우리의 의견과 맞지 않는 정보는 회피하려는 경향이다. 우리는 우리의 믿음에 반대되는 정보를 강하게 부정하면서 우리의 의견을 지지해 줄 정보에만 주의를 선택적으로 기울일 수 있다. 우리는 우리의 생각과 반대되는 정보에 좀 더 많은 주의를 기울여야 함에도 불구하고, 우리는 그것을 간과하거나 무시할 수 있다. 우리의 믿음에 대한 반증적 증거들에 대한 신중한 분석을 통해 우리의 문제해결 능력이 크게 향상될 수 있다. 이를 통해 다른 정보들도 고려하도록 할 수 있을 것이다. 앞 장의 이해와 학습 부분에서 살펴보았던 것처럼, 대충 훑어보기, 신중하게 읽기, 노트하기, 그리고 자세하게 검사하기와 같은 보조적 절차들은 의사결정 과정을 더 바람직한 방향으로 이끌 수 있다.

팜탑(palm-top) 컴퓨터를 통한 추리

추리에 초점을 맞춘 최초의 전자 컴퓨터는 산술적 계산에 주로 적용되었다. 휴대용 전자계산기에는 수학적인 문제들을 계산하는 알고리즘이 내장되어 있었다. 그 이후, 다양한 장치들이 추리 과제 수행을 위해 계발되었다.

오늘날의 팜탑(palm-top) 장치들은 발견법 혹은 연산법을 따르지 않는 해결책을 이끌어내는 데 도움을 준다. 그러한 장치 중 하나가 A지점에서 B지점으로 이동하는 경로를 빠르게 결정해 주는 로드 파일럿(road pilot) 장치이다. 이러한 장치들은 현재 많은 자동차 운전자들이 사용하고 있다.

이러한 장치들은 경로를 연산법으로 계산할 수도 있을 것이다. 그러나 로드 파일럿 장치는 도로의 움푹 파인 곳, 우회도로, 그리고 사고 지점 등을 인식할 수 없으며, 단지 처음에 프로그램된 특성에 의존하여 정보를 제공한다. 따라서

그림 10.3 길 찾기 컴퓨터는 운전자가 지도를 통해 공간적 계산을 해야 할 수고를 덜어 주고, 한 지점에서 다른 지점으로 여행 경로를 결정해 준다.

이러한 장치들은 문제해결을 보조해 줄 수는 있지만 최선의 경로를 찾기 위한 확실한 해결책을 제공해 주는 것은 아니다(이러한 장치의 예가 **그림 10.3**에 예시되어 있다).

어떤 사람들은 경마에서 우승할 수 있는 말을 선택하는 것에 관심을 가질 수 있을 것이다. 좀 더 나은 선택을 위해서는 온갖 정보를 고려해야 할 것이다. 일종의 경마 분석기(**그림 10.4** 참조)는 말에 대한 자료를 이용하여 연산법으로 이에 대한 답을 제공해 줄 수 있을 것이다. 그러나 대부분의 도박꾼들이 알고 있듯이, 우승할 말을 선택하고자 하는 사람은 경마 분석기가 추천한 것 이외에도 다양한 비

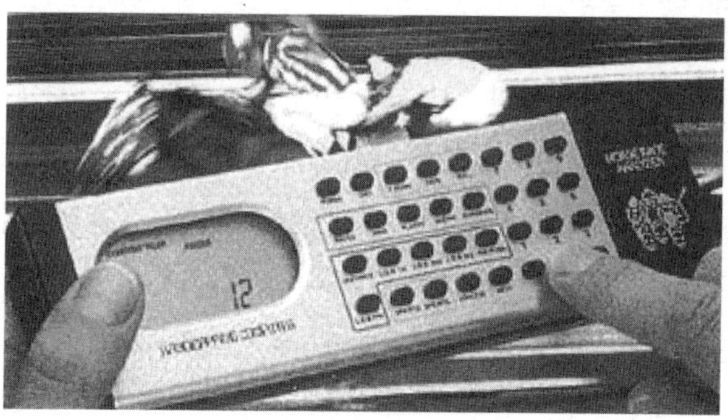

그림 10.4 경마 분석기. 경주마들에 대한 가용한 통계치들을 이용하여 이 장치는 특정한 말이 1위, 2위 혹은 3위를 할 수 있는 가능성을 계산한다.

계산적 방식들을 고려해야 한다.

오류

많은 연구들이 의사결정에서의 오류를 이해하기 위해 수행되었다(Reason, 1988; Rubenstein & Mason, 1979; Schraw et al., 1995; Strauch, 2001; Woods & Cook, 1999). 인지심리학자들은 발생한 많은 재난들을 분석하였는데, 체르노빌과 쓰라마일 섬에서의 원자력 발전소 사고는 장비 설계에서의 결함보다는 오퍼레이터의 기억과 추리에서의 오류에 의해 발생한 것임이 밝혀졌다.

경찰수사

범죄 수사는 전형적으로 추리와 문제해결을 요구한다. 의학 진단 과정과 유사하게, 추론도 요구된다(Smyth et al., 1994). 증거들은 적절하게 수집/확인되어야 하고 다루어져야 한다. 그렇게 하지 못한다면 증거들은 유용한 정보를 제공해 주지 못한다. 이런 점에서 본다면, 탐정 소설의 주인공들인 셜록 홈즈(Sherlok Holmes)와 왓슨 박사(Dr. Watson)는 뛰어난 문제해결자의 전형일 것이다.

법정에서의 의사결정

경찰이 효과적으로 수사할 수 있기 위해서는 부분적으로 시민들의 협조가 중요하지만, 무엇이 바람직하지 않은 행동인지에 대해 경찰과 시민의 생각이 다르다면 이것은 어려운 문제가 될 수 있을 것이다(Akehurst, Kohnken, Vrij, & Bull, 1996). 이와 마찬가지로, 범죄도 잠재적인 범죄자가 무엇을 잘못된 행동으로 보는가에 영향을 받을 수 있다(Palmer & Hollin, 1999). 또한 사건에 대해 피고인이 어떻게 이해하고 있는지에 따라 이들의 진술이 달라질 수 있다.

판사들은 그들이 주재하는 모든 재판에서 유죄 혹은 무죄 결정을 내려야 한다. 판사들은 배심원들보다 피고에게 더 엄격하기는 하지만, 어찌되었건 법정에서의 공정성은 재판 과정에서 배심원을 어떻게 교육하는지에 따라 달라진다(ForsterLee & Horowitz, 1997). 배심원들이 어떻게 결정에 이르게 되는지에 대해 많은 연구가 수행되었다. 인지심리학자들과 사회심리학자들은 잠재적인 배심원을 평가하는 데, 그리고 재판 과정에서 배심원들을 설득할 수 있는 논증과 증거에 대해 조언하는 데 많은 도움을 준다(Chapman, Sheehy, & Livingston, 1994).

응용 인지심리학자들은 가끔 재판에서 증언하도록 부탁받기도 한다. 어떤 영역의 전문가만이 법정에서 자신의 의견을 개진할 수 있다. 그 외의 다른 모든 증인들은 사실에 대한 몇 가지만 말할 수 있다. 전문가도 자신의 전문 영역에 대해서만 자신의 의견을 말할 수 있다. 예를 들어, 목격자의 특성에 대한 전문가는 어떤 환경에서 목격자가 정확하게 혹은 부정확하게 범죄를 목격했을지에 대해 말할 수 있을 뿐이다(Davenport et al., 1999 참조). 또 다른 법정 증언의 예로, 이해에 대한 전문가들은 특정 법률 용어 혹은 광고에서의 특정 문구가 어떻게 이해될 수 있는지 증언할 수 있을 것이다.

요약

추리, 문제해결, 그리고 의사결정에서의 실수는 일반적인 것이다. 모든 사람은 실수를 한다. 이 장에서는 그러한 실수를 줄이기 위한 방법을 제시해 주는 이론과 연구를 검토하였다. 때로 사람들은 논리적으로 추리하기도 하지만 그렇지 않은 경우가 더 많다. 추리 오류는 여러 원인에 의해 발생한다. 오류를 피하는 가장 좋은 방법은 처음부터 용어와 전제를 확실하게 이해하는 것이다.

생각의 연쇄를 따라가는 추리와는 달리, 문제해결은 따라가야 하는 경로가 주어지지 않았을 때 어떤 목표를 성취하기 위한 탐색 과정이다. 문제해결에서의 성공은 발견법에 의존하거나 혹은 잘 확립된 규칙을 따름으로써 얻어질 수 있을 것이다. 우리는 추리와 의사결정(조사 영역, 법, 비즈니스 영역 등)에 대해 인지심리학이 어떻게 응용될 수 있는지 기술하였다. 과거 오류에 대해 제대로 알고 있다면 오류의 반복을 감소시킬 것이다.

제 III 부

비인지적 요인들

제 11 장

사회적 상호작용과 의사소통

어떤 사람은 자신의 비밀을 드러내기보다는 차라리 자신의 기억이 잘못되었다고 말하는 경향이 있다.

–작자 미상

사회적 상호작용

사회적 행동과 표현은 우리가 문제를 어떻게 추론하고 해결하는지뿐만 아니라, 사상을 지각하고, 이해하며, 학습하고, 기억하는 것에도 영향을 미친다. 친구들, 아는 사람들, 심지어는 낯선 사람조차도 우리가 타인에 대해 얼마나 알고 있는지 보여주기를 바란다. 다른 사람들이 우리가 타인에 대해 무엇을 어떻게 기억하여 말해 주기를 기대하는지 파악하는 것이 중요하다. 만일 그러한 기억 내용을 우리가 확신 있게 제시한다면, 다른 사람들은 그것을 더 타당한 것으로 받아들일 것이다. 그러나 정보를 어떻게 제공할 것인지에 대한 인지적 책략은 자신 혹은 타인의 인지 표상을 향상시키거나 반대로 방해하기 위해 사용될 수도 있다(Gentry & Herrmann, 1990). 예를 들어, 토론의 질을 높이기 위해 사람들은 대화의 흐름을 천천히 이끌 것이고, 이것은 학습하고 기억하는 데 필요한 시간을 늘려줄 것이다.

기억에 대한 사회적 요소들의 중요성은 상당히 일찍부터 인식되어 왔다(Bartlett, 1932/1995; Fabrigar, Smith, & Brannon, 1999). 우리가 친구들, 지인들, 혹은 낯선 사람들과 함께 있을 때, 어떤 정보나 생각을 기억해 내어 인출해야 하는 일이 자주 있다. 모든 사회적 상황들이 우리가 타인들이 누구이고 무엇을 하는가를 알고 있다는 것을 보여줄 것을 요구한다. 우리는 약속을 하고 또 그것을 지켜야 하며, 호의를 갚아야 하고, 다른 사람들이 우리에게 의지하고 있는 어떤 일들을 억지로 해야만 하기도 한다. 우리가 이런 것들을 얼마나 잘 기억하는가는 타인들이 우리를 어떻게 대우하는가에 영향을 미친다. 우리의 인지가 사회적 상호작용에 중요한 영향을 미친다는 것은 명백하다(Gilbert, Fiske, & Lindzey, 1998).

행동에서의 신중한 변화와 함께 사람들의 기대에 대한 인식을 증가시키는 것은 가족과 친구들에게 당신이 그들과의 관계에 대한 중요한 정보를 기억할 것이라는 것을 보여주는 것이다. 다음의 목록은 인지적 실패를 가져오는 사회적 요인들이다.

표 11.1 인지 처리를 방해하는 사회적 요인들

- 누군가가 우리에게 무엇을 기억하거나 문제를 해결하도록 기대하는 것을 우리가 인식하지 못하기 때문에 인지가 실패한다.
- 관련된 내용에 대한 학습, 기억 또는 사고하는 것에 집중하는 것을 사회적 상황이 지나치게 방해하기 때문에 인지가 실패한다.
- 사회적 상호작용들이 집중을 어렵게 하고 확신을 감소시킴으로써 인지 수행을 방해하기 때문에 인지적 실패가 발생하는데, 이것은 다시 타인에 대한 자신의 신뢰성을 감소시킨다.
- 우리가 학습한 것, 기억한 것, 그리고 추리한 것들이 사회적 분산 때문에 충분히 의사소통되지 않을 때 인지가 실패한다.

기억하기

만일 우리가 학습하는 것과 기억하는 것에 대한 짐을 공유하는 인지적 협약(cognitive packs)들에 대해 보다 잘 인식하게 된다면, 가족, 지인, 그리고 동료들과 함께 하는 개인적 삶의 질은 상당히 좋아질 것이다. 가정에서 가족 구성원들이 잡다한 일들을 서로 나누어 해야 한다는 것을 고려하면, 인지적 협약은 가족 사이에서 특히 흔할 것이다. 사람들은 다른 사람들과의 관계에 기초하여 그들의 인지적 기능을 우호적인 것으로 혹은 반대로 비우호적인 것으로 판단하려는 경향이 있다. 다른 사람들이 당신의 기억이나 생각을 어떻게 판단하는지에 대해 당신이 얼마나 공감할지는 부분적으로 당신이 그들의 인지적 수행을 어떻게 대하였는가에 따라 달라질 것이다.

의사소통

의사소통의 효과성은 전달하고자 하는 메시지의 주제, 의사소통의 맥락, 그리고 청자의 특성 등에 의해 결정된다. 효과적인 의사소통을 위해서는 메시지에 대한 정확한 이해를 요구하지만, 그 메시지의 그럴듯함은 생각이 어떻게 표현되는가에 영향을 받는다(Greene & Loftus, 1998). 만일 사람들이 일관되고 분명한 메시지를 강력하게 표현하고, 구체적인 용어를 사용하며, 너무 과장되거나 과소하게 메시지를 왜곡하지 않는다면, 그러한 메시지는 그럴듯하게 믿어질 가능성이 높다. 또한 만일 메시지가 청자의 믿음과 유사하고, 사회적으로 바람직해 보이며, 상호성의 느낌을 이끌어낼 수 있다면, 그러한 메시지들도 그럴듯하게 들릴 것이다(Cialdini, 1998). 설득은 정확한 논리나 청자의 태도를 바꾸는 것으로 이루어질 수 있다. 사람들이 다른 곳으로 주의를 분산시키는 것을 막고, 생각할 시간을 벌며, 과제 수행이나 의사소통에 필요한 정보를 수집하기 위해서는 대화 방식이 조작될 수 있을 것이다. 만일 사람들이 (명사와 능동형 동사를 사용하여) 능동적인 언어로 그들의 수행에 대해 회상한 것을 표현한다면, 그 회상은 더 신뢰할 만하다고 여겨질 것이다.

많은 연설과 대화의 핵심은 청자를 설득하는 것이다. 다양한 방략들이 청자들로 하여금 화자의 견해에 동의하거나 지지하도록 하기 위해 사용된다. 화자는 자신의 제안이 실제 그러한 것보다 더 단순화되어 보이도록 말할 수도 있을 것이다. 몇몇 경우에, 화자들은 청자들이 가질 수 있는 다른 가능한 대안들의 결함을 더욱 부각시킴으로써, 청자들이 다른 대안을 갖고 있지 못하다는 것을 확신시키려고 노력한다. 청자가 완전하게 집중하지 못할 때는 빠르게 말하는 것도 효과적인데, 특히 어떤 문제의 양쪽 측면이 모두 드러나 있을 때는 이 방법이 더욱 효과적이다. 또한 청자가 메시지를 들어야만 하도록 하기 위해서는 말하는 중간 중간에 잠깐 동안의 공백을 두는 것도 효과적이다(Cialdini, 1998).

메시지를 받는 사람은 그것들을 반드시 받아들일 필요는 없다. 몇몇 사람들은 메시지에 적극적으로 저항한다. 법정에서 그런 사람은 적대적 증인(hostile witness)으로 불린다. 메시지 안에 부분적으로 부정적 내용을 포함시키는 것은 그 메시지를 받아들이는 것에서 저항을 증가시킬 수 있다(Hovland, Janis, & Kelly, 1953; McGuire, 1964). 예를 들어, Ralph Nadal을 대통령으로 선택하는 것이 불합리하다는 것을 사람들에게 확신시키고자 한다면, Nadal에 대한 부정적 사실들을 몇 개 열거하여 메시지를 제시함으로써 Nadal에게 투표하고자 했던 사람들이 다음에 Nadal에 대한 긍정적 메시지를 접할 때 그것을 잘 받아들이지 않게 할 수 있다. 설득은 점진적 방법으로 태도를 변화시키는 데 가장 효과적이다(Eagley et al., 2001).

실제로 우리가 기존에 갖고 있는 태도는 기억에도 영향을 미친다. 우리는 우리의 견해를 지지하는 정보를 더 잘 기억하는 경향이 있다는 것을 모두 알고 있다. 그러나 개인의 태도와 일치하거나 일치하지 않는 재료에 대해 기억이 어떻게 다른지 검토한 여러 연구들을 통합적으로 분석한 Eagly 등(2001)의 연구에서는,

태도와의 일치 여부와는 상관없이 즉각적이거나 지연회상과 재인기억 모두에서 정보들이 동등하게 잘 유지된다는 것이 발견되었다. 비록 지연회상에 비해 즉각회상의 경우에 기억 수행이 더 좋기는 하였지만, 반응자가 보다 강한 태도를 갖고 있거나 말이 많은 사람일 경우에도 기억이 좋았다. 태도와 일치하지 않는 메시지들도 마찬가지로 잘 기억되는 것은 그것들이 더 많은 반영과 차별화, 그리고 반론을 더 잘 이끌어내기 때문이다. 이와는 대조적으로 태도와 일치하는 메시지는 개인이 갖는 견해의 타당성을 입증해 주는 것이기 때문에 정교화되지는 않는다. 만일 메시지 수용자가 그들의 태도를 방어할 역량을 가지고 있다면 태도와 일치하지 않는 메시지는 적극적인 저항을 야기할 것이기 때문에 더 잘 기억될 수 있을 것이다.

의사소통 방식은 의사소통을 위해 사용하는 경로(channel)에 영향을 받는다. 메시지의 이동 경로가 면대면(face-to-face), 전자 메일, 전화, 서면 혹은 몸짓인지 여부와 상관없이 이러한 의사소통 방식들은 메시지의 영향을 줄이거나 향상시킬 수 있다. 예를 들어, 일반적인 전화기를 통한 의사소통으로는 대화 중에 이루어지는 상대방의 반응을 볼 수 없다. 실제로, 사람들은 민감하고 비밀스러운 주제에 대해서는 면대면 의사소통보다는 전화 통화나 전자메일을 이용하려고 한다(Hamilton & Parker, 1992). 메시지가 확신이 드는 것이 되도록 하기 위해서는 메시지의 내용이 일관적이어야 한다. 만일 메시지가 명백하게 불일치성을 내포하고 있다면 당신이 회상하는 것을 듣는 사람은 그것을 경시하게 될 것이다. 반면, 만일 당신이 신문, 책, 메모 혹은 당신이 말한 것을 지지해 줄 수 있는 믿을 만한 어떤 사람의 이야기와 같은 보강적인 출처를 갖고 있다면 당신의 회상은 더 잘 받아들여질 것이다. 만일 정보의 출처를 회상하지 못한다면 그 정보 자체가 의심될 것이다(Lampinen et al., 1999; Marsh & Bower, 1999).

정보가 어디에서 학습되었는지를 기억할 수 있는 것은 일상생활에서 중요한 것이다. 이것을 출처 감시(source monitoring)라고 부른다. 정보의 출처를 기억하는 것은 그것을 어떻게 사용하는가에 영향을 미칠 것이다. 우리 스스로도 확실하지 않은 정보를 자주 접하기도 하지만, 우리가 출처를 회상할 수 없을 때 그 정보를 인용하거나 사용하는 것은 현명하지 못한 일이다. 정보의 출처를 감시하는 것은 의사결정과 문제해결, 그리고 인간 관리에 필수적인 것일 수 있다(Johnson, 1993). Marcia Johnson과 동료들(Johnson, Hashtroudi, & Lindsay, 1993)의 연구는 정보의 출처를 확인하려는 능력에 어떤 요인들이 영향을 미치는지에 초점을 맞추었다. 동기, 비용-이득 분석, 그리고 사회적 맥락뿐만 아니라, 일반적 지식을 포함하는 정보의 타당성, 합치성, 그리고 일관성 등이 모두 출처를 감시하는 능력에 영향을 미친다(Johnson, 1997). 메시지의 내용, 화자 혹은 시간대에서의 유사성은 누가 무엇을 말하는가를 판단하는 데 어려움을 가져온다. 비록 정보 속의 사실적 측면에 보다 더 주의를 기울이고(Hashtroudi, Johnson, Vnek & Ferguson, 1994), 개인적으로 더 관련되어 있다면(Brown, Jones & Davis, 1995) 좀 낫겠지만, 나이가 들어감에 따라 출처와 기억 내용을 묶거나 통합하는 것에서 효율성이 감소하게 된다(Chalfonte & Johnson, 1996).

대화에서의 의사소통

사람들 사이의 대화는 개인끼리 혹은 다른 사람들과 함께 협동하는 과정에서, 신속하게 처리하고 반응해야 하는 지속적이면서도 복잡한 정보의 교환 과정이다. 인지심리학은 대화 중의 정보 진행에 우선적으로 초점을 맞추는 반면, 사회심리학은 상호작용적인 요소를 좀 더 중시한다. 대화의 어떤 측면들은 우리가 그것에 대해 추론하도록 요구하는데, 그러한 추론 중 하나가 귀인(attribution)이다. 귀인은 타인이나 자신이 왜 그렇게 행동하는지에 대하여 설명하고 기술하는 것을 말한다. 행동에 대한 이러한 가설들은 자동적으로 발생할 수도 있지만, 이 가설들은 우리의 의식적 주의를 받을 가능성이 더 높다. 기대에 대한 Weirner (1985)의 개관연구 결과를 보면, 부정적인 사상과 기대하지 않았던 결과에 대해서는 타인에 대한 더 많은 귀인을 유발한다.

사회적 상호작용에 대한 다른 연구들은 특정 편파에 대한 사람들의 일반적 경향성에 주목하였다. 예를 들어, 우리는 상황이 행동에 얼마나 영향을 미치는지에 대해서는 과소추정하는 반면, 우리 자신이나 우리가 잘 알고 있는 사람들의 개인적 속성에 대해서는 과다추정하는 경향이 있다. 또한 우리는 우리가 확신하고자 하는 것에 어떤 기대를 가지고 있고, 우리에게 가용한 자료라 할지라도 그것을 제대로 사용하지 않는 경향이 있다. 우리가 사회적 상황을 좀 더 깊게 처리할수록 편파와 오류는 감소한다(klayman & Hay, 1987).

사회적 상호작용에서의 인지 연구 응용

사회-경제적 지위와 인지

연구들은 기억 수행이 사회-경제적 지위와 직접적으로 관련이 있다는 것을 보여주고 있다(Guadagno & Herrmann, 1998; Herrmann & Guadagno, 1997; Richardson, 1991; Bentley, Kvalsvig, & Miller, 1990도 보라). 사회-경제적 지위가 보다 높은 사람은 그렇지 못한 사람에 비해 기억 과제의 수행이 더 우수하다. 이러한 관련성이 발생하는 이유에 대해서는 많이 연구되어 왔지만, 아마도 건강과 교육 수준이 중요한 요인인 것으로 보인다(Wright, 1999).

협력적 회상

때로 사람들은 정보의 회상을 서로 돕는다. 마치 여행을 할 때, 사람들이 정확한 경로를 어떻게 유지할 것인가에 대해 자신이 알고 있는 것을 서로 말하고자 하는 경향이 있는 것처럼, 두 사람 또는 그 이상의 사람들과 협력적으로 이루어지는 회상은 촉진되거나(Graesser, Person, & Magliano, 1995; Kahl & Woloshyn, 1994) 절충된다(Johansson, Andersson & Ronnberg, 2000; Stephenson & Wagner, 1989). Meudell 등(Meudell, Hitch, & Kirby, 1992)은 다른 사람들과 협력하여 수행한 다양한 기억 과제에서의 기억이 더 우수했다고 보고하였으며, 또 다른 연구는 협력적 회상이 아이들로부터 목격자 회상을 유도하는 데 도움이 된다는 것을 보여주었다(Greenstock & Pipe, 1997). 반면에, 집단은 개개인에 비해 기억 수행에서 효과성이 떨어질 수 있다. Johansson 등(2000)은 결혼한 커플, 낯선 사람들로 짝지어진 쌍, 그리고 개별적인 실험참가자들을 대상으로 대학 캠퍼스를 방문하게 한 다음, 그 과정에서 발생한 다양한 일화적 정보에 대해 자세히 보고하도록 하였는데 그 결과, 결혼한 커플은 낯선 사람들로 짝지어진 쌍에 비해, 그리고 낯선 사람들로 짝지어진 쌍은 개별적으로 실험에 참가한 사람들에 비해 기억 수행이 덜 효과적이었다고 보고하였다. 집단의 기억 수행이 개인의 기억 수행보다 더 열악한 이유는 실험참가자들이 사상을 재구성할 때 집단을 구성하여 함께 실험에 참가했던 실험참가자들은 다른 사람들에 의해 기억 인출에서 방해를 받은 결과일 것이다. Basden, Bryner, 그리고 Thomas(1997)는 각 개인들과 두 사람으로 구성된 집단의 기억 수행을 서로 비교하였는데, 만일 인출 방략이 좀 더 체제화되거나 간섭이 최소화된다면 혹은 개별적인 검사가 이루어진다면 집단에 의한 기억에서의 결함이 상쇄될 수 있다고 보고하였다.

의사소통에 관한 인지 연구 응용

응용 인지 연구는 의사소통 기술에 대한 지식을 넓히는 데 기여해 왔다. 연구들에 따르면 효과적인 의사소통을 위해서는 충분한 확신 수준, 어휘의 정확한 사용, 너무 과장하거나 너무 축소하여 말하지 않는 것, 세부사항을 적절하게 포함시킨 마무리, 내적 일관성, 그리고 메시지를 보강하여 줄 수 있는 정보 등이 필요하다는 것을 보여주었다.

경고

경고 신호는 공공장소와 도로, 그리고 우리가 구매하는 많은 제품에 부착되어 있다. 경고 문구는 분명해야 하고, 경고 의미를 강조하기 위해 문구와 함께 사용되는 그림도 효과적이어야 한다. 만일 경고가 효과적이지 않다면 경고 문구 전달에 대한 책임이 있는 당사자는 고소를 당하거나 범죄자로 몰릴 수도 있고(Peters & Peters, 1999), 아니면 이 두 가지 모두가 가능할 수도 있다. 몇몇 연구자들은 경고 표지의 색깔, 글자체, 그리고 핵심어의 중요성을 확인하였다(Edworthy & Adams, 1986). 다른 연구자들은 사람들이 살충제의 사용설명서 내용을 따르는 것은 경고 정보가 사용 방법 안에 포함되어 제시되거나, 경고 정보에 인칭대명사가 포함되어 있는 경우에 더 촉진된다고 보고하였다. 반면에 개연성 있는 경고 진술문은 그것의 준수 정도를 감소시킨다(Yamagishi, 1997; Teigen & Jorgensen, 2000을 보라).

조사에 대한 사전 검증

조사업체에서 매우 효과적이라고 밝혀진 한 가지 절차는, 본 조사에 앞서 소수의 참가자들을 대상으로 예비적으로 조사를 실시하거나 이에 대해 인터뷰를 실시함으로써 이 과정에서 얻어진 참가자들의 언어보고 자료를 분석해 보는 것이었다(Ericsson & Simon, 1993). 이 방법을 언어보고 분석(protocol analysis)이라고 한다. 이 방법에서는 참가자들에게 본 조사에서 사용될 수 있는 가능한 질문들을 읽고 대답하는 것을 소리내어 말하도록 요구하였다(Ericsson, 1999; Willis, Royston, & Berini, 1991). 참가자들이 말한 것을 토대로 몇 개의 질문들은 제거한 반면, 다른 질문들에 대해서는 그것의 타당성을 확인할 수 있었다. 이 절차는 연구자들이 현장 조사 방식에 비해 더 신속하게 조사를 수정할 수 있도록 해준다. 다른 방법들도 조사를 개선하는데 어느 정도 도움이 되기는 하였지만, 이들 중 어떤 것도 이러한 인지적인 사전 검증만큼 성공적이지는 못하였다(Forsyth & Lessler, 1991).

서식 설계

현대의 삶 속에서는 사람들이 작성해야 하는 인쇄된 서식(form)이 많이 있다. 그런 서식에는 좋은 것도 있고 나쁜 것도 있다. 좋은 서식은 이해하기 쉽다. 좋은 서식은 그것이 어떤 정보를 요구하고 있는지 분명히 이해할 수 있다. 나쁜 서식은 혼란스럽다. 서식에서 음영으로 제시된 부분은 사람들로 하여금 그 부분의 지시사항을 무시하도록 하는 경향이 있다. 대문자로 쓰인 서식은 소문자로 쓰인 서식보다 이해하기가 더 어렵다.

사람들이 서식을 제대로 해석할 수 있게 하기 위해서는 지시문을 어떻게 제시하는지가 중요하다(Meissner, Bringham, & Butz, 2005). 몇몇 연구들은 의사를 제대로 전달할 수 있는 지시문의 속성이 무엇인지 확인하고자 하였다(Wright & Hull, 1999). 형식에 맞는 지시문은 이야기체의 지시문에 비해 이해가 더 잘 된다(Halpern, Blackman, & Salzman, 1989; Natter & Berry, 2005; Yamagishi, 1997)). 위험과 공중위생에 관한 정보는 관습적인 방법으로 제시될 때 가장 이해하기 쉽다. 이와 유사하게, 라디오 뉴스와 같은 말로 주어지는 정보는 방송 관례를 따를 때 이해가 가장 잘 된다(berry, Scheffler, & Goldstein, 1993).

조사 응답에 대한 해석

어떤 사람이 조사에 응답했을 때, 그 대답은 어떤 정보를 제공하기는 하겠지만 이것이 질문에서 요구하는 것에 합치하는 것인지는 분명하지 않다(Jobe & Herrmann, 1996; Tourangeau, 1984). 예를 들어, "지난 7일 동안, 당신은 커피를 몇 번이나 마셨습니까?"라는 질문을 고려해 보라. 대부분의 사람들은 자신이 지난 7일 동안 몇 번이나 커피를 마셨는지 정확하게 기억하지 못할 것이다. 이런 경우 사람들은 "내가 하루에 세 잔의 커피를 마셨다면 7일 동안 21잔 쯤 마셨을 것이다"라고 추정해서 대답할 것이다. 또한 사람들은 정확한 답을 찾는 데 요구되는 시간 낭비와 부담스러움을 피하기 위해 부정확하거나 간단하게 질문에 대답하는 것으로 만족할 것이다(Krosnick, 1991).

어떤 연구자들은 응답자들이 확실하게 알지 못하는 상황에서 그들이 무엇을 알고 있고 혹은 무엇을 의미하고 있는지 분석하는 것을 더 선호할 수도 있을 것이다. 사람들이 특정한 인지 과제에서의 그들의 수행에 대해 정확하게 언급할 수 있을 만큼 충분히 알고 있다고 느끼는지의 여부는 그들의 반응에 영향을 미칠 수 있다(Hippler, Schwarx, & Suman, 1987; Suchman & Jordan, 1990). 제품이나 서비스를 개발하고자 수행되는 연구는 잠재적 고객들로부터 정확한 자료를 얻어야 한다. 그럼에도 불구하고, 제품과 서비스의 심리적 측면과 관련된 많은 주제들은 정직한 반응을 얻어내기 힘든 것들이 많다. 예를 들어, 사람들은 그들의 빈약한 운동 습관, 음주 습관, 혹은 그들이 가입한 보험이 얼마나 되는지 등에 대해서는 보고하기를 원하지 않을 것이다. 응용 인지심리학자들은 제품과 서비스와 관련된 자료를 어떻게 얻을 것인지에 대해 신중해야 한다(Bradburn, Rips, & Shevell, 1987).

응답자를 위한 탈출구 제공하기

심리학자들은 실험이 종료된 이후 개방형 질문을 자주 제시한다. 만일 어떤 참가자가 질문에 대해 말을 별로 하지 않거나 "모르겠다"라는 반응을 한다면, 그 참가자는 그 질문에 대해 분명한 태도를 취하고 있지는 않다고 가정할 수 있을 것이다. 참가자에게 그러한 방식으로 반응할 수 있도록 하는 것은 사람들로 하여금 그들 자신의 반응을 제공하지 않아도 된다는 것을 의미하기도 한다. 이를 통해 참가자의 질문에 대한 응답을 몇 가지로 구분하여 파악할 수 있을 것이다. 우선 참가자들은 처음부터 내용을 전혀 파악하고 있지 못하기 때문에 질문에 대해 "모르겠다"라고 응답할 수 있을 것이다. 그리고 질문에 대해 "모르겠다"라고 응답한 것은 그 자체가 하나의 타당한 대답이 될 수도 있다. 또한 비록 참가자에게 “모르겠다”라고 응답할 수 있도록 분명하게 제시한 것은 아니지만 참가자의 응답을 토대로 연구자가 그 응답을 “모르겠다”에 해당하는 것으로 받아들일 수도 있을 것이다(Schuman & Presser 1981). 참가자들에게 “모르겠다”라는 응답을 허락하는 것은 참가자들이 대답할 수 있음에도 불구하고 대답을 하지 않는 비작위 오류(errors of omission)를 증가시킨다. 이와는 반대로 참가자들이 대답하기에 불충분하게 준비된 상황에서 답을 하도록 강요한다면 이것은 무의미한 대답을 이끌어낼 수 있다. 이것은 작위 오류(errors of commission)를 증가시킨다. 따라서 사람을 대상으로 조사를 수행할 때 가장 현명한 방법은 적합한 반응을 수량화하여 나타낼 수 있는 수준을 가능한 한 명료하게 정의하는 것이다(Ayres & Wood, 1999). “OOO에 대해 최대한 정확하게 추정해 주십시오.” 라든지 “정확하게 기억할 수 없다면 그렇다고 말해 주세요”라는 방식의 지시문은 상당히 유용할 것이다. 또한 연구자는 민감한 주제에 대한 자료의 수집에 대해 추천되는 절차들을 꼼꼼하게 준수함으로써 신뢰할 만하고 타당한 대답을 유도할 수 있을 것이다(Willis, Sirken, & Nathan, 1994).

반응 편파

사람들이 질문에 어떻게 반응하는가는 질문이 주어지는 방식과 질문자의 태도에 따라 달라진다. 말의 표현은 매우 중요하다(Miller & Herrmann, 1997). 예를 들어, 친구가 무엇을 생각하는지 알고 싶다면 어떻게 질문할 것인지 주의 깊게 고려해야 할 것이다. “예-아니오”로 대답하도록 하는 폐쇄형 질문은 대부분의 어린이와 어른들 모두의 반응을 이끌어낼 수 있다(Waterman, Blades, & Spener, 2001). 그러나 일반적으로, 개방형으로 주어지는 자유 회상 방식의 질문은 어른과 비교해 볼 때 어린이들로부터는 정확하기는 하지만 덜 완벽한 정보를 이끌어낼 수 있다. 어린이들의 응답은 육하원칙에 기초한 질문이 주어졌을 때 더 정확해진다. 나이와 상관없이, 특정한 반응을 유도하는 유도 질문은 반드시 피해야 한다.

제품이나 서비스에 대한 사람들의 견해와 태도가 조사되는 경우가 많다. "모르겠다"는 대답 이외에 어떤 대답도 좋다고 했을 때, 사람들은 질문들에 대해 "대충" 대답하는 경향을 자주 보인다(Beatty & Herrmann, Puskar, & Kerwin, 1995). 어떤 문제나 주제에 대해 일어날 수 있는 잠재적 편파를 주의 깊게 고려하는 것도 필요하다. 건강 관리나 윤리적 문제와 같이 사람들에게 민감한 주제에 대해 질문할 경우 반응의 정확성이 저하되기 쉽다. 위험이나 손실에 대한 염려, 혹은 난처함이나 거절에 대한 염려는 정확하게 대답하고자 하는 반응자의 의지에 영향을 미칠 수 있다. 민감한 질문에 반응하도록 하기 이전에 그와 같은 염려들을 끄집어내는 것은 진실된 반응을 증가시킨다.

사실 대 의견

사실과 의견을 혼동하지 않는 것이 중요하다. 만일 누군가가 "무능력자" 또는 "바보"라고 낙인 찍혔다고 했을 때, 이 용어는 사람들의 의견(opinion)이지 사실(fact)은 아니다. 사실을 전달하기 위해서 단어는 그것이 명시하는 바를 명확하게 나타내야만 한다. 예를 들어, 누군가를 방화범이라고 부르는 것은 그 사람이 건물에 불을 질렀다는 것을 가리킬 것이다. 동일한 사람을 "변변치 못한 사람"이라고 부르는 것은 단지 그 사람에 대해 존경할 가치가 없다는 것을 의미할 뿐이다(Herrmann & Rubenfeld, 1985).

사실과 의견에 대한 쟁점은 문서에 의한 명예훼손(libel)과 말로 표현된 중상(slander)을 구분하는 데 중요하다. 만일 누군가가 방화범으로 유죄 판결을 받았다면, 그 사람을 방화범이라고 부르는 것은 사실에 입각한 것이 된다. 법은 의견이 아니라 사실을 보호한다. 만일 누군가가 방화범으로 유죄 판결을 받지도 않았고, 그 사람이 방화를 저질렀다는 증거도 없다면, 그 사람을 방화범이라고 부르는 것은 위험한 일이다. 왜냐하면 방화범이라는 용어 자체가 사실에 기반하여 정의된 것이기 때문이다. 진실이 아니면서 사실이라고 날조하는 것은 명예훼손이나 중상으로 고소당할 수 있다.

대부분의 명예훼손이나 중상 사건은 개별적 단어보다는 문장에 기초한다. 개별적 단어보다는 문장에 대해 그것이 진실인지 아니면 거짓인지를 판단하기가 더 용이하기 때문이다. 그러나 명예훼손이나 중상 사건이 단어 때문에 소송이 제기된 적도 있다. "나치(Nazi)"라는 단어는 제2차 세계대전 이후 미국에서의 명예훼손 사건에서 사실에 입각한 것으로 판단되었다. 법원은 누군가를 나치라고 부르는 것이 반인류적 범죄를 저지른 사람을 지칭하는 것에 버금가는 것이라고 판결하였다.

요약

사회적 행동들은 필수적인 인지 기술의 개발에 영향을 미친다. 이 장에서는 사회적 환경이 우리의 인지 과정에 영향을 미치는 몇 가지 방식에 대해 살펴보았다. 타인이 우리에게 무엇을 기억하도록 기대하는지 우리가 인식하지 못하거나, 사회적 상황들이 우리가 정보를 약호화하는 데 필요한 주의를 충분히 기울이지 못하도록 방해하거나, 사회적 상호작용들이 우리의 과제 수행에 필요한 정보 획득을 방해하거나, 혹은 타인이 알고 있는 것을 적절하게 의사전달하지 못하기 때문에 우리의 인지가 실패한다. 사회적 행동이 인지에 어떻게 영향을 미치는지 고려하는 것은 많은 응용에 필수적인 것이다.

제 12 장

물리적 환경

노트가 마음보다 더 많은 것을 안다.

–작자 미상

물리적인 환경을 어떻게 가장 잘 활용할지를 아는 것은 기억과 인지 능력을 높이는 데 필수적인 요소이다. 유명한 탐정 셜록 홈즈와 콜롬보는 물리적 증거가 중요하다는 것을 알고 있고, 제임스 본드나 오스틴 파워 같은 최고의 스파이들과 가제트 형사조차도 현장에서의 목격이 가장 효과적이라는 것을 알고 있다. 만일 어떤 증인이 범죄에 대한 세밀한 내용을 기억해 내지 못한다면, 최고의 탐정과 스파이들은 이 증인을 범죄가 일어났던 장소로 되돌아가 보도록 할 것이다. 똑똑한 학생이라면 자신이 시험 볼 장소에서 공부하는 것이 도움이 된다는 것을 눈치 챘을 것이다.

그 밖의 환경적 단서들도 우리가 기억을 잘 할 수 있게 도와준다. 물리적 환경은 인지에 강력한 보조물이 될 수 있는데, 그 이유는 물리적 자극에 대한 생각보다 물리적 자극 자체가 우리의 주의를 더 쉽게 이끌어내기 때문이다. 우리는 인지적 작업을 수행하기 위해 기억을 포함하는 정보처리 능력을 사용할 수 있고, 환경도 유용하게 활용할 수 있다. 우리의 작업에 도움이 되도록 환경을 배열하거나, 우리의 작업을 도울 수 있는 인공적 보조물들을 활용하는 것도 매우 유용할 수 있다. 환경이 인지에 미치는 효과에 관한 이론은 매우 단순하다. 환경과 인지 사이의 관계에 기반하여 최소한 일곱 가지의 현상을 고려할 수 있을 것이다.

첫째, 물리적인 환경은 사람의 느낌에 영향을 미친다. 만일 물리적 환경이 편하지 않다면 사람들은 지치고 짜증나게 되어 결국 인지 수행을 최적화하는 데 어려움을 경험할 것이다(Hedge, 1994). 둘째, 물리적 자극은 다른 자극들을 상기시켜 주고, 또는 우리가 하고자 하는 일을 생각나게 해준다. 셋째, 시간에 따라 변화되는 물리적 자극은 우리의 기억, 행동, 의도를 유발하는 데 특히 강력한 효과를 갖는다. 변화하지 않는 자극이 수동적 자극(passive stimuli)이라고 불리는데 반하여, 이렇게 변화되는 자극은 능동적 자극(active stimuli)이라고 불린다(Harris, 1980a, 1980b, 1984a, 1984b). 넷째, 특정 환경에서 잘 찾아보기 힘든 물리적 자극들은 그 환경에서 전형적으로 찾을 수 있는 자극들에 비해 기억이나 행동, 그리고 의도 등을 더 잘 불러일으킨다. 다섯째, 물리적 자극들은 사람들이 그것을 제대로 볼 수 있는 곳에 위치시켜야 한다. 여섯째, 사람들은 어떤 자극에 대한 심상을 만들어낼 때 그것을 더 잘 기억한다. 이러한 효과는 사람들이 상호작용적으로 혹은 기괴한 이미지를 만들어낼 때 더 커진다(Higbee, 1988a, 1988b). 일곱째, 사람들은 일반적으로 시각적 자극보다 냄새를 더 잘 기억한다. 만일 냄새가 어떤 정보나 앞으로 발생할 수 있는 사상과 관련되어 있다면, 그 냄새는 필요한 기억을 불러일으키는 데 매우 신뢰할 만한 단서가 될 수 있다(Chu & Downs, 2000).

외부 보조 도구의 응용

상업적 인지 장치

많은 종류의 인지 장치들(cognitive devices)이 상업적으로 팔리는데, 이들이 제공하는 도움의 유형은 다르다. 물리적 자극들은 본래 매우 강력한 것이기

표 12.1 상업적 인지 보조물의 유형들

- **인지 보조기**(cognitive prosthetics)–기억 수행을 촉진하는 데 사용될 수 있는 사물과 장치
- **인지 로봇**(cognitive robots)–사람을 대신해서 기억 과제를 수행해 주는 사물과 장치
- **인지 교정자**(cognitive corrector)–잊어버린 것을 기억하게 하거나 사람이 해결하지 못하는 문제를 해결해 주는 사물과 장치
- **인지 평가자**(cognitive assessor)–사람의 기억 역량을 평가해 주는 사물과 장치
- **인지 트레이너**(cognitive trainer)–인지 과정을 극대화시켜 줄 수 있는 교습을 제공해 주는 사물과 장치
- **인지 출처**(cognitive source)–지식과 기억된 것을 유지시켜 주는 사물과 장치
- **인지 아트**(cognitive art)–기억을 사용하거나 문제를 해결하도록 유도하는 시각 디스플레이
- **인지 조직자**(cognitive organizer)–사람들이 쉽게 찾을 수 있도록 소유물과 자료를 공간적으로 구조화하는 방법들
- **인지 상징물**(cognitive symbols)–인지적 과제 수행과 기억을 상기시켜 주는 사물과 시각 디스플레이
- **인지적 미신물**(cognitive superstitious possessions)–사람들이 그것을 소유함으로써 자신의 인지 과정이나 기억에 영향을 미친다고 믿는 사물이나 장치

때문에, 사람들은 기억을 촉진하기 위해 자연적 대상들을 사용하는 방법들을 고안해 내었다. 원칙적으로, 인지 보조물들(cognitive aids)은 자연적으로 얻어지거나 상업적으로 개발된다. 상업적으로 개발된 여러 유형의 인지 보조물들의 목록이 **표 12.1**에 제시되어 있다.

많은 사업가들과 심리학자들은 기억과 인지 과정에 도움을 주는 상업적인 외부 보조물들을 만들어내었다(Harris, 1980a, 1980b; Herrmann & Petro, 1990; Hersh & Treadgold, 1994; Intons-Peterson, 1997; Kapur, 1995; Lynch, 1995; Parente & Anderson-Parente', 1991; Parente & Herrmann, 2003; Yoder & Herrmann, 2004). 어떤 보조물도 모든 인지적 과제를 단독으로 돕지는 못한다. 그보다는 인지적 과제 유형에 따라 특정한 인지 보조물이 도움을 준다. 예를 들

어, (신용카드 초과사용 경고와 같이) 쇼핑에 사용되는 기억 보조물은 (구매금액을 알려주는 수표책 계산기와 같이) 재정 관리나 (약속시간을 알려주는 장치와 같이) 사회적 약속을 상기시켜 주는 보조물들과는 다른 것이다. 상이한 인지적 과제에 따라 상이한 기억 보조물들이 사용되는 것이다.

정보를 관리하기 위한 인지 보조물들은 지난 10년 동안 많이 개발되었다. 향후 10년 동안에도 더 많은 인지 보조물들이 개발될 것이다. 다음에 상업적으로 개발된 인지 보조들의 사례들이 소개되고 있다.

인지 보조기

상실된 신체 일부를 대체해 주는 인공적 장치들인 신체 보조기와 같이 인지 보조기도 기억, 주의, 문제해결 등과 같은 인지적 기능을 돕기 위해 설계되었다. 인지 보조기는 특히 인지적 장애를 가진 사람들의 능력을 증가시켜 준다. 그러나 이러한 장치들은 인지적 수행을 촉진하기는 하지만 그렇다고 완전한 수행을 보장해 주는 것은 아니다. 예를 들어, 메모지 위에 간략한 메모를 하는 것은 일종의 보조기의 도움을 받는 것이다. 메모에 적힌 메시지는 우리가 그것을 볼 때마다 그 내용을 상기시켜 줄 것이다. 물론, 당신은 그것을 보지 않아 메모한 내용을 잊을 수도 있다. 생활필수품의 구매 목록은 거의 대부분의 사람들이 규칙적으로 구매하는 품목을 구매하는 데 사용된다. 거의 모든 사람들은 자신이 언제 약속이 있고, 또 언제 어떤 일을 해야 하는지 알고 있어야 할 것이다. 사람들은 이러한 것들을 기억하기 위해 일기장이나 수첩에 기록한다. 이런 것들은 사람들이 주로 사용하는 일종의 기억 보조 도구인 것이다(Lipman, Caplan, Schooler, & Lee, 1995). 이러한 기억 보조 도구들은 매우 다양하다. 어떤 사람들은 포스트잇, 화이트보드, 혹은 컴퓨터에 기억해야 할 내용을 저장하기도 한다. 이러한 보조물들은 우리의 기억을 수동적인 방식으로 상기시킨다.

표준적인 시계-라디오는 그것이 기억에 도움을 주는 것인지조차 생각하지 못할 정도로 흔한 것이지만, 많은 사람들은 어떤 일을 기억해야 할 때 그것을 사용한다. 쇼핑 계산기나 수표책 계산기는 사람들이 자신의 재정을 쉽게 관리할 수 있게 해준다. 물론, 종이에 기록하는 것과 마찬가지로, 이러한 장치들이 제 역할을 하기 위해서는 사람들이 정확하게 필요한 정보를 입력해 두어야 한다(Park & Kidder, 1996).

약을 복용하는 것을 기억하도록 돕기 위한 많은 방안들이 고안되었다. 알약이 들어 있는 병에는 복용 방법과 관련된 라벨이 부착되어 있다. 최근의 첨단 약병에는 약을 복용해야 하는 시간을 알려주는 기능이 제공되어 있기도 하다(Park & Kidder, 1996).

거의 모든 경보(alarm)는 사용자가 눈으로 바라보거나 위치를 파악할 필요가 없는 청각 신호로 제공된다. 사람들은 방이나 부엌에 타이머를 두고 잡다한 일에 대한 기억에 도움을 받는다. 타이머는 직장에서도 매우 유용하다. 예를 들어, 어떤 사람이 당신에게 10분 후에 만나자고 하거나 커피를 마시자고 한다면 당신은 약속 시간을 기억할 수 있도록 알람을 맞추어 놓을 수 있다. 전자 알람 시스템은 직원들을 관리하는 고용주들이나 의사를 방문해야 하는 환자들에게도 유용하다(Leirer, Morrow, Pariante, & Sheikh, 1991; Leirer, Morrow, Tanke, & Pariante, 1991; Leirer, Tanke, & Morrow, 1993).

일상생활에서 우리는 잡다한 가정 일을 하고, 누군가를 만나며, 시간에 맞춰 해야 할 일을 해야 한다(Walbaum, 1997). 다양한 제품들이 약속 시간을 상기시키는 데 도움을 주고 있다. 이러한 제품 중에서 가장 흔한 형태는 아마도 알람시계일 것이다(Naugle, Prevey, Naugle, & Delaney, 1998). 어떤 시계들은 유선이나 적외선을 통해 약속 시간뿐만 아니라 다양한 정보를 컴퓨터에서 다운로드받아 이를 사용자에게 알려주기도 한다. 이와 유사하게, 개인용 컴퓨터 형태의 전자식 다이어리도 개인적으로 필요한 정보를 제공해 준다. 예를 들어, 개인용 정보 단말기는 전화번호, 주소, 스케줄, 그리고 약속 시간과 관련된 정보를 제공함으로써 사용자에게 도움을 준다(Herrmann, Brubaker, Sheets, Wells, & Yoder,

1998; Walker & Andrews, 2001, 2004).

인지 로봇

로봇은 사람을 대신하여 기억 과제를 수행한다. 자동 온도 조절장치, 녹화 시간을 설정할 수 있는 VCR, 그리고 켜거나 끄는 것의 시간 설정이 가능한 조명 등, 알맞은 시간에 커피가 끓여지도록 프로그램될 수 있는 커피메이커 등은 모두 인간의 수행을 대신 수행해 주는 로봇들이다. 우리의 인지적 과제를 대신 수행해 주는 것이 인지 로봇이다. 당신이 다른 사람을 위해 어떤 것을 기억하거나 또는 어떤 문제를 해결해 준다면 당신도 그 사람에게는 일종의 로봇처럼 기능하는 것이다.

인지 교정자

이러한 보조장치는 사람이 기억 오류를 수정할 수 있도록 도와주는 특수한 로봇이라고 생각하면 된다. 예를 들어, 당신이 키를 잃어버렸을 때 당신이 손뼉을 치면 "삡"하는 신호음을 보내주는 열쇠고리는 일종의 인지 교정자이다. 당신이 열쇠고리의 신호음을 들을 수 있다면 당신은 당신의 열쇠를 쉽게 찾을 수 있을 것이다. 신용카드 경고 지갑은 만일 하나 혹은 그 이상의 신용카드가 어느 정도의 시간 동안(예를 들어, 2분) 지갑에 다시 돌아오지 않을 경우 경보를 울린다. 또 다른 기억 교정자의 예로, 변기 커버의 위치를 자동으로 변경해 주는 변기를 들 수 있다. 이 변기는 만일 사용자가 변기 커버를 세워 놓은 채 화장실을 나갔을 때(거의 모든 남성들이 그렇게 한다) 이것을 자동적으로 수평적 위치로 다시 돌아오게 한다(이러한 변기는 부부싸움을 많이 줄여줄 수 있지 않을까?). 만일 누군가가 무엇을 찾는 것을 돕는다면 그 사람은 일종의 교정자처럼 행동하는 것이다.

인지 평가자

당신의 인지적 능력을 평가해 보고 싶다면, 여기에는 여러 가지 방법이 가능하다. TV 게임 쇼에서의 문제를 푸는 것, 철자 바꾸기, 혹은 퍼즐 맞추기 등은 모두 이러한 목적에 맞는 것들이다. 몇몇 사람들은 현재의 인지 기능을 검사하기 위해 Simon이라고 불리는 전자 게임을 사용하기도 한다. 최근에 Herrmann에 의해 Memory Monitor라고 불리는 소프트웨어가 개발되었는데, 이것은 사람들이 자신의 여러 가지 기억 기능을 직접 평가해 볼 수 있도록 해준다. 이러한 측정치는 특정 시간에서 그 사람의 기억 기능을 예측하는 데 사용될 수도 있다(Herrmann, Plude, Youder, & Mullin, 1999). 병원에서의 전산화된 평가 시스템들도 환자의 다양한 인지 기능들을 면밀하게 평가하는 데 사용된다. 이러한 시스템들은 일상적 인지 과제들을 모사한 인지 과제들을 사용하여 사람들의 인지 기능을 평가한다(Larrabee & Crook, 1989; Poon, 1980). 예를 들어, 이 시스템은 사람들이 서로 소개하는 상황을 모사하기 위해 컴퓨터 스크린에 사람들의 사진을 보여주고 동시에 스피커를 통해 이들의 이름을 제시해 준다.

인지 트레이너

사람들은 그들의 기억을 평가하는 것뿐만 아니라, 그들의 인지적 기능을 향상시키기 위한 것에 흥미를 가지고 있다. 청취자의 기억을 향상시켜 준다는 여러 가지 테이프들(Rebok, Rasmusson, Bylsma, & Brandt, 1997)이 생산되었고, 비디오도 이와 같은 목적으로 만들어졌다(West & Crook, 1992; West, Tassuda, & Welch, 1997). 최근에는 학습이나 기억하기에 대한 특수한 기술과 방략을 훈련시킴으로써 사람들의 기억 능력을 향상시킬 수 있는 컴퓨터 프로그램들도 개발되었다(Baldi, Plude, & Schwartz, 1996; Plude & Schwartz, 1996a, 1996b). 지금까지 소개된 기억 훈련 도구들에 비해, 이러한 컴퓨터 소프트웨어는 사용자로 하여금 훨씬 더 많은 상호작용을 요구하기 때문에, 마치 실제 트레이너로부터 기억에 대한 교습을 받는 것과 매우 유사한 훈련 환경을 제공해 준다. 최근의 한 연구는 이전의 기억 훈련 방법들에 비해 이러한 상호작용적 컴퓨터 소프트웨어가 기억 향상에 훨씬 더 효과적이라는 것을 보여주었다(Rybash, 1998). 특히, 신경학적 문제에 의해 기억 기능이 감소한 사람들에게 이러한 소프트웨어는 기억 능력을 유지하는 데 도움을 줄 수 있다(Parente, 2000).

지식 출처

우리는 우리의 기억이 완벽하지 못하다는 것을 알고 있기 때문에, (머리 속이 아닌) 세상에 필요한 정보를 비치하거나 기록해 둔다. 예를 들어, 많은 사람들은 대학에서 배운 책들 중 몇 권쯤은 다음에 참조하기 위해 가지고 있을 것이다. 우리는 학교나 직장에서 배운 많은 내용들을 모두 다 기억할 것이라고 기대하지는 않는다. 그 대신 우리는 알고자 하는 내용을 어떻게 효율적으로 찾아볼 수 있는지 배운다. 이와 유사하게, 우리는 우리의 모든 경험을 경험 당시의 생생한 것 그대로 모두 기억하려 하지는 않는다. 그럼에도 불구하고, 우리는 가끔 우리가 기억해 내지 못하는 정보를 필요로 하기도 한다.

몇 가지 사물과 장치들은 기억하기 어려운 주제에 대해 우리가 생각하고 기억해 낼 수 있도록 하는 데 도움을 주기도 한다. 이 경우, 사전이나 백과사전, 세계신기록을 기록한 기네스북, 농경 달력, 그리고 지도책 등과 같은 표준적인 지식의 출처들을 비치해 두고 이것을 참조하는 것이 도움이 된다. 또한 직업-관련 전문서적, 매뉴얼, 디스크, 혹은 카탈로그 등도 도움이 된다. 이러한 지식의 출처들은 잘 떠오르지 않는 정보들을 즉각적으로 찾아볼 수 있게 해주는 역할을 한다. 물론 이러한 지식의 출처들은 우리가 이전에 알지 못했던 새로운 지식도 제공해 준다. 인터넷도 높은 접근성을 가진 도구이기는 하지만, 그 출처의 질에 대해서는 사용자가 신중히 판단해야 한다.

인지 기록

개인적 기록은 특별한 형태의 정보를 제공해 준다. 학생이 수업시간에 필기하는 것, 비서가 회의 내용을 기록하는 것, 혹은 법정에서 속기사가 기록하는 것 등은 나중에 잊힐 수 있는 중요한 정보들을 유지하기 위한 노력의 예들이다. 사람들이 정보나 사상에 대한 세세한 부분들을 생각해 내지 못할 때 정보나 의도에 대한 보완적 기록(backup record)이 있다면 도움이 될 것이다. 사람들은 휴대용 녹음기나 문자 저장기를 들고 다니면서 그들의 생각을 기록하기도 하고, 전화기에 통화 내용을 녹음함으로써 나중에 그것의 세세한 부분을 다시 확인하기도 한다. 그러나 이러한 기록들은 개인적으로만 이용될 수 있다. 예를 들어, 자기 혼자 녹음한 내용은 법정에서 받아들여지기 어렵다. 연구들은 기억 속에 정보를 담아 두는 것과 세상에 정보를 저장하는 것 사이에는 교환적인 득실 관계(trade-offs)가 있다는 것을 보여주었다(Schonflug, 1986). 성공한 사람들은 그렇지 못한 사람들에 비해 보완 기록이나 외부 지식 출처들을 더 많이 갖고 있다. 따라서 강의, 독서, 혹은 회의 등으로부터 기록한 내용들을 신중하게 구조화하고 저장하는 것이 도움이 될 것이다.

우리 대부분은 아마도 어떻게 하면 우리가 다른 사람들의 이름을 좀 더 효율적으로 외울 수 있을지에 대해 생각해 보았을 것이다. 한 가지 도움이 되는 방법은, 우리가 만났던 사람의 이름을 적어두고 그 사람의 특징과 연관시켜 이름을 외우는 것이다. 사람들은 가끔 그들의 시연을 위해 녹음테이프를 사용하기도 한다. 우수 교사상을 수상을 어느 한 교사는 그녀의 학급 학생들 모두의 사진을 찍어, 그 사진 뒤에 그들의 이름을 기록한 후, 학생 개인의 현저한 특성과 이름을 연합시키는 방법을 사용하였다. 많은 학생들은 카드에 단어나 개념을 기록해 둠으로써 이것을 일종의 외부적 기억 보조물로 사용하기도 한다.

인지 아트

사람들은 그들의 과거 경험이나 특정 지식을 상기하기 위해 집이나 직장에 그림, 사물, 혹은 스케치한 것 등을 붙여둔다. 르네상스 시기 동안 화가들은 사람들이 장소법(method of loci)이라고 불리는 기억술을 사용하도록 특별히 고안된 그림을 창조하였다. 사람들은 이 방법을 사용하여 그림의 여러 장소에 정신적으로 목록의 항목들을 위치시킴으로 목록을 학습하였다(Yates, 1966).

사람들의 기억과 문제해결을 돕기 위한 시각 디스플레이는 여러 직업 영역에서 흔히 볼 수 있는 것이다. 의사들의 진료실은 전형적으로 인체 구조나 내부 장기에 대한 그림이나 도식으로 채워져 있다. 이것은 환자들에게 어떤 인상을 주기 위한 것만이 목적이 아니다. 그것들은 의사나 스탭들에게 그들이 알아야 할 지식을 끊임없이 상기시켜 주는 것이다. 요즈음 직장에서는 이러한 도식이나 포스터를 붙여둠으로써 사람들이 중요한 정보를 상기할 수 있도록 해준다.

인지 조직자

물건을 잃어버리는 것은 우리가 직면할 수 있는 가장 귀찮은 기억 문제이다. 우리가 물건을 어느 자리에 놓고 그것에 더 이상 주의를 기울이지 않는 것은 너무 흔한 일이다. 물건을 잃어버리지 않는 가장 쉬운 방법은 물건을 조직화하는 것이다. 사람들이 얼마나 잘 학습하고 기억하는지는 부분적으로 환경을 어떻게 조직화할 것인지와 이러한 조직화에 대해 사람들이 얼마나 친숙한지에 따라 달라진다.

항상 들고 다녀야 하는 필수적인 물건을 잃어버리지 않기 위한 한 가지 좋은 방법은 가정이나 직장에 그것을 둘 곳을 미리 지정해 놓는 것이다. 날이 지나면 물건들이 쌓일 것이다. 당신이 떠날 때가 되면 당신은 무엇을 들고 가야 하는지 일일이 기억할 필요가 없다. 어떤 사람들은 셔츠 주머니나 지갑에 콘서트 티켓이나 수표, 중요한 쪽지 등과 같은 잃어버리기 싫은 물건을 넣기도 한다.

물건 잃어버리는 것을 피할 수 있는 또 한 가지 간단한 방법은 잃어버리는 것 자체를 힘들게 만드는 것이다. 호텔에서는 종종 객실 열쇠에 커다란 물건을 달아놓는데, 이것은 작은 열쇠고리를 달았을 때보다 손님들이 그것을 가지고 호텔을 떠나는 것을 힘들게 만들기 때문이다. 만일 열쇠에 20cm 정도의 물체가 붙어 있다면 사람들이 잊지 않고 그것을 돌려줄 가능성은 더 높아질 것이다. 열쇠 잃어버리는 것을 피하는 또 다른 방법은 그것을 몸에 늘 붙여 놓는 것이다. 벨트나 옷의 어느 부분에 열쇠고리를 묶어 둘 수 있다면 이것을 잃어버릴 가능성은 많이 줄어들 것이다. 이와 유사하게 정원의 돌 밑에 열쇠를 숨겨두거나, 혹은 (당신의 이웃이 당신의 집을 도둑질하지 않을 것이라고 확신한다면) 당신의 이웃에게 여벌의 열쇠를 맡겨두는 것도 좋다.

만일 사람들이 어떤 압력 속에서 작업한다면, 시간은 매우 소중한 것이라는 것을 알 수 있을 것이다. 우리는 잃어버린 물건이나 위치를 찾기 위해, 혹은 잊어버린 정보를 생각해 내기 위해 시간을 낭비하는 것을 바라지 않는다. 이런 문제를 피하기 위해 사람들은 그들의 책상이나 작업 공간을 정리함으로써 좀 더 기억을 용이하게 한다. 예를 들어, 매일 사용하는 펜이나 스테이플러, 혹은 테이프 등은 눈에 가장 잘 띄는 곳에 두지만, 잘 사용하지 않는 물건들은 잘 사용하지 않는 서랍이나 다른 방에 둘 것이다. 다양한 제품들이 소유물 정리를 위해 판매되고 있다. 예를 들어, 낚시도구 상자와 바느질 상자는 모두 이러한 목적을 갖고 있다. 또한 다양한 형태의 라벨들도 팔리고 있는데, 이러한 것들을 서랍, 파일, 혹은 보관용 상자에 부착함으로써 그 안의 내용물을 바로 알아볼 수 있다.

인지 상징물

일상에서 사람들은 자신이 수행해야 할 기억 과제나 인지 과제에 대한 상기물로 다양한 대상들을 사용한다. 예를 들어, 어떤 사람들은 해야 할 일을 기억하기 위해 손에 고무 밴드를 착용하고 있기도 한다. 꼭 지켜야 하는 약속이나 정해진 시간에 해야 할 어떤 일을 잊지 않기 위해 사용될 수 있는 몇 가지 방법들이 있다. 아마도 가장 쉬운 방법은 핸드백이나 가방을 평소와는 반대 어깨로 메거나, 혹은 지갑을 잘 쓰지 않는 주머니에 넣어두는 것이다. 또는 시계를 반대 손에 착용할 수도 있을 것이다. 확실하게 하기 위해 복장을 다르게 입기도 한다. 예를 들어, 눈에 띄는 팔찌나 넥타이를 착용한다면, 다른 사람들이 그것에 대해 뭔가 이야기할 것이고, 이것은 그것을 착용한 사람 스스로가 왜 그것을 착용했는지 다시 생각함으로써 기억해야 할 일들을 다시 한 번 상기할 수 있을 것이다. 물론 이 방법을 너무 자주 사용하는 것은 별로 좋지 않다. 왜냐하면, 다른 사람들은 당신의 그러한 행동에 대해 단지 당신이 복장에 대해 매우 특별한 취미를 갖고 있다고 생각하고, 그에 대해 어떤 언급도 하지 않을 것이기 때문이다. 때로 이러한 단서들 자체가 약속이나 마감일을 기억하는 것을 오히려 방해할 수도 있다(Cook, Marsch, & Hicks, 2005). 잘 사용하지 않는 장소에 물건을 위치시키는 것도 효과적으로 기억을 떠올리게 할 수 있다. 잘 사용하지 않는 공간에 어떤 물체를 두었다는 것은 뭔가 기억할 것이 있다는 것을 나타내기 때문이다.

인지적 동기 촉진물

야구, 축구 그리고 농구 팀들은 자기 팀을 상징하는 모자나 티셔츠를 판매하는데, 그 이유는 경기 때 팬들이 자기 팀을 응원하기 위해 그것을 착용해 주기를 바라기 때문이다. 실제로 이러한 팀들은 그들의 로고가 부착된 물품을 정기적으로 만들어 판매하는 것이 중요한 것이라고 생각한다. 몇몇 심리학자들은 이러한 관습을 연구에 적용하였다. Parente(1998)는 사람들의 기억 과제 연습을 동기화시키기 위해 기억과 연관된 그림이 있는 티셔츠를 만든 바 있다(Payne & Wenger, 1992, 1995).

인지 친화적 제품

우리 일상생활에서 중요하게 기능하면서 인지적으로 친화적인 제품들이 많이 생산되고 있다. 예를 들어, 오늘날의 많은 자동차들은 운전자들이 법적으로 준수해야 하는 정보를 상시시켜 주거나(예를 들어, 안전벨트를 착용하지 않았을 때의 경고음), 차량의 적절한 유지를 위해 필요한 기능(예를 들어, 시동이 꺼졌을 경우 헤드라이트가 자동적으로 꺼지는 것) 등을 제공하고 있다. 어떤 자동차들은 운전자가 키를 빼면 자동적으로 헤드라이트가 꺼지도록 되어 있다. **표 12.2**는 사용자의 나이와 과제에 따른 몇 가지 제품의 유용성을 분류해 놓은 것이다.

표 12.2 사용자 연령에 따른 상업적 기억 보조물의 유용성 평정치

기억 보조물	사용자의 연령		
	노년층	중년층	청년층
1. 기억 장치가 있는 다리미	3.6	4.2	4.1
2. 녹음기	2.5	3.6	4.1
3. 소리 나는 주전자	4.0	3.3	3.6
4. 자동차 메모 패드	2.1	3.0	3.3
5. 칸이 구분된 캐비닛	4.1	3.6	3.5
6. 전자 메모 패드	1.8	2.5	3.0
7. 커피 메이커	3.8	2.1	3.8
8. 갈피표(bookmark)	4.0	2.6	2.9
9. 화분 경보기	4.2	2.8	2.9
10. 메모 스티커	2.7	3.9	3.8

주: 1은 전혀 유용하지 않다는 것을, 반면 7은 매우 유용하다는 것을 나타낸다(Petro, Herrmann, Burrows, & Moore, 1991).

상업적 인지 보조물에 대한 고려사항들

몇몇 사람들은 인지적 보조물의 사용이 인지적 능력을 감소시킨다고 주장하는데, 그 이유는 사람이 더 이상 과제 기억을 연습할 수 없기 때문이다. Yoder와 Puga(2004)는 팜탑 컴퓨터를 사용하는 사람들은 목록이나 플래너(planner)와 같은 다른 방법을 사용하는 사람들에 비해 언어적 정보의 약호화에 덜 효과적이라는 것을 발견하였다. 그러나 이러한 잠재적인 한계점에도 불구하고 일상생활에서 우리에게 요구되는 시간과 노력에서의 부담을 고려한다면, 외부 보조물은 어떤 면에서는 우리 삶의 일부를 좀 더 쉽게 만들어주는 것은 부인할 수 없다.

사람들에 따라 선호하는 보조물의 유형이 다르다. 부분적으로 이것은 개인의 성격, 선호도, 그리고 개인적인 경험에 기이한 것이다. 예를 들어, 과학기술공포증을 갖고 있는 사람은 문제해결에서 전자 장치의 사용을 피한다. 또한 사용자의 연령도 보조물들에 대한 차별적 선호를 가져오는 또 다른 요인이 되는데(Morrell, 1997), 예를 들어, 어린이, 중년, 그리고 노년의 사람들은 서로 다른 유형의 보조물을 상대적으로 더 선호한다(Petro, Herrmann, Burrows, & Moore, 1991; **표 12.1** 참조). 예를 들어, 젊은 사람들은 전자 장치를 더 많이 사용하고자 하는 경향이 있는 반면, 나이든 사람들은 덜 기술적인 방법의 사용을 선호한다. 기술적인 것들에 익숙한 사람들이 나이가 들어도 그러한 경향이 유지되는지 살펴보는 것도 흥미 있는 연구 주제가 될 것이다.

요약

물리적 환경은 아주 강력한 인지 보조물인데, 왜냐하면 자극에 대해 생각하는 것보다는 물리적 자극 자체가 더 쉽게 주의를 이끌어내기 때문이다. 물리적 환경에 대해 사람들이 기분 좋게 느끼도록 하거나, 사람들에게 해야 할 일을 상기시켜 주거나, 혹은 간과될 수 있는 자극을 인식할 수 있게 하는 것과 같은 간단한 응용으로도 사람의 인지적 수행을 향상시킬 수 있다. 특히, 장치들을 사용함으로써 사람들이 여러 인지 과제를 동시에 수행해야 하는 부담을 덜어줄 수 있다. 인지적 과제를 수행하거나 환경을 활용하기 위해 우리는 우리의 기억 능력과 정보처리 능력을 활용한다. 우리의 작업에 맞게 환경을 다시 배열하거나, 인지적 보조물들(예를 들어, 인지 보조기, 인지 로봇과 인지 교정자 등)을 사용하는 것은 우리의 과제 수행에 매우 유용할 수 있다.

제 13 장

생리적 상태와 정서적 상태

술과 자기 연민으로 자신의 불행에 맞설 수도 있지만, 술과 연민은 자신의 불행으로부터 빠져나오지 못하게 하기도 한다.

–작자 미상

생리적 상태

기억과 다른 인지적 과정들은 때에 따라 생리적 조건의 영향을 약하게 받기도 하고 혹은 강하게 받기도 한다(Weingartner & Herrmann, 1992). 생리적 상태, 화학적 상태, 그리고 전반적 건강 상태는 각각 독립적으로 혹은 집합적으로 기억이나 학습에 영향을 미친다(Weingartner & Parker, 1984). 몇몇 생리적 상태의 변화(특히 인지 향상을 위한 영양제나 약물 등에 의한 변화)는 긍정적 효과를 가져오기도 하지만, 거의 대부분의 생리적 변화는 부정적이다(Rosenzweig, 1998). 거의 모든 종류의 약물은 부작용이 있고, 이러한 부작용 중 몇 가지는 기억과 인지 수행을 방해한다. 신체적 운동은 기억이나 인지 기능과 관련이 있지만, 흡연와 같은 개인적 습관 때문에 운동이 기억에 대해 갖는 긍정적 효과가 감소된다(Bruce, Hays, & Pring, 2004).

개인의 신체적 상태도 인지 과제의 수행 능력에 영향을 미친다. 몇 가지 요인들이 개인의 신체적 상태에 영향을 미친다. 먼저, 신체적 상태는 개인의 건강 상태에 따라 달라진다. 좋은 건강 상태에 있는 사람은 운동을 충분히 하지 않은 사람에 비해 더 좋은 인지 과제 수행을 보인다(Blumenthal & Madden, 1988; Chodzko, Zajko, 1991; Clarkson-Smith & Hartley, 1989; Emery & Gatz, 1990; Etnier et al., 1997). 다른 조건들이 같다면, 영양소가 골고루 들어 있는 적당량의 음식을 섭취하는 사람은 그러지 않은 사람에 비해 더 나은 인지적인 수행을 보인다(Kolakowsky, 1997). 이와 유사하게, 신체적 상태는 적당한 수면과도 관련된다. 간단한 기억은 영향을 받지 않는다 하더라도, 우리가 피로해지면 사고에서의 유연성이 떨어지고, 한 측면에 집착하며, 계획하는 데 더 많은 시간이 필요하게 된다(van der Linden, Frese, & Meigman, 2003).

생리적 조건에서의 변화는 질병, 정서적 예민함, 혹은 환경 요인 등에 의해서도 발생한다. 신체적 상태에서의 변화는 생활 기준에서의 변화에 의해 발생할 수 있기 때문에 신체적 상태는 수입, 교육적 배경, 혹은 직무의 속성과 같은 사회적 변인들과 관련성이 높다. 신체적 조건에서의 그러한 변화는 인지 수행에서의 개인차를 가져온다.

정서적 상태

정서는 "감정과 관련된 내적/정신적 상태"로 정의되어 왔다(Clore, Ortony, & Foss, 1987). 정서는 상황이나 환경에 대한 평가를 포함한다(Morris, 1992). 따라서 사상에 대한 인지적 해석은 정서의 중요한 부분 중 하나이다. 인지적 효과를 체제화하고 관리하기 위한 정서 조절은 몇 가지 훈련을 통해 획득될 수 있다.

일반적으로 정서가 포함된 반응은 더 늦게 망각되는데, 왜냐하면 이러한 반응이 선택적 주의, 유의미성, 혹은 시연 등과 같은 요인들과 관련되기 때문이다. 우리의 뇌도 이러한 정보를 다르게 처리한다. 이에 대한 한 가지 일반적인 설명은 정서적인 사상은 중성적인 사상에 비해 피질에서 더 많은 활성화를 가져온다는 것이다. 정서가 더 많이 포함된 사상은 뇌의 경로에서 더 많은 활성화(activation)와 반향(reverberation)을 가져오고, 기억에서 더 강한 응고를 일으키기 때문에 그 결과, 더 좋은 영구기억을 이끈다(Hebb, 1949). Gold(1986)는 스트레스에 의해 에피네프린이 방출되는데, 이것은 혈류에서의 포도당 증가를 가져온다는 점에 주목하였다. 제6장에서 기술하였듯이, 포도당의 증가는 기억의 강화를 가져온다. 일련의 흥미 있는 연구들을 통해 McGaugh(1992)는 에피네프린의 효과가 그것의 양에 따라 달라진다는 것을 보여주었는데, 에피네프린의 수준이 낮으면 기억 유지가 향상되는 반면, 높으면 기억의 손상을 가져온다.

때로 어떤 사상이 극단적으로 위협적인 정서를 야기하거나 외상이 반복적으로 경험되면, 기억상실증을 포함하는 방어적 반응을 가져올 수 있다. 정서는 우리가 무엇에 주의하고 상황을 어떻게 해석하는지에 영향을 미친다. 정서가 우리의 정보처리와 사용 능력에 어떠한 영향을 주는지, 그리고 가장 효과적으로 정서의 힘을 이용할 수 있는 방법은 무엇인지 알아야 한다.

반면, 정서와 관련이 없거나 공간적으로 주변에 위치한 자극들은 잘 기억되지 않는다. 정서는 쉬운 인지 과제는 거의 혹은 전혀 영향을 미치지 않지만, 어렵거나 복잡한 과제는 많은 영향을 미친다. 기분 일치 효과(mood congruency effect)는 매우 확고한 것으로 밝혀졌는데, 이 효과는 우리가 우리 기분에 맞는 정보를 선택적으로 받아들인다는 것을 의미한다. 따라서 활동과 기분 상태를 대응시킴으로써 이득을 얻을 수 있다. 예를 들어, 만일 부정적인 기분을 경험하고 있다면 우리는 좀 더 느리고, 체계적인 방식으로 반응하는 것이 더 용이한 반면, 기분이 좋은 상태라면 이것을 좀 더 일반적인 관점에서 새로운 아이디어를 만들어내거나 문제를 해결하는 데 사용할 수 있을 것이다. 기분과 기억 사이의 이러한 밀접한 관련성을 고려해 볼 때, 우리가 처음에 학습하였거나 노출되었던 상황에서 경험한 것과 동일한 기분 상태로 전환하는 것은 기억에 도움이 될 것이다. 비록 이것이 그렇게 강력한 기억 보조물은 아닐지라도 이것은 종종 기억에 도움을 준다.

생리적 양상과 인지 응용

인지 손상을 야기하는 질병의 확인

최근까지도 병이 든 사람, 노화와 병리학 연구자, 혹은 몇몇의 의사를 제외한 일반인들은 신체적 질병이 인지적 능력을 해칠 수 있다는 것을 알지 못했다. 심지어 대부분의 주요 인지 교재에서조차 지각, 기억, 문제해결, 그리고 의사소통에 질병이 어떠한 효과를 갖는지 언급하고 있지 않다. 인지 능력을 손상시킬 수 있는 질병의 목록이 **표 13.1**에 제시되어 있다.

표 13.1 인지 능력을 해치는 주요 질병과 장애

신체적 질병		
에디슨 병	무산소증	에이즈
관절염	뇌종양	암
만성 피로	만성 통증	뇌염
간질	머리 부상	심장마비
고혈압	갑상샘 과다증	학습 장애
편두통	다발경색성 치매	심근경화증
감각 장애	뇌졸중	매독
대수술 후유증	독극물 노출	
정신 장애		
ADD	불안 장애	양극성 장애
해리 장애	수면 장애	
정신분열	스트레스 장애	
노인성 질환과 장애		
연령 관련 기억 장애	코르사코프 증후군	감각 손실
알츠하이머병	파킨슨 장애	

질병을 자주 앓은 사람이 건강한 사람보다 인지적인 문제를 더 많이 가지는 것은 놀랄 일이 아니다(Weinman, 1994). 만일 질병에 걸렸다면 중요한 정신적 과제들은 피하는 것이 현명한 일이다. 특히, 우리가 질병에 걸려 있다면 복잡한 과제는 더 어려워지고 더 많은 에러를 가져올 것이다. 거의 모든 질병은 불편감을 가져오는데, 이것은 다시 주의집중에서의 어려움을 야기한다. 심한 감기나 위장병은 기억 속도를 떨어뜨린다(Matthews, Davies, Westernman, & Stammers, 2000; Smith, 1992).

우리가 극도로 심한 고통을 경험할 때 방향감각 상실과 혼동이 흔히 나타난다. 관절염은 그것이 주는 통증 때문에 정보를 등록하고 저장하는 것을 방해한다. 심장혈관 질환은 영구적인 단기 기억에서의 어려움을 가져오는데 그것은 충분하지 못한 혈류로 인해 신경계가 손상되기 때문이다. Matthew 등(2000)은 수술을 받은 어떤 사람들은 수술 이전의 일들에 대해 부분적으로 기억상실을 경험하기도 하지만, 종기와 같은 사소한 건강 문제도 이것이 가져오는 불편감으로 야기되는 주의분산 때문에 간헐적인 인지 실패를 야기하기도 한다.

인지에 대한 신경계 질병의 영향

몇몇 질병들은 기억을 심각하게 손상시킨다. 알츠하이머병(Alzheimer's disease)은 가장 널리 알려진 기억 장애 질병이다. 코르사코프 증후군(Korsakoff's syndrome)은 장기간의 과도한 음주로 인해 발병하는데, 이 병은 새로운 기억을 등록하는 능력을 상실하게 한다. 뇌졸중(stroke)의 경우 뇌 속의 혈병(blood clot: 혈액이 응고된 덩어리)이 기억 능력을 손상시키는데, 그러한 손상은 영구적인 경우가 많다. 간이뇌졸중(ministroke)은 작은 혈병들을 뇌로 보내 기억을 방해하지만, 그 효과는 영구적이지 않은 경우가 많다. 생명을 위협할 수 있는 저혈압은 사람들의 주의 능력을 감소시키기 때문에 기억을 손상시킬 수 있다. 심각한 우울증도 기억 능력(특히 정보를 약호화하고 체제화하는 능력)을 손상시키지만(Niede-

표 13.2 신경 손상에 의한 인지적 문제들

- 당신에게 한 이야기를 잊어버린다.
- 이전에 알았던 길을 기억하지 못한다.
- 당신에게 중요한 어떤 약속을 잊는다.
- 흔한 대상의 이름을 잊는다.
- 당신이 하던 일이나 작업에 필요한 충분한 정보를 기억하지 못해 익숙했던 과제를 더 이상 수행하지 못한다.
- 깨닫지 못하면서 같은 행동을 반복한다.
- 이미 구매했던 물건을 다시 구매한다.
- 시간이나 장소에 자꾸 혼란이 생긴다.
- 돈을 어디에 얼마나 지출했는지 생각나지 않는다.
- 능숙했던 능력을 잃게 된다.
- 성격에 급격한 변화를 겪게 된다.

rehe & Yoder, 1989), 다행히 우울의 효과가 영구적인 것은 아니다. **표 13.2**에 제시된 몇 가지 인지적 문제들은 심각한 신경 장애의 시작을 경고하는 것일 수도 있다(Campbell & Conway, 1995; Mark & Mark, 1992).

심각한 신체 장애가 있는 사람을 도울 수 있는 방법들이 개발되고 있다. 말을 하지 못하거나 쓰지 못하는 사람들도 뇌파나 안구 근육 반응을 이용하여 커서를 통제할 수 있다는 것이 밝혀졌다(Metz & Hoffman, 1997). 연구자들은 마비된 사람들이 질문에 대해 "예/아니오"로 대답함으로써 또는 간단한 문장을 구성함으로써 의사소통할 수 있다는 것을 발견하였다(Doherty, 1999).

인지를 손상시키거나 촉진하는 약물

몇 년 전에 사람들은 암페타민이 인지 능력을 향상시킨다고 주장하였다. 비록 암페타민이 인지적 과제를 수행하는 동안 사람들을 각성시켜 주기는 하지만, 이러한 약물은 중독성이 매우 높고 위험한 약물이다. 인지 과제 수행에서의 각성을 위해 자극제를 사용하는 것도 좋은 방법이 아니다. 이것은 당신을 각성시키기도 하지만 산만하게 만들기도 한다. 인지를 가장 많이 도울 수 있는 것은 동기(motivation)이다. 연구자들은 신경적으로 손상을 입은 사람들의 인지 능력을 위해 약물들을 계속 개발하고 있지만(Rosenzweig, 1998), 그러한 약물들은 심각한 부작용을 야기할 수도 있다.

물질이나 약물은 신경과민이나 졸음을 유발하여 인지를 방해한다. 어떤 약물들은 문제가 되는 증상을 치료하는 데 매우 효과적이기는 하지만, 대부분은 부작용을 갖고 있어 인지적 과제의 수행을 방해할 수 있다. 졸음을 유발하는 모든 약물은 인지 과정을 방해한다. 대부분의 진정제, 항우울제, 그리고 신경안정제들이 그러한 것처럼 모든 항히스타민제와 감기약도 이러한 효과를 갖는다. 자극제나 다이어트 약과 같이 흥분을 유발하는 약물들도 인지 과정을 방해한다(Brown & Larson, 1993). 심지어 항생제도 인지 능력을 방해하는 것으로 알려졌다.

만일 당신이 약을 복용해야 한다면 복용설명서를 주의 깊게 확인하라. 그러나 약 때문에 발생할 수 있는 인지적 문제들은 그러한 복용설명서에는 제공되지 않는다. 따라서 약물 복용 후 기억이나 다른 인지적 기능에 부작용을 경험하였다면 의사나 약사에게 문의해야 한다. **표 13.3**은 인지 기능을 손상시킬 수 있는 약물과 물질, 치료, 그리고 경험들을 목록화한 것이다(Brown & Larson, 1993; Carren, 2002).

표 13.3 인지 손상이 야기될 수 있는 물질이나 사상

- **내복약**—암페타민, 진통제, 항생제, 제토제, 항히스타민제, 녹내장 치료용 안약, 스코폴아민
- **정신 약물**—불안 완화제, 항우울제, 항정신질환제, 리튬, 진정제
- **단기적 혹은 영구적인 인지 손상을 가져오는 치료**—수술, 전기 충격, 경피신경 전기치료
- **약물 남용**—암페타민, 불법 약물, 알코올, 카페인, 니코틴
- **경험**—정서적 외상, 피로, 수면 부족, 저혈당증, 사회적 공황, 과식, 영양부족

화학물과 인지 손상

사람들은 커피, 차, 소다수, 그리고 알코올이 화학물이 아니라고 생각하지만, 이것들은 화학물이다. 커피, 차, 소다수, 담배에는 흥분제로 작용하는 화학물들을 포함하고 있다. 만일 이러한 흥분제의 양이 적정하지 않다면 이것은 인지 능력의 저하를 가져올 수 있다. 너무 적은 양의 흥분제는 주의를 감소시켜 인지 수행을 저하시키는 반면 너무 많은 양의 흥분제는 신경과민이나 주의 산만을 초래할 수 있다.

인지는 또한 알코올(Birnbaum, Taylor, Johnson, & Raye, 1987; Hashtroudi & Parker, 1986), 마리화나(Block & Wittenborn, 1984; Schwartz, 1991), 코카인(von Grop, Hull, Wilkins, Hinkin, Plotkin, Moore, & Horner, 2000), 아편, 그리고 펜시클리딘(PCP)과 같은 통제 약물의 사용이나 중독에 의한 영향을 받기도 한다. 알코올은 중추 신경계를 억제한다. 알코올은 종종 건망증 음식(amnesia food)이라고도 불리는데(Ambrose, Bowden, & Whelan, 2001), 그 이유는 이것이 작업 기억의 기능을 손상시키기 때문이다. 그리고 장기간 알코올을 사용할 경우 이것은 뇌간과 대뇌피질을 천천히 파괴한다. 뇌 안의 신경 조직들의 학습 능력이 현저히 저하 된다. 알코올에 의한 손상이 극심해질 경우 이 사람은 더 이상 학습을 할 수 없게 된다. 알코올 섭취를 중단할 경우 이러한 신경 조직들의 손상은 멈춰지겠지만, 이미 상실된 신경 조직들은 의학적인 치료로 재생되거나 원래 상태로 되돌아가지는 않는다. 알코올 섭취로 의미 기억이나 절차 기억의 일부가 상실되고, 이러한 모든 기억들을 포함한 과거 경험에 대한 기억 자체가 사라질 수도 있다. 이러한 상실이 발생할 경우, 그 사람은 더 무력하고, 어리숙해지며, 매사에 흥미를 잃는다.

사람들이 이러한 약물들의 사용을 중단할 경우 이들은 정보를 더 잘 기억할 수 있게 된다. 몇몇 사람들은 이러한 물질들이 사람들을 이완시켜 주고, 더 잘 학습하도록 해준다고 말하지만, 연구 결과들은 이와는 반대의 결과를 보여준다. 알코올이나 마리화나 혹은 다른 향정신 약물들은 인지 수행을 즉각적으로 혹은 영구히 손상시킨다. 만일 이완이 목적이라면 이러한 약물을 사용하는 것 말고 좀 더 안전한 다른 방법도 있다.

사람들은 어떤 약물이 인지 능력을 향상시킨다는 말을 듣고는 한다. 그러나 지금까지 개발된 어떤 인지 약물도 정상인들의 인지 기능을 향상시키지는 않는다. 왜냐하면 이러한 약물들은 인지 기능에서 결핍이 있는 사람들을 치료하기 위해 발달되어 왔기 때문이다. 만일 당신이 약물 치료가 요구될 만한 질병을 가지고 있지 않다면 당신은 이러한 약물들을 통해 이득을 얻는 게 없을 것인데, 그것은 이러한 약물들이 전형적으로 화학적 불균형을 완화시키기 위한 목적으로 만들어졌기 때문이다. 또한, 제대로 처방되지 않았을 때, 이러한 약들은 심각한(경우에 따라서는 치명적인) 부작용의 원인이 되기도 한다.

자기 관리

최적의 인지 수행을 위해 자기 스스로를 관리하는 것이 필요하다. 적당한 영양섭취와 운동습관 이외에도, 정기적으로 검진을 받는 것도 자기 관리 방법 중 하나이다. 그러나 많은 사람들은 건강 검진센터에 가는 일이나 의사와의 약속 등을 자주 잊어버린다(Gates & Colborn, 1976).

운전

인지심리학의 중요한 응용 중 하나는 운전자의 건강에 대한 연구이다. 최근 연구는 사람들이 음주운전을 할 때는 졸음운전을 할 때만큼 많은 오류를 범한다는 것을 밝혔다(Walker & Herrmann, 2004).

수면 상실

수면 상실과 피로가 거의 모든 인지적 수행을 방해한다는 것은 매우 분명한 사실이다(Blagrove & Akehurst, 2000; Chmiel, Totterdell, & Folkard, 1995). 많은 연구들이 수면 주기의 변화(예를 들어, 주야간 교대 근무 등)가 갖는 효과에 대한 것이었다. 교대 근무도 인지 수행을 방해한다.

건강 면접조사

어떤 사람이 질병에 걸렸을 때, 그 사람의 과거 병력에 대해 철저하게 살펴보는 것은 매우 중요한 일이다. 그러나 몇몇 인지 연구자들은 병력에서 오류가 있을 수 있다는 것을 보고하였다. 사람들의 건강 상태에 대해 좀 더 정확한 자료를 얻을 수 있는 면접 방법들이 있다(Cohen & Java, 1995). 예를 들면, 사람들은 자신의 삶에서 매우 중요한 사건을 먼저 회상한 다음에는 자신의 병력에 대해서도 더 잘 회상할 수 있다.

임상적 평가

지난 20년 동안, 신경학적 손상이 인지에 어떤 영향을 미치는지에 대해 많은 연구가 이루어졌고, 이에 대한 이해도 확장되고 있다(Lewkowicz & Whitton, 1995; McCarthy & Warrington, 1990; Nilsson & Markowitsch, 1999). 진단의 정확성을 높이기 위해 가능성 높은 몇 가지 문제들에 대해 사람들을 평가하여 선별할 수 있는 검사의 개발에 많은 노력이 주어졌다. 선별 검사(screen test)는 어떤 손상이 있는지의 여부만을 빠르게 탐지할 수 있는 검사이다(이 검사는 그러한 손상이 갖는 본질에 대해서는 명세화하지 않는다). 잘 알려진 선별 검사 중 하나는 간이형 정신 상태 검사(Mini Mental Status Exam: MMSE, Folstein, Folstein, & McHugh, 1975)이다. 이 검사에서 사람들은 일상적인 질문들(당신은 어디에 사는가, 대통령은 누구인가 등)에 대해 답하게 된다.

심각한 신경적 문제를 갖고 있는 사람들은 이러한 기초적인 질문에조차 답하기 어려울 것이다. 이 검사는 임상가들에게 매우 큰 도움이 되어왔지만, 이것은 구체적인 진단 정보는 거의 제공해 주지 못한다. 이러한 어려움 때문에 연구자들은 좀 더 효율적이고 민감하며, 특정적인 측정치를 제공할 수 있는 검사를 만들기 위해 노력하였다. 이런 검사 중의 하나가 기억 손상 척도(Memory Impairment Scale: MIS, Buschke et al., 1999; Gifford & Cummings, 1999)이다.

이와 함께 지난 몇 년 동안, 머리 부상이나 질병으로 인한 신경학적 질병으로부터 고통받는 사람들을 도울 수 있는 새로운 치료 영역이 개발되었다(Baddeley, 1995; Gianutsos, 1991; Solberg & Mateer, 1989). 이러한 영역에서 활동하고 있는 전문가들은 인지심리학자, 임상심리학자, 언어병리학자, 그리고 그 외의 건강관리 전문가들이다. 인지 손상을 치료하기 위한 다양한 종류의 치료들이 개발되어 왔다. 초기의 인지 재활 연구들은 사고로 인해 머리에 부상을 입은 사람들에 초점이 맞추어졌다(Caprio-Prevette, 1999; Gianutsos, 1991; Hux et al., 1994; Parente, 1998; Parente & Herrmann, 2003). 그 후에, 인지심리학에서의 연구 결과들은 간질이나 뇌졸중과 같은 또 다른 원인에 의해 신경학적으로 손상을 입은 환자들을 돕는 방향으로 응용되었다(Baddeley, Wilson, & Watts, 1995; Crook & Longjohn, 1993; Wilson, 1987; Wilson & Moffatt, 1992; Wilson & Patterson, 1990). 좀 더 최근에는 피할 수도 없고(Fotuhi, 2003; Mark & Mark), 재활도 불가능하다고 여겨졌던(Camp & Foss, 1997; Camp et al., 1996) 치매 증상이 시작되고 있는 사람들을 위한 인지적 재활 방법들도 개발되고 있다.

신경학적 손상 환자의 외부 보조물 사용

신경학적으로 문제가 있는 사람들이 상기 장치(remaining device)와 같은 외부 보조물을 통해 많은 도움을 받는다는 많은 증거들이 있다(Baddeley, 1990,

1993; Bourgeois, 1990, 1993a; Camp et al., 1996; Cockburn, 1996; Fowler, Hart, & Sheehan, 1972; Jones & Adam, 1979; Kim, Burke, Dowds, Boone, & Park, 2000; Kurlychek, 1983; Naugle et al., 1988; Sandler & Harris, 1991; Skilbeck, 1984). 연구의 대상이 되었던 거의 모든 상기 장치들은 인지적 보조기 형태였다(Parente & Herrmann, 2003; Wilson, 1987). 예를 들어, 약을 복용해야 한다는 것을 알려주는 알람 기능이 포함된 약 상자는 약을 정해진 시간에 복용할 가능성을 높여준다. 그렇다고 그것을 완전히 보장하지는 못하는데, 알람 소리 이후에라도 환자의 주의가 분산될 수 있기 때문이다.

약을 제 시간에 복용하는 것을 잊어버리는 것은 매우 심각한 결과를 초래할 수 있다. 만일 약 복용을 잊는 것이 생명과 직결되어 있다면, 약 복용을 확실하게 보장할 수 있는 추가적인 절차가 필요하다. 약을 복용해야 하는 시간이 되면 알람을 통해 그것을 신호해 주는 장치가 도움이 될 수 있을 것이다(Park & Kidder, 1996). 또는 병원이나 전화 서비스 회사가 약 복용 시간을 알려주는 기능을 할 수도 있다. 연구들은 이러한 개입들이 약 복용의 가능성을 극적으로 증가시킨다는 결과를 보고하고 있다.

진단 정확성 높이기

인지심리학은 질병, 장애, 혹은 상해의 진단과 치료에 사용될 수 있다(Kohn, Corrigan, & Donaldson, 2000). 지각과 기억 연구에서 성공적으로 사용되었던 신호탐지 이론이 진단에도 유용하게 적용될 수 있음이 밝혀졌다(Swets, Dawes, & Monahan, 2000). 현재의 증상, 진단과 일치하지 않는 증상, 혹은 현재 나타나지 않은 증상들을 모두 신중하게 고려함으로써 어떤 개인이 특정 질변이나 장애를 갖고 있을 가능성을 수학적으로 추정할 수 있다.

치료 정확성 높이기

환자가 제때 회복하거나 혹은 완전히 회복하기 위해서는 제 시간에 처방된 약을 복용하는 것이 중요하다. 환자가 제 시간에 약을 복용하도록 상기시켜 주거나(Park & Kidder, 1996), 처방에 따라 치료가 완료되었는지의 여부를 알려주는(Cramer, Mattson, Prevey, Scheyer, & Ouellette, 1989) 외부 보조물들이 개발되어 왔다.

수감 생활

비록 몇몇의 연구들이 수감자의 전문성에 초점을 맞추었지만(Logie et al., 1992), 죄수나 수감자의 인지적 기능에 대한 많은 연구들은 이들의 죄책감이나 책임감과 관련된 인지적 왜곡에 초점을 맞추었다. Gudjonsson과 Sigurdsson (1996)은 수감자들이 주어진 질문에 대해 말을 꾸며내거나 사실이 아닌 반응을 보이는 것은 이들의 기억, 지능, 그리고 성격과 관련되어 있다고 결론지었다. 다른 연구에서는 머리에 부상을 입은 경험의 비율은 일반인보다 수감자들에서 더 높다고 결론내렸다(Miller, 1996). 이들 중 상당수는 감옥에 들어오기 이전에, 그리고 심지어는 처음으로 법적인 제제를 받기 이전에 이미 머리에 부상을 입은 경험이 있는 사람들이었다(Sarapata, Herrmann, Johnson, & Aycock, 1998).

정서적 양상과 인지 응용

섬광 기억

섬광 기억(flashbulb memory)은 중요하거나 기대하지 못했던 사건이 발생한 순간 혹은 그 이후에 형성된다. 예를 들어, 런던 지하철 테러나 9.11 사건과 같은 국내외적으로 중요한 사건이 일어날 때 사람들은 섬광 기억을 획득할 수 있다. 사람들은 종종 그들이 무엇을 하고 있었는지, 무엇을 입고 있었는지, 그리고 당시 어떤 느낌을 가졌었는지에 대해 보고한다. Brown과 Kulik(1977)는 면접 조사를 통해 다양한 사건들에 대한 사람들의 기억을 조사하였다. 그들이 면접한 거의 모든 사람들은 케네디 대통령 암살 사건을 섬광 기억으로 갖고 있었다. 특히 75%의 흑인들은 마틴 루터 킹 암살에 대해 백인들보다 더 많이 섬광 기억으로 보고하였는데, 백인들의 경우, 이 사건에 대해 보고한 비율은 3분의 1이 못되었다. 자신에게 중요한 결과를 가져오는 사건들이 섬광 기억으로 저장되는 것으로 보인다. 비록 섬광 기억이 시간이 지날수록 점점 더 왜곡되기는 하지만(Neisser & Harsch, 1992), 이것이 갖고 있는 높은 정서성 때문에 섬광 기억은 다른 기억에 비해 훨씬 더 정확하다(Christianson, 1992; Walker, Vogl & Thompson, 1997). 기분이나 정서가 자전적 기억에 영향을 미치기는 하지만, 동일한 사상과 관련된 다른 기억들이 자전적 기억의 정확성을 방해할 수도 있다(Brown & Kulick, 1998; Wright, 1993b).

목격자 기억과 외상 기억

목격자에 대한 연구는 정서가 포함된 정보를 우리가 어떻게 처리하는지 알 수 있게 해주는 또 다른 원천을 제공해 준다. 목격자 기억은 개인적으로 경험된 일화에 대한 기억이 얼마나 정확한지 검토한다. 이러한 개인적 일화에 대한 기억은 사건이 일어난 후에 제공되는 잘못된 정보에 의해 왜곡되기 쉽기 때문이다. 이러한 일화적 경험들에는 강력한 정서적 요소가 포함되어 있다. 일반적으로 우리는 우리가 가장 중요하다고 생각하는 정보에 초점을 맞추는 반면, 덜 중요하거나 주변적인 정보라고 생각하는 것들은 배제시키는 경향이 있다.

연구들은 정서가 증가하면 인지적 수행에 영향을 줄 수 있는 단서들의 양이 감소한다는 것을 보여주었다(Easterbrook, 1959). 정서적 사상에 대한 이러한 좁아진 주의와 높아진 집중은 터널 기억(tunnel memory)이라고 불린다. 사람들이 극한적인 외상 사건에 노출되면, 사람들은 그 사건에 대해 매우 빈번하게 생각하고 반응한다. 그러한 사상에 대한 침입적 사고(intrusive thinking) 때문에 다른 것을 생각하지 못할 수도 있다. 이와는 반대로 어떤 사람들은 그러한 사상에 대해 전혀 기억하지 못할 수도 있다. 오래전에 프로이트(1901)는 위협적으로 지각되는 것으로부터 우리 스스로를 보호하는 방어기제(defense mechanism)에 대해 논의한 바 있다. 때에 따라 억압(repression)이 발생하여, 외상적 사상들과 관련된 정보를 전혀 기억하지 못하거나 재인하지 못한다. 다시 말해, 그러한 사상들은 우리의 의식적 자각에서 밀려나는 것이다. 비록 억압이 흥미로운 현상이라 할지라도, 이에 대해서는 경험적 증거들이 부족하다(Eich & Schooler, 2000; Erdelyi, 1996; Loftus & Ketcham, 1994).

다른 경우, 정보들은 개인의 자기 이미지(self-image), 다른 사람의 평가, 혹은 상황에 대한 우리의 판단에 일치하도록 하기 위해 처음 정보가 등록될 때, 저장될 때, 혹은 인출될 때 왜곡될 수 있다(Greenwald, 1980). 성폭행을 당한 경우에 사람들은 그 사건에 대해 오랜 기간 동안 아무것도 기억하지 못한다. 그들은 그 사건과 관련하여 기억상실증을 경험하게 된다. Christianson과 Nilson(1989)은 잔인하게 폭행당하고 강간당한 후 이것에 대해 심리적 기억상실을 겪었던 한 여성에 대한 사례연구 결과를 보고하였다. 사건이 있은 지 몇 주 후에 경찰들은 그녀를 그녀가 공격당한 곳으로 데려갔다. 사건이 발생한 장소로 가까이 갈수록 그녀의 불안감은 커져갔고, 결국 아프고 울기 시작하였다. 생명을 위협하는 사건을 잊는 것은 그렇게 특별한 것이 아닐 수 있다. 외상적 사건을 경험한 여성들에 대한 연구에서 William(1994)은 12세 이전에 강간을 당하거나 성폭행을 당한 여성들의 38%는 자신이 경험한 사건들에 대해 기억하지 못했고, 병원 등에 보관된 자료를 통해 확실히 명시된 내용도 17년이나 지난 시점에서도 기억하지 못하였다. 때때로, 외상 경험은 매우 강력한 것이어서 이를 경험한 사람들은 자신의 정체와 과거 인생을 잊어버리거나 목적 없는 삶을 사는 것과 같은 심리적 기억상실 상태를 겪게 된다.

판단 내리기

정서적 사상에 의해 우리의 기억이 향상되기도 하고 방해받기도 하지만, 정보에 대한 우리의 판단 능력과 평가도 정서적 사상의 영향을 받는다. 우리의 기분은 사람, 대상 그리고 사상 과제에 영향을 준다(Bower & Forgas, 2000). 한 실험에서 실험참가자는 관리직에 지원한 지원자들을 일련의 표준화된 질문지를 통해 면대면으로 인터뷰한 후 이들을 평가하도록 하였다. 이 연구에서 지원자들은 실제로는 연구자와 공모한 "가짜" 지원자였는데, 이들은 면접자들에게 동일한 대답을 하였다. 인터뷰가 시작되기 전에, 인터뷰를 해야 하는 실험참가자들의 수행에 대해 긍정적, 부정적 혹은 중성적인 피드백을 제공함으로써 그들의 기분이 달라지도록 조작하였다. 이 연구는 실험참가자들(즉, 면접관들)의 기분이 매우 중요하였다는 것을 보여주었다. 기분이 좋은 면접관은 참가자에게 좋은 잠재력을 가지고 있다고 평가했던 반면, 부정적 기분으로 조작된 면접관은 지원자들을 훨씬 부정적이고 고용에 대해 추천하기에 적당하지 않다고 생각하는 경향이 컸다. 만일 당신이 원하는 직장에 취직되지 못하더라도 그것은 당신과는 전혀 관계가 없는 면접관들의 기분 때문에 그렇게 된 것일 수 있으니 너무 실망하지 말기 바란다.

사람들에 대한 판단뿐만 아니라, 우리는 우리가 듣고 보는 것에 대해서도 어떤 결정을 해야 한다(Bower & Forgas, 2000). 한 연구에서는 학생들이 한 신문에서 어떤 식당에 관한 평가 기사를 읽기 전에 이들을 화가 나게 하거나 만족하도록 기분을 조작하였다. 그 다음, 처음의 유도된 기분이 중성화된 이후에 그들은 신문에 소개된 식당에 대해 평가하고, 그것에 어떤 내용이 실렸는지에 대해 기억하도록 하였다. 그 결과, 처음에 화가 났던 사람들은 처음에 만족한 상태였던 사람들에 비해 그 식당을 더 부정적으로 평가하였다. 또한 화가 난 독자들이 화를 자극하는 글에 좀 더 부정적으로 반응하는 반면, 혐오감을 느낀 독자들은 혐오감을 유발하는 기사에 대해 더 부정적으로 반응하였다. 그리고 기사를 읽는 도중의 반응이 더 강할수록 식당에 대해 더 부정적으로 평가하였고, 자신의 기분과 일치하는 내용을 더 잘 회상하였다. 우리가 우리의 정서와 일치하는 정보를 잘 기억하듯이, 우리의 기분과 일치하는 방식으로 정보를 판단하려는 경향이 있다. 유도된 기분이 판단과 평가에 영향을 미치는 것이다.

기분과 판단에 대한 무관련 사상의 영향

Forgas와 Moylan(1987)은 사람들이 영화를 본 이전과 이후에 그들을 인터뷰하였다. 여론조사로 위장하고, 관람객들로 하여금 그들의 기분, 개인적/직업적 조건에 대한 만족 정도, 정치, 미래, 그리고 음주운전이나 마약 운반 등과 같은 법적 위반에 대한 처벌 수위의 엄중함 정도에 대해 평정하도록 하였다. 그 결과, 코미디를 본 사람들은 슬픈 영화를 본 사람들에 비해 이러한 것들에 대해 더 낙관적인 반응을 보였다. 흥미롭게도 폭력 영화를 본 영화 관객들은 다른 영화를 본 관객들에 비해 범죄에 대해 좀 더 엄중한 처벌을 해야 한다고 의견을 제시하는 경향이 높았다.

이와 유사하게, 의사결정도 우리가 스트레스를 받거나, 기쁘거나, 우울하거나, 혹은 다른 정서 상태를 가질 때 영향을 받는다고 알려져 있다. 긍정적 기분은 종종 빠르고, 단순하며, 혹은 표면적인 정보처리 과정으로 이끈다(Fiedler, 1991; Hertel & Fielder, 1994; Isen, 1987; Mackie & Worth, 1991). 기분이 좋은 사람들은 분석적인 발견법보다는 직관적 발견법을 사용하고, 과제에 대한 접근방식에서도 좀 더 포괄적인 경향이 있다. 우리가 기분이 좋으면 우리는 어떤 일을 반드시 해야 한다고 생각하지 않고, 세밀하거나 체계적인 노력을 기울여야 한다는 필요를 느끼지 않는다. 예를 들어, Martin 등(1993)은 기분이 좋은 사람들과 반대로 기분이 슬픈 사람들에게 일반적인 새 이름을 나열하도록 하였다. 그 결과, 기분이 슬픈 사람들은 기분이 좋은 사람들에 비해 더 많은 새 이름을 말할 뿐만 아니라 그것을 더 많이 기억하였다. 좋은 기분은 우리가 과제에 좀 더 표면적으로 관여하고 심사숙고하지 않도록 한다. 우리가 해야 하는 일이 무엇인지에 따라 이러한 경향은 우리에게 긍정적으로도 혹은 부정적으로도 영향을 준다.

Isen(1987)은 긍정적 정서가 다른 지식들과 더 많이 서로 관련되어 기분이 좋을 때는 더 많은 연합들이 촉발될 것이라고 생각하였다. 우리가 행복할 때 우리가 무엇인가를 성취하고자 한다면 서로 경합하는 다른 생각들이 더 많이 떠오를 수 있다. 문제해결에서 자연스럽게 긍정적인 기분을 경험하는 사람들은 더 많은 해결 방법을 생각할 수 있거나(Vosburg, 1998), 혹은 그 반대로 부정적이거나 중성적인 기분을 경험하고 있는 사람에 비해 오히려 더 상대적으로 열악하게 수행할 수도 있다(Kaufmann & Vosburg, 1997). 부정적 기분에 있는 사람들은 좀 더 느리고, 체계적인 책략을 사용하는 경향이 있다.

정보 관리

부정적 정서 상태가 왜 인지에 영향을 주는지에 대해서는 다양한 설명이 있다. Ellis, Ottaway, Varner, Beker, 그리고 Moore(1997)는 학생들에게 여러 가지 문장을 제시한 후 그 속에서 일관적이지 못한 정보를 찾아보라고 지시하였다. 이 연구자들은 유도된 우울 정서를 경험한 사람들이 정보를 이해하거나 그것을 비판적으로 평가하는 데 덜 효과적인 것을 발견하였다. 그들은 또한 모순되는 정보를 확인하는 데 수행이 좋지 못했다. 스트레스를 경험한 사람들도 정보를 기억하는 데 덜 효율적이었고, 모순된 정보를 잘 알아차리지 못했다. 스트레스는 일관적이지 못한 정보를 확인하는 능력을 감소시켰다. Gilbert(1993)가 지적하였듯이, 부담이 있는 상황에서 정보는 일차적으로는 무비판적으로 받아들여진다. 사람들이 우울이나 스트레스와 같은 각성 정서 상태를 경험하면 그들은 잘못되거나 오해의 소지가 있는 정보를 구별해 낼 수 없고, 다른 정보를 회상하는 데 더 많은 어려움을 겪을 수 있다. 제대로 된 정보를 받아들이는 것에 비해 잘못된 정보를 확인하고 기억하는 것은 더 많은 노력을 요구한다(Gilbert, 1993).

대처하기와 정서 지능

최근에, 정서 지능에 대한 관심이 높아지고 있다. 정서 지능(emotional intelligence)은 필요한 경우 정서를 수정하는 것에서의 능력뿐만 아니라(Goleman, 1995; Mayer & Salovey, 1997), 정서를 정확하게 지각하고, 이해하며, 표현하는 능력을 의미한다(Mayer & Salovey, 1997). 부모들은 자녀들에게 그들의 정서를 확인하고, 정서가 어떻게 행동에 영향을 주는지 이해하도록 함으로써, 그리고 정서 행동을 적절하게 모델링함으로써 자녀들의 정서 지능 발달에 도움을 줄 수 있다. 만일 부모가 그렇게 하지 못한다면, 치료자들이 사람들로 하여금 스스로의 감정과 행동을 이해하게 하는 데 도움을 줄 수 있다. 어떻게 정서를 파악하고 이에 대처하는지 알아내는 것은 성공적 삶을 위해 매우 중요하다. 우리는 기분이 저조할 때조차 나쁜 기분을 환기시키려 노력한다. 기분 전환 혹은 기분 회복은 스스로 나쁜 생각을 하지 않도록 하는 것을 포함한다. 부정적 기분을 조절하는 데는 개인차가 있다. 부정적인 생각을 되새기는 것은 오히려 그것을 마음속에 계속 두게 되는 결과를 초래하는 반면, 적극적으로 무엇인가를 하거나 생각의 틀을 바꾼다면 부정적 기분을 누그러뜨릴 수 있다. 적극적으로 기분 회복을 하고자 하는 사람들은 최근에 경험한 부정적 기분을 상쇄시키기 위하여 즐거운 생각이나 기억을 탐색하는 데 효과적인 방략을 사용한다(Teasdale et al., 1995). Teasdale 등은 또한 정서 회복을 잘 하는 사람들은 자존감이 더 높고, 정보에 대한 정서-관련 기억을 더 적게 갖고 있을 뿐만 아니라 정보와 관련된 정서를 다른 정서로 바꿀 수 있다는 것을 보여주었다. 대부분의 경우 좋은 기억에 비해 나쁜 기억은 더 빨리 잊힌다(Walker, Skowronski, & Thompson, 2003).

정신 질환의 정의

때로 인지와 정서가 관련이 없는 것으로 여겨지기도 하지만(Panzarella, Alloy, Abramson, & Klein, 1999), 인지적 웰빙 혹은 정신 건강은 정서적 건강과 같은 의미로 사용되어 왔다. 세계보건기구에서는 인지 장애를 정신 질환의 하위 범주 중 하나로 정의하였다. 응용 인지심리학자들은 인지 불기능의 정서적 기초를 연구하고 있다(Panzarella et al., 1999). 또한 Sprock과 Herrmann(2004h)는 정신 장애 진단 및 통계요강 IV(Diagnositic and Statistical Manual IV, American Psychiatric Association, 2000)에서 정의된 것과 같은 여러 정신 질환에서 어떤 인지적 측면이 연구되어야 하는지 밝히고자 하였다.

인지 연구들은 실제 발생한 일과 개인이 상상한 것 사이의 차이가 어떻게 다른지에 대해서도 새로운 연구 결과를 제공해 주고 있다(Destun & Kuiper, 1999; Johnson & Raye, 1987). 이러한 연구의 대부분은 사람들이 실제로 의도한 것, 기대한 것, 그리고 상상한 것들을 어떻게 구별하는지 초점을 맞춘다(Carroll, Mazzoni, Andrews, & Pocock, 1999). 망상이 이것과 관련되어 있다. 망상은 분명한 반대 증거가 있음에도 불구하고 좀처럼 변화되기 힘든 일종의 잘못된 믿음이다. 많은 정신 질환과 신체적 질병을 앓고 있는 사람들도 그렇듯이, 망상을 갖고 있는 사람들은 다른 정보에 비해 위협적이고 부정적인 정보를 더 주로 받아들이고자 하는 편파를 보인다(Miller & Karoni, 1996). 이러한 유형의 불기능적 사고는 심각한 우울 장애나 정신분열병을 앓고 있는 사람들에게서 특징적으로 나타난다.

우울증

병인학적 관점에서뿐만 아니라 그것이 갖는 효과의 측면에서, 주요 우울증은 종종 인지 장애의 하나로 여겨진다(Beck, 1976; Brewin, 1998; Channon & Baker, 1996). 매우 우울한 사람은 기억에서의 문제를 자주 경험하는데, 이 때문에 이들의 적응과 일상생활에서의 문제해결이 어려워진다(Channon & Baker, 1996). 우울이 재발하는 원인 중 하나는 당장 주어진 과제에 대한 집중을 방해하는 침입적 기억(intrusive memory)이다(Baum, Cohen, & Hall, 1993; Bernsen,

1996; Miller & Karoni, 1996).

요약

인지 과정은 우리의 생리적 특성의 영향을 받는다. 신체적 상태, 화학적 상태, 그리고 전반적인 건강 상태는 각각 독립적으로 혹은 상호작용적으로 기억과 학습에 영향을 미친다. 모든 종류의 약물은 부작용이 있고, 이들 중 몇 개는 기억과 인지적 수행을 방해한다. 운동은 기억과 인지 수행에 긍정적인 영향을 준다. 생리적 특성의 변화는 질병의 진행, 일반적인 건강 상태, 정서적 반응성, 그리고 환경 요인들 때문에 일어난다. 이와 유사하게, 인지 과정은 정서적 상태의 영향을 받고 이 때문에 사상에 대한 우리의 해석과 기억이 영향을 받는다. 이 장에서는 생리적/정서적 상태가 우리의 개인적/직업적 생활에 어떠한 영향을 주는지 개관하였다.

제 14 장

반 응

확신하다가 오류를 범하는 것보다 미리 확인하고 제대로 행동하는 것이 훨씬 낫다.

–작자 미상

우리는 사람들이 어떻게 반응하는지에 기초하여 그들이 어떻게 생각하는지 판단한다. 어떤 사람이 "독감 예방접종을 했습니까?"라는 질문을 한다면 질문을 받은 사람은 "네, 했습니다" 또는 "아니오"라고 대답할 것인데, 이는 그 사람이 실제로 예방접종을 했거나 아니면 질문자를 만족시키기 위해 거짓말을 한 것일 수 있다. 제품이나 서비스를 개발하거나 또는 그것을 적절하게 평가하기 위해서 응용 연구자는 참가자들이 연구에서 내놓은 반응을 평가할 수 있어야 한다. 이 장에서는 반응에 영향을 미치는 몇몇 요인들과 반응의 특성에 대해 살펴볼 것이다.

반응은 적절한 인지 수행을 결정하는 것 이상의 것을 요구할 수 있다. 과제 수행은 여러 요인들에 따라 달라진다. 많은 사회 맥락 속에서 사람들은 자신의 반응을 의도적으로 잘못 나타내기도 한다. 이와는 대조적으로, 사람들은 잘못된 반응을 무심코 수행하기도 하는데, 그것은 그들이 자신의 지식이나 감정과는 상관없이 과제에 정확하게 반응하려고 했기 때문이거나 반응 편파가 있었기 때문이다. 사람들은 실험에서 요구하는 어떤 절차에 따라 혹은 어떤 지시에 따라 반응하기도 하지만, 이들은 제품이나 서비스 개발에 유익한 반응을 만들어내기도 한다. 이상적으로, 어떤 과제에 대한 인지 반응은 적절하고 정확해야 한다.

반응 복잡성

가장 간단한 수준에서, 사람들은 그들이 보았거나 들었거나 혹은 기억한 것을 '그렇다(Yes)' 혹은 '아니다(No)'로 반응하도록 요구받을 수 있을 것이다. 이것을 확인 반응(verification response)라고 한다. 확인 반응은 몇 가지 기준에서 이루어질 수 있다. 어떤 실험에서는 'Yes 반응'과 'No 반응'이 같은 비율로 발생하도록 조작되기도 하지만 어떤 반응자들은 주로 'Yes'에 기초하여 반응하는데 이것은 문화적인 긍정 반응 편파 때문이다. 일반적으로, 사람들은 'No'보다는 'Yes'를 더 빨리 말한다(Woodworth & Schlosberg, 1954). 확인 반응과 같이 단순한 반응도 있지만 어떤 경우에는 반응을 선택해야 하는 요구가 주어진다. 우리가 세 개 혹은 그 이상의 반응 선택들 중에서 하나만을 선택하여 반응해야 한다면 우리는 어떤 내용에 대해 알고 있어야 한다. 선택 반응(choice response)을 위해서는 특정 내용을 구체적으로 명세화해야 한다. 예를 들어 "당신은 A, B, C를 기억(혹은 수행)했습니까?"라는 질문을 받았을 때 사람들은 A, B 혹은 C에 대해 주의를 기울였는지, 지각했는지, 이해했는지, 학습했는지 아니면 기억하는지의 여부를 나타내야 하는 것이다. 흔히 사용되는 또 다른 반응 형식은 참가자들에게 리커트(Lickert) 척도를 이용하여 과제에 대해 점수를 매기도록 하는 것이다. 리커트 척도는 일반적으로 '매우 동의한다'부터 '매우 동의하지 않는다'까지의 범위 중 특정 점수에 대해 반응하도록 한다.

의사전달에서의 의도

이 책의 앞 부분에서 우리는 사람들이 다양한 상황에서 자신이 알고 있는 것을 때로 잘못 나타낸다는 것과, 그들이 그렇게 표현하는 것이 갖는 특징들에 대해 기술한 바 있다. 또한 상황이 심각한 경우 사람들은 법정에서 때로 거짓말을 한다는 것에 대해서도 살펴보았다. 어떤 사람들은 다른 사람들을 속이기 위해 타인의 인지 수행에 대하여 거짓말을 하기도 한다. 그리고 타인을 공격한 사람은 때로 그 공격에 대한 자신의 무고함을 밝힐 목적으로 희생자를 비난하기도 한다(Wright & Davies, 1993; Johnson, 1992). 허위 진술이 이렇게 흔하다는 것을 생각하면, 실험에 참가하는 사람들이 때로 거짓말을 할 수 있다는 것은 놀랄 만한 것은 아닐 것이다.

협력

인지심리학이 연구하는 어떤 현상에 대한 결론을 이끌어내기 위해, 인지심리학은 신뢰할 만한 데이터를 얻어야 한다. 또한 인지심리학에서는 연구 참여자가 그들이 사용하는 인지 과정뿐만 아니라 그들이 알고 있는 인지 내용에 대하여 진실하게 보고할 것이라고 가정하는 것이 일반적이다. 예를 들어, 참가자가 인지 과제를 수행할 때 우리는 그들이 과제를 제대로 수행하려고 노력하고 있다고 가정한다. 또한 그들이 정말 알고 있는 것을 대답할 것이라고 가정하기도 한다. 그럼에도 불구하고 어떤 참여자들은 그들이 참여하고 싶지 않았던 연구를 방해하기 위해서 거짓 대답을 고의적으로 내놓기도 한다.

속임에 대한 압력

사람들은 일상생활을 하면서 비밀 유지와 사생활 보호를 위한 것과 같은 좋은 이유로 때로 거짓말을 하거나 말을 생략하기도 한다(Singer, Thurn, & Miller,

1995). 참여자들은 그들이 알고 있으면서도 모른다고 말할 수 있다(Beatty & Herrmann, 2001; Beatty et al., 1998; Hasher & Zacks, 1979; reader, 1978a, 1988). 거짓말을 할 가능성은 피드백에 영향을 받는다(Elaad, 2003). 따라서 제품이나 서비스를 개발하고 마케팅하거나 판매할 때, 참가자들이 정확하고 신뢰할 만하게 반응하도록 하기 위한 연구 조건을 조성하는 것에 추가적 노력을 기울이는 것이 요구된다. 만일 그렇지 못한다면, 연구는 무엇이 제품이나 서비스에 대한 사람들의 요구를 충족시킬 수 있는지 제대로 파악할 수 없게 된다.

반응에 대한 인지 연구의 응용

게임

몇 세기에 걸쳐 체스 게임은 장군이나 왕들을 훈련시키는 수단으로서 관심을 받아왔다(World Book, 1995). 게임에서 승리하는 것은 노련함과 방략의 결과로 여겨졌다. 1966년에 DeGroot는 사람들이 체스를 어떻게 하는지에 대한 책을 출판하였다. 그의 연구는 체스 전문가가 체스판 위에서의 패턴들에 대해 광범위한 기억을 소지하고 있다는 것을 보여주었다. 그 다음에 수행된 연구에서는 이러한 기억은 경험이 적은 게임 플레이어와 체스 전문가를 구분짓는 핵심적 요소라는 것을 보여주었다(Chase & Simon, 1973; DeGroot, 1996). 이러한 체스 게임에 대한 연구들은, 체스 게임에서 이기기 위해서는 적절한 방략의 사용뿐만 아니라, 이전의 체스판 형태와 가장 잘 둔 수를 기억하는 것이 중요하다는 것을 보여주었다. 비범하게 높은 지능보다는 많은 연습량이 체스 플레이어를 전문가로 만드는 것이다. 체스 게임에서 전문가 수준으로 발전하기 위해서는 평균 10,000 시간이 소요된다는 연구도 있다(Simon & Barenfeld, 1969). 체스 통달에 관한 이러한 연구들은 단순하지만 열심히 연습하는 것이 전문가가 되는 가장 좋은 방법이라는 것을 보여주었다. 연습이 최선의 선택인 것이다.

스포츠 심리학

운동선수는 그들의 신체적 외양과 운동 기술로 인해 오랫동안 다른 사람으로부터 인기를 누려왔다. 그러나 응용 인지심리학은 효과적인 수행이 인지 과정에 기반을 두고 있음을 보여주고 있다. 연구들은 숙련된 운동 수행을 지각, 주의, 지식, 그리고 연습의 중다차원적 기능이라고 개념화하였다(Bisacchi & Starkes, 1999; Helsen & Starkes, 1999; Zeitz & Spoeher, 1989). 이러한 접근은 야구(Allard & Starkes, 1991), 체조(Ste-Marie, 1999), 사이클(Wierda & Brookhuis, 1991), 암벽 등반(Smyth & Waller, 1998), 배구(Borgeaud & Aernathy, 1987), 스누크볼(Abernathy, Neal, & koning, 1994)과 미식축구(Rutherford & Fernie, 2005)에 응용되어 왔다. 최근 들어, 스포츠 연구자들은 응용 인지 접근을 점점 더 많이 사용하고 있다. 예를 들어, 연구들은 어떤 스포츠에서의 전문적 기술과 관련되는 인지 능력의 본질이 무엇인지 밝히고자 하였는데, 예를 들어, 프로 축구 선수는 초보자에 비해 반드시 정보처리가 빠를 필요는 없고, 그보다는 그것에 관해 보다 풍부하고 폭넓게 이해하고 있다(Anderson, Beveridge, Conway, & Dewhurst, 1999).

반응 적시성과 시간 관리

시간은 우리를 기다려주지 않는다. 현대 사회는 시간의 가치를 중요시하고 있다. 사업체에서는 관리자와 직원들이 정확하고 효율적으로 반응하도록 하기 위해 시간 관리를 훈련시키고 있다. 사람들은 프로젝트 완료일을 맞추는 것과 같은 계획된 것을 수행하는 활동들에 관여한다(Engle & Lumpkin, 1992). 오늘날의 세계에서는, 많은 사람들이 시관 관리를 컴퓨터에 맡기고 있다(Burt & Forsyth, 1999; Norman, 1993). 연구들은 활동의 지속 시간이 반응 실행의 가능성과 관련성이 높다는 것을 보여주었다. 약속을 기억하거나 어떤 일을 끝내는 것을 기억하는 것과 같이 반응의 의도를 기억하는 것은 다양한 요인의 영향을 받는다(Kvavilashvili, 1992). 시간을 얼마나 소비했는가를 파악하는 것도 미래에 적절하게 반응하기 위해서 필요하다. 그러나 그렇다고 해도 이것이 우리가 항상 정확하게 반응할 것이라고 보장하지는 못한다.

컴퓨터의 사용성

응용 인지심리의 가장 최초의 응용 영역은 컴퓨터 인터페이스 시스템의 설계였다. 많은 연구들은, 지금은 구식이 된 타이프라이터 키들은 그것이 작동하는 패턴에서의 기계적 속성 때문에 더 이상 효율성을 증가시키지 않는다는 것을 밝혀 주었다(Norman & Fisher, 1982; Rick, 1999). 데이터베이스 설계에서는 인간의 인지 과정에 대한 지식이 제대로 적용되어야 한다(Lansdale & Cotes, 1999). 또한 마우스의 개발에 대한 연구도 수행되었다(Card, Moran, & Newell, 1983). 마우스가 나오기 이전에는 키보드의 화살표 키만으로 커서를 움직일 수 있었다. 이것은 번거롭고 시간이 많이 소비되는 일이었다.

운전

인지 과정은 안전한 운전을 위해 필수적이다(Groeger, 2000). 운전은 상해나 사망을 야기할 수 있기 때문에, 많은 국가에서는 안전한 운전 수행과 사고의 기초를 조사하기 위한 프로그램을 개발하고 있다. 안전한 운전에 영향을 미치는 한 가지 요인은 빈약한 운전 여건인데, 특히 고속도로 조명이 그 예이다(Steyvers, Cekker, Brookhuis, & Jackson, 1994). 사고 발생 가능성은 운전 속도와 다른 요인들에 기인한다(Groeger & Chapman, 1996). 운전자들이 위험 요소를 제대로 파악하지 못하거나 이에 대처하지 못했기 때문에 사고가 발생할 수 있다는 것은 그다지 새로운 사실은 아닐 것이다(Kruysse, 1992; Wagenaar et al., 1990).

사람들은 또한 위험한 교통 상황을 재인하는 능력에서도 개인차가 있다. 운전자들이 자신의 감각적 혹은 인지적 결함을 제대로 자각하지 못할 때 운전 중에 오류가 발생한다(Holland & Rbbit, 1992). 그러나 운전자가 그들이 무엇을 잘못 했는지 보고하는 데 실패하기 때문에 사고를 유발하는 원인에 대한 정보를 얻기 어렵기도 하다(Underwood & Milton, 1993).

많은 경우에 사람들은 도로 상황에 온전히 주의를 기울이지 않으면서 운전한다. Strayer, Drews, Crouch, 그리고 Johnston(2004)에 의한 연구는 운전 중에 휴대전화 사용이 운전자의 반응을 손상시킨다고 분명한 증거를 제시하였다. 최근 들어, 운전 중 휴대전화 사용의 위험성에 대한 관심이 증가하고 있다. 당신은 음주운전보다 운전 중 휴대전화 사용으로 인한 사고 가능성이 더 크다는 것을 알고 있는가? 운전 중 옆 사람과 대화하거나 라디오를 듣는 것은 운전 중에 통화하는 것만큼 운전을 방해하지 않는다. 운전 중 옆 사람과 대화하거나 라디오를 듣고 있을 때 어려운 운전 상황이 발생한다면, 운전자는 환경적 자극에 주의를 기울이는 것에 실패하거나, 아니면 동승자가 말하는 것을 멈출 것이다. 그러나 운전자가 통화하고 있는 상대방은 운전자가 어떤 상황에서 운전하고 있는지 알 리 없다.

거의 모든 운전자들이 경험하는 문제 중 하나는 처음 운전하는 장소 혹은 자주 운전하지 않는 장소에서 길을 잃는 것이다(Martin & Jones, 1997). 사람들은 항상 길 찾는 것에서 다양한 오류를 범한다(Smyth et al., 1994). 길을 잃는 한 가지 이유는 낯선 곳의 교통 환경이 자신이 익숙한 곳과 차이가 있기 때문이다(Denis, Pazzaglia, Cornoldi, & Bertolo, 1999).

요약

무엇이 효과적인 혹은 비효과적인 인지 기능인지, 그리고 인지 과정을 촉진하기 위한 응용물은 어떻게 개발되어야 하는지 알기 위해서는 다양한 상황에서 사람들이 보이는 반응을 정확하게 분석해야 한다. 과제 난이도에 따라 우리의 수행이 달라지기도 하지만, 사람들은 고의적으로 혹은 비고의적으로 부적절한 방법으로 반응하게 된다. 정직한 피드백을 할 것을 강조하는 절차를 사용함으로써 사람들이 제대로 반응하도록 할 수 있을 것이다.

제 15 장

인지 평가

어려운 일을 할 수 있는 사람을 구하려면 인지적 기술이 뛰어난 사람을 찾아라.

–작자 미상

정보를 어떻게 처리해야 하는지, 쟁점에 대해 어떻게 생각하는지, 문제를 어떻게 해결하는지 등에서 개인차는 다양하다. 오늘날, 인지에서의 개인차는 자기 보고법, 행동 수행 측정, 신경학적 방법 혹은 약리학적 방법 등으로 평가된다. 인지적 기능의 속도와 정확성에서 개인차가 있다. 예를 들어, 지능검사에서 보다 높은 점수를 얻은 사람은 그렇지 못한 사람에 비해 문제를 약호화하는 데 시간을 더 많이 쓰는 반면, 반응을 수행하는 데는 시간을 적게 사용한다(Sternberg, 1986). 인지 평가는 학생들의 학습 역량을 측정하거나, 의사들의 진단을 평가하거나, 재활 훈련이 필요한 영역을 확인하거나, 인지 기술에 맞는 부서에 직원들을 배치하거나, 혹은 자기-향상에 대한 가이드를 제공하는 데 사용될 수 있다. 그러나 일상생활에서의 인지 기능을 예측하기 위해 인지 평가를 사용한 것은 비교적 최근의 일이다.

역사적으로, 인지 수행에서의 개인차는 숫자의 회상, 언어적 이해와 단어 목록, 산문, 그림에 대한 기억과 같은 다양한 전통적인 과제로 평가되어 왔다. 1970

년대와 1980년대의 연구는 이러한 전통적인 평가에 사용된 많은 과제들이 생각했던 것만큼 모든 다른 상황에 일반화되지 않는다는 것을 발견하였다(Underwood, Boruch, & Malmi, 1978; Herrmann, Schooler, et al., 2001). 전통적인 과제에서의 저조한 수행이 일상생활에서의 수행까지 반드시 일반화되는 것은 아니었던 것이다. 예를 들어, 수 회상에서 사람들이 저조한 수행을 보였다고 해서 이들이 단어나 문장과 같은 다른 유형의 학습에서도 반드시 저조한 수행을 보이는 것은 아니라는 것이 발견되었다. 더구나 수행이 평가되는 동안 숫자를 기억하지 못하였어도 실제 생활에서 이들이 숫자나 전화번호를 잘 외우지 못한 것은 아니었다. 전통적 인지 평가 방법이 갖는 이러한 일반화 가능성에서의 결여 문제는 개인차를 측정하는 데, 그리고 수행에 대한 인지 이론에 동시에 과제를 안겨주었다.

평가에 대한 인지 연구 응용

뇌 영상 측정치

오늘날의 영상 기술은 이전에는 결코 가능하지 않았던 방법으로 뇌가 어떻게 작동하는지를 볼 수 있게 해준다. 컴퓨터 단층촬영(computerized axial tomography: CAT)과 자기공명영상(magnetic resonance imaging: MRI)은 뇌의 부상 정도와 정확한 위치를 확인할 수 있게 해준다. 예를 들어, 알츠하이머 환자의 해마(hippocampus)에서의 해부학적 쇠퇴는 MRI를 통해 관찰할 수 있다. 이와 유사하게, CAT 스캔을 통해 알츠하이머 환자의 약화된 단기 기억 수행과 관련된 뇌실(ventricular)에서의 확장을 관찰할 수 있다. 양전자 방출 촬영(positron emission tomograpgy: PET)은 알츠하이머 환자나 뇌졸중 환자의 저조한 인지 수행과 관련되는 특정 뇌 영역에서의 포도당 사용 감소를 확인할 수 있다(Posner, 1992; Posner & Raichel, 1994). 기능적 MRI(functional MRI)는 MRI를 개선한 것인데, 이 방법에서는 헤모글로빈 분자를 측정하여 혈액과 산소가 가장 많이 공급되는 뇌 영역을 결정한다. MRI나 fMRI는 PET에 비해 공간적 해상도가 높고 사용 비용이 저렴하다는 장점이 있지만, 표적 과제와 비교 과제에서의 뇌 활동을 서로 비교하기 위해 최소한 두 번 이상의 스캔을 요구한다.

단순한 것처럼 보이지만 뇌 활동의 증가나 감소를 해석하는 것은 어려운 일이다. 동일한 과제를 수행하더라도 사람에 따라 사용되는 뇌 영역이 다르기 때문에 뇌 활동 이미지들에 대한 해석이 더 복잡해진다. 예를 들어, 대부분의 사람들이 체스판에서 다음 이동을 선택할 때 뇌의 특정 영역이 활성화되지만, 체스 마스터나 체스의 전문가들의 경우는 이 영역이 활성화되지 않을 수 있다. 전문가들은 그저 패턴을 재인하여 적절한 이동을 회상하기 때문이다(Amidzic, Riehle, Fehr, Wienbruch, & Elbert, 2001).

이러한 뇌 영상화 기법들은 서로 다른 집단의 사람들이 보이는 반응을 비교하게 해줄 뿐만 아니라, 신경 영상화 기법이 발전함에 따라 이제는 기억 기능의 각 단계들과 연합된 뇌의 활동을 볼 수 있게 해준다. 예를 들어, Stebbins 등(2002)은 처리 수준이 조작된 단어 목록을 젊은 성인과 노인에게 제시한 후 단어를 약호화하는 동안 보이는 전두엽에서의 활성화 정도를 비교하였다. 이 절차를 통해 두 집단에서의 뇌 활동에 대한 지도를 만들 수 있었는데, 이 연구자들은 이러한 자료가 노화에 대한 적응의 질을 예측해 줄 수 있다고 시사하였다.

인지 척도

오늘날 이용 가능한 대부분의 인지 척도는 기억이나 추리 수행에 대한 특정한 지표를 제공한다. 이런 척도들은 대부분 상위인지적(metacognitive) 신념을 측정하지 않고, 또한 생리적 변인들도 평가하지 않는 것이 일반적이다. 그럼에도 불구하고, 이런 척도들은 어떤 특정 과제에서의 인지 수행에 대한 상세한 평가 자료를 제공해 준다. 이러한 척도들은 인지 수행 평가에 대한 핵심적인 자료를 계속해서 제공해 줄 것이고, 인지 과정과 인지 구성요소의 전반적인 기능에 대한 이해의 기초를 제공할 것이다. 또한 이러한 척도들을 뇌 영상화 기법들과 결합하여 사용한다면 인지 기능에 대한 좀 더 포괄적인 이해가 가능할 것이다.

웩슬러 척도(Wechsler Scales) David Wechsler는 Binbet에 의해 창시된 전통에 따라 지능을 평가하기 위한 측정치의 개발을 주도하였다. 이 척도들은 개인의 학문적 역량을 측정하는 데 보다 나은 방법으로 여겨진다(Herrmann & Cadwallader, 2000). 웩슬러 기억 척도(Wechsler Memory Scale: WMS)는 널리 사용되고 웩슬러 지능 척도를 응용한 유사한 형식으로 개발되었다. 웩슬러 기억 척도는 숫자 폭 과제, 쌍연합과 산문 학습, 기하학적 모양 기억과 같은 검사들을 포함한다. 비록 최근에 개발된 다른 기억 척도들이 웩슬러 기억 척도의 수정판에 비해 더 나은 특징을 가지고 있기는 하지만 웩슬러 기억 척도는 오늘날까지 자주 사용된다.

간이형 정신 상태 검사(Mini-Mental Status Exam: MMSE) 지금 많이 사용되고 있는 이 선별 검사는 일련의 일상적 질문들(예를 들어, "오늘은 무슨 요일입니까?", "우리가 어디에 있습니까?")로 구성되어 있다. 이 질문에 대한 대답을 분석함으로써 일상적 대화에서는 즉각적으로 드러나지 않는 치매나 심각한 신경학적 손상(Rebok & Folstein, 1993)을 신속하게 탐지해 낼 수 있다.

Halstead-Reitan 신경심리 검사(Halstead-Reitan Neuropsychological Battery: HR) Halstead에 의해 개발되고 Reitan(1955)에 의해 확장된 이 신경심리 검사는, 개인의 잠재적인 인지 기능을 평가하는 데 광범위하게 사용되고 있다. 이 검사는 감각 입력, 주의와 집중, 학습, 언어 기술, 시공간 기술, 집행 기능과 운동 산출 등의 다양한 인지적 측면을 평가한다. HR이 광범위한 인지적 기능을 측정하고자 하기 때문에 이것은 인지 수행을 얼마나 완전하게 측정할 수 있는가에 대해서는 제한적일 수밖에 없다. 예를 들어, 쌍연합 학습이나 이야기

회상과 같은 표준적 인지 측정은 이 검사에 포함되지 않는다. 이 검사에서는 인지 수행은 다른 유형의 수행과 조합되어 측정되기 때문에, 이 검사는 완전한 인지 측정치를 제공하지는 않는다. 그럼에도 불구하고, 일반적 인지 기능을 설명하고자 하는 경우라면 HR은 효과적인 검사이다.

Luria-Nebraska 신경심리 검사(Luria-Nebraska Neuropsychological Battery: LN) Alexander Luria의 이론을 반영하는 이 검사는 즉각적인 언어적·비언어적 인지 과제의 수행을 평가하는 과제들로 구성되어 있다. 그러나 이 검사는 장기적 인지는 평가하지 않으며 교육 수준이나 연령을 고려한 채점 규준이 제공된다. 이 검사는 평가 목적이 기억뿐만 아니라 다른 인지 기능도 설명하고자 하는 경우에 유용하다.

Rivermead 행동 기억 검사(Rivermead Behavioral Memory Test: RBMT-E) 이 검사는 인지 평가 연구에서 실험실에서의 수행과 실제 세상에서의 차이를 통합하고자 하는 뚜렷한 목적으로 개발되었다(de Wall, Wilson, & Baddeley, 1994). 비진행성 뇌손상 환자의 문제를 선별하기 위해 고안된 RBMT-E는 알람이 울릴 때 해야 할 일 기억하기, 사람 이름 기억하기, 짧은 경로 탐색하기 혹은 (간이형 정신 상태 검사와 유사하게) 위치나 방향에 대해 대답하기 등과 같은 일상적 인지 과제를 수행한 후 실시되는 몇 개의 과제들로 구성되어 있다. RBMT-E는 이전에 기술된 다른 척도들에 비해 시간에 걸친 변화를 파악할 수 있게 해주고, 일상생활에 검사 결과를 좀 더 쉽게 일반화할 수 있다는 장점을 갖고 있다.

컴퓨터를 이용한 검사(Computerized Test Batteries) 최근에 다양한 소프트웨어 제품들이 인지 평가를 위해 개발되었다. 컴퓨터를 이용한 검사에 대한 초기 연구들은 이 검사가 사람이 직접 실시하는 검사에 비해 몇 가지 장점이 있는데, 그것은 부분적으로는 평가에 걸쳐 비교 가능한 자극 제시를 보장해 주기 때문이다. 이 프로그램은 규준적 자료와 비교된 개인의 점수를 인쇄하여 출력해 준다. 현재로서는 어떤 프로그램이 가장 우수하다는 증거는 없다(일상의 일들을 기억하는 것 같은). 생태학적 타당도를 갖는 다양한 인지 과제들은 컴퓨터 평가에 포함되기 어렵다. 이러한 소프트웨어는 점차 인기가 높아지겠지만, 이러한 컴퓨터에 기반한 검사는 단지 표준적인 평가의 일부로만 사용될 수 있을 것이다. 새로운 평가 방법을 개발하기 위한 노력은 계속되고 있다(Rabbitt, Maylor, McInnes, Bent, & Moore, 1995; Sunderland, Beech, & Sheehan, 1996).

인지 수행에 대한 자기 보고법(Self-Reports about Cognitive Performance) 수행에 대한 개인적 보고는 상위인지(metacognition)를 측정하기 위해 흔히 사용된다. 상위인지 보고는 사람들이 그들의 인지 기술과 결함에 대해 어떻게 이해하거나 믿고 있는지만을 반영해 준다. 설문지(questionnaire)와 일기(diary)가 여기에서 흔히 사용되는 두 가지 방법이다.

인지 설문지(cognitive questionnaire)는 전형적으로 다양한 일상적 인지 과제에 대한 사람들의 인지에 대해 질문한다. 이 설문지는 개인이 그들의 인지 능력에 대해 어떻게 믿고 있는지 파악할 수 있게 하는 절차를 제공한다. 그러나 설문지에 대한 반응 결과는 사람들이 얼마나 자주 실제 인지 과제를 성공적으로 수행하는지에 대해 부분적으로만 정확한 지표를 제공하는데(Cavanaugh, Feldman, & Hertzog, 1998; Herrmann & Neisser, 1978; Hertzog, Park, Morrell, & Martin, 2000; Stone, Turkkan, Bachach, Jobe, Kurtzman, & Cain, 2000), 그 이유는 설문지가 갖는 특성 자체가 반응의 특성에 영향을 미치기 때문이다(Schwarz, 1999).

인지 일기(cognitive dairy)를 쓰는 것에는 전형적으로 어떤 생각, 기억 실패 혹은 수행한 행동에 대한 기록을 포함한다. 일기 내용이 신뢰할 수 있게 기록된다면 이것은 설문지가 제공하는 것보다는 더 체계적이고 대표적인 설명을 제공할 수 있다.

인지 평가 범주에 대한 응용 연구

모든 사람은 인지적 문제를 각자 고유한 방식으로 다루고 접근하는 나름대로의 인지 양식(cognitive style)을 갖고 있다(McKenna, 1990). 그러한 개인차는 특징적인 정서 상태, 인지적 기술, 그리고 태도의 영향이 결합된 결과로 나타나는 것으로 보인다. 우리는 또한 인지 과제, 대상, 행위, 그리고 사람에 대한 태도들을 가지고 있다. 이 태도들은 우리가 어떻게 인지 과제를 수행할지에 대한 경향과 인지 과제를 수행할 때 소비되는 노력의 양에 영향을 미친다. 우리 각자는 또한 피로나 질병에 대한 민감성과 같은 신체적 특성에서의 고유한 패턴과 인지 기술에서의 고유한 특성을 소유하고 있다. 인지 능력이나 인지 양식에서의 다양성은 인지 연구에 의해 확인되어 왔다. 가장 잘 알려진 특성들은 아래에 기술되어 있다.

성차

어떤 연구자들은 남성과 여성이 기억 과제와 인지 과제의 수행에서 차이가 있다고 말한다(Crawford & Unger, 2004; Matlin, 2000). 집단 평균에 근거하면, 여성은 철자 바꾸기, 말 산출하기, 그리고 일반적 언어 능력에서 남성에 비해 더 우월한 반면(Hyde & Linn, 1988), 남성은 시공간 능력(Loring-Meier & Halpern, 1999)과 양적 추리(Benbow & Stanley, 1983)에서 여성에 비해 더 효율적임을 보여주었다. 이러한 차이는 부분적으로 환경적인 경험에서의 성차(Crawford et al., 1989; Herrmann et al., 1992) 때문에 발생한다. 그러나 Levy와 Helder는 여성이 남성에 비해 반구 편재화(hemispheric lateralization)가 더 적은 경향이 있다고 보고하였다. 이것은 남성이 대뇌 기능에서 더 비대칭적이라는 것을 의미하는데, 이 때문에 남성의 뇌는 더 많은 부분이 당장 수행해야 하는 과제를 담당하도록 전문화되어 있다. 반면, 이러한 전문화에서의 성차 때문에 여성은 남성에 비해 좌반구가 손상되었을 때 상대적으로 더 잘 적응할 수 있다.

연령

많은 사람들은 나이가 들어도 인지 수행을 유지할 수 있다. 어떤 기술은 나이에 듦에 따라 더 숙련되지만, 유동적 지능에 의존해야 하는 인지 과제들은 나이의 증가에 따라 점차 감소하게 된다(Evers, 1997; Mantyla, 1994; McDaniel & Einstein, 1993; Petro et al., 1991). 인지 기능은 부분적으로 질병이 진행됨에 따라 더 저하된다(Terry et al., 1999). 그러나 연령 증가에 따른 기억과 인지에서의 저하는 자연스러운 과정이다(Crook et al., 1986; Yoder & Murray, 1989). 응용인지심리학자들은 이러한 연구 영역에서 선두에 있다(Rabbit, 1990; Rabbit et al., 1995; Rybash, 1996). 친숙하지 않은 과제와 같은 어떤 과제에 대해서는 연령 증가에 따라 인지 기능도 저하된다(Rybash, 1996; Tenenbaum et al., 1999). 연령 차이에 의한 인지 수행 차이는 시각적으로 검사하기(Dollinger & Hoyer, 1996), 일상의 순서에 대한 기억(Tenenbaum et al., 1999), 일상적 기억의 속도와 정확성(Sunderland et al., 1996), 기억 방략에서의 귀인(Devoler & Pressley, 1992), 그리고 기억에 대한 정서의 영향(Yoder & Elias, 1987, 1991) 등과 같은 측면에서 연구되었다. 그러나 무의식적으로 처리된 정보를 억제하는 능력에는 변화가 없는 것으로 보인다(Holley & McEvoy, 1996).

우리가 자신의 직업이나 취미와 같이 전문성을 가지는 영역에서는 인지 기능에서의 정확성이 더 증가한다. 최근에 많은 연구자들은 연령에 따른 수행 차이에 관한 지식을 일상 문제에 응용하였다(Rabbitt, 1990). 노인 인구는 다른 연령 집단보다 더 빠르게 증가하고 있기 때문에 인지적 제품과 서비스는 노인을 위해서 특별히 고안되어야 한다(Morrell, 1997; Rowe & Kahn, 1997).

연구가 발전함에 따라 기억과 인지 과제를 더 효율적으로 수행하도록 노인을 훈련시키는 더 나은 방법들이 소개되고 있고(Poon, Rubin, & Wilson, 1991;

West, 1988). 인지 기술을 향상시키고(Plude & Schwartz, 1996a, 1996b), 기억을 더 정확하게 평가하기 위한(Rebok, Rasmusson, & Brandt, 1996) 일련의 제품들이 정부와 관련 단체의 지원으로 개발되어 왔다. 소프트웨어를 통한 훈련에 대한 평가는 일반적으로 소프트웨어 훈련이 책이나, 수업, 그리고 비디오테이프를 사용한 훈련보다 더 뛰어난 것으로 보인다(Rybash, 1998).

직업적 전문성과 기술

자신의 일을 잘 수행하고 있는 사람들은 일과 관련된 매우 많은 지식들을 기억에 지니고 있다(Scribner & Beach, 1993). 그런 사람들은 일에 노력을 투여하지 않는 사람들보다 직업적인 정보를 더 잘 기억하고 학습할 수 있다(Cooke, 1999). 연습은 직업에서 요구하는 인지적 기술을 작업자들이 습득할 수 있도록 해준다(Ericsson, 2005; Goldman, Petrosino, & Cognition and Technology Group at Vanderbilt, 1999; Hoffman, Shadbolt, & Burton, 1995; Weber & Brewer, 2003; Bertrandm Cellier, & Girous, 1996; Charness & Schultetus, 1999).

많은 사람들이 자신의 본업 이외의 부업이나 취미에 노력을 투자한다. 그래서 그들은 자신의 본업에 대해서는 평균 수준으로 일하는 것으로 보이지만, 취미에 대한 홍미를 공유하는 사람들의 집단에서는 예외이다. 이 사람들이 그들의 취미와 관련된 정보를 듣는다면 그들은 무경험자거나 다른 취미를 가진 사람보다는 이러한 정보를 잘 파지한다.

기억술사와 기억이 뛰어난 사람

기억술사(mnemonist)는 장소법(methos of loci)이나 걸이단어 방법(peg word method)과 같은 고전적 심상 기억법들을 이용하여 매우 뛰어난 기억 능력을 발달시킨 사람이다. Chase와 Ericsson(1981)은 2년 동안 매일 한 시간씩 연습하여 80자리의 숫자 폭을 기억한 한 학부생에 대해 기술하였다. 또 다른 유명한 기억술사는 파이(pi)값을 31,811 자리까지 회상할 수 있었다(Biederman, Cooper, Fox & Mahadera, 1992).

기억술사의 기술은 연습된 공부 방략에 특정적이고 직접적으로 관련이 있다. 이와는 대조적으로 기억이 뛰어난 사람(memorist)은 예외적으로 뛰어나게 인지적 기술을 수행하는 데는 흥미가 없고, 대신 효율적으로 기억을 사용하는 것에 관심이 있다(Neisser, 1982). 간단히 말해서 당신과 같은 사람들 중에는 어떤 것을 단순히 잘 기억하는 사람이 있는 것이다.

성격

성격은 사람들이 인지 과제를 어떻게 생각하고 접근하는지뿐만 아니라, 환경적 측면을 어떻게 해석하는지에 영향을 미친다(Brunas-Wagstaff, 1998). 그럼에도 불구하고, 인지심리학자들이 정보가 어떻게 표상되는지에 대한 원리들을 찾는 과정에서, 이들은 개인차가 그러한 정보 표상의 결과에 어떠한 영향을 미치는가에 대해서는 주의를 충분히 기울이지 않았다. 지금까지 수행되어온 연구들에는 많은 문제가 있고 애매하기 때문에 앞으로 더 많은 연구가 필요하다.

차이를 축소하는 사람과 차이를 확대하는 사람

Wulf(1992)는 사람들에게 선으로 구성된 그림을 제시한 다음 그들에게 이 그림을 회상하도록 하였다. 그 결과, 회상에서 개인차가 발견되었는데, 어떤 사람들은 그림에서 굽혀진 부분을 더 날카롭게 굽어지는 것으로 회상한 반면, 다른 사람들은 그것을 더 부드럽게 구부러진 것으로 회상하였다.

후속 연구들은 회상에서의 이러한 개인차가 다른 재료에 대한 회상에서도 유사하게 나타난다는 것을 발견하였는데, 차이를 축소하는 사람은 재료를 대강

뭉뚱그려 기억하는 반면, 차이를 확대하는 사람은 차이를 더 부각하여 기억하였다. 그러나 이 연구는 측정에서의 문제가 있어 결과 해석을 오염시킨 것으로 보인다(Tiedeman, 1989; Vick & Jackson, 1967).

장-의존성(field-dependence)

Witkin은 사람들이 윤곽선을 지각하는 것은 이것이 포함된 장(field) 혹은 배경(background)에 의해 영향 받는 정도가 다르다는 것을 발견하였다(Witkin & Tenenbaum, 1983). 즉, 장-독립적인(field-independent) 사람들은 틀 위치의 영향을 받지 않고 틀 속의 선들을 정확하게 지각할 수 있다. 반면, 장에 의존적인 사람들은 틀의 변화에 따라 선들의 위치를 다르게 보고하였다. 후속 연구들은 지각에서의 이러한 차이가 다른 인지 과제 수행에서도 나타난다는 것을 발견하였다.

내부 통제와 외부 통제

어떤 사람들은 그들이 삶에서 일어나는 사상에 대해 자신이 통제하고 있다고 느끼는 반면, 다른 사람들은 그 사상이 자신보다는 다른 요인에 의해 결정된다고 느낀다. 개인 삶에서 내부 통제(internal control)와 외부 통제(external control)에 대한 신념은 우리가 인지 과제에 어떻게 접근하는지에 영향을 미친다. 예를 들어, 내적 통제감을 갖고 있는 사람들은 외적 통제감을 가진 사람들보다 인지 과제를 완결하는 데 더 많은 시간을 사용한다(Searleman & Gaydusek, 1996). 즉, 내적 통제감을 갖고 있는 사람들은 외적 통제감을 갖고 있는 사람들에 비해 단기 기억을 탐색하는 시간이 더 길다(Searleman & Herrmann, 1994).

인지 욕구

어떤 사람은 거의 모든 환경 단서들을 사용하는 반면, 다른 사람들은 그렇지 않다. 외적인 도움을 활용하는 사람들이 그렇지 않은 사람들보다 더 생산적이라고 믿을 수 있는 몇 가지 이유들이 있다(Hertel, 1988). 복잡성에 관심을 갖고 있는지의 여부도 인지 처리에 영향을 미치는 또 다른 개인차 변인이다. Cacioppo와 Petty(1982)는 이 차이를 인지에 대한 욕구와 정보 혹은 지적 도전에 대한 욕망으로 기술하였다.

높은 인지 욕구를 가진 사람은 정보를 획득하는 것에 관심이 적은 사람들에 비해 복잡한 인지 과제를 완수한 것으로부터 더 많은 만족감을 얻는다. 대학에 머무르는 것과 같은 실제 삶에서의 결정과 인지 욕구가 관련되어 있기는 하지만, 인지 욕구와 전반적 인지 능력은 서로 관련이 없다(Stanovich & Weat, 2000).

충동적 성격 대 이완적 성격

짜임새 있고 잘 체제화된 성격을 갖고 있는 사람은 그렇지 못한 사람보다 적절한 시점에 의도한 행위들을 더 잘 기억한다(Reason, 1988; Searleman & Gaydusek, 1996; Wichman & Oyasato, 1983). 이러한 차이는 때로 A유형 성격과 B유형 성격의 구분을 통해 더 많이 기술된다. A유형 성격은 성급하고 과제 완수를 위해 시간을 중요시하는 접근을 취하는 것이 특징인 데 반해, B유형 성격은 보다 이완되고 느긋한 것이 특징이다. Searleman과 Gaydusek(1996)은 A유형 성격은 B유형 성격보다 외적인 보조물을 더 많이 사용하는 경향이 있다고 보고하였다(Wichman & Oyasato, 1983; Yoder & Herrmann, 2003).

피암시성

사람들은 때로 결코 일어나지 않았던 사상들을 기억한다(Payne, Elie, Blackwell, & Neuschatz, 1996; Roediger & McDermott, 2000). 이 현상에 대한 하나의 설명은 사람들이 피암시성(suggestibility)에 개인차를 보인다는 것인데, 높은 피암시성을 가진 사람은 발생하지 않은 사상을 회상할 가능성이 더 높다(Paddock, et al., 1998; Saunders & MacLeod, 2002).

평가 범주 사용에 대한 응용 연구

인적 자원

인적 자원 전문가들은 관리직과 중역처럼 특정한 직무에서 일할 사람을 고용할지의 여부를 결정한다. 이러한 결정을 위해서 이들은 인지에서의 개인차에 대한 지식을 사용한다. 인적 자원 관리에 대해 적절한 지식이 없다면 개인차로 인한 경영상의 문제를 해결하기 어렵게 된다.

새로운 훈련 방법의 개발

훈련 시스템의 개발은 계속되고 있다(Plude & Schwartz, 1996a, 1996b; Rebok et al., 1996; West, 1988). 몇 가지 소프트웨어 프로그램은 지침과 세부적인 사례들, 연습 기회, 반응 피드백 등의 제공을 통해 기억을 훈련시키고 향상시키기 위해 개발되었다. 이러한 프로그램들은 전형적으로, 이름이나 얼굴을 기억하거나 주의를 향상시키는 것에 초점을 맞추고 있다.

자전적 기억에서의 개인차

자전적 기억의 경우, 사람들은 기억 착각의 취약성에서 개인차를 보인다(Eison & Carlson, 1998; Platt, Lacey, Iobst, & Finkelman, 1998). 사람들은 수면이 박탈될 경우 정보를 무비판적으로 받아들이고 피암시성이 더 커지며, 장-의존적 경향이 더 커진다(Blagrove, Alexander, & Home, 1995; Blagrove, Cole-Morgan, & Lambe, 1994). 기억을 돕기 위한 목적으로 심리 치료에서 사용되는 한 가지 방법은 심상 유도법인데, 이 방법에서는 사람들로 하여금 어떤 가설적인 사상에 대해 단계적으로 상상도록 지시한다. 이 방법의 한 가지 문제는 이것이 잘못된 기억을 유도할 수 있다는 것이다(Hekkanen & McEvoy, 2001; Wilkinson & Hyman, 1998). 즉, 유도된 시각화 절차가 실제 사상을 재구성화하는 것을 도와줄 수는 있지만, 일어나지 않았던 사상에 대한 기억을 가지도록 할 수 있다는 것은 분명해 보인다.

요약

인지 평가는 사업체, 전문 영역, 정부, 그리고 그 밖의 여러 맥락에 따라 달라진다. 어떤 맥락에서 필요로 하는 지식, 기술, 능력은 다른 맥락에서도 필요한 것은 아니다. 임상적 맥락에서 인지적 능력을 평가하는 데 사용되는 접근조차 개인의 연령, 사회경제적 지위, 그리고 잠재적인 예후와 같은 다양한 요인에 따라 달라질 수 있다. 이와 유사하게, 일상생활에서의 평가는 고려되는 인지의 유형에 따라 달라질 것이다.

제 16 장

직업 경험

당신의 일이 시키는 대로 해라. 그러면 당신은 성공과 마음의 평화를 즐길 수 있을 것이다.

–작자 미상

우리가 선택할 수 있는 직업은 엄청나게 많이 있다(Holland, 1994; Peterson, Mumford, Borman, Jeanneret, & Fleishman, 1999). 많은 전문적 직업이 어려운 수준의 기억과 인지 과정을 요구한다는 것은 우리가 잘 알고 있지만, 저임금의 직무 역시 작업자에게 상당한 인지적 부담을 부과한다. 모든 직업에서 경험과 연습은 필수적인 직무 기술을 습득하는 데 많은 이득이 된다.

이 장에서는 직업에 따라 인지 과정이 어떻게 강조되는지에 대해 초점을 맞춘다. 특정 직업 집단에서의 과제 수행을 촉진하는 것이 직무인 응용 인지심리학자들은, 이상적인 작업자의 인지적 기술을 파악한 후, 다른 모든 작업자들이 이러한 기술을 향상시킬 수 있도록 하는 방법을 개발한다. 여러 직무에 걸쳐 인지적 요구가 상당히 많이 중복되기도 하지만, 수행해야 하는 과제들을 이해하는 것은 필요한 인지적 기술을 발달시키는 데 도움이 된다(Anderson, 1981; Healy & Bourne, 1995).

직업에 따라 요구되는 인지적 과정이 다르거나, 최소한 특정한 인지 기술에

표 16.1 고용 범주

농업적 사업체
사무직업
통신/매스컴
건설
가사
환경
정부
건강
산업/제조업
마케팅/광고
개인 서비스
레크리에이션
운송

대한 강조가 직업에 따라 차이가 있다(Holland, 1994). 현장 직무 경험은 직업적 과제에 대한 전문성을 증가시키는 경향이 있다(Patel, Groen, & Frederiksen, 1986; Schoenfeld & Herrmann, 1982). 미국 노동부에서 사용되는 고용 범주가 **표 16.1**에 제시되어 있다.

어떠한 인지 과정이 필요한지 이해하기 위해서는 특정한 직업에서 요구되는 기술을 분석해야 한다. 이러한 분석에서는 과제를 수행하기 위해 요구되는 행위, 그 과정에 포함된 구성성분이나 부분, 그리고 언제 과제가 충분하게 완수되는지 등이 고려된다(Anderson, 1981; Colley & Beech, 1989; Patrick, 1994). 직무 수행과정에서 요구되는 단계나 구성성분, 그리고 일반적 방략을 분석한 후에, 훈련에 사용될 수 있도록 이러한 행위들을 목록화한다. 예를 들어, 산업체에서의 작업은 공통적으로 복잡한 기계나 자동화된 시스템의 조작을 요구한다.

산업체에서의 과제분석(task analysis)은 작업 계획과 시간표 짜기, 작업에서 요구되는 조작의 감시, 작업의 제약점, 기계 조작에 의해 작업자에게 부과되는 부담, 작업자 사이의 필수적인 의사소통, 그리고 작업자를 동기화시키는 요인 등에 대한 검토를 포함한다. 기계와 시스템을 조작하는 작업자들은 그들이 통제하는 기계나 시스템에 대한 정신 모형(mental models)을 개발해야 한다. 또한 그들은 기계와 시스템의 오작동에 대해 확실하게 이해하고 있어야 한다(Moray, 1999; Vicente, 1999).

복잡한 과제를 수행하는 데 필수적인 인지적 기술을 우리가 어떻게 획득하는지 이해하기 위해 Carlson(1997)은 인지적 기술 획득에 필요한 16가지의 과제들을 요약하였다. 이러한 과제들은 대부분은 특정 직업에 따라 그 중요도에서 달라진다. 이러한 과제들에는 계산, 수학, 기하학, 문제해결, 컴퓨터 프로그래밍, 컴퓨터 문서 편집, 장치 제어, 규칙-기반 퍼즐, 게임, 비디오 게임, X-선 사진 판독, 의사결정, 사회과학 용어 문제, 자연과학 용어 문제, 그리고 의학적 문제해결 등이 포함된다.

특정 직무에 따라 어떠한 기술이 요구되는지 파악한다면 직업 전반 혹은 당신이 선택한 직업에서 어떤 인지적 기술이 요구되는지 더 이해하고 준비할 수 있을 것이다. 아래에 나오는 직무특성 명세(job description)는 작업자들에게 요구되는 인지적 필요사항들을 예시하고 있다.

직무특성 명세의 예시들

항공 관제사

항공 관제사는 매우 힘든 직무를 수행한다(Vortac et al., 1996). 그들은 잠재된 위험들로 가득 찬 혼잡한 상공이나 모든 종류의 날씨에 맞서 조종사들이 안전하게 착륙할 수 있도록 유도해 주어야 한다. 항공 관제사들은 스크린을 통해 레이더에 잡힌 구역 안의 모든 비행기를 면밀히 감시한다. 각각의 비행기들은 레이더 스크린 위에 밝은 점이나 영상으로 제시된다. 항공 관제사가 직면하는 가장 어려운 상황은 두 대의 비행기가 유사한 궤도에 나타나는 경우일 것이다. 비행기는 매우 빠르게 움직이기 때문에 충돌을 피하기 위해 항공 관제사는 재빨리 결정을 내리고 의사소통해야 한다.

제2차 세계대전 동안의 연구를 통해, 항공 관제사는 한 번에 제한된 수의 비행기만을 감시할 수 있다는 것이 밝혀졌다. 관제해야 하는 상공에서의 상황이 항상 변화되기 때문에 조종사들을 안전하게 유도하는 것은 매우 복잡한 작업 기억 과제를 요구한다. 작업 기억 요구가 과중할 뿐만 아니라, 항공 관제사는 위험하게 진행되는 상공의 상황을 재빨리 파악하여 미리 예방할 수 있도록 하기 위해 신속하고 유연하게 인출될 수 있는 장기 기억에서의 강력한 지식적 기초를 갖고 있어야 한다.

마취과 의사

의료 직업에서 마취과 의사는 아마도 가장 중요한 직무를 수행하는 사람들일 것이다. 마취과 의사는 환자들이 고통 없이 수술을 받도록 하기 위해 정확한 성분과 양으로 약을 투여해야 한다. 사람들을 의식 상태에서 무의식 상태로 바꾸는 것은 매우 정교한 작업을 요구한다. 너무 많은 마취약의 사용은 환자를 신체 장애자로 만들거나 사망하게 할 수 있는 반면, 너무 적게 사용하면 효과가 없다.

마취약을 투여하는 것은 상당한 수준의 지식을 필요로 한다. 마취과 의사들은 환자 각자의 개인적 특성을 염두에 두면서, 각기 다른 질병이나 장애를 갖고 있는 환자에 따라 최적으로 마취약물을 조합하기 위해 약물의 종류를 기억하고 있어야 한다. 따라서 마취약물의 투여는 상당한 양의 장기 기억을 필요로 한다. 그러나 환자들의 마취약에 대한 반응이 수술 도중에 변할 수도 있기 때문에, 마취과 의사들은 많은 양의 세부사항들(혈압, 혈색, 체온 등)을 계속 추적하여 알고 있어야 하는데, 이것은 이들의 작업 기억에 추가적인 부담을 부과하는 것이다. 마취과 의사가 수술 중에 있는 환자의 어떤 문제에 대한 증상과 조짐을 망각한다면,

수술 도중 발생하는 문제를 극복할 수 있는 적합한 방법을 찾지 못할 수도 있다.

조립 라인 작업자

조립 라인에서 일하는 작업자들의 직무는 그것이 너무 많은 반복을 요구한다는 것을 감안하면 어려운 직무라 할 수 있을 것이다. 예를 들어, 조립 라인에서의 직무는 생산물의 특정 위치에 특정 볼트를 반복해서 조이는 것을 포함할 수 있을 것이다. 예전에는 동일한 작업을 반복하는 것은 지루한 것으로 받아들여질 수 있기 때문에, 조립 라인에서의 작업은 별로 좋은 것은 아니라고 여겨졌다. 최근 들어 조립 라인에서의 작업 수행이 갖는 문제들이 이해되기 시작하였고, 많은 회사들은 이 직무에 대해 더 많은 급료를 지불하거나 더 나은 작업 환경에서 일할 수 있도록 하고 있는데, 여기에는 직무 순환이 포함된다. 조립 라인 근로자들이 당면한 가장 중요한 문제는 지루함이 실수를 부른다는 것이다. 과제나 생산물에 따라 이러한 실수는 매우 심각한 결과를 초래할 수 있다.

바텐더

바텐더라는 직업은 많은 사람들이 생각하는 것보다 훨씬 더 복잡하다. 몇몇 바텐더들은 스스로 독학을 하기도 하지만, 많은 바텐더들이 바텐더 학교에 들어가서 그들이 알고자 하는 것을 배운다. 바텐더들은 술의 성분이 무엇인지, 그것들을 어떻게 섞어야 하는지, 그리고 술을 어떤 잔에 따라야 하는지 등을 알아야 한다. 더구나 바텐더들은 사회적 기술을 알아야 하는데, 특히 술에 취한 사람들을 다루는 방법을 아는 것이 필수적이다. 이들은 또한 다양한 종류의 술의 질을 판단하고, 바에서 필요한 술의 재고를 어떻게 유지할 것인지에 대해서도 알고 있어야 한다(Beach, 1988).

오늘날의 바텐더들은 그들의 직업과 관련된 법률에 대해서도 알아야 한다. 몇몇 법정 판례에서는 손님이 술이 취한 채 운전하도록 내버려두어 사고가 발생하게 된 사건에서 바텐더에게 책임을 묻기도 하였다. 결과적으로, 바텐더들은 그들이 몇 잔 정도의 술을 서빙했는지 기억하고 있어야 할 뿐만 아니라, 그들에게 요구되는 사회적/법률적 규범도 장기 기억 속에 파지하고 있어야 한다. 게다가, 바텐더들은 누구에게 어떤 술을 서빙했는지 단기 기억 속에 파지하고 있어야 하고, 오후나 저녁 시간에 걸쳐 누가 어떤 술을 마셨는지도 단기 기억과 장기 기억에 모두 유지하고 있어야 한다.

만일 당신이 바쁘고 소란스러운 곳에서 일하는 바텐더를 자세히 관찰해 본다면, 매우 인상적일 것이다. 그들은 많은 일을 한 번에 해내는 슈퍼맨처럼 보인다. 바텐더들이 한 번에 여러 과제를 동시에 수행하는 능력을 타고 난 것은 아니다. 공부와 연습이 열쇠이다. 바텐더 학교에서는 학생들에게 100 종류가 넘는 술의 성분들을 외우게 하고 있다. 그들은 여러 종류의 술을 만들어내는 것을 반복적으로 연습한다. 더구나 이들은 많은 주문을 한 번에 받고, 주문된 술을 실수 없이 만드는 연습을 한다.

연습만으로 성공적인 바텐더가 되는 것은 아니다. 다른 중요한 요인은 환경이다(Beach, 1988). 술의 종류에 따라 잔이 다르다는 것을 염두에 두기 바란다. **그림 16.1**에 몇 가지 잔의 형태와 여기에 따라야 하는 술이 제시되어 있다.

그림 16.1 바텐더들은 술잔의 형태를 통해 어떤 술이 주문되었는지 상기할 수 있다.

만일 바텐더가 같은 형태의 술잔에 모든 종류의 술을 따라야 한다면 이들이 실수할 가능성은 높아질 것이다. 정상적 조건이라면 술잔의 형태는 거기에 어떤 종류의 술이 담겨야 하는지에 대한 단서를 제공해 준다. 만일 바텐더가 술이 보이지 않는 금속 잔, 종이 잔, 혹은 스티로폼으로 된 잔에 따라야 한다면 더 많은 실수를 범할 것이다. 바텐더에게는 컵을 통해 비치는 술의 색깔도 단서가 되는 것이다.

변호사

법을 집행하는 사람은 상당한 수준의 기억과 추론에 의존한다. 법정에서는 법 조항에 따라 혹은 이전의 판례에 따라 판결이 달라진다. 법학 대학원에서 성공하기 위해서는 법 조항과 판례들을 상당한 수준으로 기억해야 한다. 변호사들이 법적 절차를 제대로 진행시키기 위해서는 적합한 사건들을 찾아내고, 그 사건에 대해 법이 어떻게 적용되었는지 알아야 한다.

법률 조항이나 판례를 적용하는 것도 매우 중요한데, 이 때문에 법조계에서 일하는 사람들은 능숙한 추리 능력이 요구된다. 변호사들은 또한 배심원들에게 정보를 효율적으로 전달하는 방법도 익숙하게 알고 있어야 한다(Davenport et al., 1999; Greene & Loftus, 1998; Hastie, 1993). 변호사들은 자신이 맡은 사건에 대해 명료하게 말해야 하기 때문에 일반적으로 광범위한 어휘력을 가지고 있어야 한다.

간호사

간호사들은 환자들의 치료에 대한 책임감을 갖고 있다. 비록 의사가 환자를 진단하고 치료 방법을 결정하지만, 약을 투여하거나 다른 치료를 직접 수행하는 사람은 바로 간호사이다. 이것은 상당한 지식을 요구하는 것이다. 증상을 알아채고 치료의 효율성을 평가할 수 있도록 하기 위해 간호학교에서는 학생들에게 약학, 해부학, 그리고 질병들의 진행 특성에 대해 기억할 것을 요구한다. 간호사들은 환자들의 기능을 어떻게 살피고 의료장비들을 어떻게 사용하는지를 기억해내기 위해 절차적 기억(procedural knowledge)에 많이 의지한다. 간호사들은 또한 의료적 행위의 윤리와 관련된 법적 제약에 대해서도 알아야 한다.

간호사 경력을 통해, 간호사들은 다양한 인지 기술을 개발하고 사용한다. 광범위한 지식을 신속하게 기억해야 하는 요구는 이들의 기억을 자동적으로 일어나도록 해준다(Patel et al., 1999). 전문적인 간호사들은 다양한 상황에서 기억하기와 문제해결을 빠르게 수행할 수 있다. 그들은 또한 환자들에게 자기 자신을 돌보는 방법을 지도할 수 있는 능력도 갖추어야 한다(Wright, 1999).

간호사들은 종종 극한의 스트레스 상황에서 일해야 하는데, 이 때문에 이들의 기억이나 학습, 혹은 문제해결 능력이 영향을 받는다(제13장 참조). 예를 들어, 중환자실에서 일하는 간호사들은 거의 사망 직전의 환자들을 돌보아야 할 때도 있다. 간호사들은 이러한 환자들을 돌볼 때 상당한 책임감을 느낀다. 연구에 따르면, 중환자실에서 일하는 간호사들에 비해 일반 병동에서 일하는 간호사들의 기억과 인지적 수행이 더 낫다(Broadbent et al., 1982).

해병대원

살아남기 위해서 해병대원은 어떤 인지적 능력을 발달시켜야 한다. 해병대원은 그들이 사용하는 장비에 대해 잘 알고 있어야 하고, 이것의 유지와 수리에 대한 내용도 잘 숙지하고 있어야 한다. 예를 들어, 해병대원이 가장 먼저 친숙해져야 하는 가장 중요한 장비는 소총이다. 해병대원은 그것을 분해하고 다시 몇 초 안에 조립하는 능력을 가져야 한다. 이렇게 하기 위해서는 협응 능력도 중요하지만, 각 부분에 대한 신속한 재인 능력과, 이것을 어떻게 다시 조립해야 할 것인지에 대한 재빠른 절차적 기억이 필요하다. 소총은 분해해서 깨끗하게 소제되어야 안전하게 발포될 수 있다. 이러한 경험의 결과로 해병대원들은 그들의 장비를 사용하고 유지할 수 있게 된다.

해병대는 전형적으로 평시든 아니면 전쟁 중이든 상관없이 보초병을 세운다. 평시에 보초병들이 할 일은 장비가 도둑맞지 않고 안전이 유지되도록 하는 것이다. 전쟁 중에 보초병들의 필요성은 말할 필요가 없을 것이다. 효과적으로 보초를 서기 위해서 보초병은 늘 보는 광경과 소리를 확인해야 한다(Dollinger & Hoyer, 1996). 더 중요한 것은 주어진 환경에서 새로운 광경이나 소리를 보초병이 탐지하여, 그 출처를 확인할 수 있어야 한다는 점이다. 해병대가 책임을 맡고 있는 지역은 체계적으로 감시되어야 한다. 다시 말해, 해병대는 감시하는 동안 지속적이고 경계적으로 주의를 기울여야 하는 것이다. 사람들에게 경계(vigilance)는 어려운 과제이다.

평상시 경계에 실패하면 군사재판을 받아야 한다. 전쟁 기간에 이러한 실수를 범하는 것은 사형 판결로 이어질 수도 있다. 이 때문에 아무리 피로하더라도 보초를 제대로 서고자 하는 동기 수준이 매우 높다. 종종 보초 임무 수행 기술은 제대 이후까지 남아 있기도 한다.

경찰

경찰관들은 법에 관해 아주 많이 배운다. 법을 지속적으로 암기하거나, 법적 정보에 대한 자문을 통해 경찰관들은 다양한 상황에서 법이 어떻게 적용되어야 하는지에 대해 매우 발달된 지식을 갖게 된다. 경찰들은 심문 절차와 감시, 증거 녹음과 유지, 범죄자 사진첩 사용과 라인업 실시 등에 대한 훈련을 받는다(McAlliarwe, Rearden, Kohlmaier, & Warner, 1997).

서로 다른 (그리고 때에 따라 어려운) 상황을 어떻게 다룰지 학습하는 것도 중요하다. 경험을 통해 경찰관들은 발생하고 있거나 혹은 이미 발생한 범죄의 징후를 포착하는 데 전문가가 된다. 그들은 또한 범죄와 연루되어 있을지도 모르는 사람들을 알아보는 데도 전문가가 된다. 이러한 기술을 갖기 위해서는 정보를 기억하는 데 더 좋은 방략을 개발하는 것뿐만 아니라 감각이나 지각 능력도 요구된다. 이러한 기술들은 은퇴한 뒤에도 남아 있을 가능성이 높다.

내과 의사

의료적 직업은 우리 사회에서 가장 중요한 직업 중 하나이다. 의료 행위를 하기 위해서는 해부학, 질병과 장애, 그리고 이것들의 증상, 치료법, 잘못 치료했을 경우의 법적인 문제, 그리고 경영 과정 등과 같은 방대한 양의 지식과 이것에 대한 정확한 기억 능력이 요구된다(Patel et al., 1999). 진단과 치료는 장기 기억에 많이 의존한다(Smyth et al., 1994). 그러나 어떤 진단들은 단기 기억에 있는 많은 세부사항들(체온, 혈압, 맥박 등)에 의존하기도 한다. 만일 내과 의사가 환자를 검진하는 동안 증상이나 징후를 잊어버린다면 그 의사는 적합한 진단이나 치료를 할 수 없을 것이다. 정보 선택과 통합 기술도 중요하지만, 증상들이 모호하고 결정적인 것이 아니라면 이에 대한 문제해결 능력도 요구된다. 또한 좋은 내과 의사가 되기 위해서는 어떤 치료개입이 최상인지를 결정하는 능력도 갖추어야 할 것이다.

조종사

가장 복잡한 직업 중 하나가 비행기 조종사이다. 조종사는 그들이 갖고 있는 기술과 전문적 지식 때문에 존경을 받는다. 조종석을 보면 알 수 있듯이(**그림 16.2**), 비행은 매우 어려운 과제이다(Starter & Amalberti, 2000). 조종사는 비행기를 조종하는 데 필요한 운동 기술뿐만 아니라 비행기의 비행 상태를 알려주는 다양한 종류의 계기들의 정보를 해석할 수 있어야 한다(Durso & Gronlund, 1999; Wickens, 1999). 물론, 성공적 비행은 조종사의 역할뿐만 아니라 전반적인 항공 체계에 의해서도 영향을 받는다(Wickens, 1999).

비행에서의 오류는 분명 큰 참사로 이어질 것이다(Reason, 1988). 비행에서

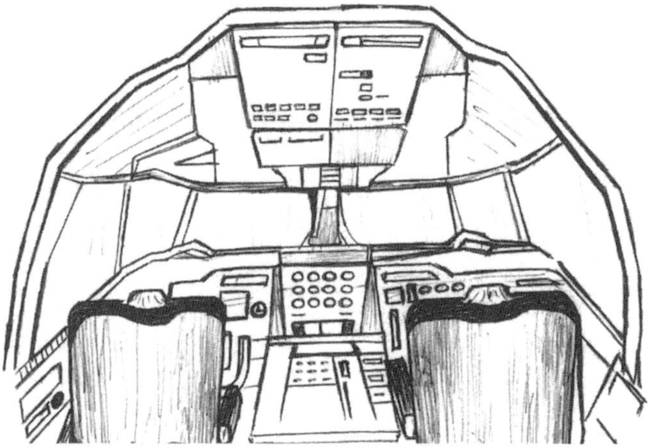

그림 16.2 비행기 조종석의 복잡성은 비행이 얼마나 어려운 과제인지, 그리고 조종사의 인지 능력이 얼마나 뛰어난지를 단적으로 증명해 준다.

에러가 발생하는 원인에 대한 연구들은 조종사가 시각적으로 무엇에 주목하는지(Jentsch, Barnett, Bowers, & Salas, 1999; Larson & Perry, 1999; O'Hare, Wiggins, Batt, & Morrison, 1994; Wiegmann, & Shappell, 2001; Smith, Chappelow, & Belyavin, 1995), 알고 있는 것에 대한 그들의 느낌(Koriat, 1993, 1994; Nelson, 1996; Schraw, 1995; Wrignt, 1996), 작업부하(Parkes, 1995), 인지 양식(Jelsma & Pieters, 1989), 문화 간 차이의 영향(Baddeley, Meeks, Gardner & Grantham-McGregor, 1995), 그리고 그 밖의 다른 요인들(Dekker, 2002)에 대해 수행되었다.

비서

비서는 어떻게 서류를 준비하고, 정리하며, 찾아야 할지 등을 배운다. 서류를 준비하는 방식은 작업장에 따라 달라진다. 경험이 많은 비서들은 사무실에서 행해지는 절차와 문서를 만드는 데 일반적인 도식(schema)을 학습한다. 이러한 경험에 의해 다른 사람들은 절대 알아차릴 수 없는 실수를 비서들은 찾아낼 수 있다. 정보를 정리하고 확인하는 데 비서들은 대부분의 사람들이 자각하지 못하는 심적 조직화를 획득한다. 결과적으로, 경험이 많은 비서들은 종종 다른 사람들이 잃어버린 서류들을 찾을 수 있다(Rabbitt & Abson, 1990). 그들은 또한 대부분의 사람들이 잊어버리는 작은 (하지만 중요한) 세부사항을 잘 기억해 낸다. 비서들은 그들의 직장생활 내내 심적 조직화에 대한 자신의 기술을 유지하는 경향이 있다.

레스토랑 종업원

오늘날의 거의 모든 직업이 그렇듯이 서비스업도 기억과 인지에 부담이 가는 직업이다(Stevens, 1993). 연구들에 따르면, 웨이터와 웨이트리스는 그들의 기억 과제를 공간적으로, 시간적으로, 혹은 개념적으로 체제화함으로써 믿을 수 없을 정도로 방대한 기억을 관리할 수 있다(Ericsson & Polson, 1988). 그들은 일반적으로 음식들에 대해 잘 알고 있어야 하고, 메뉴의 어떤 식사가 가장 맛있는지 알며, 어떤 음식과 음료가 같이 제공되어야 하는지 알아야 한다. 종업원들은 각 테이블에 제공되어야 하는 음식의 종류를 계속해서 기억하고 있어야 할 뿐만 아니라, 한 테이블에서 각각의 손님들에게 어떤 음식이 제공되어야 하는지 알고 있어야 한다(손님들은 자신이 시키지 않은 식사를 제공받으면 기분이 좋지 못할 것이다). 또한, 종업원들은 부엌에서 어떤 주문들이 준비되고 있는지 기억해야 하고, 자신이 맡고 있는 테이블의 손님들이 식사를 어느 정도 했는지 파악하고 있어야 한다. 특별 주문과 테이블을 옮기는 손님들도 이들의 기억에 추가적인 부담을 안겨준다. 만일 종업원이 메인 코스가 끝난 이후에도 디저트를 가져오지 않거나 영수증을 가져다주지 않는다면 손님들은 짜증이 날 것이다.

많은 사람들이 식당 종업원으로 일하려고 할지라도, 그 직업이 힘들다는 것을 알고는 다른 일자리를 찾으려 한다. 직업적 서비스업 종사자들은 고도로 훈련되어 있는데, 왜냐하면 이들은 힘든 서빙 직무의 도전으로부터 “살아남은” 사람들이기 때문이다. 만일 당신이 번잡하고 시끄러운 식당에서 식당 종업원으로 일하는 사람이거나, 그들을 관리하는 매니저라면, 당신은 분명 많은 것들을 동시에 효과적으로 기억할 수 있는 능력이 있는 사람일 것이다. 앞에서 언급했던 바텐더도 식당 종업원과 거의 유사한 문제를 경험한다(Bennett, 1983).

요약

직업적 상황에서 경험되는 부담들은 다양한 방식으로 인지에 어려움을 가져온다. 이 장에서는 주어진 직무를 성공적으로 수행하기 위해 각각의 직업에서 어떠한 인지 과정이 요구되는지 기술하였다. 응용 인지심리학자들은 특정 직업에서의 이상적 작업자들이 보이는 인지적 기술을 찾아내고, 그것을 토대로 다른 작업자들이 이러한 기술을 개발하도록 하는 방법을 모색한다. 여러 직업 범주에 걸쳐 인지적 요구가 많이 중복되기도 하지만, 요구된 과제들을 이해하는 것은 우리 사회가 좀 더 생산적이 되는 데, 그리고 우리가 우리의 직업 생활에서 더 많은 만족감을 갖는 데 도움을 줄 것이다.

제 17 장

응용 인지심리학자들의 직업

당신이 좋아하는 일을 하라. 그러면 항상 당신의 일을 좋아하게 될 것이다.

–작자 미상

응용 인지심리학을 이해하기 위한 또 다른 좋은 방법은 응용 인지심리학자들이 하는 일의 특징을 검토해 보는 것이다(Herrmann, 1994). 응용 인지심리학자들의 경력이 얼마나 다양한지를 살펴봄으로써 당신은 이 장에서 다루어진 추상적 개념에 대해 좀 더 구체적으로 이해할 수 있을 것이다. 당신이 응용 인지심리학자가 되는 것에 관심 있다면 이 장에서 소개하는 정보가 이 직업이 어떤 것인지에 대한 당신의 인식을 증가시켜 줄 것이다. 당신이 응용 인지심리학자가 되지 않을지라도 이 직업에 대한 지식들은 우리 사회에서 여러 영역의 과학자들이 어떻게 상호작용하고 협력하는지에 대해 보다 나은 이해를 제공해 줄 수 있을 것이다.

미국에서는 기초 연구자들만큼 많은 응용 연구자들이 일하고 있다(기초 연구자 61,615명; 응용 연구자 71,697명, National Science Foundation, 1994). 직업적 경력으로 본다면, 기초 연구자와 응용 연구자의 경력 경로(career path)는 차이가 있다.

경력 준비 개발

응용 과학자들은 유사한 환경과 훈련으로 경력을 쌓기 시작하지만, 이들의 연구 초점에서의 차이 때문에 시간이 지남에 따라 경력에서도 차이가 더 커진다. 응용 연구자들은 점차 모든 연구 주제들에 대한 지식이 풍부해지는데, 그 이유는 이들이 여러 연구 주제들 사이를 끊임없이 옮겨 다니기 때문이다. 기초 연구자들이 전문가가 되는 경향이 있는 반면, 응용 연구자들은 제너럴리스트(generalist)가 될 가능성이 있다. 응용 연구는 기초 연구에 비해 좀 더 학제적 성격을 지닌다(Schonflug, 1993b).

과학자의 작업 환경은 과학자들이 연구를 수행하는 실험실, 현장, 그리고 기관이다. 기초 연구가 수행되는 곳은 대부분 대학인 반면, 응용 연구는 정부와 산업체에서 주로 수행되어진다(Chapanis, 1986; Cochran, 1994; Gruneberg & Morris, 1992a, 1992b; Gruneberg, Morris, Sykes, & Herrmann, 1994; Hoffman & Deffenbacher, 1993; Leirer, Morrow, & Tanke, 1994; Vicente, 1994).

기초 연구자와 응용 연구자는 그들이 소속된 조직에서도 다소 차이가 있다. 기억과 인지 분야에서 기초 연구자들은 American Psychological Association (APA)나 American Psychology Society(APS), Psychonomic Society, 그리고 APA의 제3분과에 많이 소속되어 있지만, 응용 연구자들은 APA나 APS보다는 좀 더 응용에 전문화된 조직에 속하는 경향이 높다. 예를 들어, 조사 연구에 관여하는 인지심리학자들은 American Association for Public Opinion Research나 American Statistical Association에 참여한다. 기초심리학자와 응용심리학자들은 모두 Society for Applied Research in Memory and Cognition(SARMAC)에 소속되어 있다.

대부분의 경우 윤리적 문제는 응용 연구와 기초 연구 양쪽 모두에서 거의 같다(APA, 1987; Sigma Xi, 1991). 그러나 응용 연구의 경우, 보안은 연구자가 자신의 연구를 다른 연구자들과 공유하고자 하는 의지와는 별개로 일종의 정책적 문제로 여겨진다. 예를 들어, 사업체와 산업체는 경쟁자들에게 창의적인 아이디어를 도둑맞지 않기 위해 종종 보안을 고집한다. 정부 행정가들은 종종 공익을 유지하기 위해, 그리고 때로는 국가 안보를 위해 보안을 강조한다(Fiore, Jentsch, & Rubenstein, 2004; Fiore, Rubenstein, & Jentsch, 2004). 기초 연구자들이 연구물을 발표하는 것은 윤리적 차원이 아닌 이들에 대한 일종의 고용 정책 때문일 가능성이 높다.

연구 활동에서의 관례

연구 활동의 본질

교육과 학교 행정이 기초 연구자들의 일에서 큰 부분을 차지하더라도, 기초 연구자들은 대부분의 노력을 연구에 투여한다. 이에 비해 응용 연구자들은 연구와는 거리가 있는 활동들에 대부분의 근무 시간을 소비한다. 사업을 알리고 응용 연구 결과물에 대한 잠재적 고객을 설득하는 데 상당한 시간을 보낸다(Alba & Hutchison, 1999). 일단 고객을 확보하고 나면, 신뢰, 협력, 그리고 수용을 구축하고 유지하는 데 또 상당한 시간을 보내다. 기초 연구자들이 연구비를 신청할 때도 이와 유사한 점이 있기는 하지만(Miller, 1995), 여기에는 근본적인 차이가 있다. 기초 연구자들이 연구비를 신청할 때 그들의 목표는 그들이 의도한 프로젝트의 가치 측면에서 자신이 속한 연구 분야의 다른 전문가들을 설득시키는 것이다. 응용 연구자들이 고객을 모집하고자 할 때는 그 고객은 대부분의 경우 연구자들의 과학적 전문 분야를 거의 또는 전혀 모른다. 따라서 응용 연구자들은 기초 연구자들이 선호하는 것과는 다른 방식의 의사소통 기술과 접근 방법을 사용해야만 한다. 응용 연구자들은 기술적 문제를 다양한 영역의 사람들이 이해할 수 있는 쉬운 언어로 바꾸어 설명하는 것을 염두에 두고 있어야 한다. 기초 연구자들은 응용 연구자들에 비해 훨씬 더 오랫동안 특정 문제를 집중적으로 연구하기 때문에 기초 연구는 대부분의 경우 학제적인 연구가 되지 않는다. 기초 연구가 학제적 연구가 되는 경우에는 프로젝트를 주도하는 기초 연구자의 학문 영역과 개념적으로 가까운(그러나 대개의 경우 실용적인 영역이 아닌) 학문 영역을 포함하게 된다. 이와는 대조적으로, 응용이 다양한 관심을 포괄하는 좀 더 광범위한 목표를 갖는 경우가 많고, 이것은 다시 여러 학문 영역의 전문가들이 다양한 차원에서 문제에 접근하는 것을 요구하기 때문에, 응용 연구는 전형적으로 학제적 연구가 될 가능성이 높다. 예를 들어, 건강 연구에는 내과 의사, 전염병 학자, 건강 문제에 지식이 많은 사회학자와 심리학자, 의학적 통계에 익숙한 컴퓨터 전문가 등이 참여하는 경우가 많다.

관리

응용 연구자들은 "보스 정치"의 세상 속에서 일하고 있다. 보스(또는 보스의 보스)는 연구 주제를 선택하고, 그 연구를 어떻게 수행할 것인지를 부분적 또는 전적으로 결정하며, 연구 결과를 발표할 것인지의 여부에 거부권을 행사한다(Wilson, 1952). 이와는 대조적으로 학계에 있는 기초 연구자들은 자기 스스로 연구 주제를 선택하고, 그것을 어떻게 수행할 것인지와 그 연구를 어떻게 출판할 것인지를 결정한다.

연구 팀은 응용 연구의 공통적인 특징이다. 팀의 규모는 기초 연구에서보다 응용 연구에서 더 커지는 경향이 있는데, 응용 연구에서는 기초 연구의 이론적 측면뿐만 아니라 실용적인 관심도 고려해야 하기 때문이다. 학계에서의 연구 팀은 연구 프로젝트와 관련된 특정 요소에 대해 배경 지식을 갖고 있는 전문가로 구성되는 경우가 많다. 이 팀은 주로 기초 연구자가 이끄는데, 이러한 팀 리더는 연구되는 주제에 대해 지식이 가장 풍부한 연구자이거나 가장 연장자인 연구자이다.

응용 세계에서 팀의 구성은 거의 대부분 이질적 사람들로 이루어진다. 전문가가 아닌 팀 관리자가 종종 그 팀을 이끌기도 한다. 팀 구성과 팀 목표에서의 차이 때문에, 전형적으로 연구에 대한 의사결정은 기초 연구팀과 응용 연구팀에서 매우 다르다. 특히, 응용 연구가 어떻게 수행되어야 하는가에 대한 결정은 본질적인 이론적 문제보다는, 연구가 고객(연구비 지원자나 일반 사용자: 아래를 보라)의 요구를 어떻게 해야 충족시켜 줄 수 있는지를 토대로 하여 이루어진다.

고객

응용 연구의 고객들은 전형적으로 연구를 위탁한 사람들(혹은 기관)이거나, 응용 연구가 목표로 삼은 응용물의 잠재적 사용자들이다. 기초 연구자들에게는 본질적으로 고객이 없다. 그 대신, 기초 연구자들은 다른 기초 연구자들의 관심을 이끌어낼 수 있는 연구 논문을 발표한다. 응용 연구자들은 연구 결과의 설득력에 기초하여 고객들을 설득시키려고 할 뿐만 아니라, 연구 내용(혹은 현상)과 관련하여 이전에 제시되었던 과학적 개념과 연구 결과를 어떻게 일치시킬 것인지, 그리고 연구 내용에 대해 특별한 관심을 갖고 있는 집단에게 연구 결과가 어떤 영향을 미칠 것인지에 기초하여서도 고객을 만족시키고자 한다. 기초 연구자들은 연구 결과의 설득력과 사회에 대해 그 결과가 어떻게 응용될 수 있는지에 기초하여 고객들을 확신시키고자 한다.

보상 체계에서의 차이 응용 연구자들은 명백한 성공을 이끌거나, 이익을 증가시키거나, 혹은 생산 절차에 대한 이해를 향상시키는 응용물의 개발로 주어지는 임금, 보너스 혹은 상금을 위해 일하려는 경향이 있다. 이와는 대조적으로, 기초 연구자들은 연구 결과의 출판, 연구비, 상, 혹은 진급을 목적으로 연구하는 경향이 있다.

승진을 위한 기초

응용 연구에서, 승진은 응용 연구자에 의해 수행된 연구가 고객과 관리에 의해 제기된 문제를 얼마나 잘 해결하는지에 달려 있다. 장기간에 걸쳐 상급자가 어떤 응용 연구자를 관찰할 수 있다면, 그 응용 연구자는 성공적 경력을 위해 보다 나은 기회를 가질 수 있을 것이다. 이러한 특성이 기초 연구자들에게도 영향을 미칠 수 있지만, 기초 연구에서의 승진은 연구의 질과 양에 달려 있다. 또한 기초 연구자가 행하는 연구 주제가 현재의 과학적 관심과 근접하는 것일수록 기초 연구 집단은 그 연구자를 인정할 가능성이 높아진다.

연구 수행자

응용 세계에서 응용 연구자들은 연구를 수행하는 사람이 아닐 수도 있다. 그보다 응용 연구자들은 적절한 연구 프로젝트의 수행을 위해 고객과 계약하는 일에 전념하기도 한다. 대부분의 정부기관 연구들은 계약을 통해 수행되는 것이고, 사업체나 산업체에서 수행되는 상당한 양의 연구도 마찬가지이다. 응용 세계에서 계약을 통해 연구를 수행하는 것이 갖는 한 가지 장점은 해당 기관이 다양한 전문가들을 자체적으로 유지할 필요를 제거해 준다는 것이다. 학계와 기초 연구 기관에서는 기초 연구자들이 연구를 수행한다.

해고

응용 연구는 기관의 의지에 의해 수행된다. 기초 연구자들은 정년 보장 이전까지는 계약에 의해 일한다. 그러나 정년 보장을 받은 이후에는 기관이 기초 연구자들을 지원할 수 있는 한 계속 일할 수 있다(부도덕적인 어떤 잘못으로 해고당하기 전까지는 그렇다).

전문적 집필의 내용과 스타일 차이

기초 인지 연구자와 응용 인지 연구자들은 서로 다른 저널에 자신의 논문을 출판하는 경향이 있다(Gruneberg, 1995; Herrmann & Gruneberg, 1993; Johnson & Field, 1981). 응용 연구자들은 그들의 논문을 저널을 통해 출간하기도 하지만, 전형적으로 그들의 연구 결과물은 연구 보고서(technical report) 형식으로 발표된다. 연구 보고서로 발표하는 이유는 이것이 기술적 문제에 대해 더 신속한 반응을 제공할 수 있기 때문이다. 그러나 응용 연구가 지속적으로 수행된다는 점을 감안하면, 연구 보고서는 기초 저널 논문보다 더 빠르게 시대에 뒤지는 "구닥다리"가 될 수 있다.

원작권

응용 연구에서 대부분의 경우 연구자들이 출간물의 저자가 되지만, 핵심적 관리자나 연구를 가능하게 도와준 조직의 내부 혹은 외부의 인사들도 저자에 포함되기도 한다. 정부나 산업체의 많은 실험실은 실험실 책임자에게 원작권을 주는 것이 관례이다. 어떤 실험실 책임자들은 특정 프로젝트에서 그들이 기여한 양과는 상관없이 출간물의 저자 목록에서 맨 처음으로 자신의 이름을 올리기를 원하기도 한다. 기초 연구에서 출간물의 저자 목록에 이름이 기재되는 순서는 저자들이 연구에서 맡은 역할의 중요도에 따라 결정되는 경우가 많다. 대개의 경우, 연구의 개념이 무엇인지에 따라 원작권(즉, 주저자)이 결정되는데, 심리학 영역에서는 일반적으로 연구를 이끄는 아이디어에 가장 많은 책임이 있는 사람이 주저자가 된다.

출판과 발표의 중요성

응용 연구자는 자신의 연구 결과를 통해 상업적으로 가장 성공할 수 있는 곳에 연구 결과를 출간하고자 한다. 더구나 응용 연구자는 자신의 최근 연구에 대해 경쟁자에게 정보를 줄 수 있거나, 경쟁자가 경쟁 제품을 디자인하기 위한 벤치마킹 자료로 자신의 연구 결과가 사용될 수 있는 저널에는 자신의 연구 결과를 출간해서는 안 된다는 압력을 종종 받는다. 이와는 대조적으로, 기초 연구자들은 대개의 경우 명성이 높고 출판 거부율이 높은 저널에 자신의 논문을 출간해야 한다는 요구에 직면한다. 응용 연구자들은 발표의 내용과 방식에 대해 모두 신경을 쓰지만, 기초 연구자들은 거의 대부분 발표 내용에만 신경을 쓴다.

연구 관례의 사례들

여기에서는 응용심리학자들이 학계, 사업체, 혹은 정부기관에서 가질 수 있는 직무 유형의 예들을 제공하고자 한다. 각 사례 연구들은 연구 주제의 기원, 전문화의 유형과 수준, 연구에 대한 개입, 연구직으로 일하는 데 필요한 자격 요건, 연구자가 직면하는 특정 문제들, 재정적 보상, 직무에서 연구자의 개인적 속성과 특징, 그리고 각 응용 연구 영역의 고용 기회 범위 등에 대한 측면들을 중심으로 기술될 것이다.

학계의 응용 인지심리학자

연구 주제의 기원 학계 연구에서 가장 두드러진 측면은 개인적 자유이다. 학계 연구자들은 일반적으로 그들이 연구하는 주제에 대하여 완전한 통제를 갖는다. 연구 주제는 전형적으로 교수들이 생각해내는데, 이들은 직접 연구를 수행하거나 연구를 감독한다. 대부분의 학계 연구 프로젝트들은 오랜 시간 동안 진행된다.

전문화 연구 프로젝트는 오랜 기간 동안 이어지기 때문에, 대부분의 학계 연구자들은 특정한 인지 과정에 대한 집중적인 연구를 통해 그 영역에서 전문가가 되는 경우가 많다.

연구에 대한 애정 학계 연구는 자신의 전문 분야 연구에 애정을 갖고 있는 연구자들을 끌어들이고 거기에 머물게 한다. 그들은 대개의 경우 경력 초기에 선택된 연구 주제에 관심을 갖고 자신의 경력에 걸쳐 그 주제를 지속적으로 연구한다.

학계 연구 직무에서 요구되는 자격 요건 학계 연구자들은 일반적으로 박사학위를 취득해야 한다. 그들은 부교수 혹은 정교수로 승진하기까지 일정한 기간이 필요한데, 전형적으로 부교수로 승진하기까지는 약 6년, 그리고 정교수로 승진하는 데는 약 3년에서 7년이 소요된다. 승진 기준은 대학마다 유사한데, 보통은 4개 혹은 5개의 등급으로 승진 대상자를 구분한다. 등급이 낮을수록 연구 기회는 감소하는 반면, 강의와 봉사에 대한 책임은 더 증가한다.

학계 연구자들이 갖는 문제들 어떤 기관에서는 응용 연구가 충분한 이론적 기반을 갖추었다고 여겨지지 않기도 한다. 응용 연구자들은 기초 연구를 수행하는 그들의 동료들이 응용 연구를 탐탁지 않게 여기기 때문에 때로 좌절하기도 한다. 더구나 어떤 응용 연구자들은 계속해서 또 다른 연구 프로젝트가 주어지기 때문에 연구 프로젝트를 완수하는 데 시간 부족을 경험하기도 한다.

재정적 보상 일반적으로 학계에서 주어지는 급여는 낮은 편이라고 알려져 있지만 한 조사 연구에 따르면 학계의 급여가 정부기관이나 사업체의 그것과 크게 다르지 않다고 한다(NSF Study of Doctorates, 1992). "가난한 교수"와 "부유한 기업 근로자"라는 고정관념에도 불구하고, 기초 연구자와 응용 연구자들은 거의 비슷한 수준의 급여를 받는다(기초 연구자의 평균 급여 56,800달러, 응용 연구자의 평균 급여 60,800달러; National Science Foundation, 1994). 또한 학계 연구자들은 연구비 획득, 책 저술, 법정에서 전문가 증언, 그리고 기타 자문 등을 통해 추가적으로 돈을 벌 수 있다. 학계에서의 근무 시간은 다른 어떤 전문 직종에 비해 유연성이 가장 높다. 더구나 대학은 다른 조직에서는 결코 누릴 수 없는 방학이라는 것이 있지 않은가?

학계 연구자들의 속성 학계 연구자들은 종종 건망증 심한 교수라고 낙인찍힌다. 그 고정관념이 사실이든 아니든, 학계 연구자들은 자신의 전공 영역에 대한 만족할 줄 모르는 호기심을 특징적으로 가지고 있다. 학계 연구자들에 관한 두 번째 중요한 속성은 정확하고 논리적인 사고를 추구하는 것이다. 이들의 세 번째 중요한 속성은 자신의 분야에서 중요하게 다루어지고 있는 연구 주제에 대해 민감하다는 것이다. 많은 학계 연구는 연구자 단독으로 수행되거나, 혹은 교수의 지도를 받는 보조 연구원들과 함께 수행된다. 연구가 가지는 이러한 집중력 때문에, 특정 분야의 중요한 문제에서 약진을 보이는 사람들이 학계 연구자들인 경우가 대부분이다.

사업체의 응용 인지심리학자

사업체에서의 연구는 광범위한 주제를 다룬다. 사업체 연구와 관련된 가장 두드러진 측면은 어떤 제품과 서비스에 대한 시장의 요구 때문에 연구의 질문이 자주 변한다는 것이다. 대부분의 사업체 연구 프로젝트들은 빠른 시간 안에 종결되지만(대개 몇 개월 정도), 어떤 프로젝트는 몇 년간 지속되기도 한다. 또한 어떤 외부적 사정에 의해 프로젝트가 조기 종결되는 경우도 있다.

연구 주제의 기원 사업체에서는 고위 경영층이 어떤 제품이나 서비스가 잘 팔릴 것인지를 밝힌 연구에 기초하여 연구 주제를 결정하는 것이 일반적이다. 일단 어떤 연구 주제가 연구자에게 주어지면, 사업체 연구자들은 잠재적 제품과 서비스와 관련된 심리적 현상들을 어떻게 연구할 것인지 결정해야 한다. 규모가 큰 회사의 경우, 연구자들에게는 때로 근본적인 심리적 과정을 연구하라는 과제가 주어지기도 한다.

전문화 비록 사업체에서의 연구 주제가 자주 변하기는 하지만, 어느 정도 긴 시간 동안 특정 연구 주제에 대해 연구할 수 있다면 사업체 연구자들도 전문가가 될 것이다. 학계 연구와는 달리 사업체 연구에서는 보안을 유지하려는 강력한 전통이 있다. 사업체 연구의 가장 중요한 목적은 경쟁 업체가 아직 갖고 있지 않으면서 이익을 낼 수 있는 새롭거나 더 나은 제품을 개발하는 것이다. 보안이 없다면 경쟁 업체는 유사한 제품과 서비스를 개발할 수 있을 것이고, 그 결과 이익을 얻을 기회를 감소시키거나 없앨 수 있을 것이다. 결국 연구에 투자된 자금이 낭비되는 것이다.

사업체에 따라 시장에서 잘 팔릴 수 있는 특정 제품의 개발을 강조하는 경향이 있다. 이러한 사업체의 마케팅 목표에 따라 연구와 제품 개발의 방향이 결정된다. 사업체에서 조직의 힘은 어떻게 연구가 수행될지에 강력한 영향을 미친다. 연구자들은 종종 제품 개발, 생산, 판매에서 특별한 목표를 가지는 팀의 구성원으로 일한다.

사업체 연구는 사업체 연구자가 자신의 전공 분야와는 상관없는 사람들, 그리고 심지어 회사의 주주나 소유주의 질문에 답해야 하는 사회적 맥락 속에서 수행된다. 이러한 특성 때문에 때로 제품을 어떻게 개발할 것인가에 대해 내분이 발생하기도 한다. 한 연구팀이 개발한 해결책은 다른 팀이 제안한 것과 마찰을 빚을 수도 있다. 사업체 연구자는 성공적으로 진행될 수 있는 프로젝트를 담당하기 바라고, 만일 프로젝트가 제대로 돌아가지 않는 것처럼 보인다면 다른 프로젝트를 맡기를 원한다. 일단 연구자가 성공적인 프로젝트와 관련된다면 그 연구자는 승진할 수 있을 것이다.

연구에 대한 애정 사업체 연구에는 어떤 주제에 대한 연구를 좋아하고, 중요하거나 때로 선풍적이거나, 혹은 이익이 되는 결과를 내놓을 수 있는 연구에 참여하고자 하는 사람들이 많이 관여한다. 이들은 경력 초기에 그들에게 주어진 연구 주제를 수행하는 것으로 시작하여, 그들의 경력 대부분을 그 연구와 함께 하는 경우가 많다.

사업체 연구 직무에서 요구되는 자격 요건 특정 사업체에서 일하는 응용 인지 연구자들은 일반적으로 매우 유사한 경력의 경로를 밟는다. 그러나 경우에 따라 어떤 연구자들은 다른 사업체의 연구자들과는 확연히 다른 연구 경험을 갖기도 한다.

사업체 연구자들이 갖는 문제들 사업체 연구에서의 보안 특성은 종종 연구를 어렵게 만든다. 사업체 연구자가 비밀을 지키도록 요구받은 연구 프로젝트에 대해 다른 사업체, 학계, 혹은 정부기관에서 근무하는 동료들에게 논의하는 것 자체가 어렵기 때문이다. 이 때문에 사업체 연구자들은 때로 다른 연구자로부터 격리된 느낌을 갖기도 한다. 또한 만일 어떤 사업체 연구가 과학적으로 중요한 발견을 한다고 하더라도, 사업체의 회사 보안 규정 때문에 그 결과를 동료와 공유하거나, 학술회의에서 발표하거나 혹은 저널에 논문으로 발표할 수 없는 경우도 있다.

재정적 보상 사업체의 급여는 높은 편이라고 평가되기도 하지만, 그 급여의 수준은 한 사업체의 연구자들 사이에서, 혹은 다른 사업체들 사이에서 상당히 편차가 크다(NSF Study of Doctorates). 사업체에서 근무하는 응용 인지심리학자는 책을 저술하거나, 법정에서의 전문 증인이 되거나, 혹은 자문하는 것을 통해 부수적인 돈을 벌 수도 있지만, 이것은 어찌되었든 상사로부터 승인을 받아야 가능한 일이다.

사업체 연구자의 속성들 사업체 연구자들은 일반적으로 특정 연구 분야에서의 실용적 문제를 지향한다. 그들의 고용주가 연구하기를 요구하는 제품이나 서비스와 관련된 분야에 대해서는 특히 더 그렇다. 또한 사업체 연구자들은 혁신적인 제품 개발과 관련된 연구 수행에 관심이 있다.

정부기관의 응용 인지심리학자

정부기관에서 수행하는 연구에서는 연구 질문이 사업체 연구에 비해 더 자주, 그리고 학계 연구보다는 훨씬 더 자주 변한다. 정부 연구를 통해 수행되는 많은 연구들은 기껏해야 몇 개월 안에 종료될 수 있는 짧은 기간의 연구들이지만, 경우에 따라 어떤 프로젝트는 몇 년 동안 지속되기도 한다. 또한 정보 프로젝트가 계획보다 빨리 제대로 마무리되지 않은 채 종료되는 경우도 보기 드문 일이 아니다.

연구 주제의 기원 정부기관에서 수행되는 연구의 주제는 여러 수준을 통해 반복적으로 기안된다. 미국에서 의회나 행정기관의 핵심 인물들은 국가가 직면한 문제를 해결하기 위한 정책을 입안하거나 대강의 연구 목적을 설정한다 (Fischoff, 1990; Miller, 1969). 그러면 연구기관의 고위 관리층은 의회나 행정기관에 의해 설정된 대강의 연구 목적에 대해 구체적인 연구 주제를 생각해 낸다. 그 다음 그러한 구체적 연구 주제는 정부 연구자나 정부 연구자들로 구성된 팀에 의해 다루어진다.

전문화 정치의 가변적 특성 때문에, 행정부나 의회가 직면하는 문제들은 계속해서 변화한다. 많은 정부 연구는 이전에는 체계적인 주의를 받지 않았던 심리적 현상을 다루었다. 많은 정부 연구들이 근본적인 심리적 과정을 연구하는 것에 초점을 맞추었다는 점에서 일부 정부 연구들은 마치 기초 연구처럼 보인다. 그러나 이러한 연구 프로젝트들은 그 연구 결과가 사회의 특정한 문제를 해결하는 데 적용되어야 한다는 점에서 거의 대부분 응용되어진다.

입법상의 우선권이 항상 변하기 때문에 정부 연구자들은 계속해서 한 연구에서 또 다른 연구로 이동하게 된다. 이 때문에 정부 연구자들은 종종 학계나 사업체 연구자들에 비해 더 많은 연구 프로젝트에 참여하게 된다. 그 결과, 정부 응용 연구자들은 불가피하게 (전문가가 아닌) 제너럴리스트(generalist)가 된다.

어떤 경우에 정부 연구자는 학계와 사업체 프로젝트가 지속되는 것보다 더 긴 시간 동안 지속되는 프로젝트를 수행하기도 하는데, 특히 일반 대중이 특정 문제에 대해 오랜 시간 동안 관심을 가지고 있을 때 그렇다. 일반 대중이 오랜 시간 관심을 갖는 문제의 예들로는 알츠하이머 질병 치료와 피고용 문제 등이 포함된다(Aronson, 1988).

군대에서 수행하는 연구 프로젝트는 훨씬 더 장기간에 걸쳐 수행될 수 있는데(Driskell & Olmsted, 1989), 그것은 보안상의 문제로 민간 업체에서 연구를 수행하는 연구자들을 배제시켜야 하기 때문이다. 정부 연구를 통해 전문화가 이루어지기는 거의 불가능하다. 잠시 동안 전문화되었던 사람들도 결국 다른 프로젝트로 이동하기 때문에, 그들이 획득한 전문성을 다시 회복하는 것은 매우 어려운 일이다.

연구에 대한 애정 정부 연구는 연구 자체를 즐기는 사람들이 주로 참여한다. 반면 학계와 산업체 연구자들은 전형적으로 광범위한 연구 관심을 개발하고 유지한다.

정부 연구 직무에서 요구되는 자격 요건 대부분의 정부 연구자들은 석사 또는 박사학위를 가지고 있다. 학계와는 달리 학사학위를 가지고 연구직을 유지하는 것도 가능하다.

정부 연구자들이 갖는 문제들 정부기관에서 일하는 응용 인지 연구자들은 프로젝트에서 자신이 수행해야 하는 특정 임무를 잘 자각하고 있다. 때로 프로젝트에 대한 기밀 유지를 위해 연구자들이 일감을 가지고 퇴근하는 것을 허락하지 않는다.

재정적 보상 학계와 정부의 급여는 거의 비슷하다(NSF Study of Doctorates). 정부 연구자들이 외부에 고용되는 것도 허용되지만, 그렇게 되기 이전에 정부로부터 사전 승인을 받아야 할 것이다. 만일 외부에 고용되는 것과 당신의 정부 직무 사이에 잠재적인 갈등이 빚어진다면 외부 고용에 대한 승인을 얻기는 불가능할 것이다. 결과적으로, 대부분의 정부 연구자들은 외부 근무를 하지 않는다.

정부 연구자들의 특성 정부기관에서 일하는 응용 인지 연구자들은 연구 프로젝트가 지속적으로 변화되는 것에 자신을 맞추기 위한 개방된 마음가짐을 갖고 있어야 한다(Herrmann, 1997b). 정부 연구자들은 또 다른 전문가, 의회의 의원들, 행정부 공무원, 혹은 시민들에게 연구 프로젝트에 대해 설명할 수 있어야 한다. 정부 연구자들은 사회의 공공의 이익을 위해 연구를 수행한다.

정부 연구에 대한 고용 기회의 범위 대부분의 정부 연구자들이 분석가(analyst)이지만, 정부기관에는 광범위한 연구직이 있다. 그러나 대부분의 정부 연구는 정부가 필요로 하는 연구를 계약을 통해 대신 수행해 주는 사업체에 의해 수행된다. 이러한 협력의 예외가 있는데 그것은 바로 군대이다. 군대는 개발하고 있는 제품이나 서비스에 대한 보안을 확보하기 위해 자체 연구 조직을 갖고 있다.

요약

응용 인지심리학자들은 그들이 어디(학계, 산업체, 또는 정부)에서 일하는지에 따라 다소 다른 경력을 경험한다. 경력 경로(career path)에서의 차이는 당신이 일하는 조직의 유형과 관련이 있다. 경력 선택의 또 다른 기준은 전문성에 대한 당신의 생각과 관련된다. 만일 다양한 현상에 대해 관심이 있다면 정부 연구자가 되는 것이 더 좋은 경력 선택이 될 것이다. 만일 전문성을 갖추는 것에 더 관심이 있다면 학계나 사업체에서 경력을 쌓는 것이 더 적합할 것이다.

제 18 장

응용 인지심리학의 미래

잘 준비하라. 그러면 미래는 당신 것이다.

–작자 미상

성공의 범위

이 책에서는 응용 인지심리학이 매우 성공적이었음을 보여주었다. 지난 수십 년에 걸쳐 현실 세계의 다양한 문제들이 응용 인지심리학에 의해 다루어지고 해결되었다. 일상생활을 영위하는 데 요구되는 다양한 범위의 인지 능력을 촉진시키기 위해 제품, 서비스, 그리고 절차들이 고안되었다. 이 책의 앞 장들을 꼼꼼하게 읽어보았다면, 외상에 대한 개입, 인지 평가, 인지 향상 방략, 조사 기법, 인지 재활 방략, 예기 기억을 위한 장치들, 인공물과 소프트웨어 설계 향상, 목격자에 대한 경찰 인터뷰, 상표 위반에 대한 법적 해결, 그리고 인지-지원 제품과 서비스 개발 영역 등에서 인지심리학이 응용되었거나 응용될 수 있다는 것을 알았을 것이다. 또한 응용 인지적 접근이 다른 학문 영역으로 더 확장될 것이라는 것도 강조되었다(Nickerson, 1992, 1997).

많은 회사들이 인간의 기억과 관련된 제품이나 서비스 개발을 위해 인지심리학자들을 고용하고 있다. 또한 정부기관에도 많은 응용 인지심리학자들이 고용되고 있다. 응용 기억 연구에서의 성장을 장려하고, 기초 연구와 응용 연구 사이의 유대관계를 더 강화함으로써 인지에 대한 더 정확하고 포괄적인 이해가 가능할 것이다. 그리고 이것은 다시 더 유용한 제품, 서비스, 그리고 훈련 방법의 개발이 가능하도록 해줄 것이다.

응용 인지심리학의 중요성

기술 발전을 위해 연구가 기여하는 역할이 때로 제대로 인식되지 못하기도 하지만, 사회는 제품과 서비스의 가치를 판단할 수 있을 것이다. 제품이나 서비스가 더 유용할수록 사회는 과학을 더 가치 있는 것으로 평가할 것이다. 따라서 인지심리학이 유용한 응용물과 기술을 제공할 수 있는 학문으로 인정받을 수 있다면, 사회는 기초 연구들과 응용 연구자들이 수행하는 연구에 더 많은 연구비를 기꺼이 제공하고자 할 것이다(Herrmann & Yoder, 1998). 응용물들이 사회에서 사용된다는 것을 감안하면, 인지심리학의 명성을 높이고 연구비의 원활한 확보를 위해 연구 응용물들은 공개되어야 할 것이다(Esgate & Groome, 2004; Smith et al., 1996).

기초 연구는 표적이 되는 변인을 제외한 모든 변인의 통제를 우선적으로 강조하고, 이에 따라 독립변인의 효과를 분리하고자 한다. 비록 과학적 엄격함에 대한 이러한 강조가 인지 기능에 대한 중요한 이해를 가능하게 하기는 하였지만, 좀 더 발전하기 위해서는 다른 접근을 취하는 것도 필요하다. 성공적으로 개발되고 구현될 수 있는 인지 응용물들이 많을수록, 사회는 인지 연구에 대한 지원을 아끼지 않을 것이다. 기초 연구의 힘과 사용성을 보여주기 위해 기초 연구자들은 응용 연구자들이 개발한 응용물과 기술을 필요로 한다. 만일 응용물이나 기술이 제대로 팔리지 못한다면, 수년 전에 George Miller(1969)가 말한 대로 연구자들은 "심리학을 대중에게 넘겨주어야" 할 것이다.

응용물 개발하기

모든 사람들이 인지과학에서 박사학위를 받는 데 관심이 있거나 연구직에 몸담고 싶어하는 것은 아니다. 그러나 당신이 어떤 것에 대한 관련 자료를 조금 읽었거나, 혹은 어떤 것에 대해 심각하게 생각해 보았다면, 당신은 당신의 아이디어가 어떤 유용한 제품이나 서비스로 이어질 수도 있지 않을까 생각할 수도 있을 것이다(어디까지나 당신의 생각이지만 말이다). 이 장의 초반부에서 우리는 응용을 위한 아이디어 개발에 대해 논의했었다. 이 단계에서 특허권을 생각한다면 노트에 당신의 생각을 정리해 두는 것이 좋을 것이다. 응용물은 무엇보다 효과가 있어야 하고, 다른 것과 차별적이어야 하며, 다른 사람들에게 받아들여질 수 있는 것이어야 한다.

예를 들어, 잘못된 기억이 어떻게 만들어지는지에 관심이 있다고 가정해 보자. 이 경우에 사람들에게 증거들(기록이나 믿을 만한 출처 등)에 의해 지지받는 사실이 검증되지 않은 증거들에 비해 더 믿을 만하고 의미 있다고 생각하도록 하는 방법이 유용할 것이다. 이 절차를 반복적으로 사용한다면, 사람들이 실제 기억과 잘못된 기억을 더 잘 구별할 수 있도록 할 수 있을 것이다(Johnson & Raye, 1981; Schooler, Gerhard & Loftus, 1986). 연습이 많아짐에 따라, 사람들은 학습한 것에 대해 분명하게 생각하지 않으면서도 이러한 구별 능력에서 향상을 보일 수 있다(Shiffrin & Schneider, 1977). 전문가조차 자신이 어떻게 의사결정하는지 설명하는 데 어려움을 경험한다(Hoffman, Shadbolt, Burton & Klein, 1995). 그와 같은 절차는 치료자나 법률 전문가뿐만 아니라 일반 개인들이 기억의 취약성을 자각하면서 어떤 상태에서 타당한 기억을 하거나 그렇지 못한지에 대한 통찰을 얻을 수 있도록 해줄 것이다. 또한 기억 변별 절차에 대한 훈련을 통해 잘못된 기억 때문에 문제를 겪고 있는 사람들이 도움을 받을 수도 있을 것이다.

새롭게 등장한 뇌 영상화 기법은 실제 기억이나 상상한 기억으로부터 정보를 인출할 때 나타나는 뇌 활성화 패턴에서의 차이를 볼 수 있게 해준다. 이러한 두 가지 기억에 의한 뇌 활성화 차이를 비교해 줄 수 있는 소프트웨어의 개발도 가능하다(Neuhoff, 2000; Niccaise, 1998). 이러한 소프트웨어는 실제 발생한 사상과 상상한 사상에 대한 뇌 활성화 패턴을 반복적으로 비교함으로써 개인에 따른 독특한 차이를 발견할 수 있다. 연구자들이 뇌 활성화 패턴에서 의미 있는 차이를 발견할 수 있다면, 그러한 소프트웨어를 통해 실제 기억과 잘못된 기억 사이의 미묘한 차이도 구별해 낼 수 있을 것이다.

응용 인지심리학자들은 종종 제품이나 서비스의 설계에 관여한다. 제품이나 서비스의 모든 측면들을 개발하기 위해서, 응용 인지심리학자들은 과제 수행 방식에 영향을 미칠 수 있는 신체적, 심리적, 그리고 사회적 요인들을 고려하여야 한다. 우리는 설계자들이 중다양상 모델에서 언급하고 있는 모든 양상들을 고려한다면 설계 과정이 성공을 거둘 가능성이 높아진다고 믿는다(Mullin, Herrmann, & Searleman, 1993; Newell, 1990도 보라). 이러한 방식으로 제품이나 서비스가 개발된다면, 이것이 유용하게 사용될 가능성은 높아질 것이다. 제품이나 서비스(혹

표 18.1 응용물 설계 관련 주요 요인들

정보처리
심적 조작
물리적 환경
사회적 환경
체력
신체적 상태
화학적 상태
건강
태도 상태
정서 상태
동기 상태
전문성
인지 역량
개인적 스타일

은 이것들의 부분들)에 대해 광범위한 사전 검증을 실시한다면 장기적인 관점에서 이것이 성공을 거두는 데 도움이 될 수 있다. **표 18.1**은 응용물 설계와 관련된 주요 요인들의 목록이다.

팀워크

앞으로 응용 인지 연구는 팀워크(teamwork)를 점점 더 많이 활용하게 될 것이다. 인지적 제품과 서비스의 기술적 기반이 점점 더 많아짐에 따라 여러 영역의 전문가들이 이러한 것들의 설계에 합류하게 될 것이다. 어떤 유용한 제품이나 서비스가 개발된 이후에도, 더 진보된 형태의 설계 개념을 창출하기 위해 팀이 필요할 것이다. 팀에는 전문가들뿐만 아니라 개발하고자 하는 제품이나 서비스의 잠재적 사용자들도 포함될 것이다. 잠재적 사용자들은 좀 더 현실적인 맥락에서 제품이나 서비스를 생각하도록 하는 분위기를 조성해 줄 것이다.

응용 인지 연구는 학계에서 수행되어져야 한다는 주장이 있기도 하였다. 그러나 관례적으로 보면, 학계는 주로 기초 연구에 집중한다. 이러한 상황이 금방 변하지는 않겠지만, 학계에서 기술 연구를 더 많이 수행하도록 장려하는 것의 장점을 고려해 보는 것도 바람직할 것이다(Gruneberg, 1996; Gruneberg, Morris, Sykes, & Herrmann, 1996).

학계에서 응용 인지 연구를 수행해야 하는 가장 중요한 이유는 이를 통해 기초 연구자와 응용 연구자 사이의 의사소통이 원활해질 수 있다는 것이다. 기초 연구자들은 기초 연구의 가정에 도전하는 응용 연구들을 바로 배울 수 있을 것이고, 응용 연구자들은 기초 연구에서의 중요한 발전을 바로 학습할 수 있을 것이다. 또한 응용 연구가 논란의 여지가 많은 어떤 주제에 대해 연구하고자 한다면, 이러한 연구 주제들은 학계에서 수행되는 것이 여러 가지 장점을 가져다준다. 왜냐하면, 학계는 사업체나 정부기관에 비해 외부 압력에 대해 비교적 더 독립적이기 때문이다.

기초 연구-응용 연구 관계에 대한 새로운 개념들

기초 연구와 응용 연구에 대한 Bacon의 개념은 이 두 영역 사이의 관계에 대해 아직도 지배적인 생각으로 남아 있다. 즉, 기초 연구는 지식을 창출하는 반면(Buschke, Sliwinski, & Luddy, 1998), 응용 연구는 이 지식을 어떻게 응용할지 결정한다(Dubin, 1976; Maex & Hillix, 1963; Gruneberg et al., 1996; Wilson, 1952). 더구나 응용 연구자들은 어떤 현상에 대한 기초 연구자들의 관점이 잘못되었다는 피드백을 이따금씩 기초 연구자들에게 제공하기도 한다.

그럼에도 불구하고, 몇몇 연구자들은 Bacon(1905)의 모델이 불충분하다고 지적한다. 이러한 지적을 넘어, 이 연구자들은 Bacon의 모델을 수정하고, 심지어 그것을 대체할 수 있는 모델을 제안하기도 한다. 지금부터는 두 학문 영역 사이의 관계에 대한 Bacon의 표준적 모델(standard model)에 대항하는 몇 가지 최근의 모델들을 소개하고자 한다.

문화 모델

문화 모델(cultural model)은 기초 연구 문화와 응용 연구 문화가 다르다고 가정한다(Herrmann & Raybeck, 1997; Semmer, 1993). 이 때문에 양 진영 사이의 의사소통은 때로 오해를 불러일으킨다. 이 모델은 기초 연구와 응용 연구 사이의 성공적인 의사소통이 두 진영의 관계를 가장 효과적으로 만들 수 있다고 예측한다. 성공적인 의사소통을 위해서는 우선 기초 연구자와 응용 연구자 모두가 과학에 대한 자신들의 접근방식, 연구 환경, 과학적 언어, 그리고 상대방에 대한 편견 등에 대해 이해의 수준을 높여야 한다.

앞서 언급하였듯이, 기초 연구자들과 응용 연구자들은 서로 다른 직업적 문화 속에 속해 있다. 이 때문에, 사회적 변인들이 기초 연구자들과 응용 연구자들의 사회 인지에 중요한 영향을 미친다(Kuhn, 1962; Thagard, 1993). 과학에 대한 이해, 연구 수행에서의 관례, 그리고 상대방에 대한 편견 등에 대한 기초 연구자와 응용 연구자 사이의 차이는 연구의 결과뿐만 아니라 그것이 어떻게 기술되어 발표되는지에 강한 영향을 미친다.

Bacon 모델에 대한 양방향적 개념

Bacon(1905)의 표준적인 기초-응용 모델에 대한 최근의 수정된 모델에서는 연구의 순환이 일방향적이라기보다는 양방향적이라고(즉, 기초 연구에서 응용 연구로, 혹은 응용 연구에서 기초 연구로) 주장한다. 더구나 제품이 되었건 서비스가 되었건, 이러한 순환은 응용물로부터 시작될 수도 있다. 제품이나 서비스 개발이 매우 어려운 경우, 연구자들은 처음부터 그러한 제품이나 서비스가 유용하게 설계될 수 있도록 해주는 기초적 원리들을 찾는다(Landy, 1993; Levy-Leboyer, 1993; Schonflug, 1993a, 1993b; Suigman, 1993).

휴대전화의 경우와 같이, 어떤 제품은 그것이 갖는 효과에 대해 심리학적으로 이해되기도 전에 채택되어 사용되기도 한다. 지금 심리학자들은 휴대전화에 대한 최악의 혹은 최상의 사용과 관련된 인지적 과정이 무엇인지 밝히고자 노력하고 있다. 예를 들어, 운전 중 휴대전화 사용은 교통사고의 위험성을 증가시킨다는 것은 널리 알려진 사실이다(Strayer et al., 2004, Strayer, Drews, & Johnson, 2003; Strayer & Johnston, 2001). 휴대전화가 개발된 지 한참 후인 지금에 와서야 이것의 안전한 혹은 불안전한 사용을 결정하는 기초 원리들이 밝혀지기 시작하였다(Walker & Herrmann, 2004).

Bacon의 표준적 모델에 대한 신호탐지론의 적용

통계적 추론에 대해 공통적으로 적용될 수 있는 모델은 신호탐지론(signal detection theory; Green & Swets, 1966)이다. Bacon의 표준적 모델은 신호(signal)와 방해자극(noise)의 개념으로 설명될 수 있다. 예를 들어, 기초 연구는 방해자극(즉, 가외변인들)을 제거함으로써 인과관계를 보다 확실하게 해석할 수 있다. 응용 연구자들도 기초 원리들을 적용할 때 현상에 대해 더 많은 통제를 가질 수 있다. 왜냐하면 이들도 이러한 통제를 통해 실제 세계에 존재하는 가외변인들을 더 많이 제거할 수 있기 때문이다.

상황 모델

어떤 연구자들은 기초 연구와 응용 연구 사이의 가장 중요하면서도 유일한 차이는 연구가 어디에서 구현되는지의 여부라고 주장한다. 아마도 모든 연구들은 어떤 현상에 대한 측정치와 어떻게 그러한 현상이 발생하는지에 대한 연구 가설들을 갖고 있을 것이다. 따라서 기초 연구와 응용 연구의 유용성을 결정하는 가장 중요한 요인은 연구 상황이 응용 상황과 얼마나 잘 대응되는지의 정도일 것이다. 만일 그러한 대응의 정도가 높다면 변인들에 대한 조작을 통해 현상을 좀 더 분명하게 해석할 수 있을 것이다.

기초 연구와 응용 연구에 대한 이론적 관점

기초 연구자와 응용 연구자가 연구 결과에 대해 해석할 때 이들은 서로 다른 이론적 전통을 따른다는 주장이 있다(Koriat & Goldsmith, 1996; Payne & Blackwell, 1998). 예를 들어, 대략 30년 전쯤에 많은 기초 연구자들은 기억에 대한 저장고 모델(storehouse model)에 의지하였다. 이에 비해 응용 연구자들은 응용물과 수행 사이의 합치성에 더 초점을 맞추었다. 접근방식에서의 이러한 차이는 이론이 어떻게 사용되는지의 차이로 설명 가능할 것이다. 그러나 이론 사용에서의 이러한 차이는 기초 연구자와 응용 연구자가 서로 상이한 임무(즉, 기초 원리의 발견 대 유용한 응용물의 창출)를 갖고 있기 때문에 발생한 것일 수도 있다.

차원 모델

차원 모델(dimensional model)은 기초 연구와 응용 연구를 생태학적 차원과 인식론적 차원에 따라 구분한다. 기초 연구가 지식의 발견에 기여한다는 점을 고려하면, 이것은 인식론적 차원에서 높은 수준인 것으로 여겨진다. 반면 응용 연구는 생태학적 차원에서 높은 수준을 갖는데, 그 이유는 이것이 실제 세계에서의 문제를 구체적으로 다루기 때문이다. 그러나 연구의 유형에 따라 이 두 가지 차원에서 매우 다양할 수 있기 때문에 인식론적인 차원과 실제 세계에서의 문제에 모두 기여할 수 있는 연구를 수행할 수 있을 것이다. 마찬가지로, 인식론적 차원에서는 높은 수준이지만 실제 세계의 문제와는 별로 관련이 없는 단일 차원의 연구, 혹은 그 반대로 현상의 이해(즉, 인식론)에 대해서는 거의 기여하지 못하지만 실제 세계의 문제(즉, 생태학)에 대해서는 어느 정도 기여할 수 있는 연구 수행도 가능할 것이다.

따라서 차원 모델은 기초 연구자와 응용 연구자는 모두 지식 창출 과정과 연구 과정에 모두 기여한다고 가정한다(Herrmann, Reybeck, & Gruneberg, 1997). 어떤 연구를 두 가지 영역(즉, 기초 연구와 응용 연구) 중 한 영역으로 구분하는 대신, 이해 증진을 가능하게 할 뿐만 아니라 실용적으로도 가치 있는 연구를 추구해야 할 것이다(Vicente, 1994).

핵심적 과정 모델과 공통적 과정 모델

어떤 과정들은 세상의 많은 현상들에서 공통적으로 나타난다. 공통적 과정(common process)은 자연 현상에 대한 근본적인 설명을 제공해 준다. 이것들은 과제, 상황, 그리고 실험참가자들에 걸쳐 모두 관찰 가능하다. 예를 들어, 거의 모든 학습에서 공통적인 한 가지 과정은 시연(rehearsal)이다. 기초 연구-응용 연구 순환에서 기초 연구자들은 자신의 역할을 충족시키기 위해(즉, 기초 원리를 발견하기 위해) 이른바 공통적 과정 방략(common process strategy)이라고 불리는 것을 전통적으로 채택하여 왔다(Herrmann, Reybeck, & Gruneberg, 1997). 기초 연구가 모든 현상에서 공통적인 원리들을 밝히는 데 주력하기 때문에, 이러한 연구는 특정 응용 영역에 핵심적으로 적용되는 과정을 밝히는 데는 성공적이지 못하다.

어떤 과정들은 특정한 응용 장면에서만 발생한다. 어떤 공통적 과정은 이것이 특정한 맥락에 맞게 수정될 경우 핵심적 과정이 된다. 따라서 응용 연구에 의해 개발되는 응용물들은 핵심적 과정 방략(essential process strategy)을 적용할 때 최상의 응용물이 될 수 있다. 시연과 같은 공통적 과정이 유용한 것이 되기 위해서, 응용 연구자들은 특정한 상황에서 시연이 가장 효과적이 될 수 있도록 이것을 수정할 줄 알아야 한다. 예를 들어, 이름을 시연하는 데 사용되는 절차는 얼굴을 시연하는 데 사용되는 절차와는 다른 것이다.

핵심적 과정 방략은 최근의 많은 응용 연구에서 매우 효과적이라는 것이 밝혀졌다. 예를 들어, 사람들의 인지 기능을 향상시키기 위해 잘 정립된 기존의 방법들을 적용한 연구자들은 전통적인 심적 훈련 방법이 어떤 사람들에게는 전혀 도움이 되지 않는다는 것을 발견하였다. 이에 따라 이 연구자들은 인지 수행에 대해 자극제와 같은 특정한 외적 변인들의 효과에 대해서도 검토하였는데, 이러한 핵심적 과정 방략의 적용을 통해 인지를 더 많이 향상시킬 수 있었다(White, 1998). 이 방법이 이전에 사용된 방법에 비해 더 효과적이었던 것이다(Parente & Herrmann, 2003).

핵심적 과정 방략은 Parente와 Herrman(2003)이 보고한 바와 같이, 머리에 부상을 입은 사람을 훈련하기 위한 절차를 개발하는 데 유용하였다. 이 방략은 또한 기억이 정상적으로 기능함에도 불구하고 기억 과제 수행을 제대로 수행하지 못하는 사람들에게도 효과적이었다. 예를 들어, 성공적으로 기억하기 위해서는 최소한 정상 수준의 각성이나 활성화가 요구된다. 극한 피로나 정서적 붕괴는 대부분의 경우 기억 실패를 야기한다. 따라서 정상적인 각성 수준(저각성 상태에 있는 사람에게 자극제를 제공함으로써 각성 수준을 높일 수 있다)은 효과적 기억 수행을 위해 핵심적인 요인이 될 수 있는 것이다.

기초 연구는 모든 응용 영역에서 유용하게 적용될 수 있는 과정들을 발견함으로써 그것의 가치를 보여줄 수 있을 것이다. 그러나 특정 응용 상황에서는 공통적 과정들에 비해 핵심적 과정이 더 효과적일 가능성이 높다(Herrmann, Reybeck, & Gruneberg, Grant, & Yoder, 1998). 1997). 예를 들어, 인지 기능과 인지 재활에서의 한 가지 핵심적 과정은 기술 학습(skill learning)이다. 응용 연구를 통해 기술 학습에 영향을 미치는 것으로 밝혀진 변인들은 특정한 상황에서 인지 향상이나 인지 재활을 도모할 때 중요한 변인들이 된다. 공통 과정들에 대한 지식은 인지 향상이나 인지 재활 그 자체와는 관련성이 없다. 예를 들어, 기초 연구에 따르면 학습 조건과 검사 조건이 유사할 경우 일반적으로 회상이 향상된다(Tulving, 1983). 인지 손상을 갖고 있는 사람은 인출을 극대화하기 위해 이러한 약호화 특수성(encoding specificity) 원리를 적용하도록 지시받을 수 있을 것이다. 핵심적 과정들이 다양한 상황에 걸쳐 효과적인 기술 훈련을 가능하게 하도록 함으로써 방략의 일반화가 가능할 것이다.

기초 연구와 응용 연구의 미래

대부분의 기초 연구자들은 Bacon의 표준적 모델을 지지한다. 이 때문에 기초 연구자들은 응용 연구가 결코 이론적 연구가 될 수는 없다고 주장하는데, 응용 연구자들은 기초 연구자들과 상호작용하는 과정에서 이것에 대해 분명 항의할 것이다. 한편, 응용 연구자들은 응용에 핵심적인 변인들을 찾아내고 전반적인 응용에 불필요한 이차적 변인들을 제거한다. 본질적으로, 많은 응용 연구자들은 특정 문제에 대한 자신들의 이론적 관점에 기반하여 연구를 수행한다. 표준적 모델을 지지하는 기초 연구자들은 핵심적 변인들을 강조하는 응용 연구자들을 비판할 것이다. 그러나 기초 연구자들이 핵심적 변인들도 활용할 수 있다면 더 좋은 기초 연구 모델의 정립이 가능할 것이다.

요약

응용 인지 연구는 지금 성장일로에 있다. 인지 연구로부터 얻어진 결과들은 일상의 활동들에 대한 시간짜기에서부터 누군가의 기억을 조작하는 것에 이르기까지 많은 일상적/직업적 영역으로 스며들고 있다. 사람들이 어떻게 기억하고 이해하는지에 대해 좀 더 포괄적으로 이해하는 것은 우리의 삶을 최적화하는 데 매우 중요한 것이다. 새로운 제품이나 서비스를 창출하는 것도 지식을 진보시키고 삶을 더 좋게 향상시키는 데 필요하다. 사람들의 일상적 인지 기능을 보조해 주는 응용 인지심리학의 발전은 우리의 삶의 질을 향상시킬 수 있다.

후기

실용심리학의 목표

Hugo Munsterberg: "실용심리학의 현황"

과학적 지식이 우리의 실용적 관심을 충족시키고 일상의 과제들에 적용될 수 있을 때에만 그것이 존재할 가치가 있다고 주장한다면, 우리는 과학적 지식에 대해 협소한 시각을 갖고 있는 것이다. 진실은 그것의 존재 자체로 가치 있는 것으로 존중되어야 한다. 아름다움과 마찬가지로, 진실은 우리의 이상적 요구를 충족시켜 준다. 우리는 진실이 어디까지 사용될 수 있을지 질문하기보다는 진실의 발견을 위해 노력하여야 한다. 마찬가지로, 우리가 과학적 결과를 실용적으로 사용하는 것에 무관심하다면 그것 역시 과학적 지식에 대해 협소한 시각을 갖는 것이 되고 만다.

이론적 지식에 기여하고 그것을 확산시키고자 하는 열정 때문에 때로 이론 심리학을 실용적 요구와 연결짓는 데 주저하기도 한다. 어떤 사람들은 심리학이 우리의 일상생활로 스며들었을 때, 심리학은 그 존엄성을 상실하였다고 느끼기도 한다. 물리학과 화학이 우리 삶을 위한 기술적 성취를 달성하는 데 중요한 도구가 되었다고 해서 그것의 가치가 떨어졌다고 생각하는 사람은 아무도 없을 것이다. 전기나 중기력에 대한 법칙들이 실험실에서 밝혀졌다는 이유로, 운송수단을 움직이는데 혹은 가정에서 전등을 밝히거나 TV를 보는 데는 사용되지 못한다는 것은 상상하기조차 힘든 일이다. 사람들의 정신적 삶이 중요한 이상, 심리학의 발전도 우리의 일상생활로 연결되어져야 한다. 사회적 관심, 교육과 종교, 정치와 법, 상업과 산업, 학문과 예술, 가정생활과 교류, 시민운동과 사회 재구성 등 거의 모든 영역에서 우리의 마음은 중요한 부분을 차지하고 있기 때문이다.

인류의 역사를 통해 보면, 가장 위대한 기술적 업적은 이론적 진실에만 관심이 있고 실용적 성취는 생각조차 안 해본 과학자들의 연구를 통해 이루어졌다는 것은 자명한 사실이다. 공학자들의 업적은 자연과학적 진실을 찾고자 고군분투한 연구자들이 길을 밝혀 놓은 이후에 가능했다. 응용심리학도 마찬가지이다. 이론심리학의 굳건한 기반이 없다면 심리학적 기법의 사용은 피상적인 것일 수밖에 없고, 그것의 실용적 유용성에 대해서는 생각도 못할 것이다. 그러나 그와 같은 심리학적 지식이 확고하다는 것이 밝혀지는 순간, 그리고 우리 사회가 그것을 바라고 있다는 것이 분명한 이상, 우리는 그것을 절대 무시하지 못할 것이다 (Musterberg, 1914, pp. 341-343).

기초 연구로부터 응용 연구로의 의사소통이 없다면 응용 연구는 기초 연구와는 별개로 운용될 것이다. 마찬가지로 응용 연구로부터 기초 연구로의 의사소통이 없다면 인지심리학은 그것이 갖고 있는 잠재력을 발휘할 수 없을 것이다. 기초 연구이건 응용 연구이건 인지심리학자들은 서로 의사소통할 수 있는 채널을 만들어야 한다. 의사소통과 협력을 통해 기초 연구자들과 응용 연구자들은 이 세상의 문제를 해결하는 데 최상의 기여를 할 수 있을 것이다.

용어 해설

응용 인지심리학의 주요 용어

Bacon 모델의 양방향적 개념(bidiretional conception of the Bacon model): Bacon의 표준적인 기초 연구-응용 연구 모델에 대한 최근의 수정 모델. 이 수정 모델은 기초 연구와 응용 연구 사이에서의 순환이 일방향적(기초 연구에서 응용 연구로, 혹은 응용 연구에서 기초 연구로)이 아니라고 주장한다. 또한 순환은 제품이나 서비스와 같은 응용물에서부터 시작될 수 있다.

Yerkes-Dodson 법칙: 생리적 각성과 수행 사이의 관계에 대한 법칙. 수행은 각성이 낮은 수준에서 중간 수준으로 높아질 때 증가하는 반면 그 이후에는 감소한다.

가용성(availability): 학습된 정보가 작업 기억에서 가용한지의 여부.

과제 상황(task situation): 가사, 작업, 약속 이행, 레크리에이션 등을 포함하는 인지적 과제들이 발생하는 일상의 범주.

과제-특정적 조작(task-specific manipulation): 특정 인지과제에 의해 특히 더 많은 영향을 받는 행동.

기억 과정(memory processes): 정보의 등록, 파지 및 인출 과정

기억 쇠퇴(decay of memory): 기억 흔적이 생리학적으로 희미해지거나 사라지는 것.

기억 왜곡(distortion of memory): 기억 흔적에서의 변경. 이 경우 사람들은 기억에서의 부정확성을 거의 알아차리지 못한다.

기억 흔적(memory trace): 저장된 정보의 심적 표상.

기억 흔적 속성(attributes of trace): 기억 흔적에 있는 정보의 양상.

기억술(mnemonics): 정보 파지와 인출을 촉진하는 방략들.

기억 흔적 사이에서의 간섭(interference between traces): 일차적으로 기억되어야 하는 기억 내용이 다른 기억에 의해 방해받아 기억이 망각되도록 하는 원인.

기초 연구-응용 연구에 대한 상황 모델(situational model of basic-applied research model): 어떤 연구자들은 기초 연구와 응용 연구 사이의 가장 중요한 차이는 연구가 어디에서 구현되는지의 여부라고 주장한다. 응용 연구는 응용 상황과 잘 대응되는 반면, 기초 연구는 그렇지 않다.

기초 연구-응용 연구에 대한 차원 모델(dimensional model of basic-applied research): 기초 연구는 지식의 발견에 기여한다는 점에서 인식론적 차원에서 높은 수준인 것으로 여겨지는 반면, 응용 연구는 실제 세계에서의 문제를 다룬다는 점에서 생태학적 차원에서 높은 수준을 갖는다고 가정한다.

기초 연구-응용 연구의 기본 모델(basic model of basic-applied research): 기초 연구는 자연의 근본적인 원리를 확인할 목적으로 수행되는 반면, 응용 연구는 그러한 근본적 원리들을 실용적으로 사용하기 위해 수행된다고 가정한다.

단서(cue): 기억을 촉진시켜 주는 환경 측면들.

단어 완성 검사(word fragment test): 단어를 구성하는 글자나 낱자를 통해 해당되는 단어를 회상하도록 하는 검사.

발견법(heuristics): 문제해결, 추리, 그리고 의사결정을 위한 지름길 혹은 어림법.

사회적 맥락 조작(social context manipulation): 인지 수행을 극대화하기 위해 수행을 방해하는 사회적 요인들을 찾아내고 사회적 행동을 변경시키는 기법.

상징적 인지과제(symbolic cognitive tasks): 수행 결과(성공 혹은 실패)에 따라 사람들 사이의 관계에 영향을 주는 과제.

생태학적 타당도(ecological validity): 실제 세계의 사상들에 대한 연구 초점.

시험 불안(test anxiety): 인지 수행을 억제(특히, 자신에게 중요한 특정 정보에 대해)하는 공포나 신경과민.

실험(experiment): 독립변인을 조작하여 종속변인에서의 변화를 측정하는 과학 이론에 대한 검증 방법. 조건에 대한 실험참가자들의 무선할당이 요구된다.

심적 조작(mental manipulation): 주의, 지각, 등록, 파지, 기억 인출, 추리, 문제해결, 의사결정 및 의사소통 등을 위해 생각을 배열하고 체제화하는 심적 활동과 행동.

약호화 특수성(encoding specificity): 나중의 기억 인출 능력이 처음의 학습 맥락에 영향을 받는다.

약호화(encoding): 정보에 대한 의도적 혹은 비의도적 등록.

요구 특성(demand characteristics): 원래의 실험조작 의도와는 달리, 실험참가자의 반응을 변경시킬 수 있는 실험 과제의 몇 가지 속성들.

웩슬러 기억 척도(Weschler Memory Scale: WMS): 개인에 대한 정보, 지향, 심적 통제, 논리적 기억, 숫자폭, 시각적 재생 기억, 그리고 연합 학습 등을 측정하도록 고안된 가장 오래되고 (아마도) 가장 잘 알려진 기억 검사.

유사 실험(quasi-experiment): 불완전한 실험 통제가 주어진 경험적 연구 방법. 전형적으로, 불완전한 실험 통제는 조작된 조건에 실험참가자들을 무선할당하지 못하는 것에 기인한다.

응용 가능한 연구(applicable research): 연구 결과를 특정 제품에 응용할 수 있는 연구.

의미 기억(semantic memory): 일반적 지식에 대한 기억.

인지과학(cognitive science): 인지심리학, 컴퓨터공학, 신경과학, 철학 및 다른 관련 학문으로 구성된 학제적 학문 영역.

인지의 평가(assessment of cognition): 자기 관찰 혹은 공식적 과제를 통해 밝혀진 인지과제 수행에서의 개인차를 확인하는 것.

인지적 계략(cognitive contrivance): 어떤 사회적 목적을 달성하기 위해 다른 사람의 인지 수행을 실제보다 더 좋거나 더 나쁘게 고의적으로 왜곡하는 것.

인지적 고정관념(cognitive stereotype): 집단적 특성(성, 인종, 외모, 혹은 직업 등)에 기초한 타인의 인지 수행에 대해 갖는 신념.

인지적 보조물(cognitive aids): 인지 수행을 촉진하기 위해 고안된 대상이나 장치.

인출(retrieval): 의도적으로 기억해 내는 것.

일화 기억(episodic memory): 학습자가 직접 경험한 특정 사상에 대한 기억이나 생각.

작업 기억(working memory): 중추적 집행기, 음운루프 및 시공간 스케치패드로 구성되어 있다고 생각되는 제한된 용량을 가진 인지적 작업 공간.

장기 기억(long-term memory): 정보를 영구히 보유하는 기억 체계의 한 구성요소.

재인(recognition): 어떤 정보가 이전에 제시되었는지의 여부를 판단하는 정보의 인출 방법.

전체 보고 절차(whole report procedure): 자극의 전체열을 회상하도록 요구되는 검사.

절차 기억(procedural knowledge): 행위, 행동, 혹은 활동 단계들에 대한 기억.

점화(priming): 학습하거나 인출해야 하는 재료에 대해 사람들이 친숙해지도록 함으로써 흔적 강도(trace strength)를 증가시키는 것.

접근성(accessibility): 충분한 단서에 기초하여 기억을 인출할 수 있는 가능성.

정보처리 접근(information processing approach): 인간의 인지 과정을 이해하고 탐구하기 위해 컴퓨터 은유를 사용한다.

조작 응용성(applicability of manipulation): 심적 조작의 효과에 영향을 미치는 과제의 수준. 일반적으로 응용되는 조작은 대부분 혹은 모든 인지과제들을 촉진하는 반면, 특수하게 응용되는 조작은 특정 과제만을 촉진한다.

주의(attention): 우리를 둘러싼 세상 혹은 작업 기억의 내용을 처리하고, 지향하며, 관찰하는 것.

준비 효과(warm up effect): 과제 수행을 미리 연습함으로써 인지과제 수행에서 속도와 능숙함이 증가하는 것.

중추적 처리자(central processor): 인지 수행을 촉진하기 위해 조작을 선택하고 실행하는 인지 체계의 구성요소.

출처 감시 오류(source monitoring error): 특정 정보의 원래 출처를 기억해 내지 못하는 것.

표준적 기초 연구-응용 연구 모델에 대한 신호탐지론의 적용(signal detection appraoch on standard basic-applied research model): Bacon의 표준적 모델을 신호(signal)와 방해자극(noise)의 개념으로 설명하는 것. 기초 연구는 방해자극(즉, 가외변인들)을 제거함으로써 인과관계를 보다 확실하게 해석하고자 하고, 응용 연구는 실제 세계에 존재하는 가외변인들을 더 많이 제거하고자 한다.

학습(learning): 정보 등록의 의도적 형태.

핵심적 과정 모델과 공통적 과정 모델(essential/common process model): 기초 연구자들은 응용을 포함한 모든 현상에 공통적으로 적용할 수 있는 공통적 과정 방략을 채택하는 반면, 응용 연구자들은 특정 상황에 적용되는 핵심적 과정 방략에 의존한다.

회상(recall): 단서나 보조물 없이 정보를 생성하는 것에 기초한 정보의 인출 방법.

참고 문헌

Abernethy, B., Neal, R. J., & Koning, P. (1994). Visual-perceptual and cognitive differences between expert, intermediate, and novice snooker players. *Applied Cognitive Psychology, 8*, 185-211.

Adams, J. A. (1987). Historical review and appraisal of research on the learning, retention, and transfer of human motor skills. *Psychological Bulletin, 101*, 41-74.

Adams, R. Mc., Smelser, N. J., & Trieman, D. J. (Eds.). (1982a). *Behavioral and social science research: A national resource. Part I.* Washington, D. C.: National Academy Press.

Adams, R. Mc., Smelser, N. J., & Trieman, D. J. (Eds.). (1982b). *Behavioral and social science research: A national resource. Part II.* Washington, D. C.: National Academy Press.

Akehurst, L., Köhnken, G., Vrij, A., & Bull, R. (1996). Lay persons' and police officers' beliefs regarding deceptive behaviour. *Applied Cognitive Psychology, 10*, 461-471.

Alba, J. W., & Hutchinson, J. W. (1999). Applied cognition in consumer research. In F. Durso (Ed.), *Handbook of applied cognition.* New York: Wiley.

Allard, F. & Starkes, J. L. (1991). Motor-skill experts in sports, dance, and other domains. In K. A. Ericsson and J. Smith (Eds.). Toward a general theory of expertise: Prospects and Limits (pp 126-152). New York: Cambridge University Press.

Ambrose, M. L., Bowden, S. C., & Whelan, G. (2001). Working memory impairments in alcohol-dependent participants without clinical amnesia. *Alcoholism: Clinical & Experimental Research, 25,* 185-191.

American Psychiatricl Association. (2000). *Diagnostic and Statistical Manual of Mental Disorders* (4th ed). Washington, DC: : American Psychiatric Association.

Amidzic, O., Riehle, H. J., Fehr, T., Wienbruch, C. & Elbert, T. (2001). Patterns of focalbursts in chess players. *Nature, 412,* 603.

Anderson, J. A. (1990). Hybrid computation in cognitive science: neural networks and symbols. *Applied Cognitive Psychology, 4,* 337-347.

Anderson, J. R. (1981). (Ed.). *Cognitive skills and their acquisition.* Hillsdale, NJ: Erlbaum.

Anderson, J. R. (1983). *The architecture of cognition.* Cambridge, MA: Harvard University.

Anderson, J. R. (2000a). Learning and memory: An integrated, approach (2nd edition) New York: Wiley.

Anderson, J. R. (2004). *Cognitive psychology and its implications.* New York: Worth.

Andersson, J., & Rönnberg, J. (1995). Recall suffers from collaboration: joint recall effects of friendship and task complexity. *Applied Cognitive Psychology, 9,* 199-211.

Anderson, J. R. & Schooler, L. (2002). The adaptive nature of memory. In E. Tulving and F. I. M. Craik (Eds.). *The Oxford Handbook of memory.* Oxford University Press: New York.

Anderson, J. R., Conrad, F. G., & Corbett, A. T. (1989). Skill acquisition and the LISP tutor. *Cognitive Science,* 13, 467-506.

Anderson, J. R., Corbett, A. T., Koedinger, K., & Pelletier, R. (1995). Cognitive tutors: Lessons learned. *The Journal of the Learning Sciences, 4,* 167-207.

Anderson, S. J., Beveridge, M., Conway, M. A., & Dewhurst, S. A. (1999). Using computers to explore the locus of expertise in soccer players. *Cognitive Technology 4,* 28-37.

Andrade, J. (2004). *Cognitive psychology.* Boston: Bios Scientific.

Andrzejewski, S. J., Moore, C. M., Corvette, M., & Herrmann, D. (1991). Prospective memory skills. *Bulletin of the Psychonomic Society 29,* 304-306.

Anooshain, L. J., & Seibert, P. S. (1996). Diversity within spatial cognition: memory processes underlying place recognition. *Applied Cognitive Psychology, 10,* 281-299.

Aronson, M. K. (Ed.). (1988). *Understanding Alzheimer's disease.* New York: Scribner's Sons.

Atchison, R., Pedersen, T., , Pain, J. & Wood, K. (2003). *Human Factors, 45,* p 495.

Atkinson, R. C., & Juola, J. F. (1974). Search and decision processes in recognition memory. In D. H. Krantz, R. C. Atkinson, R. D. Luce, & P. Suppes (Eds.). *Contemporary Developments in Mathematical Psychology* (pp. 242-293). San Francisco: Freeman.

Atkinson, R. C., & Shiffrin, R. M. (1968). Human memory: A proposed system and its control processes. In K. W. Spence & J. R. Spence (Eds.), *The psychology of learning and motivation: Advances in research and theory (Vol. 2),* (pp. 89-195). New York: Academic Press.

Ayres, T. J., & Wood, C. T. (1999). Cognitive technology. Memory problems for surveybased estimates of population activity. *Cognitive Technology, 4,* 4-10.

Baars, B. (1986). *The cognitive revolution in psychology.* New York: Guilford.

Bacon, F. (1905). *The philosophic works of Francis Bacon,* John M. Robertson (Ed.) (reprinted from translations by R. C. Ellis & J. Spedding). London: George Routledge and Sons.

Baddeley, A. D. (1981). The cognitive psychology of everyday life. *British Journal of Psychology, 72,* 257-269.

Baddeley, A. D. (1982). Domains of recollection. *Psychological Review, 89,* 708-729.

Baddeley, A. D. (1990). *Human memory: Theory and practice.* Boston: Allyn & Bacon.

Baddeley, A. (1 993a). *Your memory: A users guide.* London: Multimedia Books.

Baddeley, A. (1 993b). Holy war or wholly unnecessary? Some thoughts on the ëconflict' between laboratory studies and everyday memory. In G. M. Davies & R. H. Logie (Eds.), *Memory in everyday life.* New York: North Holland.

Baddeley, A. D. (1995). Applying psychology of memory to clinical problems. In D. Herrmann, C. McEvoy, C. Hertzog, P. Hertel, & M. Johnson, *Basic and applied memory: Theory in context.* Hillsdale, NJ: Erlbaum.

Baddeley, A., Meeks Gardner, J., Grantham-McGregor, S. (1995). Cross-cultural cognition: developing tests for developing countries. *Applied Cognitive Psychology, 9,* S173-S 195.

Baddeley, A. D., Wilson, B. A., & Watts, F. N. (Eds.). (1995). *Handbook of Memory disorders.* New York: Wiley.

Baguley, T.,& Landsdale, M. (2000). Memory theory and the cognitive technology of spatial methods in information retrieval systems. *Cognitive Technology, 5,* 4-19.

Bahrick, H. P. (1984). Semantic memory content in permastore: Fifty years of memory for Spanish learned in school. *Journal of Experimental Psychology: General, 113*(1), 1-29.

Bahrick, H. P., Bahrick, P. O., & Wittlinger, R. P. (1975). Fifty years of memory for names and faces: A cross-sectional approach. *Journal of Experimental Psychology: General, 104,* 54-75.

Bahrick, H. P., & Hall, L. K. (1991). Lifetime maintenance of high school mathematics content. *Journal of Experimental Psychology: General, 120,* 20-33.

Bahrick, H. P., & Phelps, E. (1987). Retention of Spanish vocabulary over 8 years. *Journal of Experimental Psychology: Learning, Memory, and Cognition, 13,* 344-349.

Bailenson, J. N., & Rips, L. J. (1996). Informal reasoning and burden of proof. *Applied Cognitive Psychology, 10,* S3-S16.

Baldi, R., A., Plude, D. J., & Schwartz, L. K. (1996). Cognitive technology new technologies for memory training with older adults. *Cognitive Technology 1,* 25-35.

Banaji, M. R., & Crowder, R. G. (1989). The bankruptcy of everyday memory. *Americ Psychologist, 44,* 1185-1193.

Barber, D. (1988). *Applied cognitive psychology.* London: Methuen.

Barclay, R. A. (1994). *ADHD in adults.* New York: Guilford.

Barker, R. G. (1968). *Ecological Psychology.* Stanford University Press. Stanford, Calif.

Barnard, P. J., & Teasdale, J. D. (1991). lntercting cognitive subsystems: A systemic approach to cognitive-affective interaction and change. *Cognition and Emotion, 5,* 1-39.

Bartlett, F. C. (19321995). *Remembering: A study in experimental and social psychology.* Cambridge, England: Cambridge University Press.

Basden, B., Basden, D., Bryner, S. & Thomas, R. (1997). A comparison of group and individual remembering: Does collaboration disrupt retrieval strategies? *Journal of Experimental Psychologoy: Learning, Memory & Cognition, 23,* 1176-1189.

Baum, A., Cohen, L., & Hall, M. (1993). Control and intrusive memories as possible determinants of chronic stress. *Psychosomatic Medicine, 55,* 274-286.

Beach, K. (1988). The role of external mnemonic symbols in acquiring an occupation. In M. M. Gruneberg, P. E. Morris, & R. N. Sykes (Eds.), *Practical aspects of memory: Current re-*

search and issues (Vol. 1, pp. 342-346). Chichester, England: John Wiley & Sons.

Beatty, P., & Herrmann, D. (2001). To answer or not to answer: Decision processes related to item non-response. In R. Groves, D. Dillman, J. Eltinge, & R. Little (Eds.), *Survey nonresponse*. Boston: Wiley.

Beatty, P., Herrmann, D., Puskar, C., & Kerwin, J. (1998). When people say they do not know, do they know? *Memory, 4,* 407-426.

Beck, A. T. (1976). *Cognitive therapy and the emotional disorders*. New York: International Universities Press.

Bekerian, D. A., & Dennett, J. L. (1993). The cognitive interview technique: reviving the issues. *Applied Cognitive Psychology, 7,* 275-297.

Bellezza, F. S. (1982). *Improve your memory skills*. EnglewoodCliffs, NJ: Prentice-Hall.

Bellezza, F. S., & Buck, D. K. (1988). Expert knowledge as mnemonic cues. *Applied Cognitive Psychology, 2,* 147-162.

Belli, R. F. (1998). The structure of autobiographical memory and the event history calendar: Potential improvements in the quality of retrospective reports in surveys. *Memory, 6,* 383-406.

Benbow, C. P & Stanley, J. C. (1993). Sex differences in mathematical reasoning: More facts. *Science, 222,* 1029-1031.

Bendiksen, M., & Bendiksen, I. (1992). A multidimensional intervention program solvent injured population. *Cognitive Rehabilitation, 10,* 20-27.

Bendiksen, M., & Bendiksen, I. (1996). Multi-modal memory rehabilitation for the toxic solvent injured population. In D. Herrmann, M. Johnson, C. McEvoy, C. Hertzog, & P. Hertel (Eds.), *Basic and applied memory research: New findings*. Hillsdale, NJ: Erlbaum.

Benjafield, J. G.. (1997). *Cognition* (2nd Edition). Upper Saddle River, NJ: Prentice Hall.

Benjamin, L. T. Jr. (1988). The history of teaching machines. *American Psychologist, 43,* 713-720.

Bennett H. L. (1983). Remembering drink orders: the memory skills of cocktail waitresses. *Human Learning, 2,* 157-169.

Bentley, A. M., Kvalsvig, J., & Miller, R. (1990). The cognitive consequences of poverty: a neo-piagetian study with Zulu children. *Applied Cognitive Psychology, 4,* 451-459.

Benton, D. (1993). Blood glucose and human memory. *Psychopharmacology, 113,* 83-88.

Berger, D. E., Pezdek, K., & Banks, W. P. (1987). *Applications of cognitive psychology: Problem solving, education, and computing*. Hillsdale, N. J.: Erlbaum.

Bergman, M. M. (1998), A Proposed Resolution of the Remediation-Compensation Controversy in Brain Injury Rehabilitation. *Cognitive Technology, 3,* 45-52.

Berntsen, D. (1996). Involuntary autobiographical memories. *Applied Cognitive Psychology, 10,* 435-454.

Berry, C., Scheffler, A., & Goldstein, C. (1993). Effects of text structure on the impact of heard news. *Applied Cognitive Psychology, 7,* 381-395.

Berry, D. C. (1995). Donald Broadbent and applied cognitive psychology. *Applied Cognitive*

Psychology, 9, S1-S4.

Bertrand, A., Cellier, J.-M., & Giroux, L. (1996). Expertise and strategies for the identification of the main ideas in document indexing. *Applied Cognitive Psychology, 10,* 419-433.

Best, D. (1992). The role of social interaction in memory improvement. In D. Herrmann, H. Weingartner, A. Searleman, & C. McEvoy (Eds.), *Memory improvement: Implications for memory theory* (pp. 122-149). New York: Springer Verlag.

Best, D. L., Hamlett, K. W., & Davis, S. W. (1992a). Memory complaint and memory performance in the elderly: The effects of memory-skills training and expectancy change. *Applied Cognitive Psychology, 6,* 405-416.

Bckman, L. (1981). Some distinctions between basic and applied approaches. Bickman (Ed.), *Applied social psychology* (pp. 23-44). New York: Sage.

Biederman, I. (1987). Recognition-by-components: A theory of human image understanding. *Psychological Review, 94,* 115-147.

Biederman, I., Cooper, E. E., Fox, P. W. Fox, P. W., & Mahadevan, R. S. (1992). Unexceptional spatial memory in an exceptional memorist. *Journal of Experimental Psychology: Learning, Memory, and Cognition, 18,* 654-657.

Biel, G. A., & Carswell, C. M. (1993). Musical notation for the keyboard: an examination of stimulus-response compatibility. *Applied Cognitive Psychology, 7,* 433-452.

Birnbaum, I. M., Taylor, T. H., Johnson, M. K., & Raye, C. L. (1987). Is event frequency encoded automatically? The case of alcohol intoxication. *Journal of Experimental Psychology: Learning, Memory and Cognition, 13,* 251-258.

Bisacchi, W. F., & Starkes, J. L. (1999). A multidimensional approach to skilled perception and performance in sport. *Applied Cognitive Psychology, 13,* 1-27.

Blagrove, M., & Akehurst, L. (2000). Effect of sleep loss on confidence-accuracy relationships for reasoning and eyewitnessing memory. *Journal of Experimental Psychology-Applied, 6,* 59-73.

Blagrove, M., Alexander, C., & Home, J. A. (1995). The effects of chronic sleep reduction on the performance of cognitive tasks sensitive to sleep deprivation. *Applied Cognitive Psychology, 9,* 21-40.

Blagrove, M., Cole-Morgan, D., Lambe, H. (1994). Interrogative suggestibility: the effects of sleep deprivation and relationship with field dependence. *Applied Cognitive Psychology, 8,* 169-179.

Block, L. G., & Morwitz, V. G. (1999). Shopping lists as an external memory aid for grocery shopping: Influences on list writing and list fulfillment. *Journal of Consumer Psychology, 8,* 343-375.

Block, R. I., & Wittenborn, J. R. (1984). Marijuana effects on semantic memory: Verification of common and uncommon category members. *Psychological Reports, 55,* 503-512.

Blumenthal, J. A., & Madden, D. J. (1988). Effects of aerobic exercise training, age, & physical fitness on memory-search performance. *Psychology & Aging, 3,* 280-285.

Bohanek, J. G., Fivush, R., & Walker, E. (2005). Memories of positive and negative emotional events. *Applied Cognitive Psychology, 19,* 51-66.

Bond, G. D., & Less, A. Y. (2005). Language of lies in prison: Linguistic classification of prisoners' truthful and deceptive natural language. *Applied Cognitive Psychology, 19,* 313-344.

Boneau, A. (1994, August). A theory of the relationship between basic and applied research. Presented at the third international Practical Aspects of Memory Conference, College Park, MD.

Borgeaud, P & Abernathy, B. (1987). Skilled perception in volleyball defense. *Journal of Sport Psychology, 9,* 400-406.

Boring, E. (1950). A history of experimental psychology. 2nd edition. New York: Appleton Century Crofts.

Bornstein, B. H. (1994). David, Goliath, and Reverend Bayes: prior beliefs about defendents' status in personal injury cases. *Applied Cognitive Psychology, 8,* 232-258.

Bornstein, B. H., Leibel, L. M., & Scarberry, N. C. (1998). Repeated testing in eyewitness memory: a means to improve recall of a negative emotional event. *Applied Cognitive Psychology, 12,* 119-131.

Bourgeois, M. (1990). Enhancing conversation skills in patients with Alzheimer's disease using a prosthetic memory aid. *Journal of Applied Behavior Analysis, 23,* 29-42.

Bourgeois, M. (1993). Effects of memory aids on the dyadic conversations of individuals with dementia. *Journal of Applied Behavior Analysis, 26,* 77-87.

Bowen, J. D., & Larson, E. B. (1993). Drug induced cognitive impairment. Defining the problem and finding solutions. *Drugs and Aging. 3,* 349-357.

Bower, G. H. (1970). Analysis of a mnemonic device. *American Scientist, 58,* 498-510.

Bower, G. H. (1981). Mood and memory. *American Psychologist, 36,* 129-148.

Bower, G. H. (1987). Commentary on mood and memory. *Behavior Research and Therapy 25,* 443-455..

Bower, G. H., & Forgas, J. P (2000). Affect, memory, and social cognition. In E. Eich & J. Schooler (Eds.), Cognition and memory. Mood and social memory, In J. P. Forgas (Ed.), *Handbook of affect and social cognition.* Mahwah, NJ: Erlbaum.

Bracey, O. L. (1996). *Cognitive rehabilitation: A process approach.* MarchApril, 10-11.

Bradburn, N., Rips, L. J., & Shevell, S. K. (1987). Answering autobiographical questions: The impact of memory and inference on surveys. Science, 236, 157-161.

Brandimonte, M., Einstein, G., & McDaniel, M. (Eds.), (1996). *Prospective memory: Theory and applications.* Hillsdale, NJ: Erlbaum.

Brandimonte, M. A., Bisiacchi, P., & Pelizzon, L. (2000). Perceptually-driven memory for intentions: A study with children and adults. *Cognitive Technology 5,* 20-25.

Brandon, S., Boakes, J., Glaser, D., & Green, R. (1998). Recovered memories of childhood sexual abuse: Implicatins for clinical practice. *British Journal of Psychology, 172,* 296-307.

Branscomb, L. M. (1995). Public funding of scientific research. In K. Miller (Ed.), *Sigma Xi Forum: 1995 Vannvar Bush II Science for the 21st Century.* Research Triangle Park, NC:

Sigma Xi.

Braun, K. A., & Loftus, E. F. (1998). Advertising's misinformation effect. *Applied Cognitive Psychology, 12,* 569–591.

Brewer, M. B. (1985). Experimental research and social policy: Must it be rigor versus relevance? *Journal of Social Issues, 41,* 159–176.

Brewer, N., Potter, R., Fisher, R. P, Bond, N., & Luszcz, M. A. (1999). Beliefs and data on the relationship between consistency and accuracy of eyewitness testimony. *Applied Cognitive Psychology, 13,* 297–313.

Brewer, W. (1994). The validity of autobiographical recall. In N. Schwarz & S. Sudman, Eds., *Autobiographical memory and the validity of retrospective reports.* New York:Springer Verlag.

Brewin, C. R. (1998). Intrusive autobiographical memories in depression and post-traumatic stress disorder. *Applied Cognitive Psychology, 12,* 359–370.

Broadbent, D. E. (1958). *Perception and communication.* Oxford: Pergamon.

Broadbent, D. E., Cooper, P. F., Fitzgerald. P, & Parks, K. R. (1982). The cognitive failures questionaire (C. F. Q.) and its correlates. *British Journal of Clinical Psychology, 21,* 1–16.

Bronfenbrenner, U. (1977). Toward an experimental ecology of human development. *American Psychologist, 32,* 513–531.

Brown, A., Jones, E. & Davis, T. (1995). Age differences in conversational source monitoring. *Psychology and Aging, 10,* 111–122.

Brown, C. & Lloyd-Jones, T. J. (2003). Verbal overshadowing of multiple face and car recognition: Effects of within-versus across category verbal descriptions. *Applied Cognitive Psychology, 17,* 183–202.

Brown, E. L., & Deffenbacher, K. A. (1988). Superior memory performance and mnemonic encoding. In L. K. Obler & D. Fein (Eds.), *The exceptional brain: Neuropsychology of talent and special abilities.* New York: Guilford.

Brown, J. D., & Larson, E. B. (1993). Drug-induced cognitive impairment: Defining the problem and finding solutions. *Drugs & Aging, 4,* 349–357.

Brown, N. R., & Schopflocher, D. (1998). Event cueing, event clusters, and the temporal distribution of autobiographical memories. *Applied Cognitive Psychology, 12,* 305–319.

Brown, R., & Kulik, J. (1977). Flashbulb memories. *Cognition, 5,* 73–99.

Bruce, D. (1985). The how and why of ecological memory. *Journal of Experimental Psychology: General, 114,* 78–90.

Bruce, D., & van Pelt, M. (1989). Memories of a bicycle tour. *Applied Cognitive Psychology, 3,* 137–156.

Bruce, V., Hanna, E., Dench, N., Healey, P, & Burton, M. (1992). The importance of 'mass' in line drawings of faces. *Applied Cognitive Psychology, 6,* 619–628.

Brunas-Wagsstaff, J. (1998). *Personality: A cognitive approach.* London: Routledge.

Bruner, J. S., Goodnow, J., & Austin, G. (1956). *A study of thinking.* New York: Wiley.

Bruning, R. H., Norby, M. M., Ronning, R. R., & Schraw, G. J., (1999). *Cognitive psychology and instruction.* Upper Saddle River, NJ: Merrill.

Brunswick, , E. (1956). *Perception and the representative design of experiments.* Berkeley: University of California Press.

Bryan, G. L. (1972). Evaluation of basic research in the context of mission orientation. *American Psychologist, 27,* 947-950.

Bryand, R. A., & Harvey, A. G. (1998). Traumatic memories and pseudomemories in post-traumatic stress disorder. *Applied Cognitive Psychology, 12,* 81-88.

Bunce, D., Hays, K., & Ping, L. (2004). Smoking attenuates regular aerobic exercise benefits to episodic free recall immediately following strenuous physical activity. *Applied Cognitive Psychology, 18,* 223-144.

Burt, C. D. B., & Forsyth, D. K. (1999.) Designing materials for efficient time management: Segmentation and planning space. *Cognitive Technology 4,* 11-18.

Burt, C. D. B., Watt, S. C., Mitchell, D. A., & Conway, M. A. (1998). Retrieving the sequence of autobiographical event components. *Applied Cognitive Psychology, 12,* 321-338.

Buschke, H., Kuslansky, G., Katz, M., Stewart, W. F., Sliwinski, M. J., Eckholdt, H. M., & Lipton, R. B. (1999). *Neurology 52,* 231-238.

Buschke, H., Sliwinski, M. J., & Luddy, D. (1998). Cognitive theory, experiments, applications, and cognitive impairment. *Cognitive Technology 3,* 4-8.

Bushman, B. and Bonacci, A. (2002). Violence and sex impair memory for television ads. *Journal of Applied Psychology, 87,* 557-564.

Bushman, B. J., & Phillips, C. M. (2001). If the television program bleeds, memory for the advertisement recedes. *Current Directions Psychological Science, 10,* 43-46.

Butterfield, H. (1957). *The origins of modern science.* New York: Collier.

Cabeza, R. & Kingstrone, A. (Eds.). (2002). *Handbook of Functional Neuroimaging of Cognition.* Cambridge, MA: MIT Press.

Cacioppo, J., & Petty, R. (1982). *The need for cognition. Journal of Personality and Social Psychology, 42,* 120-121.

Camp, C. J., & Foss, J. W. (1997). Designing ecologically valid memory interventions for persons with dementia. In D. G. Payne & F. G. Conrad (Eds.), *Intersections in basic and applied memory research* (pp. 311-325). Mahwah, NJ: Lawrence Erlbaum Associates.

Camp, C. J., Foss, J. W., Stevens, A. B., & O'Hanlon, A. M. (1996). Improving prospective memory task performance in persons with Alzheimers disease. In M. Brandimonte, G. Einstein, & McDaniel (Eds.), *Prospective memory: Theory and applications.* Hillsdale, NJ: Erlbaum.

Campbell, D. R., & Stanley, J. C. (1966). *Experimental and quasi-experimental designs for research.* Chicago: Rand McNally.

Campbell, R. & Conway, M. A. (Eds.). (1995). *Case Studies in Memory Impairment.* Cambridge, MA: Blackwell.

Canas, J. J. (2003). Memory issues in cognitive ergonomics. *Cognitive Technology 8,* 4-5.

Cannon-Bowers, J. A., & Salas, E. (1998). *Making decisions under stress: Implications for in-*

dividual and team training. Hyattsville, MD: American Psychological Association.

Caprio-Prevette, M. (1999). Memory rehabilitation strategies and cognitive behavioral techniques after a brain injury. *Cognitive Technology 4,* 39-45.

Card, S. K., Moran, T. P, & Newell, A. (1983). *The psychology of human computer interaction.* Hillsdale, NJ: Erlbaum.

Carlson, R. A. (1997). *Experienced cognition.* Mahwah: Erlbaum

Carpenter, S. K., & DeLosh, E. L. (2005). Application of the testing and spacing effects to name learning. *Applied Cognitive Psychology, 19,* 619-636.

Carroll, M., Mazzoni, G., Andrews, S., & Pocock, P. (1999). Monitoring the future: object and source memory for real and imagined events. *Applied Cognitive Psychology, 13,* 373-390.

Carswell, C. M, Bates, J. R., Pregliasco, N. R., Lonon, A., & Urban, J. (1998). Finding graphs useful: Linking preference to performance for one cognitive tool. *Cognitive Technology 3,* 4-18.

Cavanaugh, J. C., Feldman, J. M., & Herzog, C. (1998). Memory beliefs as social cognition: A reconceptualization of what memory questionnaires assess. *Review of General Psychology, 2,* 48-65.

Ceci, S. J., Baker, J. G., & Bronfenbrenner, U. (1988). Prospective remembering, temporal calibration, and context. In M. Gruneberg, P. Morris, & R. Sykes, Eds., *Practical aspects of memory current research and issues,* Vol. 2. Chichester: Wiley.

Chaffin, R., & Imreh, G. (1997). Pulling teeth and torture: Musical memory and problem solving. *Thinking and Reasoning, 3,* 315-336.

Chalfonte, B. L. & Johnson, M. K. (1996). Feature memory and binding in young and older adults. *Memory & Cognition, 24,* 403-416.

Chandler, P., & Sweller, J. (1996). Cognitive load while learning to use a computer program. *Applied Cognitive Psychology, 10,* 151-170.

Channon, S., & Baker, J. E. (1996). Depression and problem-solving performance on a fault-diagnosis task. *Applied Cognitive Psychology, 10,* 327-336.

Chapanis, A. (1967). The relevance of laboratory studies to practical situations. *Ergonomics, 10,* 557-577.

Chapanis, A. (1986). A psychology for our technological society: A tale of two laboratories. In S. H. Hulse & B. F. Green (Eds.), *One hundred years of psychological research in America* (pp. 52-70). Baltimore: Johns Hopkins University Press.

Chapanis, A. (1988). Some generalizations about generalization. *Human Factors, 30,* 253-267.

Chapanis, A., & Morgan, C. (1949). *Applied experimental psychology human factors in engineering design.* New York: Wiley Publications.

Chapman, A. J., Sheehy, N. P., & Livingston, M. S. (1994). Psychology and law. In P. Spurgeoon, R. Davies, & A. J. Chapman (Eds.), *Elements of applied psychology.* Amsterdam: Harwood Academic Publishers.

Chapman, P. & Underwood, G. (2000). Forgetting near accidents: The role of severity, culpability, and experience in the poor recall of dangerous driving situations. *Applied Cognitive*

Psychology, 14, 31-44..

Charness, N., & Schuletus, R. S. (1999). Knowledge and expertise. In F. Durso (Ed.), *Handbook of applied cognition.* New York: Wiley.

Chase, W. G., & Ericsson, K. A. (1981). Skilled memory. In J. R. Anderson (Ed.), *Cognitive skills and their acquisition.* Hillsdale, NJ: Erlbaum.

Chase, W. G., & Simon, H. A. (1973a). Perception in chess. *Cognitive Psychology, 4,* 55-81.

Chi, M. T. H., Feltovich, P. J., & Glosser, R. (1981). Catorization and representation of physics problems by experts and novices. *Cognitive Science, 5,* 121-152.

Chmiel, N., Totterdell, P., & Folkard, 5. (1995). On adaptive control, sleep loss, and fatigue. *Applied Cognitive Psychology, 9,* S39-S53.

Chodzko Zajko, W. J. (1991). Physical fitness, cognitive performance, and aging. *Medicine and Science in Sports and Exercise, 23,* 868-872.

Christianson, S. A. (Ed.). (1992). *The Handbook of Emotion and Memory: Research and theory.* Hillsdale, NJ: Erlbaum.

Christianson, S. A, & Hübinette, B. (1993). Hands up! A study of witnesses' emotional reactions and memories associated with bank robberies. *Applied Cognitive Psychology, 7,* 365-380.

Christianson, S., A., & Nilsson, L. (1989). Hysterical amnesia: A case of aversively motivated isolation of memory. In T. Archer & I. Nilsson (Eds.), *Aversion, avoidance, & anxiety: Perspectives on aversively motivated behavior* (pp. 289-310). Hillsdale, NJ: Erlbaum.

Cialdini, R. B. (1999). *Influence, science, and practice.* (2nd Ed.). Glenview, IL: Scorr Foresman.

Clancy Dollinger, SM., & Hoyer, W. J. (1995). Skill differences in medical laboratory diagnostics. *Applied Cognitive Psychology, 9,* 235-247.

Clarkson-Smith, L., & Hartley, A. A. (1989). Relationships between physical exercise & cognitive abilities in older adults. *Psychology & Aging, 4,* 183-189.

Clegg, C. (1994). Psychology and information technology: The study of cognition in organizations. *British Journal of Psychology, 85,* 449-477.

Clore, G. L., Ortony, A., & Foss, M. (1987). The psychological foundations of the affective lexicon. *Journal of Personality & Social Psychology, 53,* 751-766.

Cochran, E. L. (1994). Basic versus applied research in cognitive science: A view from industry. *Ecological Psychology, 6,* 131-136.

Cockburn, J., (1996). Assessment and treatment of prospective memory deficits. In M. Brandimonte, G. Einstein, & McDaniel, Eds., *Prospective memory: Theory and applications.* Hillsdale, NJ: Erlbaum.

Cohen, G. (1989). *Memory in the real world.* Hillsdale, NJ: Erlbaum.

Cohen, G., & Java, R. (1995). Memory for medical history: accuracy of recall. *Applied Cognitive Psychology, 9,* 273-288.

Cohen, J. D. & Schooler, J. W. (Eds.), (1997). *Scientific approaches to consciousness.* Mahwah, NJ: Erlbaum.

Cole, M., & Gay, J. (1972). Culture and memory. *American Anthropologist, 74(5),* 1066-1084.

Cole, M., & Means, B. (1981). *Comparative studies of how people think.* Cambridge, MA: Harvard University Press.

Cole, M., & Scribner, S. (1974). *Culture and thought: A psychological introduction.* New York: John Wiley.

Colley, A. M., & Beech, J. R. (1989). *Acquisition and performance of cognitive skills.* New York: Wiley.

Colwell, K., Hiscock, C. K., & Menon, A. (2002). Interviewing techniques and the assessment of statement credibility. *Applied Cognitive Psychology, 17,* 287-300.

Conrad, F. G. (1997a). Basic and applied memory research: Empirical, theoretical, and meta-theoretical issues. In D. G. Payne & F. G. Conrad (Eds.), *Intersections in basic and applied memory research.* Mawah, NJ: Erlbaum.

Conrad, F. G, (1997b). Using expert systems to model and improve survey classification processes. In Lyberg, Biemer, Collins, de Leeuw, Dippo, Schwarz, and Trewin (Eds). *Survey Measurement and Process Quality.* New York: Wiley.

Conway, M. A. (1993). Method and meaning in memory research. In G. M. Davies & RH. Logie (Eds.), *Memory in everyday life.* New York: North Holland.

Conway, M. A. (1995). *Flashbulb memories.* Hove, UK: Erlbaum.

Conway, MA. (1997). *Cognitive models of memory.* New York: Bradford.

Conway, M. A. (1997b). *Cognitive models of memory.* New York: Bradford.

Conway, M. A., Collins, A. F., Gathercole, S. E., & Anderson, S. J. (1996). Recollections of true and false autobiographical memories. *Journal of Experimental Psychology: General, 125(1),* 69-95.

Conway, M. A., & Dewhurst, S. A. (1995). The self and recollective experience. *Applied Cognitive Psychology, 9,* 1-19.

Cook, G. I., Marsch, R. L., & Hicks, J. L. (2005). Associating a time-based prospective memory task with an expected context can improve or impair intention completeion. *Applied Cognitive Psychology, 19,* 345-360.

Cook, S., & Wilding, J. (1997). Earwitness testimony: Never mind the variety, hear the length. Applied *Cognitive Psychology, 11,* 95-111.

Cooke, N. J. (1999). Knowledge elicitation. In F. Durso (Ed.), *Handbook of applied cognition.* New York: Wiley.

Cornoldi, C., & de Beni, R. (1991). Memory for discourse: Ioci mnemonics and the oral presentation effect. *Applied Cognitive Psychology, 5,* 511-518.

Corr, P. J., Pickering, A. D. & Gray, J. A. (1995). Sociabilityimpulsivity and caffeine-induced arousal: Critical flickerfusion frequency and procedural learning. *Personality and Individual Differences, 22,* 805-815.

Cowan, N. (2001). The magical number 4 in short-term memory: A reconsideration of mental storage capacity. *Brain & Behavioral Science, 24,* 87-185.

Coxon, P, & Valentine, T. (1997). Effects of the age of eyewitnesses on the accuracy and suggestibility of their testimony. *Applied Cognitive Psychology, 11,* 415-430.

Craik, F. I. M., & Lockhart, R. S. (1972). Levels of processing: A framework for memory research. *Journal of Verbal Learning and Verbal Behavior, 111,* 671-684.

Crain-Thoreson, C., (1996). Phonemic processes in children's listening and reading comprehension. *Applied Cognitive Psychology, 10,* 383-401.

Cramer, J. A., Mattson, R. H., Prevey, M. L., Scheyer, R. D., & Ouellette, V. L. (1989). How often is medication taken as prescribed? A novel assessment technique. *Journal of the American Medical Association, 261,* 3273-3277.

Crawford, M., Herrmann, D., Randal, E., Holdsworth, M., & Robbins, D. (1989). Self perception of memory performance as a function of gender. *British Journal of Psychology, 80,* 391-401

Crawford, M. & Unger, R. (2004). *Women and gender A feminist psychology.* (4 th ed). Boston: McGraw Hill.

Cronbach, L. J., & Meehl, P. E. (1955). Construct validity in psychological tests. *Psychological Bulletin, 52,* 281-302.

Crook III, T. H., & Longjohn, JR. (1993). Development of treatments for memory disorders: the necessary meeting of basic and everyday memory research. *Applied Cognitive Psychology, 7,* 619-630.

Crook, T., Bartus, R. T., Ferris, S. H., Whitehouse, P., Cohen, G. D., & Gershon, S. (1986). Age-associated memory impairment: Proposed diagnostic criteria and measures of clinical change-Report of a National Institute of Mental Health work group. *Developmental NeuroPsychology, 2,* 261-276.

Crowder, R. (1993). Faith and skepticism in memory research. In G. M. Davies & R. H. Logie, (Eds.). Memory in everyday life. Amsterdam: North Holland.

Crundall, D., Chapman, P, France, E., Underwood, G., & Phelps, N. (2005). What attracts attention during police pursuit driving? *Applied Cognitive Psychology, 19,* 409-420.

Cutler, B. L., & Penrod, S. D. (1995). *Mistaken identification: The eyewitness, psychology and the law.* New York: Cambridge University Press.

Cutler, S., & Grams, A. E. (1988). Correlates of self reported everyday memory problems. *Journal of Gerontology: Social Sciences, 43,* 582-590.

Daee, S., & Wilding, J. M. (1977). Effects of high intensity white noise on short-term memory for position in a list and sequence. *British Journal of Psychology, 68,* 335-349.

Dansereau, D. F., & Newbern, D. (1997). Using knowledge maps to enhance teaching. In W. E. Campbell & K. A. Smith (Eds.), *New paradigms for college teaching.* Edina, MN: Interaction Book Company.

Das, J. P., Kar, B. C., & Parrila, R. K. (1996). *Cognitive planning: The psychological basis of intelligent behavior.* New Deli: Sage.

Davenport, J. L., Studebaker, C. A., & Penrod, S. (1999). Perspectives on jury decision-making: Cases on pretrial publicity and cases based on eyewitness identifications. In F. Durso (Ed.), *Handbook of applied cognition.* New York: Wiley.

Davies, G. M. (1981). Face recall systems. In G. Davies, H. Ellis, & J. Shepherd (Eds.), *Perceiving and remembering faces* (pp. 227-250). London: Academic Press.

Davies, G. M., & Logie, R. H. (Eds.). (1993). *Memory in everyday life.* Amsterdam: North Holland.

Davies, G., M. & Pressley, M. (1993). *Editorial. Applied Cognitive Psychology, 7,* 95.

Davies, G. M. & Thomson, D. M. (1988). Memory in context: context in memory. Chichester: Wiley.

Davis, M. R., McMahon, M., & Greenwood, K. M. (2005). The efficacy of menomic components of the Cognitive Inteview: Towards a shortned variant for time-critical investigations. *Applied Cognitive Psychology, 19,* 75-94.

Deffenbacher, K. A. (1996). Updating the scientific validity of three key estimator variables in eyewitness testimony. In 0. Herrman, C. McEvoy, C. Herzog, P. Hertel, & M. Johnson, M. K. (Eds.), *Basic and applied memory research.* Mahwah: Erlbaum.

DeGroot , A. D. (1966). Perception and memory versus thought: Some old ideas and recent findings. In B. Kleinmuntz (Ed.), *Problem Solving.* New York: Wiley.

Dekker, S. (2002). *The field guide to human error investigations.* Mahwa, N. J. ; Erlbaum.

Dekle, D. J., Beal, C. R., Elliott, R., & Huneycutt, D. (1996). Children as witnesses: a comparison of lineup versus showup identification methods. *Applied Cognitive Psychology, 10,* 1-12.

Denis, M., Pazzaglia, F., Cornoldi, C., & Bertolo, L. (1999). Spatial discourse and navigation: an analysis of route directions in the city of Venice. *Applied Cognitive Psychology, 13,* 145-174.

Dennis, M. J., & Steinberg, R. J. (1999). Cognition and instruction. In F. Durso (Ed.), *Handbook of applied cognition.* New York: Wiley.

Desrochers, A., Wieland, L. D., & Coté M. (1991). Instructional effects in the use of the mnemonic keyword method for learning German nouns and their grammatical gender. *Applied Cognitive Psychology, 5,* 19-36.

Destun, L. M. & Kuiper, N. A. (1999). Phenomenal characteristics associated with real and imagined events: the effects of event valence and absorption. *Applied Cognitive Psychology, 13,* 175-186.

Devolder, P. A., & Pressley, M. (1992). Causal attributions and strategy use in relation to memory performance differences in younger and older adults. *Applied Cognitive Psychology, 6,* 629-642.

DeWall, C., Wilson, B. & Baddeley, A. (1994). The Extended Rivermead Behavioral Memory Test: A measure of everyday memory performance in normal adults. *Memory 2,* 149-166.

deWolff, C. J. (1993). Developments in applied psychology. *Applied Psychology: An International Review, 42,* 46-49.

Dietze, P. M., & Thomson, D. M. (1993). Mental reinstatement of context: a technique for interviewing child witnesses. *Applied Cognitive Psychology, 7,* 97-108.

Dippo, C. S. & Herrmann, D. J. (1990). The Bureau of Labor Statistics' Collection Procedures

Research Laboratory: Accomplishments and Future Directions. *Seminar on Quality of Federal Data.* Washington, D. C.: Council of Professional Associations on Federal Statistics..

DiTomasso, R. A., & McDermott, P. A. (1981). Dilemma of the untreated control group in applied research: A proposed solution. *Psychological Reports, 49,* 823-828.

Doherty, E. P. (1999). Computing for the disabled using a new brain body interface. Human computer interaction. *Journal of Gerontology 38,* 682-689.

Dollinger, S. M. C., & Hoyer, W. J. (1996). Age and skill differences in the processing demands of visual inspection. *Applied Cognitive Psychology, 10,* 225-239.

Donders, F. C. (1868, republished 1969). On the speed of mental processes. In W. G. Koster (Ed. & trans), Attention and performance II. Amsterdam: North Holland.

Donohoe, R. T., & Benton, D. (1999). Declining blood glucose levels after a cognitively demanding task predict subsequent memory. *Nutrtional Neuroscience, 2,* 413-424.

Donovan, M. S., Bransford, J. D., & Pelligrino, J. W. (1999). *How people learn: Bridging research and practices.* Washington, DC: National Academy Press.

Driskell, J. E., & Olmsted, B. (1989). Psychology and the military: Research applications and trends. *American Psychologist, 44,* 43-54.

Dritschel, B. H. (1991). Autobiographical memory in natural discourse. A methodological note. *Applied Cognitive Psychology, 5,* 319-330.

Druckman, D. & Bjork, R. A. (1994). *Learning, Remembering, Believing: Enhancing Human Performance.* Washington, DC: National Academy Press.

Druckman, D., & Swets, J. A. (1988). *Enhancing human performance.* Washington, DC: National Academy Press.

Dubin, R. (1976). Theory building in applied areas. In M. Dunnet (Ed.), *Handbook of industrial organizational psychology.* New York: Wiley.

Dunning, D. & Peretta, S. (2002). Automaticity and eyewitness accuracy: A 10-to12-second rule for distinguishing accurate from inaccurate positive identification. *Journal of Applied Psychology, 87,* 951-962.

Durso, F. T. (Ed.). (1999). *Handbook of applied cognition.* Mahwah, NJ: Erlbaum.

Durso, F. T., & Gronlund, S. D. (1999). Situation awareness. In F. Durso (Ed.), *Handbook of applied cognition.* New York: Wiley.

Durso, F. T., Hackworth, C. A., Barile, A. L., Dougherty, M. R. P., & Ohrt, D. D. (1998). Source monitoring in face-to-face and computer-mediated environments. *Cognitive Technology 3,* 32-38.

Eagly, A., Kulesa, P., Chen, S. & Chaiken, S. (2001). Do attitudes affect memory? Tests of congeniality hypothesis. *Current Directions in Psychological Science, 10,* 5-10.

Easterbrook, J. (1959). The effect of emotion on cue utilization and the organization of behavior. *Psychological Review, 66,* 183-201.

Ebbinghaus, H. (1885). Uber das gedachtnis: Untersuchugen zur experimentellen psychologie. Leipzig: Dunker & Humboldt. Translated by H. A. Ruger & C. E. Byssenine as Memory: *A contribution to experimental psychology.* New York: Dover, 19–13.

Edwards, D., & Potter, J. (1992). The chancellor's memory: rhetoric and truth in discursive remembering. *Applied Cognitive Psychology, 6,* 187–215.

Edworthy, S., & Adams, A. (1996). *Warning design: A research perspective.* London: Taylor & Francis.

Egeth, H. E. (1993). What do we not know about eyewitness identification? *American Psychologist, 48,* 577–580.

Eich, E. & Schooler, J. (Eds.), (2000). Cognition and Memory. Mood and social memory, In J. P. Forgas (Ed.)., *Handbook of affect and social cognition.* Mahwah, NJ: Erlbaum.

Einstein, G., & McDaniel, M. (1990). Normal aging and prospective memory. *Journal of Experimental Psychology: Learning, Memory and Cognition, 16,* 717–726.

Eisen, ML., & Carlson, E. B. (1998). Individual differences in suggestibility: examining the influence of dissociation, absorption, and a history of childhood abuse. *Applied Cognitive Psychology, 12,* S47–S61.

Ekman, P. (2001). *Telling lies: Clues to deceit in the marketplace, politics, and marriage.* New York: W. W. Norton & Co.

Elaad, E. (2003). Effects of feedback on the overestimated capacity to detect lies and the underestimated ability to tell lies. *Applied Cognitive Psychology, 17,* 349–364.

Ellis, C. J. & Beaton A. (1993). Factors affecting the learning of foreign language vocabulary: Imagery keyword mnemonics and phonological short term memory. *Quarterly Journal of Experimental Psychology, 46A,* 553–568

Ellis, J. A., (1988). Memory for future intentions: Investigating pulses and steps. In M. M. Gruneberg, P. E. Morris, & R. N. Sykes, Eds., *Practical aspects of memory:* Current research and issues (Vol. 1, pp. 371–376). Chichester, England: Wiley

Ellis, J., (1996). Prospective memory or the realization of delayed intentions. In M. Brandimonte, G. Einstein, & McDaniel, Eds., *Prospective memory: Theory and applications.* Hillsdale, NJ: Erlbaum.

Ellis, J., A., & Jones, D. (1994). Applied cognitive psychology. In P. Spurgeoon, R. Davies, &A. J. Chapman (Eds.), *Elements of applied psychology.* Amsterdam: Harwood Academic Publishers.

Embretson, S. E. (1999). Cognitive psychology applied to testing. In F. *Durso Handbook of Applied Cognition,* Mahwah, NJ: Erlbaum.

Emery, C. F., & Gatz, M. (1990). Psychological & cognitive effects of an exercise program for community-residing older adults. *The Gerontologist, 30,* 184–188.

Engel, S. (1999). *Context is everything: The nature of memory.* New York: Freeman.

Engle, P. L., & Lumpkin, J. B. (1992). How accurate are time-use reports? Effects of cognitive enhancement and cultural differences on recall accuracy. *Applied Cognitive Psychology, 6,* 141–159.

Eley, M. G. (1993). The differential susceptibility of topographic map interpretation to influence from training. *Applied Cognitive Psychology, 7,* 23–42.

Ellis, H., Ottaway, S., Varner, L., Becker, A., & Moore, B. (1997). Emotion, motivation, and text comprehension: The detection of contradictions in passages. *Journal of Experimental Psychology: General,* 126, 131-146.

Erdelyi, M. H. (1996). *The recovery of unconscious memories: Hypermnesia and reminiscence.* Chicago: University of Chicago Press.

Ericsson, K. A. (1985). Memory skill. *Canadian Journal of Psychology, 39,* 188-231.

Ericsson. K. A. (2005). Recent advances in expertise research: A commentary on the contributions to the special issue. *Applied Cognitive Psychology, 19,* 233-241.

Ericsson, K. A., & Poison, P. G. (1988). An experimental analysis of the mechanisms of a memory skill. *Journal of Experimental Psychology: Learning, Memory and Cognition, 14(2),* 305-316.

Ericsson, K. A., & Simon, H. A. (1993). *Protocol analysis: Verbal reports as data (Rev.ed).* Cambridge, MA: MIT Press.

Esgate, A., & Groome, D. et al. (2005). *An introduction to applied cognitive psychology.* New York: Psycholoogy Press.

Etnier, J. L., Salazar, W., Landers, D. M., Petruzzello, S. J., Han, M., & Nowell, P. (1997). The influence of physical-fitness and exercise upon cognitive functioning-A metaanalysis. *Journal of Sport & Exercise Psychology, 19,* 249-277.

Evers, S. M. A. A., Stevens, F. C. J., Diederiks, J. P. M., Ponds, R. W. H. M., Kaplan, C., Drop, M. J., Metsemakers, J. F. M., & Jolles, J. (1997). Age-related differences in cognition. *European Journal of Public Health, 8,* 133-139.

Everson, M. D., & Boat, B. W. (1997). Anatomical dolls in child sexual abuse assessments: a call for forensically relevant research. *Applied Cognitive Psychology, 11,* S55-S74.

Eysenck, M. W. (1982). *Attention and arousal: Cognition and performance.* Berlin: Springer.

Eysenck, M. W. (2001). *Principles of cognitive psychology.* London: Taylor & Francis.

Fabrigar, L. R., Smith, S. M., & Brannon, L. A. (1999). Applications of social cognition: Attitudes on cognitive structures. In F. Durso (Ed.), *Handbook of applied cognition.* New York: Wiley.

Fagan, T. K., & VandenBos, G. R. (Eds.). (1993). *Exploring applied psychology: Origins and critical analyses.* Washington, DC: American Psychological Association.

Farley, F., & Null, C. N. (1987). *Using psychological science: Making the public case.* Washington, DC: The Federation of Behavioral, Psychological and Cognitive Sciences.

Featherman, D. L. (1991). Mission-oriented basic research. Items: *Social Science Research Council, 45,* 75-77.

Fiedler, K. (1991). On the task, the measures and the mood in research on affect and social cognition. In J. P. Forgas (Ed.), *Emotion and social judgments* (pp. 83-104). Oxford: Pergamon.

Fiore. S. M., Jentsch, F., & Rubinstein, J. (2004). Science and security: Human-centered research for keeping our nation safe. *Cognitive Technology 9,* 20-21.

Fiore, S. M., Rubinstein, J., Jentsch, F. (2004). Considering science and security from a broader research perspective. *Cognitive Technology 9,* 40–42.

Fischoff, B. (1990). Psychology and public policy: Tool or toolmaker? *American Psychologist, 45,* 647–653.

Fisher, R. P., & Geiselman, R. E. (1992). *Memory enhancing techniques for investigating interviewing.* Springfield: Thomas.

Fleishman, E. A., Ouaintance, M. K., & Broedling, L. A. (1984). *Taxonomies of human performance.* New York: Academic Press.

Folkard, S. (1979). Time of day and level of processing. *Memory & Cognition, 7,* 247–252.

Folkard, S., & Monk, T. H. (1980). Circadian rhythms in human memory. *British Journal of Psychology, 71,* 295–307.

Folstein, M. F., Folstein, S. E., & McHugh, P. R. (1975). A practical method for grading the cognitive sate of patients for the clinician. *Journal of Psychiatric Research, 12,*189–198.

Forgas, J. P., & Moylan, S. J. (1987). After the movies. The effects of transient mood states on social judgments. *Personality and Social Psychology Bulletin, 13,* 478–489.

ForsterLee, L., & Horowitz, I. A. (1997). Enhancing juror competence in a complex trial. *Applied Cognitive Psychology, 11,* 305–319.

Forsyth, B. H., & Lessler, J. T. (1991). Cognitive laboratory methods: A taxonomy. In P. P. Biemer, R. Groves, L. E. Lyberg, N. A. Mathiowetz, & S. Sudman. *Measurement errors in surveys.* New York: Wiley.

Foster, J. K., Lidder, P G., & Sunram, S. I. (1998). Glucose and memory: Fractionation of enhancement effects? *Psychopharmacology 137,* 259–270.

Foster, R. A., Libkuman, Goldsmith T. M., Schooler, J. W., & Loftus, E. F. (1994). Consequentiality and eyewitness person identification. *Applied Cognitive Psychology, 8,* 107–121.

Fotuhi, M. (2003). *The memory cure: How to protect your brain against memory loss and Alzheimer's disease.* New York: McGraw Hill.

Fowler, R., Hart, J. & Sheehan, M. (1972). A prosthetic memory: An application of the prosthetic environment concept. *Rehabilitation Counseling Bulletin, 15,* 80–85.

Fowles, D. C. (1988). Psychophysiology and pathology: A motivational approach. *Psychophysiology 25,* 373–391.

Freud, S. (i960). The psychopathology of everyday life. In J. Strachey (Ed. and Trans.), The standard edition of the complete psychological works of Sigmund Freud (Vol. 6, pp. 1–289). London: Hogarth Press. (Original work published 1901.)

Friedman, W. J. (1993). Memory for the time of past events. *Psychological Bulletin, 113,* 44–66.

Friendly, M. (1999). Visualizing categorical data. In M. Sirken, D. Herrmann, S. Schecter, N. Schwarz, J. Tanur, & R. Tourangeau, (Eds.), Cognition and survey research. Boston: Wiley.

Galotti, K. M. (1995). Memories of a 'decision-map': recall of a real-life decision. *Applied Cognitive Psychology, 9,* 307–319.

Galotti, K. M. (2003). *Cognitive psychology: In and out of the laboratory,* 2nd ed. Belmont, CA: BrooksCole and Wadsworth.

Gardiner, H. (1985). *The mind's new science.* New York: Basic Books.

Gardner, H., Kornhaber, M. L., & Wake, W. K. (1996). *Intelligence: Multiple perspectives.* Fort Worth: Harcourt Brace.

Garner, W. R. (1962). *Uncertainty and structure as psychological concepts.* New York: Wiley.

Garry, M., & Polaschek, D. L. L. (2000). Imagination and memory. Current Directions in *Psychological Science, 9,* 6-9.

Gates S. J., & Colborn, D. K. (1976). Lowering appointment failures in a neighborhood health center. *Medical Care, 14,* 263-267.

Gathercole, S. E., Service, E., Hitch, G. J., Adams, AM., & Martin, A. J. (1999). Phonological short-term memory and vocabulary development: further evidence on the nature of the relationship. *Applied Cognitive Psychology, 13,* 65-77.

Geiselman, R. E., & Fisher, R. P. (1997). Ten years of cognitive interviewing. In D. G. Payne & F. G. Conrad (Eds.), *Intersections of basic and applied research.* Mahwah: Erlbaum.

Gelzheiser, L. M. (1991). Learning soundsymbol correspondences: transfer effects of pattern detection and phonics instruction. *Applied Cognitive Psychology, 5,* 361-371.

Gentry, M., & Herrmann, D. J. (1990). Memory contrivances in everyday life. *Personality and Social Psychology Bulletin, 18,* 241-253.

Gernsbacher, M. A. (Ed.). (1994). *Handbook of psycholinguistics.* San Diego, CA: Academic Press.

Gianutsos, R. (1991). Cognitive rehabilitation: A neuropsychological specialty comes of age. *Brain Injury 5,* 353-368.

Gifford, D. R., & Cummings, J. L. (1999). Evaluating dementia screening tests: Methodologic standards to rate their performance. *Neurology 52,* 224-227.

Gilbert, D. T. (1993). The assent of man: Mental representation and the control of belief. In D. M. Wegner and J. W. Pennebaker (Eds). *Handbook of mental control.* Englewood Cliffs, NJ: Prentice Hall.

Gilbert, D. T., Fiske, S. T., & Lindzey, G. (Eds.). (1998). *The handbook of social psychology.* Oxford: Oxford University Press.

Gilhooly, K. J. (1990). Cognitive psychology and medical diagnosis. *Applied Cognitive Psychology, 4,* 261-272.

Gillan, D. J., & Schvaneveldt, R. W. (1999). Applying cognitive psychology: Bridging the gulf between basic research and cognitive artifacts. In F. Durso (Ed.), *Handbook of applied cognition.* New York: Wiley.

Gilland, S. W., & Day, D. V. (1999). Business management. In F. Durso (Ed.), *Handbook of applied cognition.* New York: Wiley.

Glass, A. L., & Waterman, D. (1988). Predictions of movie entertainment value and the representativeness heuristic. *Applied Cognitive Psychology, 2,* 173-179.

Gluck, M. A., & Myers, C. E. (2000). Gateway to Memory: *An Introduction to Neural Network*

Modelling of the Hippocampus and Learning. Cambridge, MA: Bradford.

Gold, P. E. (1986). Glucose modulation of memory storage processing. *Behavioral and Neural Biology 45,* 342–349.

Gold, P. E., & Greenough, W. T. (Eds.). (2001). *Memory Consolidation.* Washington, DC: APA.

Goldman, S. R., Petrosino, A. J., & Cognition and Technology Group at Vanderbilt. Design principles for instruction in content domains: Lessons from expertise and learning. In F. Durso (Ed.), *Handbook of applied cognition.* New York: Wiley.

Goldstein, E. B. (2004). *Cognitive psychology:* Connecting mind, research and everyday experience. Belmont, CA: Wadsworth.

Goleman, D. (1995). *Emotional intelligence.* New York: Bantam.

Gonder-Frederick, L., Hall, J. L., Vogt, J., Cox, D. J., Green, J. & Gold, P. E. (1987). Memory enhancement in elderly humans: Effects of glucose ingestion. *Physiology & Behavior, 41,* 503–504.

Goodman, G. S., & Schaef, J. M. (1997). Over a decade of research on children's eyewitness testimony: What have we learned? Where do we go from here? *Applied Cognitive Psychology, 11,* S5–S20.

Gorayska, B., Cox, K., Ho, J., & Roberts, T. (1998), Utilising human cognitive resources in browsing face recall systems: an exercise in human computer integration. *Cognitive Technology 3,* 13–23

Goschke, T. & Kuhl, J. (1996). Remembering what to do: explicit and implicit memory for intentions. In M. Brandimonte, G. Einstein, & McDaniel (Eds.). *Prospective memory: Theory and applications.* Hillsdale, N. J.: Erlbaum.

Graesser, A. C., Baggett, W., & Williams, K. (1996). Question-driven explanatory reasoning. *Applied Cognitive Psychology, 10,* S17–S31.

Graesser, A. C., Person, N. K., & Magliano, J. P. (1995). Collaborative dialogue patterns in naturalistic one-to-one tutoring. *Applied Cognitive Psychology, 9,* 495–522.

Green, D., & Loveluck, V. (1994). Understanding a corporate symbol. *Applied Cognitive Psychology, 8,* 37–47.

Green, D. M., & Swets, J. A. (1966). *Signal-detection theory and psychophysics.* New York: Wiley.

Green, J. P., Lynn, S. J., & Malinoski, P. (1998). Hypnotic pseudomemories, prehypnotic warnings, and the malleability of suggested memories. *Applied Cognitive Psychology, 12,* 431–444.

Greene, E., & Loftus, E. F. (1998). Psycholegal research on jury damage awards. *Current Directions in Psychological Science, 7,* 50–54.

Greene, E., & Wade, R. (1988). Of private talk and public print: general pre-trial publicity and juror decision-making. *Applied Cognitive Psychology, 2,* 123–135.

Greenstock, J, & Pipe, M. E. (1997). Are two heads better than one? Peer support and children's eyewitness reports. *Applied Cognitive Psychology, 11,* 461–483.

Greenwald, A. G. (1980). The totalitarian ego. *American Psychologist, 35,* 603-618.

Greenwald, A. G. (1981). Self and memory. In G. H. Bower (Ed.), *The psychology of learning and motivation* (Vol. 15, pp. 201-236). New York: Academic Press.

Groeger, J. A., & Chapman, P. R. (1996). Judgment of traffic scenes: the role of danger and difficulty. *Applied Cognitive Psychology, 10,* 349-364.

Groeger, J. A. (2000). *Understanding driving: Applying cognitive psychology to a complex everyday task.*. London: Routledge.

Groninger, L. D. (2000). Face-name mediated learning and Iont-term retention: The role of images and imagery processes. *American Journal of Psychology, 113,* 199-219.

Grosofsky, A., Payne, D. G., & Campbell, K. D. (1994). Does the generation effect depend upon selective displaced rehearsal? *American Journal of Psychology, 107,* 53-68.

Gruneberg, M. M. (1985). *Computer Linkword: French, German, Spanish, Italian, Greek, Russian, Dutch, Portuguese, Hebrew.* Penfield, NY: Artworx.

Gruneberg, M. M. (1987). *Linkword: French, German, Spanish, Italian, Greek, Russian, Dutch, Portuguese.* London: Corgi Books.

Gruneberg, M. M. (1992). The practical application of memory aids: Knowing how, knowing, when, and knowing when not. In M. M. Gruneberg & P. Morris (Eds.), *Aspects of memory.* London:

Gruneberg, M. M., & Mathieson, S. (1997). The perceived value of mind maps (spider diagrams) as learning and memory aids. *Cognitive Technology 2,* 21-24.

Gruneberg, M. M. & Morris, P. (Eds.). (1992a). *Aspects of Memory* Vol. 1, & 2, 2nd edition. London: Routledge.

Gruneberg, M. M., & Morris, P. E. (1992b). Applying memory research. In M. M. Gruneberg & P. E. Morris (Eds.), *Aspects of memory* Vol. 1, pp 1-17.

Gruneberg, M. M., Morris, P. E., & Sykes, R. N. (Eds.). (1978). *Practical aspects of memory.* London: Academic Press.

Gruneberg, M. M., Morris, P. E., & Sykes, R. N. (Eds.). (1988). *Practical aspects of memory.* Chichester: Wiley.

Gruneberg, M. M., Morris, P. E., & Sykes, R. N. (1991). The obituary on everyday memory and its practical applications is premature. *American Psychologist, 46,* 74-76.

Gruneberg, M. M., Morris, P. E., Sykes, R. N., & Herrmann, D. J. (1996). The practical application of memory research: Practical problems in the relationship between theory and practice. In D. J. Herrmann, M. Johnson, C. McEvoy, C. Hertzog, & P. Hertel (Eds.), *Basic and applied memory: Theory in context,* Vol. 1. Hillsdale, NJ: Erlbaum.

Gruneberg, M. M., & Sykes, R. N. (1993). The generalizability of confidence-accuracy studies in eyewitnessing. *Memory* 1, 185-190.

Guadagno, M. A., & Herrmann, D. (1998). Further consideration of the role of socioeconomic status in memory performance. *Applied Cognitive Psychology, 12,* 611-616.

Gudjonsson, G. H. (1991). The 'notice to detained persons', PACE codes, and reading ease. *Applied Cognitive Psychology, 5,* 89-95.

Gudjonsson, G. H., & Sigurdsson, J. F. (1996). The relationship of confabulation to the memory, intelligence, suggestibility and personality of prison inmates. *Applied Cognitive Psychology, 10*, 85-92.

Guenther, R. K. (1998). *Human Cognition.* Prentice-Hall, Incorporated: Upper Saddle River, New Jersey. Guilford, J. (1967).

Guilford, J. (1967). *The nature of human intelligence.* New York: McGraw-Hill.

Gunter, B. (1987). *Poor reception: Misunderstanding and forgetting broadcast news.* Hillsdale, NJ: Erlbaum.

Gwyer, P., &Clifford, B. R. (1997). The effects of the cognitive interview on recall, identification, confidence and the confidenceaccuracy relationship. *Applied Cognitive Psychology, 11*, 121-145.

Haberandt, K. (1997). *Cognitive Psychology.* Allyn & Bacon: Needham Heights, MA.

Hagman, J. D., & Rose, A. M. (1983). Retention of military tasks: A review. *Human Factors,* 25(2), 199-213.

Hall, R. A., & Hall, M. B. (1964) *A brief history of science.* New York: Signet.

Halpern, D. F. (1996). *Thought and knowledge: An introduction to critical thinking.* Mahwah: Erlbaum.

Halpern, D. F. (2002). *Sex differences in cognitive abilities.* Mahwah: Erlbaum.

Halpern, D. F., Blackman, S.,&Salzman, B. (1989). Using statistical risk information to assess oral contraceptive safety. *Applied Cognitive Psychology, 3,* 251-260.

Hamid, M. S., Garner, R., & Parente, R. (1996). Improving reading rate and reading comprehension with iconic memory training. *Cognitive Technology 1,* 19-24.

Hamilton, C. & Parker, C. (1992). *Communicating for results.* Belmont, CA: Wadsworth.

Hammand, K. R. (2000). *Judgements under stress.* New York: Oxford University Press.

Harrell, M., Parente, F., Bellingrath, E. G., & Lisicia, K. A. (1992). *Cognitive rehabilitation of memory: A practical guide.* Rockville: Apen Publishers.

Harris, D., (2001). Engineering psychology and cognitive ergonomics. Burlington, VT: Ashgate.

Harris, J. E. (1980a). Memory aids people use: Two interview studies. *Memory and Cognition, 8*, 31-38.

Harris, J. E., (1980b, May). We have ways of helping you to remember. J*ournal of the British Association for Service to the Elderly 17,* 21-27.

Harris, J. E. (1984). Methods of improving memory. In B. A. Wilson & N. Moffatt (Eds.), *Clinical management of memory problems.* Croon Helm: Beckenham.

Harris, J. E. (1984). Remembering to do things: A forgotten topic. In J. E. Harris & P. E. Morris, Eds., *Everyday memory actions, and absentmindedness.* Academic Press: London.

Harris, J. E., & Wilkins, A. J. (1982). Remembering to do things: A theoretical framework and an illustrative experiment. *Human Learning, 1,* 123-136.

Harris, R. J. (2004). *A cognitive psychology of mass communication.* Mawah:Erlbaum.

Hartley, L. R., Lyons, D., & Dunne, M. (1987). Memory and menstrual cycle. *Ergonomics, 30,*

111-120.

Hartley, T. A. (1995). *The psychology of language: From data to theory.* East Sussex, England: Erlbaum.

Hasher, L. & Zacks, R. T. (1979). Automatic and effortful processes in memory. *Journal of Experimental Psychology: General, 108,* 356-388.

Hashtroudi, S., & Parker, E. S. (1986). Acute alcohol amnesia: What is remembered and what is forgotten. In H. D. Cappell, F. B. Glaser, Y. Israel, H. Kalant, W. Schmidt, E. Sellers, & R. C. Smart (Eds.), *Research advances in alcohol and drug problems* (pp. 17cr209). New York: Plenum.

Hashtroudi, S., Johnson, M. K., Vnek, N. & Ferguson, S. A. (1994). Aging and the effects of affective and factual focus on source monitoring and recall. *Psychology and Aging, 9,* 160-170.

Hastie, R. (1993). *Inside the juror The psychology of juror decision making.* New York, NY: Cambridge University Press. (Excerpts only).

Hastie, R., Hammerle, O., Kerwin, J., Croner, C., & Herrmann, D. (1996). Human performance reading statistical maps. *Journal of Experimental Psychology: Applied, 2,* 3-16.

Hastie, R., & Pennington, N. (1991). Cognitive and social processes in decision making. In L. B. Resnick, J. M. Levine et aI. (Eds.), *Perspectives on sociaily shared cognition* (pp. 308-327). Washington, DC, USA:

Hawkes, G. R. (1973). Strategy for the basic-applied research interaction. *American Psychologist, 28,* 269.

Healy, A. F. (2004). *Experimental cognitive psychology and its applications.* Washington, D. D.: American Psychological Association.

Healy, A. F. & Bourne, L. E., Jr. (1995). *Learning and memory of knowledge and skiils: Durability and specificity.* Thousand Oaks: Sage.

Hedge, A. (1994). Environmental psychology. In P. Spurgeoon, R. Davies, & A. J. Chapman (Eds.), *Elements of applied psychology.* Amsterdam: Harwood Academic Publishers.

Hedrick, T. E., Bickman, L., & Rog, D. J. (1993). *Applied research design: A practical guide.* Applied social research methods series, Vol. 32. Thousands Oaks, CA: Sage Publications.

Hekkanen, S. T., & McEvoy, C. (2001). False memories and source-monitoring problems: Criterion differences. *Applied Cognition Psychology, 16,* 73-86.

Helsen, W. F., & Starkes, J. L. (1999). A multidimensional approach to skilled perception and performance in sport. *Applied Cognitive Psychology, 13,* 1-27.

Hempel, C. G. (1966). Philosophy of natural science. Englewood Cliffs, NJ: Prentice Hall.

Hergenhahn, B. R. (1986). *An introduction to the history of psychology.* Belmont, CA: Wadsworth.

Herrmann, D. J. (1990). The representational bias of acquired memory processes. *Zeitschrift fur Psychologie, 198,* 265-281.

Herrmann, D. (1994). The validity of retrospective reports as a function of the directness of retrieval processes. In N. Schwarz & S. Sudman, Eds., *Autobiographical memory and the validity of retrospective reports.* New York: Springer Verlag.

Herrmann, D. J. (1995). Applied cognitive psychology versus applicable cognitive psychology (a review of *Cognitive PsychologyApplied edited* by Chizuko Izawa). *Applied Cognitive Psychology, 9,* 448-449.

Herrmann, D. (1996). Improving prospective memory. In M. Brandimonte, G. Einstein, & McDaniel, Eds., *Prospective memory: Theory and applications.* Hillsdale, NJ: Erlbaum.

Herrmann, D. (1997a). Rewards of public service: Research psychologists in the government. In R. J. Steinberg (Ed.), *Career paths in psychology: Where your degree can take you.* Washington, DC: American Psychological Association.

Herrmann, D. J. (1997b). The relationship between basic research and applied research in memory and cognition. In C. P. Thompson, D. J. Herrmann, D. Bruce, D. G. Payne, J. D. Read, & M. P. Toglia (Eds.), *Event memory: Papers from the first SARMAC Conference.* Hillsdale, NJ: Erlbaum.

Herrmann, D., Brubaker, B., Yoder, C., Sheets, V., & Tio, A. (1999). Devices that remind. In F. Durso (Ed.), *Handbook of applied cognition.* Mahwah, NJ: Erlbaum.

Herrmann, D. & Cadwallader, T. (2000). Societal benefits for treating IQ tests as Measures of Competence. *The General Psychologist, 5,* 1-5.

Herrmann, D. J., & Chaffin, R. (1988). *Memory in historical perspectives: The literature on memory before Ebbinghaus.* New York: Springer Verlag.

Herrmann, D. J., Crawford, M., & Holdsworth, M. (1992). Gender linked differences in everyday memory performance. *British Journal of Psychology, 83,* 221-231.

Herrmann, D. J., & Gruneberg, M. M. (1993). The need to expand the horizons of the practical aspects of memory. *Applied Cognitive Psychology, 7,* 553-566.

Herrmann, D. J. & Gruneberg, M. M. (1999). *How to cure your memory failures.* London: Blandford. Press.

Herrmann, D. & Gruneberg, M. (in press). The Causes and Consequences of Memory Failures in the Workplace and in Everyday Life. In W. Karwowski (Ed.) *International Encyclopedia of Ergonomics and Human Factors.* (2nd edition). Boca Raton, FL: CRC Press.

Herrmann, D., & Guadagno, M. A. (1997). Memory performance and socio-economic status. *Applied Cognitive Psychology, 11,* 113-120.

Herrmann, D. J., & Neisser, U. (1978). An inventory of memory experiences. In M. M. Gruneberg, P. E. Morris, & R. N. Sykes (Eds.), Practical aspects of memory: *The proceedings of an international Conference.* New York: Academic Press.

Herrmann, D., & Parente', R. (1994). The multi-modal approach to cognitive rehabilitation. *Journal of Head Trauma Rehabilitation, 4,* 133-142.

Herrmann, D. J., & Petro, S. (1990). Commercial memory aids. *Applied Cognitive Psychology, 4,* 439-450.

Herrmann, D., & Pickle, L.. W. (1996). A cognitive subtask model of the of statistical map reading. *Visual Cognition, 3,* 165-190.

Herrmann, D., & Raybeck, D. (1997). The relationship between basic and applied research cultures. In D. G. Payne & F. G. Conrad (Eds.), *Intersections in basic and applied memory research.* Mawah, NJ: Erlbaum.

Herrmann, D. J. & Rubenfeld, L. (1985). Lexical properties of fact and opinion words. *Journal of Psycholinguistic Research, 14,* 81-95.

Herrmann, D. J., & Searleman, A. (1990). A multi-modal approach to memory Improvement. In G. H. Bower (Ed.), *Advances in learning and motivation* (pp. 147-206). New York: Academic Press.

Herrmann, D., & Yoder, C. (1998). Cognitive technology. In M. Intons-Peterson & D. Best (Eds.), *Distortion in memory.* Mahwah, NJ: Erlbaum.

Herrmann, D., Raybeck, D., & Gruneberg, M. (1998). *A clash between scientific cultures: The relationship between basic and applied research.* Terre Haute, IN: Indiana State University Press.

Herrmann, D. J., Raybeck, D., & Gruneberg, M. (2002). *Improving memory and study skills.* Toronto: Hogrefe & Huber.

Herrmann, D., Gruneberg, M., Fiore, S., Schooler, J. & Torres, R. (in press). Accuracy of Reports of Memory Failures in Everyday Life. In L. Nilson & N. Ohta (Eds)., *Memory & Society,* London: Psychology Press.

Herrmann, D., Plude, 0., Yoder, C., & Mullin, P. (1999). Cognitive processing and extrinsic psychological systems: A holistic model of cognition. *Zeitschrift fur Psychologie, 207,* 123-147.

Herrmann, D. Weingartner, H., Searleman, A., & McEvoy, C. (Eds.). (1992). *Memory improvement: Implications for memory theory.* New York: Springer Verlag.

Herrmann, D., Yoder, C., Parente, R., & Schooler, J. (Eds.). (1997). *The first American Cognitive Technology Conference.* Terre Haute: Psychology Department of Indiana State University.

Herrmann, D., Gruneberg, M., Fiore, S., Schooler, J. & Torres, R. (in press). Accuracy of Reports of Memory Failures in Everyday Life. In L. Nilson & N. Ohta (Eds)., *Memory & Society* London: Psychology Press.

Herrmann, D., McEvoy, C., Hertzog, C., Hertel, P., & Johnson, M. (Eds.). (1996). *Basic and applied memory: Vol. 1. Theory in context.* Mahwah, NJ: Erlbaum.

Herrmann, D., McEvoy, C., Hertzog, C., Hertel, P, & Johnson, M. (Eds.). (1996). *Basic and applied memory: Vol. 2. New Findings.* Mahwah, NJ: Erlbaum.

Herrmann, D., Raybeck, D., Gruneberg, M., Grant, R., & Yoder, C. (1998). The importance of applied research to demonstrating the utility of basic findings and theories: Commentary on Buschke, Sliwinski, and Luddy. *Cognitive Technology, 3,* 9-12.

Herrmann, D., Schooler, C., Caplan, L. J., Darby-Lipman, P., Grafman, J., Schoenbach, C., Schwab, K., & Johnson, M. L. (2001). The latent structure of memory: A confirmatory factor-analytic study of memory distinctions. *Multivariate Behavioral Research, 36,* 29-51

Hersh, N. A., & Treadgold, L. G. (1994). Neuropage: The rehabilitation of memory dysfunction by prosthetic memory and cueing. *NeuroRehabilitation, 4,* 187-197.

Hertel, G., & Fielder, K. (1994). Affective and cognitive influences in a social dilemma game. *European Journal of Social Psychology, 24,* 131–146.

Hertel, P T. (1988). Monitoring external memory. In M. Gruneberg, P. Morris, & R. Sykes (Eds.), *Practical aspects of memory: Current research and issues, Vol. 2.* Chichester: Wiley.

Hertel, P. T. (1993). Implications of external memory for investigations of mind. *Applied Cognitive Psychology, 7,* 665–674.

Hertel, P. T. (1996). Practical aspects of emotion and memory. In D. J. Herrmann, M. Johnson, C. McEvoy, C. Hertzog, & P. Hertel (Eds.). *Basic and applied memory: Theory in context, Vol.* 1. Hillsdale, NJ: Erlbaum.

Hertzog, C., Park, D. C., Morrell, R. W., & Martin, M. (2000). Ask and ye shall receive: Behavioral specificity in the accuracy of subjective memory complaints. *Applied Cognitive Psychology, 14,* 257–275.

Higbee, K. L. (1988a). *Your memory* (2nd ed). Englewood Cliffs, NJ: Prentice-Hall.

Higbee, K. L. (1988b). Students' perceptions and reported use of their memories after a memory-improvement course. *Psychological Reports, 86,* 622–628.

Higbee, K. L. (1999). 25 years of memory Improvement: The evolution of a memory-skills course. *Cognitive Technology, 4,* 38–42.

Hill, B., Long, J., Smith, W., & Whitefield, A. (1995). A model of medical reception—the planning and control of multiple task work. *Applied Cognitive Psychology, 9,* S81–S114.

Hintzman, D. L. (1990). *Human learning and memory: Connections and dissociations.* Palo Alto: Annual Reviews.

Hippler, H. J., Schwarz, N., & Sudman, S. (Eds.). (1987). *Social information processing and survey methodology.* New York: Springer Verlag.

Hirshman, E., & Lanning, K. (1999). Is there a special association between self judgements and conscious recollection? *Applied Cognitive Psychology, 13,* 29–42.

Hirt, E. R., Lynn, S. J., Payne, D. G., Krackow, E., & McCrea, S. M. (1999). Expectancies and memory: Inferring the past from what must have been. In I. Kirsch (Ed.), *How expectancies shape experiences.* Washington, DC, American Psychological Association.

Hockey, R. (1983). *Stress and fatigue in human performance.* Chichester: Wiley.

Hockey. R. (1984). Varieties of attentional state: The effects of environment. In R. Parasuraman and D. R. Davies (Eds.), *Varieties of Attention,* New York: Academic Press.

Hoffman, R. R. (1997). How to doom yourself to repeat the past: Some reflections on the history of cognitive technology. *Cognitive Technology 2,* 4–15.

Hoffman, R. R., & Deffenbacher, K. A. (1992). A brief history of applied cognitive psychology. *Applied Cognitive Psychology, 6,* 1–48.

Hoffman, R. R., & Deffenbacher, K. A. (1993). An ecological sortie into the relations of basic and applied science: Recent turf wars in human factors and applied cognitive psychology. *Ecological Psychology, 5,* 315–352.

Hoffman, R. R., Shadbolt, N. R., Burton, A., & Klein, G. (1995). Eliciting knowledge from experts: A methodological analysis. *Organizational Behavior and Human Decision Processes, 62,* 129-158.

Holland, J. (1994). *The Occupations Finder.* Odessa, FL:PAR Inc.

Holland, C. A., & Rabbitt, P. M. A. (1992). People's awareness of their age-related sensory and cognitive deficits and the implications for road safety. *Applied Cognitive Psychology, 6,* 217-231.

Hollands, J. G., & Spence, I. (1998). Judging proportion with graphs: the summation model. *Applied Cognitive Psychology, 12,* 173-190.

Holley, P. E., & McEvoy, C.L. (1996). Aging and inhibition of unconsciously processed Information: no apparent deficit. *Applied Cognitive Psychology, 10,* 241-256.

Hollingsworth, H. L., & Poffenberger, A. T. (1929). *Applied psychology.* New York: D. Appleton.

Holyoak, K. J., & Thagard, P. (1994). *Mental leaps: Analogy in Creative Thought.* New York: Bradford.

Honeycutt, J. M. & Cantril, J. G. (2000). *Cognition, communication and romantic relations.* New York: Erlbaum.

Horawitz, I. & Bordens, R. (2002). The effects of jury size, evidence complexity, and note-taking on jury process and performance in a civil trial. *Journal of Applied Psychology, 87,* 121-130.

Hovland, C. I., Janis, I. L. & Kelly H. H. (1953). Communication and persuasion: P*sychological Studies of Opinion Change.* New Haven, CT: Yale University Press.

Huff, D. (1954). *How to lie with statistics.* New York: Norton.

Humphreys, M. S., & Revelle, W., (1984). Personality, motivation, and performance: A theory of the relationship between individual differences and information processing., *Psychological Review, 91,* 153-184.

Hunt, R. R., & Ellis, H. C. (2004). *Fundamentals of cognitive psychology.* Boston: McGraw Hill.

Humphreys, M. S., & Revelle, W., (1984). Personality, motivation, and performance: A theory of the relationship between individual differences and information processing. *Psychological Review, 91,* 153-184.

Hutchins, E. (1995). *Cognition in the wild.* Cambridge, MA: MIT Press.

Huttenlocher, J., Hedges, L. V. & Bradburn, N. M. (1990). Reports of elapsed time; Bounding and rounding processes in estimation. *Journal of learning, memory and cognition, 16,* 196-213.

Huttenlocher, J., Hedges, L. V. & Prohaska, V. (1988). Hierarchical organization in ordered domains: Estimating dates of events. *Psychological Review, 95,* 471-484.

Hux, K., Reid, R., & Lugert, M. (1994). Self-instruction training following neurological injury. *Applied Cognitive Psychology, 8,* 259-271.

Hyde, J. S. & Linn, M. C. (1988). Gender differences in verbal ability: A meta-analysis. *Psychological Bulletin, 104,* 53-69.

Hyman, Jr., I. E., Gilstrap, L. L., Decker, K., & Wilkinson, C. (1998). Manipulating remember and know judgements of autobiographical memories: an investigation of false memory creation. *Applied Cognitive Psychology, 12,* 371-386.

Idzikowski, C. (1984). Sleep and memory. *British Journal of Psychology, 75,* 439-449.

Intons-Peterson, M. J. (1997). How basic and applied research inform each other. In D. G. Payne and F. G. Conrad (Eds.) Intersections in basic and applied memory resaerch. Mawah, N. J.: Erlbaum.

Intons-Peterson, M. J. & Newsome, G. L. III (1992). External memory aids: Effects and effectiveness. In D. Herrmann, H. Weingartner, A., Searleman, C. *Memory Improvement.* New York: Springer Verlag.

Isen, A.M. (1987). Positive affect, cognitive processes, and social behavior. In L. Berkowitz (Ed.). *Advances in experimental social psychology* (vol. 20, pp. 203-253): New York: Academic Press.

Izawa, C. (1993). *Cognitive Psychology Applied.* Hillsdale, N. J.: Lawrence Erbaum.

Jabine, T. B., Straf, M. L., Tanur, J. M., & Tourangeau, R. (1984). *Cognitive aspects of survey methodology: Building a bridge between disciplines.* Washington, D. C.:National Academy Press.

Jacoby, L., Lindsay, D. & Toth, J. (1992). Unconscious influences revealed: Attention, awareness, and control. *American Psychologist, 37,* 802-809.

Jahnke, J. C. & Nowaczyk, R. H. (1998). *Cognition.* Prentice-Hall: Upper Saddle River, NJ.

Jelsma, O., & Pieters, J. M. (1989). Practice schedule and cognitive style interaction in learning a maze task. *Applied Cognitive Psychology, 3,* 73-83.

Jennings, J. R. (1986a) Bodily changes during attending. In M. G. H. Coles, E. Donchin, and S. W. Porges (Eds.) *Psychophysiology: Systems, Processes, and Applications.* New York: Guilford.

Jennings, J. R. (1986b) Memory, thought, and bodily response. In M. G. H. Coles, E. Donchin, and S. W. Porges (Eds.) *Psychophysiology: Systems, Processes, and Applications.* New York: Guilford.

Jentsch, F. , Barnett, J., Bowers, C. A., & Salas, E. (1999). Who is flying this plane anyway? What mishaps tell us about crew member role assignment and air crew situation awareness. *Human Factors, 41,* 1-14.

Jobe, J. B., & Herrmann, D. (1996). Comparison of survey cognition and models of memory. In D. Herrmann, C. McEvoy, C. Hertzog, P. Hertel, & M. Johnson (Eds.), *Basic and applied memory research: New findings.* Hillsdale, NJ: Erlbaum.

Jobe, J. B., & Mingay, D. J. (1991). Cognition and survey measurement: History and overview. *Applied Cognitive Psychology, 5,* 173-175.

Jobe, J. B., Tourangeau, R., & Smith, A. F. (1993). Contributions of survey research to the understanding of memory. *Applied Cognitive Psychology, 7,* 567-584.

Johansson, O., Andersson, J. & Ronnberg, J. (2000). Do elderly couples have a better prospective memory than other elderly people when they collaborate? *Applied Cognitive*

Psychology, 14, 121-133.

Johnson, D., & Field, D. R. (1981). Applied and basic social research: A difference in social context. *Leisure Sciences, 4,* 269-279.

Johnson, M. K. (1996). Fact, fastasy, and public policy. In D. J. Herrmann, M. Johnson, C. McEvoy, C. Hertzog, & P. Hertel (Eds.), *Basic and applied memory: Theory in context,* Vol. 1. Hillsdale, NJ: Erlbaum.

Johnson, M. K. (1997). Identifying the origin of mental experience. In M.S. Myslobodsky (Ed.), Mythomanias: *The nature of deception and self-deception* (pp. 133-180). Hillsdale, NJ: Erlbaum.

Johnson, M. K., Hashtroudi, S. & Lindsay, D. S. (1993). Source monitoring. *Psychological Bulletin, 114,* 3-28.

Johnson, M. H., & Magaro, P. A. (1987). Effects of mood and severity on memory processes in depression and mania. *Psychological Bulletin, 89,* 28-40.

Johnson, M. K., & Raye, C. L. (1981). Reality monitoring. *Psychological Review, 88,* 67-85.

Jones, G. & Adam, J. (1979). Towards a prosthetic memory. Bulletin of the British *Psychological Society 32,* 165-167.

Kahl, B., & Woloshyn, V. E. (1994). Using elaborative interrogation to facilitate acquisition of factual information in cooperative learning settings: one good strategy deserves another. *Appled Cognitive Psychology, 8,* 465-478.

Kahneman, D., Slovic, P., & Tversky, A. (1982). *Judgment under uncertainty: Heuristics and biases.* Cambridge, U: Cambridge University Press.

Kalyuga, S., Chandler, P., & Sweller, J. (1999). Managing split-attention and redundancy in multimedia instruction. *Applied Cognitive Psychology, 13,* 351-371.

Kapur, N. (1988). *Memory disorders in clinical practice.* London: Butterworth.

Kasper, L. F., & Glass, A. L. (1988). An extension of the keyword method facilitates the acquisition of simple Spanish sentences. *Appled Cognitive Psychology, 2,* 137-146.

Kaufmann, G., & Vosburg, S. (1999). "Paradoxical" mood effects on creative problem-solving. *Cognition & Emotion, 11,* 151-170.

Keane, M. T. (2005). *Cognitive Psychology.* Hove: Psychology Press.

Kearns, K. P. (1986). Flexibility of single-subject experimental designs; II. Design selection and arrangement of experimental phases. *Journal of Speech and Hearing Disorders, 51,* 204-214.

Kellog, R. T. (2002). *Cognitive psychology.* Thousand Oaks: Sage.

Keogh, L., & Markham, R. (1998). Judgements of other people's memory reports: differences in reports as a function of imagery vividness. Applied Cognitive Psychology, 12, 159-171.

Kernaghan, K., & Woloshyn, V. E. (1995). Providing grade one students with multiple spelling strategies: comparisons between strategy instruction, strategy instruction with metacognitive information, and traditional language arts. *Applied Cognitive Psychology, 9,* 157-166.

Khan, A. U. (1986). *Clinical Disorders of Memory.* New York: Plenum.

Kiewra, K. (1989). A Review of note-taking: The Encoding-storage paradigm and beyond. *Educational Psychology Review, 1,* 147-172.

Kiewra, K., Dubois, N., Christian, D., McShane, A., Meyerhoffer, M. & Roshkelley, D. (1991). Note-taking functions and techniques. *Journal of Educational Psychology, 83,* 240-245.

Kim, H. J., Burke, D. T., Dowds, M. M. Jr., Boone, K. A., & Park, G. J. (2000). Electronic memory aids for out patient brain injury: Followup findings. *Brain Injury 14,* 187-1 96.

King, A. (1991). Improving lecture comprehension: effects of a metacognitive strategy. *Applled Cognitive Psychology, 5,* 331-346.

Kintsch, W. (1974). *The representation of meaning in memory.* Hillsdale, NJ: Erlbaum.

Klatzky, R. L. (1984) *Memory and Awareness.* New York: W. H. Freeman.

Klein, G. (1997). *Sources of power: How people make decisions.* London: Bradford.

Kleinsmith, L. J. & Kaplan, S. (1963). Paired associate learning as a function of arousal and interperlated interval. *Journal of Experimental Psychology, 66,* 190-196.

Kiix, F. (1980). On the structure and function of semantic memory. In F. KIix, J. Hoffman, & E. van der Meer (Eds), *Cognitive research in psychology.* Amsterdam: North Holland.

Kobasa, S. C. (1979). Stressful life events, personality, and health: An inquiry into hardiness. *Journal of Personality and Social Psychology, 37,* 1-11.

Kohn, L. T., Corrigan, J. M., & Donaldson, M. S. (Eds). (2000). To err is human: Building a safer health system. Washington, DC: National Academy Press.

Kolakowsky, S. A, (1997). Improving Cognition through the Use of Nutrients, Drugs, and other Cognitive-Enhancing Substances. *Cognitive Technology 2,* 44-54.

Koriat, A. (1993). How do we know that we know? The accessibility account of the feeling of knowing. *Psychological Review, 100,* 609-639.

Koriat, A. (1994). Memory's knowledge of its own knowledge: The accessibility account of the feeling of knowing. In J. Metcalfe & A. P Shimamura (Eds.), *Metacognition* (pp. 115-136).

Koriat, A. & Fischhoff, B. (1974). What day is today? An inquiry into the process of time orientation. *Memory and Cognition, 2,* 201-205.

Koriat, A., & Goldsmith, M. (1996). Memory metaphors and the laboratoryreal life controversy: Correspondence versus storehouse views of memory. *Brain and Behavior, 19,* 167-228.

Kosslyn, S. M. (1989) Understanding charts and graphs. *Applied Cognitive Psychology, 3,* 185-226.

Kosslyn, S. M. (1995). Mental imagery. In S. M. Kosslyn & D. N. Osherson (Eds.), *Visual cognition: An introduction to cognitive science.* Cambridge, MA: MIT Press.

Kovera, M. B., & Borgida, E. (1997). Expert testimony in child sexual abuse trials: the admissibility of psychological science. *Applied Cognitive Psychology, 11,* S105-S129.

Kramer, A. F., Hahn, S., Cohen, N. J., Banich, M.T., McAuley, E., Harrison, CR., Chason, J., Vakil, E., Bardell, L., Boileau, R. A., & Colcombe, A. (1999). Ageing, fitness and neurocognitive function. *Nature, 400,* 418-419.

Kreutzer, J. S., & Wehman, P H. (1991). *Cognitive rehabilitation for persons with traumatic brain injury: A functional approach.* Baltimore: Paul H. Brookes.

Krishnan, H. S., & Shapiro, S. (1996). Comparing implicit and explicit memory for brand names from advertisements. *Journal of Experimental Psychology: Applied, 2,* 147-1 63.

Krosnick, J. A. (1991). Response strategies for coping with the cognitive demands of attitude measures in surveys. *Applied Cognitive Psychology, 5,* 213-236.

Kruysse, H. W. (1992). How slips result in traffic conflicts and accidents. *Applied Cognitive Psychology, 6,* 607-618.

Kuhn, T. S. (1962). *The structure of scientific revolutions.* Chicago: University of Chicago Press.

Kurlychek, R. T. (1983). Use of a digital alarm chronograph as a memory aid in early dementia. *Clinical Gerontologist, 1,* 93-94.

Kvavilashvili, L. (1998). Remembering intentions: testing a new method of investigation. *Applied Cognitive Psychology, 12,* 533-554.

LaBerge, D. (1995). *Attentional processing: The brains art of mindfulness.* Cambridge, MA:Harvard University Press.

Lachman, R., Lachman, J. L., & Butterfield, E. C. (1979). *Cognitive psychology and information processing: An introduction.* Hillsdale, NJ: Erlbaum.

Lambiotte, J. G., Skaggs, L. P., & Dansereau, D. F. (1993). Learning from lectures: effects of knowledge maps and cooperative review strategies. *Applied Cognitive Psychology, 7,* 483-497.

Lampinen, J. M., Neuschatz, J. S., & Payne, D. G. (1997). Memory illusions and consciousness: Exploring the phenomenology of true and false memories. *Current Psychology, 16,* 181-224.

Lampinen, J. M., Neuschatz, J. S., & Payne, D. G. (1999). Source attributions and false memories: A test of the demand characteristics account. *Psychonomic Bulletin and Review, 6,* 130-135.

Landauer, T. K. (1996). *The trouble with computers.* Cambridge, MA: MIT Press.

Landauer, T. K., & Ross, B. H. (1977). Can simple instructions to used spaced practice improve ability to remember a fact?: An experimental test using telephone numbers. *Bulletin of the Psychonomic Society, 10,* 215-218.

Landy, F. J. (1993). Basic applied psychology: Which is the cart and which is the horse. *Applied Psychology: An International Review, 42,* 49-51.

Lansdale, M., & Cotes, E. (1999). Analysing uncertainty in location memory: issues in the design of spatial database systems. *Applied Cognitive Psychology, 13,* 237-256.

Larigauderie, P, Gaomac'h, D., & Lacroix, N. (1998). Working memory and error detection in texts: What are the roles of the central executive and the phonological loop? *Applied Cognitive Psychology, 12,* 505-527.

Larrabee, G. J., & Crook, T. H. (1989). A computerized battery for assessment of memory. In R. L. West & J. D. Sinnot (Eds.), *Everyday memory and aging: Current research and methodology.* New York: Springer Verlag.

Larson, G. E., & Perry, Z. A. (1999). Visual capture and human error. *Applied Cognitive*

Psychology, 13, 227-236.

Lave, J. (1988). *Cognition in practice: Mind, mathematics, and culture in everyday life.* Cambridge, MA: Cambridge University Press.

Leahley, T. H., & Harris, R. J. (1997). *Learning and cognition* (fourth edition). Upper Saddle River, NJ: Prentice-Hall, Inc.

Leirer, V. O., Decker Tanke, E., & Morrow, D. G. (1993). Commercial cognitivememory systems. Applied *Cognitive Psychology, 7,* 675-689.

Leirer, V. O., Morrow, D. G., & Tanke, E. D. (1994, August). Moving off the campus and into the community: The relation between basic and applied research. Presented at the third international Practical Aspects of Memory Conference, College Park, MD.

Leirer, V. O., Morrow, D. G., Pariante, G. M., & Sheikh, J. I. (1991). Elder's nonadherence, its assessment and computer assisted instruction for medication recall training. *Journal of the American Gerontological Society 36,* 877-884.

Leirer, V. O., Morrow, D. G., Tanke, E., & Pariante, G. M., (1991). Elder's nonadherence: Its assessment and medication reminding by voice mail. *Gerontology 31,* 514-520.

Leirer, V. O, Tanke, E. D., Morrow, D. G., & Kahn, J. (1997). 10-minute interventions for remembering peoples' names, directions to places, and household objects' locations: Computerized memory training for older adults. *Cognitive Technology 2,* 25-39.

Lens, W. (1987). Theoretical research should be useful and used. *International Journal of Psychology, 22,* 453-461.

Lessler, J., Tourangeau, R., & Salter, W. (1989). Questionnaire design in the cognitive research Laboratory. *Vital and Health Statistics, Series 6,* Number 1, Washington, DC: U. S. Government Printing Office

Levi, A. M., & Almog, J. (2000). Cognitive technology and criminal justice: The police composite. *Cognitive Technology 5,* 26-34.

Levine, J. M., & Murphy, G. (1943). The learning and forgetting of controversial material. *Journal of Abnormal and Social Psychology, 38,* 507-517.

Levy, J. & Heller, W. (1992). Gender differences in human neuropsychological function. In A. A. Gerall, H. Moltz & I. L. Ward (Eds.), *Handbook of behavioral neurobiology* (Vol. 11, pp245-274). New York: Plenum Press.

Levy-Leboyer, C. (1993). The chicken and the egg: Which came first. *Applied Psychology: An International Review, 42,* 52-54.

Lewandowsky, S. (1999). Statistical graphs and maps: Higher level cognitive processes. In M. Sirken, D. Herrmann, S. Schecter, N. Schwarz, J. Tanur, & R. Tourangeau (Eds.), *Cognition and survey research.* Boston: Wiley.

Lewandowsky, S. & Behrens, J. (1999). Statistical graphs and maps. In F. T. Durso (Ed.), *Handbook of Applied Cognition.* New York: Wiley.

Lewandowsky, S., Herrmann, D. J., Behrens, J. T, Li, SC., Pickle, L, & Jobe, J. B. (1993). Perception of clusters in statistical maps. *Applied Cognitive Psychology, 7,* 533-531.

Lewkowicz, S. S., &, Whitton, J. L. (1995). The new inventory for exploring neuropsychological change resulting from brain injury. *Cognitive Rehabilitation, 1,* 8-20.

Lindholm, T., Christianson, S, A., & Karlsson, I. (1997). Police officers and civilians as witnesses: intergroup biases and memory performance. *Applied Cognitive Psychology, 11,* 431-444.

Lindsay, D. S., & Read, J. D. (1994). Psychotherapy and memories of childhood sexual abuse: A cognitive perspective. Special Issue: Recovery of memories of childhood sexual abuse. *Applied Cognitive Psychology, 8,* 281-338.

Lindsay, R. C. L. (1999). Applying applied research: selling the sequential line-up. *Applied Cognitive Psychology, 13,* 219-225.

Linton, M. (1975). Memory for real-world events. In D. A. Norman & D. E. Rumelhart (Eds.), *Explorations in cognition* (pp. 376-404). San Francisco: Freeman.

Linton, M. (1986). Ways of searching and the contents of memory. In D. Rubin *autobiographical memory* (pp. 50-67). New York: Cambridge University Press.

Linton, M. (2000). Transformations of memory in everyday life. In U. Neisser & J. I. E. Hyman (Eds.), *Memory observed: Remembering in natural contexts* (2nd ed). New York: Worth Publishers.

Lipman, P. D., Caplan, L. J. Schooler, C., & Lee, J. (1995). Inside and outside the mind: The effects of age, organization, and access to external sources on retrieval of life events. *Applied Cognitive Psychology, 9,* 289-306.

Loftus, E. F. (1979). *Eyewitness testimony.* Cambridge, MA: Harvard University Press.

Loftus, E. F. (1991). The glitter of everyday memory ... And the gold. *American Psychologist, 46,* 16-18.

Loftus, E. F. (1997). Creating childhood memories. *Applied Cognitive Psychology, 11,* S75-S86.

Loftus, E. F., & Ketcham, K. (1994). *The myth of repressed memory: False memories and allegations of sexual abuse.* New York: St. Martins Press.

Loftus, E. F., & Marburger, W. (1983). Since the eruption of Mt. St. Helens, has anyone beaten you up? Improving the accuracy of retrospective reports with landmark events. *Memory & Cognition, 11,* 114-120.

Loftus, E. F., & Palmer, J. C. (1974). Reconstruction of automobile destruction: An example of the interaction between memory and language. *Journal of Verbal Learning and Verbal Behavior, 13,* 585-589

Loftus, E. F., Fienberg, S. E., & Tanur, J. M. (1985). Cognitive psychology meet that national survey. *American Psychologist, 40,* 175-180.

Loftus, E. F., Levidow, B., & Duensing, S. (1992). Who remembers best? Individual differences in memory for events that occurred in a science museum. *Applied Cognitive Psychology, 6,* 93-107.

Loftus, E. F., Loftus, G. R., & Messo, J. (1987). Some facts about "weapon focus." *Law and Human Behavior, 11,* 55-62.

Loftus, E. F., Miller, D. G., & Burns, H. J. (1978). Semantic integration of verbal information into visual memory. *Journal of Experimental Psychology: Human Learning and Memory, 4,* 19-31

Loftus, E. F., Banaji, M. R., Schooler, J. W., & Foster, R. A. (1987). Who shall remember? Gender differences in memory. *Michigan Quarterly Review, 26,* 64-85.

Logan, K., Maybery, M., & Fletcher, J. (1996). The short-term memory of profoundly deaf people for words, signs, and abstract spatial stimuli. *Applied Cognitive Psychology, 10,* 105-119.

Logie, R.H., & Bruce, D. (1990). Developments and directions in applying cognitive psychology. *Applied Cognitive Psychology, 4,* 349-358.

Logie, R., Wright, R. & Decker, S. (1992). Recognition memory performance and residential burglary. *Applied Cognitive Psychology, 6,* 109-123.

Loisette, A. (1896). *Assimilative memory or how to attend and never forget.* New York: Funk & Wagnalls.

Long, J., (1995). Commemorating Donald Broadbent's contribution to the field of applied cognitive psychology: a discussion of the special issue papers. *Applied Cognitive Psychology, 9,* S197-S215

Loring-Meier, S. & Halpern, D. F. (1999). Sex differences in visuospatial working memory: Components of cognitive processing. *Psychonomic Builetin and Review, 6,* 464-471.

Luh, C. W. (1922). The conditions of retention. *Psychological Monographs, 31*(3, Whole No. 142).

Luria, A. R. (1973a). *Restoration of function after brain injury.* New York: McMilIan.

Luria, A. R. (1 973b). *Higher cortical functions in man.* New York: Basic Books.

Lynch, W. J. (1995). You must remember this: Assistive devices for memory impairment. *Journal of Head Trauma Rehabilitation, 10,* 94-97.

Lynn, S. J., & Payne, D. G. (1997). Memory as the theater of the past: The psychology of false memories. *Current Directons in Psychological Science, 6,* 55-60.

Lynn, S. J., Lock, T., Myers, B., & Payne, D. G. (1997). Recalling the unrecallable: Should hypnosis be used for memory recovery in psychotherapy? *Current Directions in Psychological Science, 6,* 79-83.

Mace, J. H. (2004). Involuntary autobiographical memories are highly dependent on abstract cuing: The Proustian view is incorrect. *Applied Cognitive Psychology, 18,* 332-356.

Mackie, D., & Worth, L. (1991). Feeling good, but not thinking straight: The impact of positive mood on persuasion. In J. P. Forgas (Ed.), *Emotion and social judgments* (pp. 201-220). Oxford: Pergamon.

MacLachlan, J. (1986). Psychologically based techniques for improving learning within computerized tutorials. *Journal of Computer Based Instruction, 13*(3), 65-70.

MacLeod, C. (1992). Individual differences in learning and memory. In L. Squire (Ed.), *Encyclopedia of learning and memory.* New York: Macmillan.

Maher, R. (1995). A history of the influence of statistical maps on public policy. In L. Pickle & D. Herrmann (Eds.), *Cognitive Aspects of Statistical Mapping* (pp. 13-20). National Center for Health Statistics, Working Paper Series, No. 18

Mandler, G. (1985). *Cognitive psychology:An essay in cognitive science.* Hillsdale, NJ: Erlbaum.

Manning, C. A., Stone, W. S., Korol, D. L., & Gold, P. E. (1998). Glucose enhancement of 24-h memory retrieval in healthy elderly humans. *Behavioural Brain Research, 93*(1-2), 71-76.

Mantyla, T. (1994). Remembering to remember: Adult age differences in prospective memory. *Journal of Gerontology 49,* 276-282.

Mark, V. H. & Mark, J. P. (1992). *Reversing memory loss.* Boston: Houghton Mifflin.

Marsh, E. J., & Bower, G. H. (1999). Applied aspects of source monitoring. *Cognitive Technology 4,* 4-17.

Marsh, E. J. & Tversky, B. (2004). Spinning stories of our lives. *Applied Cognitive Psychology, 18,* 491-504.

Marsh, E. J., Tversky, B., & Hutton, M. (2005). How eyewitnesses talk about events. *Applied Cognitive Psychology, 19,* 531-544.

Martin K. A., Moritz, S.E. & Hall, C.R. (1999). Imagery use in sport: A literature review and applied model. *The Sport Psychologist, 13*, 245-268.

Martin, L. L., Ward, D. W., Achee, J. W., & Wyer, R. S. (1993). Mood as input: People have to interpret the motivational implications of their moods. *Journal of Personality and Social Psychology, 64,* 317-326.

Martin, M., & Jones, G. V. (1997). Memory for orientation in the natural environment. *Applied Cognitive Psychology, 11,* 279-288.

Marx, M. H., & Hillix, W. A. (1963). *Systems and theories in psychology.* New York: McGraw Hill.

Masson, M. E. J., & Waldron, M. A. (1994). Comprehension of legal contracts by non-experts: effectiveness of plain language redrafting. *Applied Cognitive Psychology, 8,* 67-85.

Mathews, G., Davies, R. D., Westerman, S. J., & Stammers, R. B. (2000). *Human performance: Cognition, stress, and individual differences.* Philadelphia: Psychology Press.

Matlin, M. W. (2005). Cognition (6th Ed.). Hoboken, NJ: Wiley.

Mayer, J., &Salovey, P. (1997). What is emotional intelligence? In P. Salovey & D. Sluyter (Eds.), *Emotional development, emotional literacy and emotional intelligence.* New York: Basic Books.

Mayer, R. E. (1999a). Instructional technology. In F. Durso (Ed.), *Handbook of applied cognition.* New York: Wiley.

Mayer, R. E. (1999b). *The promise of educational psychology.* Upper Saddle River, NJ: Merrill.

Maylor, E. A. (1990). Age and prospective memory. *Quarterly Journal of Psychology, 42a,* 471-493.

Mazzoni, G., Conoldi, C., Tomat, L., & Vecchi, T. (1997). Remembering the grocery shopping list: a study on metacognitive biases. *Applied Cognitive Psychology, 11*, 253-267.

McAdams, D. P (2001). The psychologies of life stories. *General Psychology, 5,* 100-122.

McAlliarwe, H. A., Bearden, J. N., Kohlmaier, J. R., & Warner, M. D. (1997). Computerized mug books: Does adding multimedia help? *Applied Psychology, 82,* 688-698.

McCarthy, R. A., & Warrington, E. K. (1990). *Cognitive neuropsychology: A clinical introduction.* San Diego, CA: Academic Press.

McDaniel, M. A., & Einstein, G. O. (1993). The importance of cue familiarity and cue distinctiveness in prospective memory. *Memory, 1,* 23-41.

McDaniel, M. A., & Einstein, G. O. (2000). Strategic and automatic processes in prospective memory retrieval: A multiprocess framework. *Applied Cognitive Psychoology 14,* S127-144.

McEvoy, C. L. (1992). Memory improvement in context: Implications for the development of memory improvement theory. In D. Herrmann, H. Weingartner, A. Searleman, & C. McEvoy (Eds.), *Memory improvement: Implications for memory theory* (pp. 210-231). New York: Springer Verlag.

McGaugh, J. (1992). Affect, neuromodulatory systems and memory storage. In S. A. Christinason (Eds.), *The handbook of emotion and memory: Research and theory* (pp. 245-268). Hillsdale, NJ: Erlbaum.

McGuire, W. J. (1964). Inducing resistance to persuasion: Some contemporary approaches. In L. Berkowitz (Ed.). *Advances in experimental social psychology* (Vol. 1, pp 191-229). San Diego, CA: Academic Press.

McIntire, S. A., & Miller, L. A. (2000). *Foundations of psychological testing.* Boston: McGraw Hill.

McKenna, F. P. (1990). Learning implications of field dependence-independence: cognitive style versus cognitive ability. *Applied Cognitive Psychology, 4,* 425-437.

McLaughlin, J. P., Dunckle, J., Brown, S. (1999). The role of memory in aesthetic responses. *Cognitive Technology 4,* 26-28.

McLaughlinCook, N. (1989). The applicability of verbal mnemonics for different populations: a review. *Applied Cognitive Psychology, 3,* 3-22.

Meacham, J. A., & Kushner, S. (1980). Anxiety, prospective remembering, and performance of planned actions. *Journal of General Psychology, 103,* 203-209.

Meacham, J. A., & Leiman, B. (1982). Remembering to perform future actions. In U. Neisser (Ed.), *Memory observed: Remembering in natural contexts* (pp. 327-336). San Francisco: Freeman.

Meacham, J. A., & Singer, J. (1977). Incentive effects in prospective remembering. *Journal of Psychology, 97,* 191-197.

Means, B., & Loftus, E. F. (1991). When personal history repeats itself: decomposing memories for recurring events. *Applied Cognitive Psychology, 5,* 297-318.

Means, B., Habina, K., Swan, G. E., & Jack, L. (1992). Cognitive research on response error in survey questions on smoking. *Vital and Health Statistics, Series 6, No. 5* (DHHS Publication No. PHS 92-1 080). Washington, DC: U. S. Government Printing Office.

Means, B., Nigam, A., Zarrow, M., Loftus, E. F., & Donaldson, M.S. (1989). Autobiographical memory for health-related events: Enhanced memory for recurring incidents. *Vital and Health Statistics, Series 6, No. 2* (DHHS Publication No. PHS 89-1077). Washington, DC: U. S. Government Printing Office.

Medin, D. L. Ross, B. H., & Maarkman, A. B. (2004). *Cognitive Psychology* New York: Wiley.

Meissner, C. A., Brigham, J. C., & Butz, D. A. (2005). How to refer to 'diabetes'? Language in online health advice. *Applied Cognitive Psychology, 19,* 569-586.

Memon, A., Holley, A., Wark, L., Bull, R., & Köhnken, G. (1996). Reducing suggestibility in child witness interviews. *Applied Cognitive Psychology, 10,* 503-518.

Metz, S. M., & Hoffman, B. (1997). Mind operated devices. *Cognitive Technology 2,* 69-74.

Meudell, P. R., Hitch, G. J., & Kirby, P. (1992). Are two heads better than one? Experimental investigations of the social facilitation of memory. *Applied Cognitive Psychology, 6,* 525-543.

Meyer, J., Shamo, M. K., & Gopher, D. (1999). Information structure and the relative efficacy of tables and graphs. *Human Factors, 41,* 570-587.

Migueles, M., & Garcia-Bajos, E. (1999). Recall, recognition, and confidence patterns in eyewitness testimony. *Applied Cognitive Psychology, 13,* 257-268.

Miller, E., &Karoni, P. (1996). The cognitive psychology of delusions: a review. *Applied Cognitive Psychology, 10,* 487-502.

Miller, G. A. (1956). The magical number seven, plus or minus two: Some limits on our capacity for processing information. *Psychological Review, 101(2)*, 343-352.

Miller, G. A. (1969). Psychology as a means of promoting human welfare. *American Psychologist, 24,* 1063-1075.

Miller, G. A., Galanter, E., & Pribram, K. H. (1960). *Plans and the structure of behavior.* New York: H. Holt.

Miller, K. (1995). Why should federal dollars be spent to support scientific research? *Sigma Xi forum: 1995 Vannevar Bush II Science for the 21st Century.* Research Triangle Park, NC: Sigma Xi.

Miller, L. (1998). Brain injury and violent crime: Clinical, neuropsychological, and forensic considerations. *Cognitive Rehabilitation, 16,* 12-25.

Miller, L. A., & Herrmann, D. (1998). Improving survey design: The linguistic complexity of survey responses and the quality of responses. *Cognitive Technology 2,* 31-40.

Moray, N. (1999). The cognitive psychology and cognitive engineering of industrial systems. In F. Durso (Ed.), *Handbook of applied cognition.* New York: Wiley.

Morgan, C. H., Lilley, J. D., & Boreham, N. C. (1988). Learning from lectures: the effect of varying the detail in lecture handouts on note-taking and recall. *Applied Cognitive Psychology, 2,* 115-122.

Morrell, R. W. (1997). The application of cognitive theory in aging research. *Cognitive Technology 2,* 44-47.

Morreell, R. W., Mayhorn, C. B., & Bennett, J. (2000). A surey of world wide web use in middle-aged and older adults. *Human Factors, 42,* 175-182.

Morris, P. E. (1984). The validity of subjective reports on memory. In J. E. Harris & P E. Morris (Eds.), *Everyday memory, actions and absentmindedness* (pp. 153-172). London: Academic Press.

Morris, P. E. (1992). Prospective memory: Remembering to do things. Aspects of memory (Vol. 1, pp. 196-222). London: Metheun.

Morris, W. N. (1992). A functional analysis of the role of mood in affective systems. *Review of personality and social psychology* , 11, 256-293.

Mullin, P., Herrmann, D. J., & Searleman, A. (1993). Forgotten variables in memory research. *Memory, 15,* 43.

Munsterberg, H. (1908). *On the witness stand.* New York: Clark Boardman

Munsterberg, H. (1913). *Psychology and industrial efficiency.* Boston: Houghton Muffin.

Munsterberg, H. (1914). *Hugo Munsterberg: His life and work.* New York: Appleton.

Munsterberg, M. (1922). *Psychology: General and applied.* New York: Appleton.

Murphy, M. J. (2000). Computer technology for office-based psychological practice: Applications and factors affecting adoption. *Cognitive Technology 5,* 35-41.

Narby, D. J., Cutler, B. L., & Penrod, S. D. (1996). The effects of witness, target and situational factors on eyewitness identifications. In S. L. Sporer, R. S. Malpass, & G. Koehnken (Eds.), *Psychological issues in eyewitness identification* (pp. 23-52). Mahwah: LEA.

National Science Foundation. (1994). *Characteristics of doctoral scientists and engineers in the United States:1991.* NSF 94-307, Arlington, VA.

Natter, H. M. & Berry, D. C. (2005). Efects of active information processing on the understandind of risk information. *Applied Cognitive Psychology, 19,* 123-1 36.

Naugle, R., Prevey, M., Naugle, C., & Delaney, R. (1988). New digital watch as a compensatory device for memory dysfunction. *Cognitive Rehabilitation, 6,* 22-23.

Naveh-Benjamin, M., McKeachie, W. J., Lin, Y. G., & Lavi, H. (1997). Individual differences in students' retention of knowledge and conceptual structures learned in university and high school courses: the case of test anxiety. *Applied Cognitive Psychology, 11,* 507-526.

Neath, I., & Surprenant, A. M. (2003). *Human Memory* (2nd Edition). Belmont, CA: WadsworthThomson Learning.

Neisser, U. (1967). *Cognitive psychology.* New York: Appleton Century Crofts.

Neisser, U. (1976). *Cognition and reality: Principles and implications of cognitive psychology.* San Francisco, CA: Freeman.

Neisser, U. (1978). Memory: what are the important questions. In M. M. Gruneberg, P E. Morris, & R. N. Sykes (Eds.), *Practical aspects of memory.* London: Academic Press.

Neisser, U. (1982). *Memory observed: Remembering in natural contexts.* San Francisco: Freeman.

Neisser, U. (1992). The development of consciousness and the acquisition of skill. In F. S. Kessel, P M. Cole, & D. L. Johnson (Eds.), *Self and consciousness: Multiple perspectives* (pp. 1-18). Hillsdale, NJ: Erlbaum.

Neisser, U., & Becklin, R. (1975). Selective looking: Attending to visually significant events.

Cognitive Psychology, 7, 480-494.

Neisser, U., & Harsch, N. (1992). Phanthom flashbulbs: False recollections of hearing the news about Challenger. In E. Winograd & U. Neisser (Eds.), *Affect and accuracy in recall: Studies of flashbulb memories.* Cambridge: Cambridge University Press.

Neisser, U., & Winograd, E. (Eds.). (1988). *Remembering reconsidered: Ecological and traditional approaches to the study of memory.* Cambridge, England: Cambridge University Press.

Nelson, T.O. (1996). Gamma is a measure of the accuracy of predicting performance on one item relative to another item, not of the absolute performance on an individual item. Comments on Schraw (1995). *Applied Cognitive Psychology, 10,* 257-260.

Neuhoff, J. (2000). Classroom demonstrations in perception and cognition using presentation software. *Teaching of Psychology, 27,* 142-144.

Neuschatz, J. S., Payne, D. G, Lampinen, J. M., & Toglia, M. P. (2001). Assessing the phenomenological characteristics of false memories. *Memory 9,* 53-71.

Newell, A. (1990). *Unified theories of cognition.* Cambridge, MA: Harvard University Press.

Newlands, A., Anderson, A. H., & Mullin, J. (2003). Adapting communicative strategies to computer-mediated communication: An analysis of task performance and dialogue structure. *Applied Cognitive Psychology, 17,* 325-348.

Niccaise, M. (1998). Cognitive research, learning theory & software design: The virtual library. *Journal of Educational Computing Research. 18,* 105-121.

Nickerson, R. S. (1992). *Looking ahead: Human factors challenges in a changing world.* Hillsdale, NJ: Erlbaum.

Nickerson, R. S. (1997). Cognitive technology: Reflections on a long history and promising future. *Cognitive Technology 2,* 6-20.

Nickerson, R. S. (1999). The natural environment: Dealing with the threat of detrimental change. In F. Durso (Ed.), *Handbook of applied cognition.* New York: Wiley.

Niederehe, G., & Yoder, C. Y. (1989). Metamemory perceptions in depression of young and older adults. *Journal of Nervous and Mental Disease, 177,* 4-14.

Niedzwienska, A. (2003). Distortion of autobiographical memories. *Applied Cognitive Psychology, 17,* 81-92.

Nilsson, L. G., & Markowitsch, G. (Eds.). (1999). *Cognitive neuroscience of memory.* Toronto: Hogrefe and Huber.

Nisbett, R. E., & Wilson, T. D. (1977). Telling more than we can know: Verbal reports on mental processes. *Psychological Review, 84,* 231-259.

Noice, H., Noice, T., Perrig-Chiello, P., & Perrig, W. (1999). Improving memory in older adults by instructing them in professional actors' learning strategies. *Applied Cognitive Psychology, 13,* 315-328.

Noice, T., & Noice, H. (2002). Very long-term recall and recognition of well-learned material. *Applied Cognitive Psychology, 16,* 259-272.

Noice, T., & Noice, H. (2004). A cognitive learning principle derived from the role of acquisition strategies of professional actors. *Cognitive Technology 9,* 34-39.

Nolan, J., & Markham, R. (1998). The accuracy-confidence relationship in an eyewitness task: anxiety as a modifier. *Applied Cognitive Psychology, 12,* 43-54.

Norman, D. A. (1968). Toward a theory of memory and attention. *Psychological Review, 75,* 522-536.

Norman, D. A. (1981). Categorization of action slips. *Psychological Review, 88* (1), 1-15.

Norman, D. A. (1988). *The psychology of everyday things.* New York: Basic Books.

Norman, D. (1993). *Things that make us smart: Defending human attributes in the age of the machine.* NY: Addison-Wesley.

Norman, D. A. (1998). *The invisible computer.* Cambridge, MA: MIT Press.

Norman, D., & Fisher, D. (1982). Why alphabetic keyboards are not easy to use: Keyboard layout doesn't much matter. *Human Factors, 24,* 509-519.

Norman, D. A. & Shallice, T. (1986). Attrntion to action: Willed and automatic control of behavior. In R. J. Davidson, G. E. Schwartz, and D. Shapiro (Eds.), *Consciousness and self regulation* (Vol. 4; pp. 1-18). New York: Plenum.

Norman, K. L., (1997). Cognitive impact of graphical user interfaces. *Cognitive Technology 2,* 22-30.

Norris, C. E., & Colman, A. M. (1996). Context effects of radio programming on cognitive processing of embedded advertisements. *Applied Cognitive Psychology, 10,* 473-486.

Nyberg, L. (1994). A structural equation modeling approach to the multiple memory system question. *Journal of Experimental Psychology: Learning, Memory, and Cognition, 20,* 484-491.

O'Hare, D., Wiggins, M., Batt, R., & Morrison, D. (1994). Cognitive failure analysis for aircraft accident investigation. *Ergonomics, 7,* 1855-1869.

Oaksford, M., & Chater, N. (2001). The probabilistic approach to human reasoning. Trends in Cognitive *Sciences, 5,* 349-357.

Olson, J. S., & Olson, G. M. (1999). Computer supported cooperative work. In F. Durso (Ed.), Handbook of applied cognition. Mahwah, NJ: Erlbaum. In F. Durso (Ed.), *Handbook of applied cognition.* New York: Wiley.

Ornstein, P. A., Baker-Ward, L., Gordon, B. N., & Merritt, K. A. (1997). Children's memory for medical experiences: implications for testimony. *Applied Cognitive Psychology, 11,* S87-S104.

Paddock, J.R., Joseph, AL., Chan, F. M., Terranova, S., Manning, C., & Loftus, E. F. (1998). When guided visualization procedures may backfire: imagination inflation and predicting individual differences in suggestibility. *Applied Cognitive Psychology, 12,* S63-575.

Palmer, E. J., & Hollin, C. R. (1999). Social competence and sociomoral reasoning in young offenders. *Applied Cognitive Psychology, 13,* 79-87.

Panzarella, C., Alloy, L. B., Abramson, L. Y., Klein, K. (1999). Cognitive contributions to mental illness and mental health. In F. Durso (Ed.). *Handbook of Applied Cognition*, New York: Wiley.

Parente', R. (1998), Retraining rehearsal after traumatic brain injury. *Cognitive Technology 3,* 33-38.

Parente', R. (2000). Memory works CDs. *Cognitive Technology 5,* 45-47.

Parente', R., & Anderson-Parente', J. (1991). *Retraining memory: Techniques and applications.* Houston, TX: CSY Publishing.

Parente, ' R. & Herrmann, D., (1996; second edition, 2003). *Retraining Cognition.* Gaithersburg: Aspen.

Park, D. C., & Kidder, D. P. (1996). Prospective memory and medication adherence. In M. Brandimonte, G. Einstein, & McDaniel (Eds.), *Prospective memory: Theory and applications.* Hillsdale, NJ: Erlbaum.

Park, D. C., Smith, A. D., & Cavenaugh, J. C. (1990). Metamemories of memory researchers. *Memory and Cognition, 18,* 321-327.

Parker, A., &GelIatly, A. (1997). Moveable cues: a practical method for reducing context-dependent forgetting. *Applied Cognitive Psychology, 11,* 163-173.

Parkes, KR. (1995). The effects of objective workload on cognitive performance in a field setting: a two-period cross-over trial. *Applied Cognitive Psychology, 9,* S153-S171.

Parkin, A. J. (1993). *Memory.* Oxford: Blackwell.

Parkin, A. J. (2000). *Essential cognitive psychology.* London: Psychology Press.

Pashler, H. E. (1998). *The psychology of attention.* Cambridge, MA: MIT Press.

Patel, V. L., Arocha, J. F., & Kaufman, D. R. (1999). Medical cognition. In F. Durso (Ed.), *Handbook of applied cognition.* New York: Wiley.

Patel, V. L., Groen, G. J., & Frederiksen, C. H. (1986). Differences between medical students and doctors in memory for clinical cases. *Medical Education, 20,* 3-9.

Patrick, J. (1994). Training. In P. Spurgeoon, R. Davies, &A. J. Chapman (Eds.), *Elements of applied psychology.* Amsterdam: Harwood Academic Publishers.

Patton, G. W. R., D'Agaro, W. R., & Gaudette, M. D. (1991). The effect of subject-generated and experimenter-supplied code words on the phonetic mnemonic system. *Applied Cognitive Psychology, 5,* 135-148.

Payne, D. G. (1991). Selective auditory-visual interference effects in a dual-task paradigm: Implications for assessing individual differences. *Proceedings of the Human Factors Society 35th Annual Meeting,* 622-626.

Payne, D. G. (2001). Windows on Ulric Neisser's contributions to psychology. (Review of *Ecological approaches to cognition: Essays in honor of Ulric Neisser. E.* Winograd, R. Fivush, & W. Hirst, W. (Eds.), Lawrence Erlbaum Associates, Mahwah, NJ.), *Applied cognitive psychology, 15,* 694-695.

Payne, D. G., & Blackwell, J. M. (1997). Toward a valid view of human factors research: Response to Vicente, *Human Factors, 39,* 329-331.

Payne, D. G., & Blackwell, J. M. (1998). Truth in memory: Caveat emptor. In S. J. Lynn & K. M. McConkey (Eds.), *Truth in memory.* New York: Guilford Press.

Payne, D. G., & Conrad, F. G. (1997). *Intersections in basic and applied memory research.*

Mahwah, NJ: Lawrence Erlbaum Associates.

Payne, D. G., & Wenger, M. J. (1992). Improving memory through practice. In D. Herrmann, H. Weingartner, A. Searleman, & C. McEvoy (Eds.), *Memory improvement:* Implications for memory theory (pp. 205–229). New York: Springer–Verlag.

Payne, D. G., & Wenger, M. J. (1995). Practice effects in memory: Data, theory, and unanswered questions. In D. Herrmann, M. K. Johnson, C. McEvoy, C. Hertzog, & P. Hertel (Eds.), *Basic and applied memory: Research on practical aspects of memory.* Hillsdale, NJ: Erlbaum.

Payne, D. G., & Wenger, M. J. (1998). *Cognitive psychology.* New York, NY: Houghton Mifflin Company.

Payne, D. G., Cohen, M. S. & Pastore, R. E. (1992). Computer–based task analysis: A methodology for improving system design. *Interacting with Computers, 4,* 267–288.

Payne, D. G., Conrad, F. G., & Hager, D. R. (1997). Basic and applied memory research: Empirical, theoretical, and metatheoretical issues. In D. G. Payne & F. G. Conrad (Eds.), *Intersections in basic and applied memory research.* Hillsdale, NJ: Lawrence Erlbaum.

Payne, D. G., Lang, V. A., & Blackwell, J. M. (1995). Mixed versus pure display format in integration and nonintegration visual display monitoring tasks. Human Factors, 37, 507–527.

Payne, D. G., Wenger, M. J., & Cohen, M. S. (1993). Cognitive processing and hypermedia comprehension: A preliminary synthesis. In G. Salvendy & M. J. Smith (Eds.), *Human-computer interaction: Software and hardware interfaces.* New York:Elsevier.

Payne, D. G., Elie, C. J., Blackwell, J. M., & Neuschatz, J. S. (1996). Memory illusions: recalling, recognizing and recollecting events that never occurred. *Journal of Memory and Language, 35,* 261–285.

Payne, D. G., Klin, C. M., Lampinen, J. M., Neuschatz, J. S., & Lindsay, D. S. (1999). Memory applied. In F. T. Durso, R. Nickerson, R. W. Schvaneveldt, S. T. Dumais, D. S. Lindsay, & M. T. H. Chi (Eds.), *The handbook of applied cognition* (83–113). New York: John Wiley and Sons.

Payne, D. G., Neuschatz, J. S., Lampinen, J. M., & Lynn, S. J. (1997). Compelling memory illusions: The phenomenological qualities of false memories. *Current Directions in Psychological Science, 6,* 56–60.

Pedhazur, E. J., & Schmelkin, L. P. (1991). *Measurement, design, and analysis: An integrated approach.* Hillsdale, NJ: Erlbaum.

Perfect, T. J., & Hollins, T. S. (1996). Predictive feeling of knowing judgements and postdictive confidence judgements in eyewitness memory and general knowledge. *Applied Cognitive Psychology, 10,* 371–382.

Perfect, T. J. & Schwartz, B. L. (2002). *Applied Metacognition* (pp. 39–7=67). Cambridge, England: Cambridge University Press.

Perner, J. (1997). Children's competency in understanding the role of a witness: truth, lies, and moral ties. *Applied Cognitive Psychology, 11,* S21–S35.

Peters, G. A., & Peters, B. J. (1999). *Warnings, instructions, and technical communications.*

Tucson: Lawyers and Judges Publishing.

Peterson, N. G., Mumford, M. D., Borman, W. C., Jeanneret, P. R., & Fleishman, E. A. (1999). *An occupational information system for the 21st century: The development of O'NET.* Hyattsville, MD: American Psychological Association.

Petro, S., Herrmann, D., Burrows, D., & Moore, C. (1991). Usefulness of commercial memory aids as a function of age. *International Journal of Aging and Human Development, 33,* 295-309.

Petros, T., Beckwith, B. E., Erickson, G., Arnold, M. E., & Sternhagen, S. (1987). The effects of caffeineee on the efficience of working memory. Presented at the annual meeting of APA, New York.

Petroski, H. (1994). *The evolution of useful things.* New York: Vintage Books.

Phillips, R. J., Coe, B., Kono, E., Knapp, J., Barrett, S., Wiseman, G., & Eveleigh, P. (1990). An experimental approach to the design of cartographic symbols. *Applied Cognitive Psychology, 4,* 485-497.

Pickle, L. W., & Herrmann, D. J. (Eds.). (1995). Cognitive aspects of statistical mapping. *NCHS Working Paper Series Report,* No. 18. Hyattsville, MD: National Center for Health Statistics.

Pickle, L., Mason, T., Howard, N., Hoover, R., & Fraumeni, J (1987). *Atlas of US Cancer Mortality among Whites: 1950-1980.* Washington, DC: National Institutes of Health.

Pillemer, D. B. (2001). Momentous events and life story. *General Psychology, 5,* 123-134.

Pillemer, D. B. & Goldsmith, L. R. (1988). Very long-term memories of the first year in college. *Journal of Experimental Psychology: Learning, Memory, and Cognition, 14,* 709-715.

Pinker, S. (1997). *How the mind works.* New York: W. W. Norton & Co.

Piolat, A., Olive, T., & Kellog, R. T. (2005). Cognitive effort during note taking. *Applied Cognitive Psychology, 19,* 291-312.

Pirolli, P. (1999). Cognitive engineering models and cognitive architectures in human-computer interaction. In F. Durso (Ed.), *Handbook of applied cognition.* New York: Wiley.

Platt, J. R. (1964). Strong inference. *Science, 146,* 347-353.

Platt, R.D., Lacey, S. C., Iobst, A.D., & Finkelman, D. (1998). Absorption, dissociation, and fantasy-proneness as predictors of memory distortion in autobiographical and laboratory-generated memories. *Applied Cognitive Psychology, 12,* S77-S89.

Plude, D. J., & Schwartz, L. K. (1996a). The promise of Compact Disc-interactive memory training with the elderly. *Educational Gerontology., 22,* 507-521.

Plude, D. J., & Schwartz, L. K. (1996b). The promise of Compact Disc-interactive technology for memory training with th.), *Basic and applied memory: New findings on the practical aspects of memory elderly.* In D. Herrmann, C. McEvoy, C. Hertzog, P. Hertel, & M. Johnson (Eds. Englewood Cliffs, NJ: Erlbaum.

Podd, J. (1990). The effects of memory load and delay on facial recognition. *Applied Cognitive Psychology, 4,* 47-59.

Poffenberger, A. T. (1929). *Applied psychology: Its principles and its methods.* New York: D.

Appleton.

Polusny, M. A., &, Follette, V. M. (1996). Remembering childhood sexual abuse: A national survey of psychologists, clinical practice, beliefs, and personal experiences. *Journal of Professional Psychology, 27,* 41-52.

Poon, L.W. (1980). A systems approach for the assessment and treatment of memory problems. In J. M. Ferguson & C. B. Taylor (Eds.) *The Comprehensive Handbood of Behavior Medicine, Vol 1,* 191-212.

Poon, L. W. (Ed.). (1986). *Clinical memory assessment of older adults.* Washington, DC: American Psychological Association.

Poon, L. W., Rubin, D. C., & Wilson, B. A. (Eds.). (1988). *Everyday cognition in adult and late life (The Fifth Talland Conference).* New York: Cambridge University Press

Poon, L. W., Crook, T., Davies, K. L., Eisdorfer, C., Gurland, B. J., Kaszniak, A. W., & Thompson, L. W. (Eds.). (1986). *Handbook clinical cognitive assessment of older adults.* Hyattsville, MD: American Psychological Association.

Pope, K. S. (1996). Memory abuse and science: Questioning claims about the false memory syndrome. *American Psychologist, 51,* 957-974.

Pope, K. S., & Brown, L. S. (1996). *Recovered memories of abuse: Assessment, therapy forensics.* Washington, DC: American Psychological Association.

Popper, K. R. (1959). *The logic of scientific discovery.* London: Hutchinson.

Posner, M. I. (1984). Selective attention and the storage of information. In G. Lynch, J. L. McGaugh, and N. M. Weinberger (Eds.). *Neurobiology of Learning and Memory,* New York: Guilford.

Posner, M. I. (1992). Attention as a cognitive and neural system. *Current directions in psychological science.* Cambridge, MA: MIT Press.

Posner, M. I., & Raichle, M. E. (1994). *Images of the mind.* New York: Scientific American Library.

Powell, E. (1974). Psychological effects of exercise therapy upon institutionalized geriatric mental patients. *Journal of Gerontology 29,* 157-161.

Pressley, M. (1996). Personal reflections on the study of practical memory in the mid 1990s. The complete cognitive researcher. In D. Herrmann, C. McEvoy, C. Herzog, P. Hertel, & M. Johnson (Eds.), *Basic and applied memory:* New findings. Mawah, NJ: Erlbaum.

Proshansky, H. M. (1981). Uses and abuses of theory in applied research. In L. Bickman (Ed.), *Applied social psychology annual 2* (pp. 97-135). Newbury Park, CA: Sage.

Pylyshyn Z. W. (1973). What the mind's eye tells the mind's brain: A critique of mental imagery. *Psychological Bulletin, 80,* 1-24.

Pylyshyn Z. W. (2003). Return of the mental image: are there pictures in the brain? *Trends in Cognitive Science, 7,* 113-118.

Rabbitt, P (1990). Applied cognitive gerontology: some problems, methodologies and data. *Applied Cognitive Psychology, 4,* 225-246.

Rabbitt, P. M. A., & Abson, V. (1990). Lost and found: the search for mislaid objects and some limitations on what self rating questionnaires can tell us about the effects of old age and . I.Q. on everyday competence. *British Journal of Psychology, 81,* 1-16.

Rabbitt, P., Maylor, E., Mclnnes, L., Bent, N., & Moore, B. (1995). What goods can self-assessment questionnaires deliver for cognitive gerontology? *Applied Cognitive Psychology, 9,* S127-S152.

Rabins, P. V. (Ed.) (2003). Memory boosters. *The Johns Hopkins Memory Bulletin.* New York: Medletter Associates.

Rankin, J. L., Bruning, R. H., & Timme, V. L. (1994). The development of beliefs about spelling and their relationship to spelling performance, *Applied Cognitive Psychology, 8,* 213-232.

Rasinski, K., Willis, G., Baldwin, A., Yeh, W. & Lee, L. (1999). Methods of data Collection, perceptions of risks and losses, and motivation to give truthful answers to sensitive survey questions. *Applied Cognitive Psychology, 13,* 465-484.

Raugh, M. R., & Atkinson, R. C. (1975). A mnemonic method for learning a second language vocabulary. *Journal of Educational Psychology, 67,* 1-16.

Read, J. D. (2001). Introduction to the Special Issue: Trauma, stress and autobiographical memory. *Applied Cognitive Psychology, 15,* S1-S6.-56.

Read, J. D., & Winograd, E. (1998). Introduction. *Applied Cognitive Psychology, 12,* S1-S4.

Read J. D., Lindsay D. S., & Nicholls, T. (1998). The relationship between confidence and accuracy in eyewitness identification studies: Is the conclusion changing? In C. P. Thompson, D. J. Herrmann, J. D. Read, D., Bruce, D. G., Payne, & M. P Toglia (Eds.), *Eyewitness memory.* Mahwah: LEA.

Read, J. D., Hammersley, R., Cross-Calvert, S., & McFadzen, E. (1989). Rehearsal of faces and details in action events. *Applied Cognitive Psychology, 3,* 295-311.

Reagan, M. D. (1967). Basic and applied research: A meaningful distinction. *Science, 155,* 1383-1 386.

Reason, J. T., (1988). Stress and cognitive failure. In S. Fisher & J. T. Reason (Eds.), *Handbook of life stress, cognition and health.* New York: Wiley.

Reason, J. (1990). *Error.* Cambridge: Cambridge University Press.

Reason, J. (1998). How necessary steps in a task get omitted: Revising old ideas to combat a persistent problem. *Cognitive Technology 3,* 24-32.

Reason, J. T. & Lucas, D. (1984). Absentmindedness in shops: Its correlates and consequences. *British Journal of Clinical Psychology, 23,* 121-131.

Reason, J., & MyCielska, M. (1983). Absentmindedness. Hillsdale, NJ: Prentice-Hall.

Rebok, G. W., & Folstein, M. F. (1993). Dementia. *Journal of Neuropsychiatry and Clinical Neurosciences, 5,* 265-276.

Rebok, G. W., Rasmussson, D. X., & Brandt, J. (1996). Prospects for computerized memory training in normal elderly: effects of practice on explicit and implicit memory tasks. *Applied Cognitive Psychology, 10,* 211-223.

Reder, L. M. (1987). Strategy-selection in question answering. *Cognitive Psychology, 19,* 90-1

34.

Reder L. M. (1988). Strategic control of retrieval processes. In G. Bower (Ed.), *The psychology of learning and motivation, Vol. 22.* San Diego: Academic Press.

Reisberg, D. (1997). *Cognition: Exploring the science of the mind.* New York, NY: W.W. Norton and Company.

Reitan, R. M. (1955). An investigation of Halsteads measures of biological intelligence. *Archives of Neurology and Psychiatry, 73,* 28-35.

Revelle, W., Humphreys, M. S., Simon, L. & Gilliland, K., 1980. The interactive effect of personality, time of day, and caffeine: A test of the arousal model. *Journal of Experimental Psychology: General, 109,* 1-31.

Reynolds, J. K., & Pezdek, K. (1992). Face recognition memory: the effects of exposure duration and encoding instruction. *Applied Cognitive Psychology, 6,* 279-292.

Richardson, J. T. E. (1991). Social class limitations on the efficacy on the efficacy of imagery mnemonic instructions. *British Journal of Psychology, 78,* 65-77.

Richardson, J. T. E. (1999). *Imagery.* Hove: Taylor Francis.

Rikers, R. M. J. P., & Pass, F. (2005). Recent advances in expertise research. *Applied Cognitive Psychology, 19,* 145-149.

Rinck, M. (1999). Memory for everyday objects: Where are the digits on numerical keypads? *Applied Cognitive Psychology, 13,* 329-350.

Roberts, K. P., & Blades, M. (1998). The effects of interacting in repeated events on children's eyewitness memory and source monitoring. *Applied Cognitive Psychology, 12,* 489-503.

Robinson-Riegler, G., & Robinson-Riegler, B., (2004). *Cognitive psychology: Applying the science of the mind.* Boston: Pearson.

Roebuck, R., & Wilding, J. (1993). Effects of vowel variety and sample on identification of a speaker in a line-up. *Applied Cognitive Psychology, 7,* 475-481.

Roediger, H. L. III, & Guynn, M. J. (1996). Retrieval processes. In E. L. Bjork & R. A. Bjork (Eds.), *Memory* (pp. 197-236). San Diego, CA: Academic Press.

Roediger, H. L. III, & McDermott, K. B. (2000). Tricks of memory. *Current Directions in Psychological Science, 9,* 123-127.

Roediger, H. L. III, Nairne, J. S., Neath, I., & Surprenant, A. M. (Eds.). (2001). *The Nature of Remembering.* Washington, DC: APA.

Rogers, W. A., Rousseau, G. K., & Fisk, A. D. (1999). Applications of attention research. In F. Durso (Ed.), *Handbook of applied cognition.* New York: Wiley.

Rohrbaugh, C. C., & Shanteau, J. (1999). Context, process and experience: Research on judgement and decision making. In F. Durso (Ed.), *Handbook of applied cognition.* New York: Wiley.

Rohrer, D., Taylor, K., Pashler, H., Wixted, J. T., & Cepeda, N. J. (2005). The effect of overlearning on long-term retention. *Applied Cognitive Psychology, 19,* 361-374.

Rosenzweig, M. R. (1998). Introduction to the symposium on drug improvement of memory. *International Journal of Psychology, 33,* 81-85.

Rozeboom, W. W. (1997). Good science is abductive, not hypothetico-deductive. In L. L. Harlow, S. A. Mulaik, & J. H. Steiger (Eds), *What if there were no significance tests?* Mahwah, NJ: Erlbaum.

Rubenstein, T., & Mason, A. F. (1979, November). The accident that shouldn't have happened: An analysis of Three Mile Island. *IEEE Spectrum,* 33-57.

Rubin, D. C. (Ed.), (1986). *Autobiographical memory.* Cambridge, MA: Cambridge University Press.

Rupert, T. J., & Wartick, M. L. (1997). Facilitating performance with cued working: an examination of reasoning in the tax content. *Applied Cognitive Psychology, 11,* 321-337.

Rutherford &Fernie, G. (2005). The accuracy of footballer's frequency estimates of their own football heading. *Applied Cognitive Psychology, 19,* 455-476..

Rybash, J. M. (1996). Memory aging research: real-life and laboratory relationships. *Applied Cognitive Psychology, 10,* 187-191.

Rybash, J. M. (1998). Cognitive Technology Memory Works: A CD-i memory training program for older adults. *Cognitive Technology 3,* 39-41.

Safer, M. A. (1998). Memory bias in the assessment and recall of pre-exam anxiety: How anxious was I? *Applied Cognitive Psychology, 12,* S127-S 137.

Safer, M. A., Christianson, S. A., Autry, M., & Osterlund Aut (1995). Tunnel memory for traumatic events. *Applied Cognitive Psychology, 12,* 99-117.

Sanders, M. S., & Mc Cormick, E. J. (1993). *Human factors in engineering and design.* New York: McGraw Hill.

Sandier, A. B. & Harris, J. L., (1991). Use of external aids with a head injured patient. *The American Journal of Occupational Therapy 46,* 163-166.

Sarapata, M., Herrmann, D., Johnson, T., &Aycock, R. (1998). The role of head injury in cognitive functioning and criminal behavior. *Brain Injury, 12,* 821-842.

Sarter. N. B., & Amalberti, R. R. (Eds.). (2000). *Cognitive engineering in the aviation domain.* Mahwah: Erlbaum.

Saunders, J., & MacLeod, M. D. (2002). New evidence on the suggestibility of memory: The role of retrieval-induced forgetting in misinformation effects. *Journal of Experimental Psychology, 8,* 127-142.

Schacter, D. L. (1984). Toward the multidisciplinary study of memory: Ontogeny, phylogeny, and pathology of memory systems. In L. R. Squire and N. Butters (Eds.). *Neuropsychology of Memory,* New York: Guilford.

Schacter, D, L, (Eds.). (1 995). *Memory Distortions.* Cambridge: Harvard University Press.

Schacter, D. L. (2001). *The seven sins of memory: How the mind forgets and remembers.* Boston: Houghlin Mifflin.

Schacter, D. L., & Gilsky, E. L. (1986). Memory remediation: Restoration alleviation, and the acquisition of domain-specific knowledge. In B. UzzeII & Y. Gross (Eds.) *Clinical neuropsychology of intervention.* (pp. 257-282). Boston: Martibus Nijolf.

Schmidt, J. A., McLaughlin, J. P., & Leighten, P. (1989). Novice strategies for understanding paintings. *Applied Cognitive Psychology, 3,* 65–72.

Schmolck, H., Buffalo, E. A., & Squire, L. R. (2000). Memory distortions develop over time: Recollections of the O. J. Simpson trial verdict after 15 and 32 months. *Psychological Science, 11,* 39–45.

Schneiderman, B. (1987). *Designing the user interface: Strategies for effective human-computer interaction.* New York: Addison Wesley.

Schoenfeld, A. H. & Herrmann, D. J. (1982). Problem perception and knowledge structure in expert and novice mathematical problem solvers. *Journal of Experimental Psychology: Human Learning, Memory, and Cognitive, 8,* 484–494.

Schonflug, W. (1986). The trade-off between internal and external information storage. *Journal of Memory and Language, 25,* 657–675.

Schonflug, W. (1993a). Practical and theoretical psychology: Singles with wedding rings? *Applied Psychology: An International Review, 42,* 58–60.

Schonflug, W. (1993b). Applied psychology: Newcomer with a long tradition. Applied Psychology: *An International Review, 42,* 5–30.

Schooler, C. (1989a). Levels and proof in cross-disciplinary research. In D. Kertzer, J. Meyer, and K. W. Schaie (Eds.), *Social Structure and Aging: Comparative Perspectives on Age Structuring in Modern Societies.* Hillsdale, N. J.: Erlbaum.

Schooler, C. (1989b). Social structural effects and experimental situations: Mutual lessons of cognitive and social science. In K. W. Schaie and C. Schooler (Eds.), *Social Structure and Aging:_Psychological Processes.* Hillsdale, N. J.:Erlbaum.

Schooler, J. W., & Engstler-Schooler, T. Y. (1990). Verbal overshadowing of visual memories: Some things are better left unsaid. *Cognitive Psychology, 17,* 36–71.

Schooler, J., & Herrmann, D. J. (1992). There is more to episodic memory than just episodes, and more to autobiographical memory than can be revealed by standard memory measures. In M. A. Conway, D. Rubin, H. Spinnler, & W. Wagenaar (Eds.), *Theoretical perspectives on autobiographical memory.* Boston: Kluwer.

Schooler, J. W., Gerhard, D., & Loftus, E. (1986). Qualities of the unreal. *Journal of Experimental Psychology: Learning, Memory, and Cognition, 12,* 171–181.

Schraw, G. J. (1995). Measures of feeling-of-knowing accuracy: a new look at an old problem. *Applied Cognitive Psychology, 9,* 321–332.

Schraw, G., J., Dunkle, M. E., & Bendixen, L. D. (1995). Cognitive processes in well-defined and ill-defined problem solving. *Applied Cognitive Psychology, 9,* 523–538.

Schultz, D. P. (1979). *Psychology in use: An introduction to applied psychology.* New York: Macmillan.

Schvaneveldt, R. W., Reid, G. B., Gomez, R. L., & Rice, S. (1998). Modeling mental workload. *Cognitive Technology 3,* 19–31.

Schwartz, N. (1996). *Cognition and communication: Judgmental biases, research methods and the logic of conversation.* Hillsdale, NJ: Erlbaum.

Schwartz, N. (1999). Self-reports: How the questions shape the answers. *American*

Psychologist, 54, 93-105.

Schwartz, N., & Sudman, S. (Eds.). (1994). *Autobiographical memory and the validity of retrospective reports.* New York: Springer-Verlag.

Schwartz, R. H. (1991). Heavy marijuana use and recent memory impairment. *Psychiatric Annals, 21,* 80-82.

Scribner, S., & Beach, K. (1993). An activity theory approach to memory. *Applied Cognitive Psychology, 7,* 185-190.

Seabrook, R., Brown, G. D. A., & Solity, J. E. (2005). Distributed and massed practice: From the laboratory to the classroom. *Applied Cognitive Psychology, 19,* 107-122.

Searleman, A., & Gaydusek, K. A. (1996). Relationship between prospective memory ability and selective personality varialbes. In D. Herrmann, C. McEvoy, C. Herzog, P. Hertel, & M. Johnson (Eds.), *Basic and applied memory,* Mawah: Erlbaum.

Searleman, A., & Herrmann, D. (1994). *Memory from a broader perspective.* New York: McGraw Hill.

Sears, D. O. (1987). Implications of the life-span approach for research on attitudes of social cognition. In R. P. Ables (Ed.). *Life-span Perspectives and Social Psychology.* Hillsdale, New Jersey: Erlbaum.

Sellen, A. J. (1994). Detection of everyday errors. *Applied Psychology: An International Review,* 143, 475-498

Semmer, N. (1993). Differentiation between social groups: The case of basic and applied psychology. *Applied Psychology: An International Review, 42,* 40-46.

Senders, J., & Moray, N. (1991). *Human error: Cause prediction and reduction.* Hillsdale, NJ: Erlbaum.

Shohov, S. (2005). *Leading edge research in cognitive psychology.* Orlando: Nova.

Shallice, T. (1979). Case study approach in neuropsychological research. *Journal of Clinical NeuroPsychology, 1,* 183-211.

Sherman, S. J., & McConnell, A. R. (1996). The role of counterfactual thinking in reasoning. *Applied Cognitive Psychology, 10,* S113-S124.

Shiffrin, R. M., & Schneider, W. (1977). Controlled and automatic human information processing: II. Perceptual learning, automatic attending, and a general theory. *Psychological Review, 84,* 127-190.

Shrimpton, S, Oates, K., & Hayes, S. (1998). Children's memory of events: effects of stress, age, time delay and location of interview. *Applied Cognitive Psychology, 12,* 133-143.

Sidman, M. (1960). *Tactics of scientific research Evaluating Experimental Data in Psychology:* New York: Basic Books.

Sigma Xi (1991). *Honor in science.* Research Triangle Park, NC: Sigma Xi, The Scientific Research Society.

Singh, J., Dwivedi, K. & Saxena, V. B. (1987) Memory and subjective symptoms in automobile painters. *Indian Psychological Review, 32,* 5-12.

Simon, H. A. (1980). Cognitive science: The newest science of the artificial. *Cognitive Science,*

4, 33-46.

Simon, H. A., & Barenfeld, M. (1969). Information processing analysis of perceptual processes in problem solving. *Psychological Review, 76,* 473-483.

Simpson, S. A., & Gilhooly, K. J. (1997). Diagnostic thinking processes: evidence from a constructive interaction study of electrocardiogram (EGG) interpretation. *Applied Cognitive Psychology, 11,* 543-554.

Singer, E., Thurn, D. R. V., & Miller, E. R. (1995). Confidentiality assurances and response. *Public Opinion Quarterly* 59, 59-66.

Singer, J. A. & Salovey, P. (1988). Mood and memory: evaluating the network theory of affect. *Clinical Psychology Review, 8,* 211-251.

Sirken, M., Herrmann, D., Schecter, S., Schwarz, N., Tanur, J., &Tourangeau, R. (1999). *Cognition and survey research.* Boston: Wiley.

Skilbeck, C. (1984). Computer assistance in the management of memory and cognitive impairment. In B. A. Wilson & N. Moffat (Eds.), *Clinical management of memory problems.* Rockville, MD: Aspen Systems.

Smart, R. (1964). The importance of negative results in psychological research. *Canadian Psychologist, 5,* 225-232.

Smith, A. (1988). Effects of meals on memory and attention. In M. M. Gruneberg, P E. Morris, & R. N. Sykes (Eds.), *Practical aspects of memory: Current research and issues* (Vol. 2, pp. 477-482). Chichester, England: John Wiley & Sons.

Smith, A. P. (1992). Colds, influenza and performance. In A. P. Smith & D. M. Jones (Eds.), *Handbook of human performance, Vol. 2: Health and performance.* London: Academic Press.

Smith, A.P, Chappelow, J., & Belyavin, A. (1995). Cognitive failures, focused attention, and categoric search. *Applied Cognitive Psychology, 9,* 5115-S 126.

Smith, E. E., Shoben, E. J., & Rips, L. J. (1974). Structure and process in semantic memory: A feature model for semantic decisions. *Psychological Review, 81,* 214-241.

Smith, W., Randell, M., Lewandowsky, S., Kirsner, K., & Dunn, J. (1996). Collaborative research into cognitive technology: The role of shared commitment, problem coherence, and domain knowledge. *Cognitive Technology 1,* 9-18.

Smyth, M.M., & Waller, A. (1998). Movement imagery in rock climbing: patterns of interference from visual, spatial and kinaesthetic secondary tasks. *Applied Cognitive Psychology, 12,* 145-157.

Smyth, M. M., Collins, A. F., Morris, P. E., & Levy, P. (1994). *Cognition in action*, 2nd edition. Hove: Erlbaum.

Solberg, M., & Mateer, C. (2001). *Introduction to cognitive rehabilitation.* New York: Guilford Press, 1989.

Solomon, P. R., Goethals, G. R. Kelley, C. M. and Stephens, B. R. (Eds.). (1987). *Memory: Interdisciplinary Approaches,* New York: Springer Verlag.

Solso, R. L. (2001). *Cognitive psychology,* fifth edition. Needham Heights, MA: Allyn & Bacon.

Spanos, N. P., Burgess, C. A., Burgess, M. F., Samuels, C., & Blois, W. O. (1999). Creating false memories of infancy with hypnotic and non-hypnotic procedures. *Applied Cognitive Psychology, 13,* 201-218.

Spelke, E., Hirst, W. & Neisser, U. (1976). Skills of divided attention. *Cognition, 4,* 215-230.

Spence, I., & Lewandowsky, 5. (1991). Displaying proportions and percentages. *Applied Cognitive Psychology, 5,* 61-77.

Speth, C., & Brown, R. (1990). Effects of college students' learning styles and gender on their test preparation strategies. *Applied Cognitive Psychology, 4,* 189-202.

Sporer, S. L. (1997). The less travelled road to truth: verbal cues in deception detection in accounts of fabricated and self-experienced events. *Applied Cognitive Psychology, 11,* 373-397.

Sprock, J., & Herrmann, D. (2004). The focus on cognition in the psychopathology literature: A bibliographic analysis, *Cognitive Technology 9,* 4-19.

Spurgeon, P., Davies, R. & Chapman, T. (1994). *Elements of applied psychology.* Amsterdam: Harwood.

Squire, L. R. (1987). *Memory and Brain.* New York: Oxford University Press.

Squire, L. R. (Ed.). (1992). *Encyclopedia of Learning and Memory.* New York: Macmillan.

Squire, L. R., Knowlton, B., & Musen, G. (1993). The structure and organization of memory. In L. W. Porter & M. R. Rosenzweig (Eds.), *Annual Review of Psychology* (Vol. 44, pp. 453-495). Palo Alto, CA: Annual Review Inc.

Stamford, B. A., Hambacher, W. & Fallica, A. (1974). Effects of daily exercise on the psychiatric state of institutionalized geriatric mental patients. *Research Quarterly 45,* 35-41.

Stanovich, K. E. & West, R. F. (2000). Individual differences in reasoning: lmplicaitons for the rationality debate? *Behavioral and Brain Sciences, 23,* 645-726.

Stelmack, R. M. (1990). Biological bases of extraversion: Psychophysiological evidence. *Journal of Personality 58,* 293-311.

Ste-Marie, D. M. (1999). Expert-novice differences in gymnastic judging: an information-processing perspective. *Applied Cognitive Psychology, 13,* 269-281.

Stephenson, G. M., & Wagner, W. (1989). Origins of the misplaced confidence effect in collaborative recall. *Applied Cognitive Psychology, 3,* 227-236

Steinberg, R. J., (1986). *Intelligence applied: Understanding and increasing your intellectual skills.* San Diego: Harcourt Brace Jovanovich.

Steinberg, R. J., (2005). *Cognitive Psychology* Belmont, CA: Brooks Cole and Wadsworth.

Steinberg, 5. (1975). Memory scanning: New findings and current controversies. *Quarterly Journal of Experimental Psychology, 27,* 1-32.

Stevens, J. (1993). An observational study of skilled memory in waitresses. *Applied Cognitive Psychology, 7,* 205-217.

Stigsdotter, A., & Backman, L. (1989). Multifactorial memory training with older adults: How to foster maintenance of improved performance. *Gerontology 35,* 260-267.

Stigsdotter-Neely, A., & Backman, L. (1 993a). Maintenance of gains following multifactorial and unifactorial memory training in late adulthood. *Educational Gerontology 19,* 105-117.

Stollery, B. (1988). Neurotoxic exposure and memory function. In M. M. Gruneberg, D. E. Morris, & R. N. Sykes, (Eds.), *Practical aspects of memory: Current research and issues Vol. 2,* (pp 242-247). Chichester, England: John Wiley & Sons.

Stolte, J. F. (1994). The context of satisficing in vignette research. *The Journal of Social Psychology, 134,* 727-733.

Stone, A. A., Turkkan, J. S., Bachrach, C. A., Jobe, J., Kurtzman, H. S., & Cain, V. S. (2000). *The science of self report: Implications for research and practice.* Mahwah, NJ: Erlbaum.

Strauch, B. (2001). *Investigating human error in incidents and accidents.* Burlington, VT: Ashgate.

Strayer, D. L., & Johnston, W. A. (2001). Driven to distraction: Dual-task studies of simulated driving and conversing on a cellular phone . *Psychological Science, 12,* 462-466.

Strayer, D. L., Drews, F. A., & Johnston, W. A. (2003). Cell phone induced failures of visual attention during simulated driving. *Journal of Experimental Psychology: Applied, 9,* 23-52.

Strayer, D. L, Drews, F. A., . Crouch, D. J. & Johnston, W. A. (2004). Why Do Cell Phone Conversations Interfere With Driving? In R. Walker and D. Herrmann (ED5). *Cognitive Technology, Jefferson,* North Carolina: McFarland.

Steyvers, F. J. J. M., Dekker, K., Brookhuis, K. A., & Jackson, A. E., (1994). The experience of road environments under two lighting and traffic conditions: application of a road environment construct list. *Applied Cognitive Psychology, 8,* 497-511.

Suchman, L., & Jordan, B. (1990). Interactional troubles in face-to-face survey interviews. Journal of the *American Statistical Association, 85,* 232-241, 252-253.

Suigman, T. (1993). Applied and basic psychology: Towards a dynamic, bi-directional relationship. *Applied Psychology: An International Review, 42,* 37-40.

Sullivan, E. B. (1927). Attitude in relation to learning. *Psychological Monographs, 36,* 1-149.

Sunderland, A., Beech, J. R., Sheehan, E. (1996). The current orientation test: a study of speed and consistency of retrieval of recent everyday memories by old and young subjects. *Applied Cognitive Psychology, 10,* 337-347.

Sutherland, E. (2003). *Cognitive psychology.* London: Learning Matters Limited.

Sweller, J. (1989). Cognitive psychology: Some procedures for facilitating learning and problem solving in mathematics and science. *Journal of Educational Psychology, 81,* 457-466. ₩

Swets, J. A., Dawes, R. M., & Monahan, J. (2000). Psychological science can improve diagnostic decisions. *Psychological Science, 1,* 1-26.

Teasdale, J. D., Dritschel, B. H., Taylor, M. J., Proctor, L., Lloyd, C. A., Nimmo-Smith, I., & Baddeley, A. D. (1995). Stimulus-independent thought depends on central executive resources. *Memory and Cognition, 23,* 551-559.

Teigen , K. H., & Jorgensen, M. (2005). When 90% confidence intervals are 50% certain: On the credibility of credible intervals. *Applied Cognitive Psychology, 19,* 455-476.

Tenenbaum, G., Tehan, G., Stewart, G. & Christensen, S. (1999). Recalling a floor routine: the effects of skill and age on memory for order. *Applied Cognitive Psychology, 13,* 101-123.

Terry, R. D., Katzman, R., Bick, K. L., & Sisodia, S. S. (Eds). (1999). *Alzheimer disease, second edition.* New York: Lippincott, Williams, and Wilkins.

Thagard, P. (1992). *Conceptual revolutions.* Princeton, N. J.: Princeton University Press.

Theeuwes, J., & Alferdinck, J. W. A. M. (1995). Rear light arrangements for cars equipped with a center high-mounted stop lamp. *Human Factors, 37(2),* 371-380.

Thomas, J. W., Bol, L., Warkentin, R. W., Wilson, M., Strage, A., & Rohwer, Jr., W. D. (1993). Interrelationships among students' study activities, self-concept of academic ability, and achievement as a function of characteristics of high-school biology courses. *Applied Cognitive Psychology, 7,* 499-532.

Thompson, C. P., Cowan, T., Frieman, J., Mahadeeran, R. S., &Vogl, R. J. (1991). Rajan:A study of a memorist. *Journal of Memory and Language, 30,* 702-724.

Thompson, C. P., Herrmann, D. J., Bruce, D., Payne, D. G., Read, J. D., & Toglia, M. P. (1997a). *Autobiographical memory.* Hillsdale, NJ: Erlbaum.

Thompson, C. P., Herrmann, D. J., Bruce, D., Payne, D. G., Read, J. D., & Toglia, M. P. (1997b). *Eyewitness memory.* Hillsdale, NJ: Erlbaum.

Thompson, R. F. & Madigan, S. A. (2005). *Memory: The key to consciousness.* Washington, D. C.: Joseph Henry Press.

Thorndike, E. L., & Woodworth, R. S. (1901). The influence of improvement in one mental function Upon the Efficiency of other functions. *Psychological Review, 8,* 247-261, 384-395, 553-564

Tiedemann, J. (1987). Measures of cognitive styles: A Critical review, . *Educational Psychologist, 24,* 261-275.

Tilley, A. & Statham, D. (1989). The effect of prior sleep on retrieval. *Acta Psychologica, 70,* 199-203.

Tomes, J. L., & Katz, A. N. (1997). Habitual susceptibility to misinformation and individual differences in eyewitness memory. *Psychology Applied Cognitive, 11,* 233-251.

Tourangeau, R. (1984). Cognitive sciences and survey methods. In T. B. J abine, M. L. Straf, J. M. Tanur, & R. Tourangeau (Eds.), *Cognitive aspects of survey methodology: Building a bridge between disciplines* (pp. 73-101). Washington, DC: National Academy Press.

Treadway, M., & McCloskey, M. (1989). Effects of racial stereotypes on eyewitness performance: implications of the real and the rumoured Allport and Postman studies. *Applied Cognitive Psychology, 3,* 53-63.

Tulving, E. (1972). Episodic and semantic memory. In E. Tulving & W. Donaldson (Eds.), *Organization of memory.* Academic Press: New York.

Tulving, E. (1983). *Elements of episodic memory.* Oxford: Oxford University Press.

Tulving, E., & Craik, F. M. (2000). *The Oxford handbook of memory.* Oxford: Oxford University Press.

Underwood, B. J., Baruch, R. F., & Malmi, R. A. (1978). Composition of episodic memory. *Journal of Experimental Psychology: General, 107,* 393-419.

Underwood, G., & Milton, H. (1993). Collusion after a collision: witnesses' reports of a road accident with and without discussion. *Applied Cognitive Psychology, 7,* 11-22.

Van der Linden, D., Frese, M. & Meigman, T. (2003). Mental fatigue and the control of cognitive processes: Effects on perseveration and planning. *Acta Psychological, 113,* 45-65.

Vandermaas, M. O., Hess, T. M., & Baker-Ward, L. (1993). Does anxiety affect children's reports of memory for an event? *Applied Cognitive Psychology, 7,* 109-127.

Vick, O. & Jackson, D. (1976). Cognitive styles in the schematizing process: A critical evaluation. *Educational and Psychological Measurement, 27,* 267-286.

Vincente, K. J. (1994). A pragmatic conception of basic and applied research: Commentary on Hoffman and Deffenbacher (1993). *Ecological Psychology, 6,* 65-81.

Vitkovitch, M., & Barber, P (1996). Visible speech as a function of image quality: effects of display parameters on lip reading ability. *Applied Cognitive Psychology, 10,* 121-140.

Voevodsky, J. (1974). Evaluation of a deceleration warning light for reducing rear-end automobile collisions. *Journal of Applied Psychology, 59(3),* 270-273.

von Gorp, W. G., Hull, J., Wilkins, J. N., Hinkin, C. H., Plotkin, D., Moore, L. H., & Homer, M. D. (2000). Declarative and procedural memory function in abstinent cocaine abusers. *Archives of General Psychiatry, 57,* 512-513.

Vortac, O. U., Barile, A. L., Albright, C. A., Truitt, T. R., Manning, C. A., & Bain, D. (1996). Automation of flight data in air traffic control. In D. Herrmann, C. McEvoy, C. Hertzog, P. Hertel, & M. Johnson (Eds.). (1996). *Basic and applied memory: Theory in context, Vol. 1.* Mahwah, NJ: Erlbaum.

Vosburg, S. (1998). The effects of positive and negative mood on divergent-thinking performance. *Creativity Research Journal, 11,* 165-172.

Wagenaar, W. A., (1986). My memory: A study of autobiographical memory over six years. *Cognitive Psychology, 18,* 225-252.

Wagenaar, W. A., & Groeneweg, J. (1990). The memory of concentration camp survivors. *Applied Cognitive Psychology, 4,* 77-87.

Wagenaar, W. A., Hudson, P. T. W., & Reason, J. T. (1990). *Cognitive failures and accidents, 4,* 273-294

Walbaum, S. D. (1997). Marking time: the effect of timing on appointment keeping. *Applied Cognitive Psychology, 11,* 361-368.

Walker, R. W., & Andrews, R. Y. (2005). Training college students to use personal data assistants. In R. W. Walker and mD. Herrmann (Eds), *Cognitive Technology Jefferson,* NC.: McFarland.

Walker, R. W., &Andrews, R. Y. (2001). External memory aids and the use of personal data assistants in improving everyday memory, *Cognitive Technology 6,* 15-25.

Walker, W. R., & Herrmann, D. J. (2005). *Cognitive technology.* Wintons Salem, NC: McFarland Publishers.

Walker, W. R., Skowronski, J. J., & Thompson, C. P. (2003). Life is pleasant and Memory helps to keep it that way. *Review of General Psychology, 7,* 203-210.

Walker, W. R., Vogl, R. J., & Thompson, C. P. (1997). Autobiographical memory: unpleasantness fades faster than pleasantness over time. *Applied Cognitive Psychology, 11*, 399-413.

Wang, A. Y., & Thomas, M. H. (1999). In defence of keyword experiments: a reply to Gruneberg's commentary. *Applied Cognitive Psychology, 13*, 283-287.

Ward, G., & Carroll, M. (1997). Reality monitoring for sexual abuse memories. *Applied Cognitive Psychology, 11,* 293-304.

Watson, F. L., & Brown, G. D. A. (1992). Single-word reading in college dyslexics. *Applied Cognitive Psychology, 6,* 263-272.

Weber, N. & Brewer, N. (2003). Expert memory: The interaction of stimulus structure, attention, and expertise. *Applied Cognitive Psychology, 17*, 295-308.

Wechsler, D. (1945). A standardized memory scale for clinical use. *Journal of Psychology, 19,* 87-95.

WeiI, M. M., & Rosen, L. D. (1994). The psychological impact of technology from a global perspective: A study of technological sophistication and technophobia in university students from twenty-three countries. *Human Behavior, 11,* 95-1 33.

Wells, G. L., & Bradfield, A. L. (1998). "Good, you identified the suspect': Feedback to eyewitnesses distorts their reports of the witnessing experience. *Journal of Applied Psychology, 83,* 360-376.

Wells, G. L. & Olson, E. A. (2003). Eyewitness testimony. *Annual Review of Psychology, 54,* 277-295.

Wells, G. L., Malpass, R. S., Lindsay, R. C. L., Fisher, R. P., Turtle, J. W., & Fulero, S. M. (2000). Mistakes in eyewitness identification that are caused by known factors. Collaboration between criminal justice experts and research psychologists may lower the number of errors. *American Psychologist, 55,* 581-598.

Wenger, E. (1987). *Artificial intelligence and tutoring systems.* Lost Altos, CA: Morgan Kaufman.

Wells, G. L., Seelau, E. P., Rydell, S. M., & Luus, C. A. (1994). Recommendations for properly conducted lineup identification tests. In D. F. Ross, J. D. Read, & M. Toglia (Eds.), *Adult eyewitness testimony* (pp. 223-244). New York: Cambridge University Press.

Wenger, E. (1987). *Artificial inteiigence and tutoring systems.* LosAltos, CA: Morgan Kaufman.

Wenger, M. J., & Payne, D. G. (1995). On the acquisition of mnemonic skill: Applications of skilled memory theory. *Journal of Experimental Psychology: Applied, 1,* 194-215.

Wentzel, K. R. (1995). Does interest justify further research? Comments on Tang and Hall. *Applied Cognitive Psychology, 9,* 405-409.

West, R. (1985). *Memory fitness over 40.* Gainesville, FL: Triad Publishing Company.

West, R. (1988). Prospective memory and aging. In M. Gruneberg, P. Morris, & R. Sykes (Eds.), *Practical aspects of memory: Current research and issues, Vol. 2.* Chichester:Wiley.

West, R. L., & Crook, T. H. (1992). Video training of imagery for mature adults. *Applied Cognitive Psychology, 6,* 307-320.

West, R. L., Yassuda, M. S., & Welch, D. C. (1997). Imagery training via videotape: Progress and potential for older adults. *Cognitive Technology 2,* 16-21.

Whimbey, A., & Lockhead, J. (1999). *Problem solving and comprehension*, sixth edition. Mahwah, NJ: Erlbaum.

White, N. M. (1998). Cognitive enhancement: An everyday event. *International Journal of Psychology, 33,* 95-1 05.

White, R. T. (1982). Memory for personal events. *Human Learning, 1,* 171-183.

White, R. T. (1989). Recall of autobiographical events. *Applied Cognitive Psychology, 3,* 127-1 35.

White, T. L., Leichtman, M. D., & Ceci, S. J. (1997). The good, the bad, and the ugly: accuracy, inaccuracy, and elaboration in preschoolers' reports about a past event. *Applied Cognitive Psychology, 11,* S37-S54.

Whitehouse, W. G., Orne, E. C., Orne, M. T., & Dinges, D. F. (1991). Distinguishing the source of memories reported during prior waking and hypnotic recall attempts. *Applied Cognitive Psychology, 5,* 51-59.

Wichman, H., & Oyasato, A. (1983). Effects of locus of control and task complexity on prospective remembering. *Human Factors, 25,* 583-591.

Wickens, C. D. (1999). Cognitive factors in aviation. In F. Durso (Ed.), *Handbook of applied cognition.* New York: Wiley.

Wierda, M., &. Brookhuis, K. A. (1991). Analysis of cycling skill: a cognitive approach. *Applied Cognitive Psychology, 5,* 113-122.

Wilding, J., & Hayes, S. (1992). Relations between approaches to studying and note-taking behaviour in lectures. *Applied Cognitive Psychology, 6,* 233-246.

Wilding, J., & Valentine, E. (1992). Factors predicting success and failure in the first-year examinations of medical and dental courses. *Applied Cognitive Psychology, 6,* 247-261.

Wilding, J., & Valentine, E. (1996). Memory expertise. In J. Wilding & S. Hayes (1992), Relations between approaches to studying and note-taking behavior in lectures. *Applied Cognitive Psychology, 6,* 233-246.

Wilding, J., & Valentine, E. (1997). *Superior memory.* Hove: Psychology Press.

Wilkins, A. J., & Baddeley, A. D. (1978). Remembering to recall in everyday life: An approach to absent-mindedness. In M. M. Gruneberg, ft E. Morris, & R. N. Sykes (Eds.), *Practical aspects of memory.* London: Academic Press.

Wilkinson, C., & Hyman Jr, I. E. (1998). Individual differences related to two types of memory errors: Word lists may not generalize to autobiographical memory. *Applied Cognitive Psychology, 12,* S29-S46.

Williams, A. M., Ward, P., Knowles, J. M., & Smeeton, N. J. (2002). Anticipation skill in a real-world task: Measurement, training, and transfer in tennis. *Journal of Experimental Psychology, 8,* 259-270.

Williams, J. M. 0. & Dritschel, B. H. (1992). Categoric and extended autobiographical memories. In M. A. Conway, D. C. Rubin, H. Spinier, and W. A. Wagenaar (Eds.). *Theoretical perspectives on autobiographical memory* (pp. 391-412). The Netherlands: Khuwer.

Williams, J. M. G. & Scott, J. (1988). Autobiographical memories in depression. *Psychological Medicine, 18,* 689–695.

Williams, L. (1994). Recall of childhood trauma: A prospective study of women's memories of child sexual abuse. *Journal of Consulting & Clinical Psychology, 62,* 1167–1176.

Willingham, D. T. (2004). *Cognition: The Thinking Animal* (2nd ed). Upper Saddle River, NJ: Pearson Education, Inc.

Willis, G. B., Royston, P. N., & Bercini, D. (1991). The use of verbal report methods in the applied cognitive laboratory. *Applied Cognitive Psychology, 5,* 251–267.

Willis, L., Yeo, R. A., Thomas, P., & Garry, P. J. (1988) Differential declines in cognitive function with aging. The possible role of healoth status. Developmental Neurospyhchology, 4, 23–28.

Wilson, B. A. (1987). *Rehabilitation of memory.* New York: Guilford.

Wilson, B. & Moffat, N. (1984). *Clinical Management of Memory Problems.* Rockville, Maryland:Aspen Systems.

Wilson, B. & Moffat, N. (1992). *Clinical Management of Memory Problems.* Second edition. Rockville, Maryland: Aspen Systems.

Wilson, B., & Patterson, K. (1990). Rehabilitation for cognitive impairment: Does cognitive psychology apply? *Applied Cognitive Psychology, 4,* 247–260.

Winograd, E., & Neisser, U. (Eds.). (1992). *Affect and accuracy in recall: Studies of flashbulb memories.* Cambridge: Cambridge University Press.

Winograd, E., Fivush, R., & Hirst, W. (Eds.) (1996). *Ecological approaches to cognition: Essays in honor of Ulric Neisser.* Mahwah, NJ: Erlbaum.

Witkin, A. P., & Tenenbaum, J. M. (1983). On the role of structure in vision. In J. Beck, B. Hope, & A. Rosenfield (Eds.), *Human and machine vision.* New York: Academic Press.

Witus, G. & Ellis, RD. (2003). Computational modeling of foveal target detection. *Human Factors, 45,* 47–60.

Wolfe, D. (Ed.). (1959). *Symposium on basic research.* Washington, DC: American Association for the Advancement of Science.

Woloshyn, V. E., Wood, E., & Willoughby, T. (1994). Considering prior knowledge when using elaborative interrogation. *Applied Cognitive Psychology, 8,* 25–36.

Wood, E., Fler, C., & Willoughby, T. (1992). Elaborative interrogation applied to small and large group contexts. *Applied Cognitive Psychology, 6,* 361–366.

Woods, D. D., & Cook, R. I. (1999). Perspectives on human error: Hindsight biases and local rationality. In F. Durso (Ed.), *Handbook of applied cognition.* New York: Wiley.

Woodworth, R. S. (1938). *Experimental psychology.* London: Methuen.

Woodworth, R. S. & Scholsberg, F. (1954). *Experimental psychology.* London: Methuen. World Book Encyclopedia (1995). Chicago: Scott Fetzer Company.

Wortham, S. (2001). Interactionally situated cognition: A classroom example. *Cognitive Science, 25,* 37–66.

Wright, D. B. (1993a). Misinformation and warnings in eyewitness testimony: A new testing procedure to differentiate explanations. *Memory, 1,* 153-166.

Wright, D. B. (1993b). Recall of the Hillsborough disaster over time: systematic biases of 'flashbulb' memories. *Applied Cognitive Psychology, 7,* 129-138.

Wright, D. B. (1997). Methodological issues for naturalistic event memory research. In D. G. Payne & F. G. Conrad (Eds.), *Intersections in basic and applied memory research.* Mawah, NJ: Erlbaum.

Wright, D. B. (1998). Modelling clustered data in autobiographical memory research: the multi-level approach. *Applied Cognitive Psychology, 12,* 339-357.

Wright, D. B., & Davies, G. M. (1999). Eyewitness testimony. In F. Durso (Ed.), *Handbook of applied cognition.* New York: Wiley.

Wright, D. B., & McDaid, A. T. (1996). Comparing system and estimator variables using data from real line-ups. *Applied Cognitive Psychology, 10,* 75-84.

Wright, P. (1978). Feeding the information eaters: Suggestions for integrating pure and applied research on language comprehension. *Instructional Science, 7,* 249-312.

Wright, P. (1999). Designing healthcare advice for the public. In F. Durso (Ed.). *Handbook of Applied Cognition,* New York: Wiley.

Wright, P, & Hull, A. J. (1999). How people give verbal instructions. *Applied Cognitive Psychology, 4,* 153-174.

Wulf, F. (1922). Uber die veranderung von vorstellungen Gedactnis und gestalt. *Psychologie Forsh, 1,* 333-373.

Wyer, R. S., & Srull, T. K. (1986). Human cognition in its social context. *Psychological Review, 93,* 322-359.

Wynn, V. E., & Logie, R. H. (1998). The veracity of long-term memories—did Bartlett get it right? *Applied Cognitive Psychology, 12,* 1-20.

Wyon, D. P., Andersen, B., & Lundqvist, G. R. (1979). The effects of moderate heat stress on mental performance. *Scandanavian Journal of Work Environment and Health, 5,* 352-361.

Yamagishi, K. (1997). When a 12. 86% mortality is more dangerous than 24. 14%:implications for risk communication. *Applied Cognitive Psychology, 11,* 495-506.

Yarmey, A. D. (1988). Victims and witnessses to deadly force. *Canadian Police College Journal, 12,* 99-109.

Yarmey, A. D. (1993). Stereotypes and recognition memory for faces and voices of good guys and bad guys. Applied Cognitive Psychology, 7, 419-431.

Yarmey, A. D., Yarmey, A. L., & Yarmey, M. J. (1994). Face and voice identification in show-ups and lineups. *Applied Cognitive Psychology, 8,* 453-464.

Yates, F. (1966). *The arts of memory.* Chicago: Chicago University Press.

Yerkes, R. M., & Dodson, J. D. (1908). The relation of strength of stimulus to rapidity of habit formation. *Journal of Comparative and Neurological Psychology, 18,* 459-482.

Yin, R. K. (1994). *Case Study Research Design and Methods,* Second Edition, Applied Social Research Methods Series, Volume 5. Thousand Oaks, CA: Sage.

Yoder, C . Y. (1984) Clinical issues and applications in late life adjustment. *Experimental Aging*

Research, 10, 237-238.

Yoder, C. Y. & Elias, J. W. (1987). Age, affect and memory for pictorial story sequences. *British Journal of Psychology, 78,* 545-549.

Yoder, C . Y., & Elias, J. W. (1991). The role of affect in memory. In R. L. West & J. ft Sinnott (Eds.), *Everyday memory and aging: Current research methodology.* New York: Springer-Verlag

Yoder, C. & Herrmann, D. (2004). Individual differences in external aid use. In R. W. Walker and D. Herrmann (Eds.). *Cognitive Technology: Transforming Thought and Society.* Jefferson, NC.: McFarland.

Yoder, C. Y., & Murray, M. C. (1989). Adjustment and aging: Some influences and implications of personality and cognitive style. *The Southwestern, 5,* 12-23.

Yuille, J. C. (1993). We must study forensic eyewitnesses to know about them. *American Psychologist, 48,* 572-573.

Yuille, J. C., & Cutshall, J. L. (1986). A case study of eyewitness memory of a crime. *Journal of Applied Psychology, 71(2),* 291-301.

Yuille, N., & Oakhill, J. (1988). Effects of inference awareness training on poor reading comprehension. *Applied Cognitive Psychology, 2,* 33-45.

Zacks, R. T., & Hasher, L. (1992). Memory in life, lab, and clinic: Implications for memory theory. In D. Herrmann, H. Weingartner, A. Searleman, & C. McEvoy (Eds.). *Memory Improvement: Implications for memory theory.* (pp. 232-248). New York: Springer Verlag.

Zaragoza, M. S., McCloskey, M., & Jamis, M. (1987). Misleading post-event information and recall of the original event: Further evidence against the memory impairment hypotheseis. *Journal of Experimental Psychology: Learning, Memory and Cognition, 13,* 36-44.

Zeitz, CM., & Spoehr, K. T. (1989). Knowledge organization and the acquisition of procedural expertise. *Applied Cognitive Psychology, 3,* 313-336.

찾아보기

(ㅇ)

(ㅈ)

(ㅊ)

(ㅋ)

(ㅌ)

(ㅍ)

(ㅎ)

(기타)

역자 소개

이재식

- 서울대학교 심리학과 문학사
- 서울대학교 심리학과 문학석사
- 미국 University of Iowa, Department of Psychology, Ph.D.
- 현, 부산대학교 심리학과 교수

응용 인지심리학

인 쇄 일	2009년 9월 1일 초판 인쇄
발 행 일	2009년 9월 5일 초판 발행
저 자	Douglas J. Herrmann·Carol Y. Yoder Michael Gruneberg·David G. Payne 지음
역 자	이재식 옮김
발 행 인	구본하
발 행 처	도서출판 박학사
주 소	서울시 마포구 서교동 460-26 동아빌딩 2층
전 화	(02)3142-3764~5
팩 스	(02)3142-3766
웹 사 이 트	pakhaksa@kornet.net
등 록 번 호	제10-2230호

정가 20,000원 ISBN 978-89-91633-63-6